本书系西北大学 2022 年度哲学社会科学繁荣发展计划优秀学术著作出版基金项目、西北大学"双一流"建设项目（First-class Universities and Academic Programs of Northwest University）资助。

法天下学术文库

税务裁量法律规制研究

RESEARCH ON THE LEGAL REGULATION
OF TAX DISCRETION

侯 欢 著

中国政法大学出版社

2024·北京

图书在版编目（ＣＩＰ）数据

税务裁量法律规制研究/侯欢著.--北京:中国政法大学出版社,2024.5
ISBN 978-7-5764-1508-7

Ⅰ.①税… Ⅱ.①侯… Ⅲ.①税法－行政自由裁量权－研究－中国 Ⅳ.①D922.220.4

中国国家版本馆 CIP 数据核字(2024)第 108033 号

出　版　者	中国政法大学出版社
地　　　址	北京市海淀区西土城路 25 号
邮寄地址	北京 100088 信箱 8034 分箱　邮编 100088
网　　　址	http://www.cuplpress.com (网络实名：中国政法大学出版社)
电　　　话	010-58908586(编辑部) 58908334(邮购部)
编辑邮箱	zhengfadch@126.com
承　　　印	固安华明印业有限公司
开　　　本	720mm×960mm　1/16
印　　　张	21
字　　　数	360 千字
版　　　次	2024 年 5 月第 1 版
印　　　次	2024 年 5 月第 1 次印刷
定　　　价	89.00 元

序　言

现代财税法的运行和发展正面临着实质正义的考验。在实现税收法治的进程中，征纳双方以税务裁量作为连接税法规范与适用的桥梁，实现个案的公平正义。所谓裁量，既是权力，也是衡平。在平衡国家征税权与纳税人合法权益、公共财产权与私人财产权间利益的过程中，税务裁量难免失范。在税务裁量适用过程中，因失范而导致个案尺度不一的现象时有发生的现实样态显然有悖该制度生成之个案正义初衷，在此语境下规范税务裁量就显得尤为现实且迫切。

本书以观察税务裁量运行的典型案例为切入点，以系统构建税务裁量法律规制模式为主线，立基于税务裁量的运行实践并探寻失范缘由，诠释税务裁量的性质定位和生成机理，分析传统税务裁量规范规制的类型和局限，引入税务裁量协商规制模式以补足规范规制的规则之失，尝试构建税务裁量"立法＋行政＋司法＋协商"的协同共治规制模式。总的来说，作者突破了传统"规则规制"的研究思路，在证成税务裁量协商规制模式的基础上提出了一条"权利规制"的渐进式参与之路，试图将税务裁量协商规制模式与规范规制模式相衔接，具有很强的理论和实际应用价值。

本书的写作和论述以规范研究与实证研究相结合合为基础，以比较研究与案例研究相结合合为手段，以多学科综合研究与系统研究相结合合为补充。本书规范研究税务裁量的应然性质和生成机理、规则之治和协商之治的衔接，同时引入大量税务执法和司法案例，多角度实证研究税务裁量的运行实践；本书比较了税务裁量适用实践在演进过程中的实然与应然差异，税务裁量协商的我国和域外立法与实践区别，将适时择定域外税收事先裁定制度、我国预约定价安排、税收遵从协议等典型制度作为佐证以增强本书的说服力和解释力；本书借鉴了法学、哲学、政治学等学科的理论成果，并立足于系统的分析论证，力求找到客观、全面的税务裁量规制路径。

在我看来，本书在以下方面具有一定的新意：一是研究内容创新。本书聚焦税务裁量，关注这一制度的理论界定与实务适用困境，思考税务裁量背后的税法普适性与个案公正性间的矛盾、衡平国家（税务机关）利益与纳税人个体利益的冲突。二是研究路径创新。本书立足于税务裁量的本土问题，借鉴税务裁量规制的域外实践，反思传统立法规制模式、行政规制模式和司法规制模式的局限，尝试提出协商规制的新模式，并探讨性地将传统规则之治与新型协商之治进行衔接，以期实现税务裁量规制的最优化。三是研究观点创新。本书提出了一种新型的税务裁量协商规制模式，但是谦抑地指出此种"权利之治"只是在存续多年的"规则之治"中融入事实因素，增强纳税人的参与度。未来税务裁量法律规制之路，应是规则之治与协商之治的协同之治。

本书的作者侯欢，自 2013 年起，在我的指导下完成了硕士、博士阶段的学习。作者在博士毕业后进入西北大学法学院从事教学科研工作，经数年沉淀，进而再度对博士论文进行了全面修订和更新。税务裁量作为一种与税收征管相伴而生的制度，需要理论研究的持续关注。就整体而言，本书值得肯定，是一部具有理论和实践价值的财税法学术著作。个中疏漏，敬请读者不吝匡正。作为作者的导师，在本书付梓之际，我由衷地感到欣慰，希望她在未来从事财税法学研究的道路上不懈努力，不断推出新的有价值的研究成果。

是为序！

张　怡 *

2023 年 11 月 28 日

---

* 西南政法大学经济法学院教授，中国法学会财税法学研究会副会长。

目 录

▼▲ 第一编　税务裁量的运行与逻辑 ▼▲

▼▲ 第三编　税务裁量协商规制模式的提出与实现 ▼▲

导 论

一、问题缘起

现代社会存在着法律的稳定性与现实生活千变万化间的矛盾，法律的滞后性与社会关系的变动性、复杂性间的冲突，法律的普适性与个案的特殊性间的张力。裁量作为连接规范与现实的桥梁，其往返、关照并权衡于二者之间。变革是当代中国税法发展的主旋律。诚然，中国当下的税法学，也正经历着一场悄然的变革。改革开放以来，我国税法进入了一个持续稳健发展的时期。

在税收实务过程中，税务机关被赋予广泛的税务裁量，特别是行政裁量和政策裁量。常态化的税务裁量，是独具中国本土意识的课题。而所谓的税务裁量，即是指税务机关依据法律授权，为实现个案正义而在适用法律规范进行裁断个案时享有的判断法律要件及确定法律效果的权力与自由。裁量权在税收实务中的不断扩张，使税法学产生了本能的紧张，伴随着全面落实税收法定原则进程的加速，税务裁量在实务适用过程中失范渐显。有鉴于此，税务裁量法律规制研究就显得尤为必要。具言之，之所以选择税务裁量作为选题主要是基于如下考量：

（一）普遍存在于我国税法中的裁量在使用过程中的现实困惑

裁量问题普遍存在于我国税法体系：从仅有的几部法律到浩瀚的税收规范性文件，裁量均扮演着浓墨重彩的角色。以我国税法领域仅有的一部程序法[1]为例，在该法中，从税务管理中的税务登记与申报到税款征收中的税收

---

[1] 即《税收征收管理法》。为表述方便，本书涉及我国法律文件直接使用简称，省去"中华人民共和国"字样，全书统一，后不赘述。

核定、税款减免以及税收强制措施的选择再至税务检查的范围认定与具体执行，直至法律责任的归属甚至税务罚款的额度确定，整个征管流程充溢着裁量的色彩。

税务裁量作为税务机关确定内容和适用范围不可或缺的依据，在税收征管实务中发挥着补充或细化税法的作用。然而，由于方法的不科学、程序的不规范致使在上述过程中，对于需要裁量问题的解释时有偏差，以至于对相同或类似的事实认定不同，出现了超越法定授权范围裁量的情况，造成行政权对立法权的不当侵夺与僭越。具言之，渐行失范的税务裁量在税收实务中的适用主要存在以下三个方面的困境：其一，税务裁量实施混乱与滥用。首先，裁量主体众多且授权裁量引发职权纠纷不断。无论是纵向的四级税务系统还是横向的不断分合的国地税系统，不同的执法主体在税务裁量时均难以真正做到统一执法尺度。加之，税务裁量中针对税务机关裁量权正当性的拷问一直不断，在税务复议以及税务诉讼中，税务机构特别是稽查局是否为适格主体享有税务裁量权一直备受质疑。其次，在税收实务中，滥用裁量现象较为普遍。在具体的税务管理环节、税款征收环节、税务检查环节和税务处罚环节，税务机关滥用裁量权的行为屡禁不止。其二，税务裁量运行程序失当。在关涉税务裁量的情形下，税务机关往往单方告知纳税人裁量结果而对产生该结论的过程避而不谈，在这样一种非透明的运行程序下，裁量的公正显然难以得到保障。其三，税务裁量救济难以实现。传统的税务救济即为税务复议和税务诉讼，而在涉税务裁量纠纷案件中，作为以书面审查为主要形式的内部纠错机制，税务复议的作用难以彰显。在税务诉讼中：一方面，基于传统"民告官"的畏惧，涉税诉讼较少，且最后多由纳税人主动撤诉终结；另一方面，司法审查的强度关照不足。基于司法对税务的谦抑性，即使进入审判流程，法官在实质性内容上往往也会与税务机关保持一致。此外，强调税务机关内部监管的相对单一、静止的传统监管模式显然难敷新时代税收征管的现实需求，新近引入纳税人参与机制形成的外部监管模式虽在一定程度上丰富了监管形式，但如何在参与主体上涵盖"政府—市场—社会"三个层面，完善纳税激励机制，推进社会信用体系建设等均是我国以事后执法为核心的现行税收监管制度所面临的重大挑战。

（二）规范税务裁量与全面落实税收法定原则间的张力

诚然，基于立法之允许、现实国情之选择、执法之运用以及现代税收征管高技术性之需求，税务裁量的存在具备一定的合理性。但同时，其单方强制性、高度概括性以及主观意志性导致在实务运行中滥用行为频发，失范样态尽显。也正是基于此，从地方到中央纷纷发布一系列以规范税务处罚为核心的规范税务裁量乱象的规范性文件。而税务处罚中的裁量滥用又何尝不是税务裁量失范的一个典型缩影。事实上，早在 2004 年《全面推进依法行政实施纲要》（国发〔2004〕10 号）便首次在规划性文件中规定了"裁量权"的内容。2005 年后，山东等省纷纷通过量化和细化税务处罚裁量权的手段以期达到规范税务处罚裁量权的目标。据考证，我国大多省份的税务系统均曾发布过规范税务裁量的税收规范性文件且内容集中于对税务处罚裁量权的自我限制。地方试点与经验的展开和推广最终得到了中央层面的认可和推行：2012 年国家税务总局发布了直接规范税务裁量权的指导意见，[1]2015 年发布的规范性文件直指依法治税背景下税务裁量的规范性问题，[2]2016 年更是直接关注裁量领域问题最为突出的税务处罚裁量权问题[3]并在 2018 年结合国地税机构改革进程及时对其进行调整。[4]一系列规范性文件的频繁颁布及更新说明了国家对税务裁量失范的重视，表明了国家规制税务裁量的决心。

税收法定原则是依法治国理念在税收领域的具体表现。纵览整个税收法定原则在我国二十余年的变迁史，可以发现，其在我国经历了从无到有的过程且在应然层面和实然层面日臻完善并呈现出进一步契合我国国情的本土化趋势：从初期税收法定原则名称之统合、基本内涵与构成要素之争议至今日其适用之中国语境。既然贯彻落实该原则已然成为国人共识，那么"如何落实"显然是当下必须直面之课题。自 2013 年起，我国税收法定已然驶向了"快车道"，一方面，中央层面开始旗帜鲜明地提出[5]并多次重申[6]贯彻落

〔1〕《国家税务总局关于规范税务行政裁量权工作的指导意见》（国税发〔2012〕65 号）。
〔2〕《国家税务总局关于全面推进依法治税的指导意见》（税总发〔2015〕32 号）强调：有效规范和督促税务行政裁量权，健全税务行政裁量权基本机制，设定在全国范围内高度一致的税务行政处罚裁量权的具体执行要求和规则。
〔3〕《税务行政处罚裁量权行使规则》（国家税务总局公告 2016 年第 78 号）。
〔4〕及时调整统一基准制定主体及删除国地税协作的内容。
〔5〕党的十八届三中全会首次明确提出"落实税收法定原则"。
〔6〕十八届四中全会将制定和完善"财政税收"法律作为"加强重点领域立法"的任务之一。党的十九大报告指出"深化税收制度改革，健全地方税体系"。

实该原则并给出了在 2020 年全面落实税收法定原则的时间表[1]；另一方面，税收领域从宪法性法律[2]到一般性法律的修改[3]与通过[4]的实践均表明该进程在不断加速推进。

规范税务裁量具有极大的现实迫切性，但是其所呈现的单方强制性、高度概括性以及主观意志性势必会对我国正在推进的税收法定原则造成较大冲击。亦即，税务裁量问题与税收法定原则的关系是当下我们推进税收法治所需要慎重考虑的课题。详言之，具体应关注其与课税要素法定原则、课税要素明确原则以及依法稽征原则的契合性事实。当然，问题更深层次的症结需要追溯至何为税收法定主义这一理论原点问题。考察税务裁量对经济社会发展中衍生的各色课税问题之应对方式，审酌其面对税法固有的滞后性难题，一系列观察的结果表明这样一个不争的事实：税务裁量的存在并不违背税收法定原则的基本内涵。这就意味着，税务裁量在实质上与税收法定主义相契合，不仅是税收法定主义追求纳税人权利保护的实质税收公平之结果，同时也在一定程度上纠偏了绝对税收法定原则矫枉过正的顽疾。需要进一步说明的是，这里所采取的是广义的税收法定原则，即涵盖形式意义与实质意义上的税收法定原则。

综上所述，本书在对税务裁量失范事实进行梳理的前提下，探寻该样态的根源。进而对税务裁量进行性质、生成机理等理论阐释。在此基础上检视传统以"权力制约权力"为运行理念的"立法—行政—司法"的税务裁量规制模式的规则之失，从而提出税务裁量的协商规制进路，并最终落足于四者的协同并进，尝试性地探寻适合中国特色的税务裁量规制方案。

---

[1] 2015 年 3 月 26 日，全国人民代表大会常务委员会法制工作委员会通过《贯彻落实税收法定原则的实施意见》，明确税收法定原则是税收立法和税收法律制度的一项基本原则。

[2] 2015 年第十二届全国人民代表大会第三次会议审议通过修改的《立法法》，其第 8 条第 6 项和第 7 项涉及财税立法问题。

[3] 2018 年《个人所得税法》完成第 7 次修正并已施行，《企业所得税法》迎来了自颁布后的第 2 次修正，2019 年《车船税法》首次修正，《国务院 2018 年立法工作计划》将《税收征收管理法》列为修法计划之一，《全国人民代表大会常务委员会 2022 年度立法工作计划》将关税法等税收法律列为初次审议的法律案。

[4] 《印花税法》《契税法》《城市维护建设税法》《资源税法》《车辆购置税法》《耕地占用税法》《船舶吨税法》《环境保护税法》《烟叶税法》。

二、既有研究综述

在全球范围内，裁量问题逐渐得到关注。讨论税务裁量问题，首先必须回到问题的原点，即"裁量"从何而来？这就不得不提及裁量的溯源问题了。那么，究竟何为"裁量"？它的内涵与外延又是什么？若不廓清，则"建立在这种概念基础之上的理论就很难有科学性和解释力"。[1]此外，税务裁量还离不开税收法治问题。有鉴于此，对税务裁量法律规制的既有研究综述如下：

（一）国外研究现状

众所周知，无论是德奥等欧陆国家还是英美国家都十分重视裁量问题的研究并将税务裁量置于行政裁量的范围。其中，作为大陆法系代表的德国，其法律规定与理论学说间存在间隙——法律界仍以《德国税收通则》[2]作为现代德国税法的主要法源，而即使 1976 年修订的《联邦行政程序法》明确规定该法不适用税务行政，直至今日该国也仍将税捐法视为行政法的组成部分，在行政法教材中专设一章规定租税问题。在英美法系，裁量问题研究集中于裁量与法治的关系问题，这又进一步涉及授权限度问题，这在税法上的体现便为税收法定原则。

1. 行政裁量问题的研究

统览西方两大法系，罗马-日耳曼法系与普通法系因自身特征不同而对该问题的研究各有侧重，呈现不同的研究进路。统观之，国外的研究主要沿着下述三条脉络进行：

（1）裁量内涵的界说。裁量最初始于行政权与司法权的分离，是为避免行政措施遭遇法院的干预而产生。[3]据学者考证，从渊源上讲，裁量作为法律范畴最早起源于迈耶（F. F. Mayer），他在著作中除对行政裁量进行界定外，还首次试图从类型化的视角对其进行分类。[4]随着立法权与行政权的进一步

---

〔1〕　黄文艺：《公法研究中的概念清理和重整》，载《法学研究》2012 年第 4 期。

〔2〕　该法于 1976 年颁布并于 1977 生效，它的前身是 1919 年颁布的《帝国租税通则》，1934 年对该法进行重构。

〔3〕　吴庚：《行政法之理论与实用》（增订第 8 版），中国人民大学出版社 2005 年版，第 74 页。

〔4〕　他在 1862 年的《行政法之原则》一书中最早表述了行政裁量学说，将其分为纯粹行政的裁量与法律适用的裁量。其中，自由裁量权支配的领域为纯粹行政中单个命令和处置领域的行政作用。参见王贵松：《行政裁量的构造与审查》，中国人民大学出版社 2016 年版，第 7 页；翁岳生：《论"不确定法律概念"与行政裁量之关系》，载翁岳生主编：《行政法与现代法治国家》，三民书局 2015 年版，第 36 页。

分离，至 1910 年，学者劳恩（von Laun）将"自由裁量"一分为二，即为羁束裁量和狭义的自由裁量。自此，"自由裁量"开始成为行政裁量的下位概念。[1]此后，真正受到关注的是狭义的自由裁量。日本行政裁量的研究仍沿袭德奥。在日本，经美浓部达吉、范杨等学者的深化，自由裁量演化为狭义的自由裁量。例如，美浓部达吉教授从法规的规定出发将行政处分区分为裁定处分和便宜处分，相当于羁束行为与裁量行为。[2]在范杨的研究下，"行政机关不受任何法规拘束，而只需考虑何者合乎公益，而以便宜作出判断（自由裁量）"。[3]

（2）裁量外延的辨析：裁量与不确定法律概念关系。这二者的分野在历史上可追溯至 19 世纪奥国学者特茨那（F. Tenzer）。1889 年，他在论文《论行政自由裁量权非行政法院职权的原因》中首次就二者的关系及是否属于法院的审查范围进行论述。[4]随后，平特纳教授在其代表作中从司法审查的角度指出，法院不得变更裁量却可以对不确定的法律概念进行全面审查。[5]哈特穆特·毛雷尔（Hartmut Maurer）教授在《行政法学总论》一书中以两者客体不同从而对行政裁量与不确定法律概念进行了更为细致的划分。[6]至此，二者才算真正意义上的分道扬镳。

围绕二者的关系，理论上存在"区别说"和"无区别说"两种观点，前者内部又分为"质的区别说"与"量的区别说"。其中，"质的区别说"在德国为通说；后者逐渐演变为了"统一裁量论"。首先，"质的区别说"主要沿袭战后德国的观点，认为二者乃属本质上的不同，集中表现为对象、性质

〔1〕 狭义的自由裁量是指，立法者授予行政机关作公益性的比较衡量的权限，行政机关与立法者居于相同的地位。参见 [日] 田村悦一：《自由裁量及其界限》，李哲范译，王丹红校，中国政法大学出版社 2016 年版，第 17~18 页。

〔2〕 [日] 美浓部达吉：《行政法总论》，熊范舆译，丙午社 1907 年版，第 146 页。

〔3〕 范扬：《行政法总论》，邹荣勘校，中国方正出版社 2005 年版，第 26~27 页。

〔4〕 "公益""合目的性""必要性""公共安宁与秩序"等不确定法律概念被从裁量中分解出来而可以由法院进行审查。参见 [日] 田村悦一：《自由裁量及其界限》，李哲范译，王丹红校，中国政法大学出版社 2016 年版，第 53~55、63~64 页。

〔5〕 [德] 平特纳：《德国普通行政法》，朱林译，中国政法大学出版社 1999 年版，第 56 页。

〔6〕 他认为，裁量的客体是法律后果，而不确定法律概念的客体是法定事实要件。[德] 哈特穆特·毛雷尔：《行政法学总论》，高家伟译，法律出版社 2000 年版，第 126~129 页。

和司法审查密度不同。其代表性学说为"唯一正确答案说"[1]、"判断余地理论"[2]、"因素理论"[3]。事实上，在很大程度上，这三种学说是不断深入与修正的进阶。其次，支持"量的区别说"的学者认为，二者即使存在差别也只是量的差别而已，认为"质的差别说"实有反省的必要。在英国，将类似"如果委员会认为"等随处可见的不确定法律概念的用词表述为"主观语言"（Subjective Language）。在行政法巨匠韦德看来，裁量里包含了主观因素，区别也只是授权程度不同罢了。[4]最后，持"统一裁量论"的学者认为，不确定法律概念下仍有裁量的空间，裁量包括涉及法律问题的裁量。事实上，在德国，固然"质的区别说"一直居于统治地位，但"统一裁量论"始终是德国众多裁量学说中的一种且一直存续至今，学界对其认可趋势日渐明显。在英国，坎特伯雷肯特大学肯特法学院学者 Yutaka Arai-Takahashi 的新近研究表明，二者事实上均是立法机关对行政机关的授权方式，这可以进一步通过实务案例得到印证——用他自己的话讲，就是二者"均可有效实现相同的立法目标"。[5]在美国，该学说同样具有广阔市场。例如，顺着戴维斯教授的思维，可以发现他其实也是承认"统一裁量论"的。[6]而在法国，"统一裁量论"也基本上得到了理论界和实务界的一致认同，集中体现为以"均衡原则"[7]

---

　〔1〕　该学说肇端于德国罗伊斯于 1953 年发表的论文《不确定法律概念》。在该文中，他以唯一正确答案与多个正确答案，将构成要件中不确定法律概念的判断与法律效果中结果的选择加以区分。

　〔2〕　该理论的创始人德国行政法学家巴霍夫认为：理论成立的前提应是承认法构成要件为司法审查之必然对象，但为尊重行政机关之专业判断，特别是近年来科技法规之规定，在法构成要件上形成一行政自我领域，在此领域中行政机关所为之决定，法院仅能审查行政机关是否有逾越此领域范围，其余在此领域中所为之行政决定，法院必须尊重，不得为审查之。

　〔3〕　该理论指出，在适用不确定法律概念之前，存在一些既定的因素，这些因素对事实的认定、法律的解释乃至涵摄的过程都发挥着间接的影响作用。在其主张者看来，司法审查也应该对行政活动的前阶段——间接影响不确定法律概念适用的因素——予以同样的限制。〔德〕汉斯·J. 沃尔夫、奥托·巴霍夫、罗尔夫·施托贝尔：《行政法》（第 2 卷），高家伟译，商务印书馆 2002 年版，第 353 页。

　〔4〕　在韦德看来，类似于"如果大臣感到"的表述与"由他选择合适方式"的授权仅有程度上的差异。See Wade, *Administrative Law*, Oxford University Press, 8th ed, 2000, p. 417.

　〔5〕　Yutaka Arai-Takahashi, "Discretion in German Administrative Law: Doctrinal Discourse Revisited", *European Public Law*, Vol. 6, March 2000, p. 6.

　〔6〕　他认为，合理决定的作出，不仅包含对适当性的衡量，更是囊括了对未知事实的推测以及对疑难法律的判断，作出决定的理性思考过程并不必然区分事实、法律和裁量。K. C. Davis, *Discretionary Justice: A Preliminary Inquiry*, University of Illinois Press, 1971, p. 4.

　〔7〕　均衡原则整体来说，是根据具体情况审查行政行为是否合理、适度，事实与法律适用是否一致，其根本要求是"合理均衡"。郑春燕：《现代行政中的裁量及其规制》，法律出版社 2015 年版，第 62 页。

来作为判定裁量活动是否合法的主要审查标准。

（3）裁量与法治的关系：从"裁量二元论"到"裁量一元论"。裁量与法（或法治）的关系问题，即是"裁量二元论"与"裁量一元论"区别的核心问题，二者之争关系到裁量的本质。其中，"裁量二元论"是指把裁量问题和法律问题作为各自独立的部分来理解。与之相对，"裁量一元论"则是指裁量问题属于法律问题，是法律问题中的不重要问题，所有的裁量都是法律授权的结果，根本不存在不受法律拘束的裁量。现代裁量学说也经历了从"法治排斥裁量"到"法治承认并控制裁量"的过程，在某种程度上甚至可以言称，裁量是形式法治走向实质法治的必然结果。事实上，从早期普通法系学者传承下来的观点可以窥见裁量二元论的最初特色——裁量与法治的绝对相排斥。这一特色在戴雪（A. V. Dicey）的学说中得到了最大限度的张扬。[1]伴随资本主义进一步向垄断主义发展，政府不再恪守"守夜人"职责，"国家干预"开始进入人们的视野，戴雪的传统宪法原则遭到了猛烈抨击。20世纪英国现代宪法学家詹宁斯在反思前人学说的基础上，承认公共机构拥有广泛裁量权的客观事实。[2]无独有偶，法学巨匠威廉·韦德（Willian Wade）在其代表作《行政法》中的论述进一步印证了戴雪所持法治观的武断性。[3]在这里，裁量的确定不仅不与法治相冲突，事实上正是法治的要求与补充，诚如该学者所言，"现代法治要求尽可能多且尽可能广泛的裁量权"。[4]哈耶克对自由裁量的论述，历经1944年《通往奴役之路》的极端保守到1960年在《自由秩序原理》中的相对温和的反思。[5]在罗马-日耳曼法系，随着法院对裁量（主要是行政裁量）态度的转变：由"裁量不予审理"到"裁量限界"的附加再至"裁量滥用法理"的确立，裁量二元论的出发点——裁量与法的分

---

〔1〕 他认为，任何实质性的自由裁量行为，都是与专制联系在一起的，都构成对个人自由的威胁，因而决不允许政府享有任何方面的自由裁量权。See A. V. Dicey, *Introduction to the Study of the Law of the Constitution*, London：Macmillan Education Ltd, 10th ed., 1959, pp. 202~203.

〔2〕 ［英］W. Ivor詹宁斯：《法与宪法》，龚祥瑞、侯健译，生活·读书·新知三联书店1997年版，第38页。

〔3〕 他指出，法治所要求的并不是消除广泛的自由裁量权，而是法律应当能够控制它的行使。［英］威廉·韦德：《行政法》，徐炳等译，中国大百科全书出版社1997年版，第54页。

〔4〕 ［英］威廉·韦德：《行政法》，徐炳等译，中国大百科全书出版社1997年版，第55页。

〔5〕 他承认，行政机构即使在法治下行事，也常常不得不行使自由裁量权。［英］弗里德利希·冯·哈耶克：《自由秩序原理》（上），邓正来译，生活·读书·新知三联书店1997年版，第271页。

立——最终不得不被放弃，该理论自相矛盾的样态逐渐显现，取而代之的即是裁量一元论的彰显。无论是英美法系"法治完全排斥任何形式的裁量"的传统宪法原则的现代化演进，还是大陆法系"裁量与法治各自独立"的裁量二元论理论的逐步修正，两条变迁脉络均在不同程度上印证着裁量一元论的历史必然性。

此外，日本学者田村悦一教授和美国学者肯尼斯·卡尔普·戴维斯（Kenneth Culp Davis）教授几乎是在同一时期出版了各自系统研究裁量问题的专著。田村悦一教授的《自由裁量及其界限》系统梳理了裁量论演进历程，着重论证了以比例原则作为裁量界限，并提出以必要性与合目的性作为行政裁判的界限。[1]美国学者肯尼斯·卡尔普·戴维斯在《裁量正义》一书中体系化地论述了裁量的概念、限定、建构、制约等内容。[2]

2. 税收法定原则研究

肇始于英国的税收法定原则，历经几个世纪的变迁，逐渐成为各国最为重要的基本原则。学者翟继光对世界 111 个国家的宪法进行考证的结果显示，有 85 个国家在宪法条文中以不同的形式明确规定了税收法定原则。[3]

世界上最早确定这一原则的国家是英国。1215 年闻名于世的《大宪章》首次在世界上对国王征税权进行限制，[4]1629 年的《权利请愿书》再度重申了"无代表不得征税"（no taxation without representation）这一理念，[5]1689 年《权利法案》最终确定了影响至今的税收法定原则的最初规定。[6]随着资本主义的演进，民主、自由观念深入人心，税收法定原则也逐渐被西方各国特别是倡导法治的国家所接受和认可，并作为基本原则以各种形式载入法律。

〔1〕[日] 田村悦一：《自由裁量及其界限》，李哲范译，王丹红校，中国政法大学出版社 2016年版，第49~140、185~235 页。

〔2〕[美] 肯尼斯·卡尔普·戴维斯：《裁量正义——一项初步的研究》，毕洪海译，商务印书馆 2009 年版。

〔3〕翟继光：《税收法定原则比较研究——税收立宪的角度》，载《杭州师范学院学报（社会科学版）》2005 年第 2 期。

〔4〕《大宪章》第 12 条："除下列三项税金外，若无全国公意许可，将不征收任何免役税与贡金。①赎回余等身体时之赎金（指被俘时）。②册封余等之长子为武士时之费用。③余等之长女出嫁时之费用——但以一次为限。且为此三项目的征收之贡金亦须求适当。关于伦敦城之贡金，按同样规定办理。"

〔5〕没有议会的一致同意，任何人不得被迫给予或出让礼品、贷款、捐助、税金或类似的负担。

〔6〕凡未经议会准许，借口国王特权，为国王而征收，或供国王使用而征收金钱，超出议会准许之时限或方式者，皆为非法。

美国独立战争的爆发导源于英国的强行征税行为，八年战争胜利后，基于税收问题的重要性和受英格兰税收法定原则经验的影响，美国在所颁布的巩固革命胜利成果之《美国宪法》第 1 条第 7~10 款明确了议会课税权以及税种法定这一宪法性原则。[1]法国大革命中的《人权与公民权利宣言》第 14 条通过对"课税权归属—课税要素—税收支出"这一完整税收链条的规定使得纳税人获得了税收权力，[2]这也为现行《法国宪法》第 34 条所沿袭。在德国，无论是作为资产阶级民主宪法楷模的《德意志国宪法》，还是集中反映二战后资产阶级对民主宪法思考结晶的《德意志联邦共和国基本法》均闪耀着税收法定原则的光芒。其中，前者通过第 6 条、第 8 条、第 11 条、第 68 条和第 73 条的规定，不仅延续了英美法三国所树立的议会课税权威这一最基本观点，而且确认了税收在宏观经济调控领域的地位，并进一步丰富和扩张了税收法定的内涵。后者在第 73 条规定议会课税权威以承继前者，还专设"财政"一章作为第十章共 12 个条文，细致且详尽地规定了财政税收制度。在日本，1946 年《日本国宪法》专门设立第七章"财政"共计 9 个条文，以坚定的态度、斩钉截铁的语言表述重申了税收法定原则的核心立场。

也正是基于各国宪法或者宪法性文件对税收法定原则的确认，税收法定原则得以在内涵不断丰富的同时，逐渐通过各种税收实务而落地生根。无论是新税种的设立还是课税权的归属等问题均严格遵循税收法定原则。例如，在美国，在"麦卡洛克诉马里兰州案"（McCulloch v. Maryland，1819）中，马歇尔法官的论述再次重申了税收法定原则。在英国，"鲍里斯诉英格兰银行案"（Bowles v. Bank of England，1913）、"检察长诉威尔兹联合牛奶公司案"（Attorney-General v. Wilts United Dairies，1922）等案件均反映了对税收法定原则的坚定捍卫和忠实执行。日本继 1992 年地价税后在 2018 年 4 月 11 日经参议院全体会议投票通过《国际观光旅客税法》，再设永久性征收的国税税种并已于 2019 年 1 月 7 日起实施。[3]

（二）国内研究现状

在中国，"裁量"作为舶来品，首先在行政法学领域得到了广泛和持续深

---

〔1〕 United States Constitution, Articles 1 (7) to (10).

〔2〕 李建人：《英国税收法律主义的历史源流》，法律出版社 2012 年版，第 254 页。

〔3〕 屈腾飞：《日参院通过〈国际观光旅客税法〉出境时每人征税一千日元》，载 http://finance.huanqiu.com/gjcx/2018-04/11829190.html，最后访问日期：2023 年 11 月 26 日。

入的研究。而作为具有行政法一般特征的税法，其中税务裁量的研究离不开前者的研究。同时，税务裁量的研究仍应该着眼于其自身特色，关注其与税收法治的关系以及税务裁量在实务中的制约。

1. 关于行政裁量的研究

在我国，关于"裁量"的学说自始就传承于战前德国和日本，随着我国法学研究（特别是行政法学）和法治进程的发展，极具中国特色的裁量理论和实务样态逐渐呈现。我国对裁量的研究主要沿着以下三条线路交织进行：

（1）从"自由裁量"到"裁量"的语意变迁。"自由裁量"一词在中国的使用与出现，最早可追溯至 1927 年，由美浓部达吉的弟子白鹏飞在其著作《行政法总论》中借鉴其老师的说法仍使用"自由裁量"并对其进行分类。[1]新中国首部专业行政法教材《行政法概要》使用的概念为"自由裁量"。[2]20 世纪 80 年代初出版的 4 部行政法代表性作品[3]在提及该概念时均使用了自由裁量的用法，这进一步巩固了该语词的使用疆域。然而，直到 1989 年《行政诉讼法》颁布后以"行政裁量"为主题的研究才开始涌现。不断有学者倡导以"裁量"代替"自由裁量"。当然，这在行政法领域表现得最为突出。例如，中国人民大学法学院杨建顺教授就曾指出："以'行政裁量'取代'行政自由裁量'……对于正确把握法治行政原则，合理建构国家权力配置体系，具有极其重要的意义。"[4]诸如姜明安教授等早期使用"自由裁量权"称谓的学者也渐渐接受了"裁量"的用法。周佑勇教授在总结该现象的原因时指出其受早期教材、移植地仍未统一以及翻译不当三个因素影响。[5]2007 年

---

[1] 他将自由裁量区分为关于便宜问题的自由裁量和关于法律问题的自由裁量。白鹏飞编：《行政法总论》，商务印书馆 1932 年版，第 7~9 页。

[2] "凡法理没有详细规定，行政机关在处理具体事件时，可以依照自己的判断采取适当的方法的，是自由裁量的行政措施。"法学教材编辑部编审，王珉灿主编：《行政法概要》，法律出版社 1983 年版，第 113 页。

[3] ［美］伯纳德·施瓦茨：《行政法》，徐炳译，群众出版社 1986 年版；龚祥瑞：《比较宪法与行政法》，法律出版社 1985 年版；王名扬：《英国行政法》，中国政法大学出版社 1987 年版；王名扬：《法国行政法》，中国政法大学出版社 1988 年版。

[4] 杨建顺：《行政裁量的运作及其监督》，载《法学研究》2004 年第 1 期。

[5] 具言之：第一，受王珉灿主编的《行政法概要》的影响；第二，行政裁量的发源地德国至今也仍然存在使用上的混乱，我们在引进的时候未能很好地鉴别；第三，对外国学者著作翻译不当的影响。周佑勇：《行政裁量治理研究——一种功能主义的立场》，法律出版社 2008 年版，第 18 页。

《行政复议法实施条例》[1]实现了"裁量"从学术概念到法规层面的"零突破",我国首次在行政法规层面使用了"自由裁量权"。2008 年和 2010 年国务院的两个规范性文件[2]则使用了获得学术界较多认可的"行政裁量权"概念。然而,2014 年修正的《行政诉讼法》则首先在法律层面使用了"自由裁量权"[3],2017 年对该法的修正则延续了前述用法。有学者猜测,其或许是考虑到了行政实务中的习惯和社会接受程度。[4]

(2)裁量与不确定法律概念的关系界说。对这一问题的研究也深受域外研究的影响,有"质的区别说""量的区别说""统一裁量论"三种学说。其中,持第一种学说的王珉灿在《行政法概要》中对行政裁量的定义是尊奉裁量属于"法外之地"的"质的区别说"。该学说的有力支持者还包括朱新力、余凌云、张力、周佑勇、尹建国等。例如,余凌云教授曾精辟论道,行政裁量是"戴着镣铐跳舞",他认为在"在事实与标准问题上只存在着判断,而把选择留给裁量"。[5]这可以进一步从他对行政裁量的定义得以印证。[6]周佑勇教授在其最早关于此问题的专著[7]中也作出过类似表述。支持第二种学说的学者,如叶俊荣早在 1985 年就曾指出,某些法律上的要点就应置于构成要件或法律效果,往往系诸立法技术上的考虑。有鉴于此,他强烈指出确有必要反省"本质区别说"。吴庚教授也是"量的区别说"的坚定支持者,他在《行政法之理论与实用》一书中旗帜鲜明地表示,"本书采量的区别说"。[8]在吴教授看来:"从学理之观点,吾人认为二者虽非毫无差别,惟不构成本质上之截然不同;在从事概念运作之际,尤其难作理想类型式之区分。"[9]刘鑫桢在其专著《论裁量处分与不确定法律概念》中系统探讨了行政裁量与不确定法律概念间的关联与区分,并着重研究了法院对二者采取的不同司法审查态度

---

[1] 具体可见 2007 年《行政复议法实施条例》第 40 条、第 50 条第 1 款的规定。

[2] 《国务院关于加强市县政府依法行政的决定》(国发〔2008〕17 号)以及 2010 年《国务院关于加强法治政府建设的意见》(国发〔2010〕33 号)。

[3] 具体可见《行政诉讼法》第 60 条第 1 款。

[4] 王贵松:《行政裁量的构造与审查》,中国人民大学出版社 2016 年版,第 11 页。

[5] 余凌云:《对行政自由裁量概念的再思考》,载《法制与社会发展》2002 年第 4 期。

[6] 在余教授看来,所谓行政裁量就是指在法律许可的情况下,对作为或不作为,以及怎样作为进行选择的权力。余凌云:《对行政自由裁量概念的再思考》,载《法制与社会发展》2002 年第 4 期。

[7] 周佑勇:《行政裁量治理研究——一种功能主义的立场》,法律出版社 2008 年版,第 16 页。

[8] 吴庚:《行政法之理论与实用》(增订第 8 版),中国人民大学出版社 2005 年版,第 127 页。

[9] 吴庚:《行政法之理论与实用》(增订第 8 版),中国人民大学出版社 2005 年版,第 126 页。

与密度。最后，关于第三种学说，在我国，据学者考证，早在 1927 年白鹏飞的《行政法总论》里就有"统一裁量论"的印记。他写道，行政裁量可以被细分为法律问题之自由裁量及便宜问题之自由裁量，其中法律问题的裁量也就是当下我们称之为不确定法律概念下的构成要件裁量。随后，虽在传承中"质的区别说"一度占了上风，但是近来学者又纷纷疾呼"统一裁量论"，例如杨建顺教授就积极倡导该学说，王天华教授更是对该问题保持了持续关注。

（3）裁量的规制或者控制路径。对裁量进行理论的廓清与阐释，最终将落脚于如何规范裁量的行使，也即对裁量进行规制（也有用控制、治理等词）。在既有研究中，早期的研究侧重于通过单一的方式进行规制裁量，例如余凌云教授的研究侧重于通过司法进行控制，强调司法审查的重要性。[1]之后，崔卓兰教授等从"行政自制理论"的视角提出通过行政的自我规制来实现对行政裁量的自我控权。[2]徐晨博士从制度选择的视角提出以权力竞争来控制行政裁量权。[3]周佑勇教授提出通过行政规则、均衡利益衡量、实质性利益沟通和司法审查等具体方式建构一种功能主义的治理模式。[4]郑春燕教授提出行政裁量是在规范与现实之间关照权衡，指出要从规范与事实两个层面将传统的规制进路与新的协商规制进路进行有效衔接进而实现规制。[5]王贵松教授系统地论述了行政裁量并创造性地提出了通过收缩行政裁量以防止行政裁量中的危险。[6]

2. 关于税务裁量的研究

关于税务裁量问题，财政学、管理学与经济学等领域稍有涉及，在不同程度上关注税收执法裁量权的运行及其控制问题。与之相较，法学的研究稍显单薄。在为数不多的法学研究中，行政法的研究最多，它将税收裁量行为作为行政行为的下位概念统摄于行政裁量之下进行研究。而进一步囿于我国税法学，特别是税法学基础理论的研究起步较晚。从税法的视角进行研究的文献寥寥无几且多集中于税收征管实务，鲜有研究从税法基础理论的面向研

---

[1] 余凌云：《行政自由裁量论》（第 3 版），中国人民公安大学出版社 2013 年版。

[2] 崔卓兰、刘福元：《论行政自由裁量权的内部控制》，载《中国法学》2009 年第 4 期；崔卓兰、于立深：《行政自制与中国行政法治发展》，载《法学研究》2010 年第 1 期。

[3] 徐晨：《权力竞争：控制行政裁量权的制度选择》，中国人民大学出版社 2007 年版。

[4] 周佑勇：《行政裁量治理研究——一种功能主义的立场》，法律出版社 2008 年版。

[5] 郑春燕：《现代行政中的裁量及其规制》，法律出版社 2015 年版。

[6] 王贵松：《行政裁量的构造与审查》，中国人民大学出版社 2016 年版。

究税法裁量问题的。另外，还有人以"税收（务）行政自由裁量权"为主题撰写了硕士毕业论文，但这些硕士论文整体停留在对现象的描述以及对实务征管困境的应对上，并未深及税法的基础理论问题。具言之，财政学的研究立基于我国税收征管实务中的裁量权滥用问题并探寻控制机制。王励从制度变迁的视角通过回顾西方国家对"自由裁量"的演变，总结与反思我国计划经济时期的税收管理，提出法制的外部控制和非正式制度的内部自我约束与激励以推动税收管理有效运用自由裁量权。[1]李华认为，我国税收自由裁量权运行控制的立法、税务内部、程序控制以及事后救济等制度缺失，提出构建行政基准制度与行政行为说明理由制度、完善行政复议制度和司法审查制度以及推行行政责任问责制以完善制度运行控制体系。[2]涂咏梅认为，税收执法自由裁量权的存在具有必然性以及滥用的现实可能性，提出通过加强信息沟通与执法人员道德约束以及完善税收立法与执法的自由裁量权等制度以约束其滥用。[3]

　　管理学的研究注重从不同面向制约税务裁量权。薛钢提出建立以合理分权为基础的权力制约机制、以提高税务人员素质为基础的职业道德制约机制和以赋予纳税人权利为基础的权力制约机制等三层次的制约机制以制约税务行政自由裁量权。[4]王华梳理税收自由裁量权滥用的形式并剖析原因总结其危害，提出从完善税收程序立法和违法审查、建立裁量基准和税务先例制度、运用信息化技术重组征管流程及加强执法人员的培训以控制税收自由裁量权的滥用。[5]崔志坤认为正是因激励与约束机制的缺失使得税收执法自由裁量权滥用成为可能，强调通过激励与约束的权衡来设计税收执法自由裁量权滥用的救济机制。[6]徐健认为我国税务行政自由裁量权存在立法授权过宽、运行控制机制供给不足的困境，提出通过法律层面严格控制自由裁量权、内部

---

〔1〕　王励：《谈自由裁量权在税收管理中的有效运用》，载《经济问题探索》2003 年第 11 期。

〔2〕　李华：《论税收自由裁量权制度控制体系的完善》，载《税务与经济》2007 年第 2 期。

〔3〕　涂咏梅：《税收执法自由裁量权滥用及其约束制度》，载《财政监督》2007 年第 11 期。

〔4〕　薛钢：《浅议对税务行政自由裁量权的制约》，载《税务与经济》2003 年第 1 期。

〔5〕　王华：《税收行政自由裁量权滥用的原因及控制手段》，载《山西财经大学学报》2007 年第 S2 期。

〔6〕　崔志坤：《税收执法自由裁量权滥用及其救济制度设计——激励与约束的权衡》，载《地方财政研究》2008 年第 6 期。

救济与外部司法审查相结合的手段突破以上困境。[1]

经济学的研究侧重于基本原则的导向功能。杨森平提出防止税收自由裁量权被滥用的基本原则和救济的制度设计，通过完善立法解释、程序立法、细化裁量尺度、强化内部监督、推行税务裁量责任制以推动税务裁量行为规范化、程序化、公正化。[2]

行政法学的研究关注在控权前提下税务裁量的原则、分类、生成机理等基础问题。汪诚[3]，龙朝晖、方佳雄[4]研究税务行政自由裁量权的范围。施锐利认为，行政法中的行政合理性原则基于自由裁量而生，是故对税收自由裁量权的行使具有重要的控制功能。[5]杨卫红认为税务机关在自由裁量权的控制上应适应行政权不断扩展与行政民主参与度不断加强的发展趋势，在立法约束和制度竞争方式中作出选择。[6]荣以杰从税务行政裁量基准这一细节着眼，以小见大关注该制度对规范税务行政裁量权的意义。[7]李登喜从最初关注税务行政裁量权的基本原则[8]进一步扩展至研究其热点和难点[9]并最终落脚于其规制路径[10]。陈秀依据不同的标准对税收执法自由裁量权进行分类以对

〔1〕 徐健：《浅议我国税务行政自由裁量权控制的问题与完善》，载《税务研究》2009年第12期。
〔2〕 杨森平：《税收执法自由裁量权滥用及其救济制度设计》，载《税务与经济》2005年第3期。
〔3〕 他认为，税务行政自由裁量权是税务行政机关在法律事实要件确定的情况下，在法律规定的裁量范围内合理地选择法律结果的权力。但是，在事实要件阶段，不存在税务行政自由裁量权的问题。参见汪诚：《论税务行政自由裁量权的法律控制》，载《财经科学》2003年第4期。
〔4〕 他们认为，税务机关的税收行政执法权是国家法律赋予的，税务行政自由裁量权的自由应该是相对于法律原则、幅度和范围的相对自由，它的履行应代表国家利益和社会公众利益。龙朝晖、方佳雄：《我国税务行政自由裁量权浅议》，载《税务研究》2007年第3期。
〔5〕 施锐利：《论行政合理性原则对税收自由裁量权的控制》，载《税务研究》2005年第7期。
〔6〕 杨卫红：《税务行政自由裁量权的控制研究》，载《扬州大学税务学院学报》2010年第4期。
〔7〕 荣以杰：《论税务行政裁量权裁量基准制度》，载《税务研究》2012年第3期。
〔8〕 他认为，税务行政裁量权本质上应遵循的基本原则是正当合理原则，具体应遵循包括目的适当原则、正当考虑原则、合理预期原则、比例原则、遵循原则、积极裁量原则、期待可能性原则和程序正当原则在内的这八个原则。参见李登喜：《论税务行政裁量权行使原则》，载《税务研究》2012年第3期。
〔9〕 他认为，税务行政裁量权的热点和难点集中于其概念的法理意义及其双重性、行使税务行政裁量权的原则要求、税务行政裁量权滥用的控制路径，以及如何规范行使和控制税务行政处罚等内容。参见李登喜：《关于税务行政裁量权热点难点问题的思考》，载《税收经济研究》2013年第5期。
〔10〕 他以安徽省国税系统的实践与探索为例，从规制税务行政裁量权的实际必要性出发，分析了当前税务行政裁量权规制范围、方式和实践问题，寻求规制税务行政裁量权的裁量基准制度、程序制度、监督和责任制度的有效方法和实现路径。参见李登喜、王凤彬：《税务行政处罚裁量权规制的制度设计、困境及出路——以安徽国税系统实践与探索为例》，载《税务研究》2017年第12期。

其进行规制。[1]邓嵘[2]、胡溢武[3]关注税务行政裁量权的不同规制路径。

税法学的研究相对比较分散。一是从整体上研究税务裁量问题。具体包括周俊琪从《税收征管法》切入，指出应依据合法、合理、连续的标准和准则予以控制，以达至行政法治的目标。[4]程莉关注从程序的层面进行有效规制裁量，指出最有效的途径是税收程序制度的建立与完善。[5]吕铖钢认为有必要强化比例性原则在税务行政裁量中的运用以此限制将税权介入纳税人私域的范围与限度，提供明确化的宏观指引，并提出具体的纠偏路径。[6]二是关注税法确定性中的裁量问题。具体包括：汤洁茵从税法续造的角度认为由于缺乏明确的税法规则指引，为确保课税公平，新型交易的税收待遇不得不由税务机关在个案中予以裁量[7]。董学智从税法上的不确定法律概念角度进行研究[8]，李貌从税收确定行为法律性质的角度进行切入[9]，黄家强将裁量适用型作为税法兜底条例的一个类别进行设计与改进[10]。三是聚焦具体制度上的税务裁量问题。曾远认为要运用比例原则审查，实现税收行政"首违不罚"智能裁量的法律控制[11]。师璇、陈雷、顾德瑞、叶金育分别关注税务和解的适用标的兜底条款的认可效力[12]、税务和解的授权

---

〔1〕 陈秀：《税收执法行政裁量权规制研究》，载《理论与改革》2013年第5期。

〔2〕 他认为，法律原则、法律程序和裁量依据三位一体的规制系统是对税务行政裁量权失范进行系统化法律规制的合理选择。参见邓嵘：《税务行政裁量权失范及其法律规制》，载《税收经济研究》2013年第1期。

〔3〕 他认为，复合规制模式是我国规制税务行政裁量权的必然选择，通过加强事前控制、事中控制、事后控制的衔接，可以保障税务行政裁量权在法律的范围内发挥其作用。参见胡溢武：《论税务行政裁量权的法律治理》，载《税收经济研究》2015年第4期。

〔4〕 周俊琪：《〈税收征管法〉中的自由裁量权及其控制》，载《涉外税务》2001年第11期。

〔5〕 程莉：《税收程序：规范税收自由裁量权的最佳手段》，载《税务研究》2005年第4期。

〔6〕 吕铖钢：《税务行政裁量权的理论阐释、行为纠偏与路径选择》，载《北京理工大学学报（社会科学版）》2021年第2期。

〔7〕 汤洁茵：《税法续造与税收法定主义的实现机制》，载《法学研究》2016年第5期。

〔8〕 董学智等：《论税法上的不确定法律概念》，载《交大法学》2018年第2期。

〔9〕 李貌：《税收确定行为的法律性质二元化与解决路径》，载《财经法学》2021年第6期。

〔10〕 黄家强：《税法兜底条款设计与适用的方法改进》，载《政治与法律》2022年第5期。

〔11〕 曾远：《包容审慎视角下税收"首违不罚"的智能实践与裁量控制》，载《地方财政研究》2022年第4期。

〔12〕 师璇：《税务和解适用标的兜底条款的认可效力困境及其消解》，载《税务与经济》2020年第2期。

界限〔1〕、税务和解适用的正当性问题〔2〕及税务和解实施的法律规制问题〔3〕。汤洁茵、王霞从税收核定与反避税的视角关注其间所涉之裁量问题。〔4〕王宗涛〔5〕在对反避税规则进行论述的过程中提及过该问题。

三、选题价值

(一) 理论价值

税务裁量在我国实务中广泛存在的样态与税法基础理论对此研究基本阙如的情境，表明在此课题上我国的理论研究显然滞后于征管实务，无法为后者提供规范指引。是故，研究税务裁量的法律规制不仅有利于税法基础理论研究的深化，而且有助于厘清税法立法权、行政权与司法权的运行边界，同时对保障纳税人合法权益、彰显个案公正也是极有裨益的。

1. 拓展范畴：完善税法学的基础理论研究

税务裁量问题在税法的实务适用中普遍存在，而在整个税法学理论体系中的系统研究却暂付阙如。究其原因：一是起步较晚的我国税法学研究难以充分观照并思考这些抽象的理论问题。二是泛滥成灾的实用主义思想进一步挤压税法学基础理论的研究空间。然而，经过改革开放四十年的积淀与蓄力，中国财税法基础理论研究的重要性进一步得到关注。基于上述因素，研究我国税务裁量的法律规制无疑具有重要的学术意义。当然，本书并不奢谈填补学术空白，仅是希望在拓展税法学的研究范畴、完善税法学基础理论研究面向上做出自己的努力。

---

〔1〕 陈雷：《税务行政裁量权的法律规制——以税务和解的授权界限为例》，载《税务与经济》2018 年第 3 期。

〔2〕 顾德瑞：《税务和解适用的正当性论证和环境检视》，载《中国石油大学学报（社会科学版）》2016 年第 1 期。

〔3〕 叶金育：《税务和解实施的法律规制》，载《内蒙古社会科学》2013 年第 6 期。

〔4〕 具体内容可见其关于税收核定的论述。汤洁茵：《不可承受之重：税收核定的反避税功能之反思 以〈税收征管法〉第 35 条第 (6) 项为起点的探讨》，载《中外法学》2017 年第 6 期；汤洁茵、肖明禹：《反避税调查程序中的税收核定：质疑与反思——以企业所得税为核心的探讨》，载《当代法学》2018 年第 4 期；王霞：《从"德发案"看税收核定司法证明标准的适用》，载《法律科学（西北政法大学学报）》2019 年第 4 期。

〔5〕 具体内容可见：王宗涛：《税法一般反避税条款的合宪性审查及改进》，载《中外法学》2018 年第 3 期；王宗涛：《我国一般反避税条款：法律性质及其立法建构》，载《税务研究》2014 年第 8 期。

2. 厘清边界：明确税法立法权、行政权与司法权的运行边界

税务裁量与税法不确定法律概念、税务裁量与税收法治是"如影随形"的两对范畴。研究税务裁量法律规制的首要课题就是甄别税务裁量与税法不确定法律概念的关系，厘清与税收法治的关系，在对比的基础上，揭示其共通性与个殊性。税法不确定法律概念与裁量涉及立法漏洞的填补问题，在税法续造的前提下，探寻税收法治中的裁量问题，究其根源仍是探寻权力分立问题。详言之，乃为税法的立法权、行政权与司法权的衡平问题。其次，传统"事前—事中—事后"的规制模式，通过立法约束、行政自我拘束以及司法审查的进路规制税务裁量。在此进程下，立法权、行政权与司法权交织，无法准确明定三者的权力边界。通过对税务裁量的法律规制进行研究，引入新的协商规制模式，在推动协商规制与规范规制模式的衔接过程中探寻各自的边界。

3. 彰显公正：保障纳税人的合法权益

保障纳税人权利是民主法治国家的义务。税务裁量的实质是通过利益衡量实现个案公正的过程，与每个纳税人的合法权益息息相关。纳税人法益保护不再仅仅是限制税收立法权启动的阀门，而是成了向执法者提出要求的标尺。税法的高度概括性与专业技术性使其在适用的过程中不得不让位并依赖于税务机关的自由裁量。然而，过大的自由裁量权为税务机关恣意侵犯公民权利提供了机会。是故，通过研究税务裁量及其规制问题以维护纳税人的合法权益，防止税务机关恣意利用税务裁量权侵犯纳税人的合法权益。

（二）现实价值

税务裁量问题的理论研究虽稍显不足，但税法实务中的裁量却是无所不在地渗透到了整个税法适用过程。在我国税务裁量常态化的税法实务样态下，其适用困境凸显。研究税务裁量问题，首先是要回应税务裁量适用的现实困境，其次是破解税务裁量中的突出问题，然后通过探索税务裁量的规制进路以推动其规范化与法治化。

1. 回应现实：规范税务裁量的适用

诚如前述，税务裁量面临着迫切的现实适用性难题。在运行、实施和监督过程中，征管机关及其工作人员解释的越位与错位、税务裁量基准定位的走样以及司法审查的强度有限等，实为当下税务裁量的难题。为回应此现实乱象，本书将综合梳理其失范现象探寻其失范原因，考虑税务裁量的紧迫性

与可行性，阐释其理论基础，检视其传统规制进路的不足，进而提出协商规制进路，以期实现这两种规制进路的有机结合以规制税务裁量的有序进行。

2. 破解困境：研究税务裁量的突出问题

税务裁量问题研究虽意味着我国税法研究在关注具体税种税制构建的同时进一步趋向税法基础理论，但应当清醒地认识到，该研究只是税务裁量或者说是税法衡平的一个表征，在实践中会遇到传统观念与现行制度的重重阻力，特别是在裁量的过程中如何践行税收法定主义、如何落实税法公平原则、怎样关照比例原则等问题，进一步讲实际乃是税务裁量与税收法治的关系问题。在全面推进依法治国战略、深化依法治国实践的当下，本书将重点把税务裁量放置于税收法治的背景下进行剖析，探讨如何在法治合理的限度下寻求税务裁量规制的建设与创新。

3. 完善制度：探索税务裁量的规制趋向

在税法领域，裁量问题一直是架通规范与现实间的桥梁。虽然我国正在全面推进税收法定原则的落实，但短期内仍难以改变我国税法领域立法呈现层级低且持续性较差的样态。进一步仅从已有法律的条文数量而言，作为征管依据的《税收征收管理法》仅有94条，与纳税人直接相关的《个人所得税法》经7次修正也只有22条而已。数量明显供给不足且兼具高度概括性的我国现有税法体系，显然给税务裁量提供了巨大的空间，滋生了浩如烟海的独具中国特色的征管实务依据——涉税裁量规范性文件。面对此现状，传统的"立法—行政—司法"的三重规范规制模式显然不敷使用，探索性地引进规制税务裁量的协商模式。因此，本书将着重对税务裁量的规制趋向进行探索。具体而言，涉及以下几个方面的内容：在将协商引入税务裁量领域的基础上，建构该模式的规制进路，从而进一步探寻其与传统规范规制模式的契合与衔接，最终落足于"立法约束+行政拘束+司法审查+协商规制"四足鼎立的治理模式。

四、研究内容与方法

（一）研究内容

本书的研究与写作在遵循问题主义进路的前提下，以如何构建税务裁量的法律规制体系为主线，结合我国税务裁量的失范实践，在分析传统"立法—行政—司法"规制模式规则之失的前提下，引入并建构协商规制模式以补充既有的规制进路，进而落足于构建税务裁量的"立法+行政+司法+协商"协同共治的规制模式。

本书共分三编，包括八章内容，主要研究内容如下：

第一编为"税务裁量的运行与逻辑"，重在辨析研究的起点，涵盖两章。

第一章"税务裁量的实然径路检视"。本章在观察6起典型涉税裁量争议案件的基础上，梳理税务裁量失范的现实样态，进而试图探寻该乱象背后的缘由。具言之，通过对择定的税务管理、税收优惠确定、延期缴纳税款审批、税收核定、偷税行为认定和税务处罚等六个案例中税务裁量运行的观察，折射其在实践中实施混乱、运行程序失当及救济功能有限等失范生态。深究背后根源，发现该失范现实直接导因于税务裁量灵活性与税法稳定性间的张力，即税收法律保留原则下现行税收法律法规对合法性的关照不足与税收授权立法对确定性的冲击。进一步探究可见，该乱象诱发于税务裁量回应性与税源管理滞后性间的矛盾，具体表现为税源管理的滞后性和信息共享的有限性等面向。而更根本的缘由则可归咎为税务裁量倾斜性与税收公平衡平性间的冲突，这又可以进一步从"微观—中观—宏观"三个维度进行论证。

第二章"税务裁量的应然逻辑诠释"。本章在明确税务裁量为着眼于法适用的应然性质定位的前提下，论证税务裁量的生成机理，进而尝试运用类型化的思维对税务裁量进行分类。详言之，从历史向度、空间维度及我国税务裁量客观实践这三个面向进行考察，进而证成税务裁量的法律适用属性并在此基础上进行初步的构造分析。规范与现实间的照应使得税务裁量成为一种可能，而二者间的张力则使得税务裁量成为一种必要。洞悉税务裁量的生成机理可以从形式的必然性与实质的正当性两个维度进行阐释，前者决定税务裁量的有无属于题中应有之义，后者则起着补充的作用，属于弦外之音。为进一步加深认知，将类型化这一传统的法学思维运用于税务裁量之中使抽象的法律理念和具体的规范事实实现较为完美的融合。

第二编为"税务裁量规范规制模式的类型与困境"，重在论证现行规制模式的局限，涵盖三章。

第三章"立法规制模式下精细规定与多元目的适用的异化"。本章讨论以精细化规定和多元化目的为控制手段的税务裁量立法规制模式的滞后性。首先梳理税收法定原则在中国从无到有并逐步落实的四个发展阶段脉络以明晰税务裁量生成的逻辑前提，进一步辨析税收法定原则中法律保留和授权立法之关系以证成税务裁量得以生长壮大之合理性。其次回归立法规制模式本身，阐述落实税收法定原则背景下，立法规定精细化的确定性之殇与立法目的多元化的指导性之弱化。

第四章"行政规制模式下裁量基准制约的偏差"。本章考察以裁量基准为制约手段的税务裁量行政规制模式的偏差。系统把脉税务裁量基准在中国的兴起实践，将其定位为一种行政自我规制的创新制度。税务裁量基准制度在以"细化情节""格化效果""解释不确定概念""列举考量因素"等技术为支撑的前提下，发挥着行为视角、主体角度和价值维度的综合功能。梳理该制度的运行实践，其溯及乱象和适用偏差导因于制定主体、法律属性及效力等先天设计未明。

第五章"司法规制模式下司法审查与案例指导的失灵"。本章检视以司法审查与案例指导为控制手段的税务裁量司法规制模式的失灵。司法对税务裁量从不予审理到适度审查昭示着司法对税务裁量规制的深化，在该规制模式下"双重前置"对进入司法的限制、司法审查的主观化以及司法对行政的过度谦抑等都抑制了司法监督效能的发挥。新兴的案例指导制度试图将具体案例适度抽象进而引导税务裁量，然而其也难逃指导性不彰的窘境。

第三编为"税务裁量协商规制模式的提出与实现"，重在提出一种新型的税务裁量规制模式以补足规范规制模式之不足，涵盖三章。

第六章"税务裁量协商规制模式的确立"。本章探究税务裁量协商规制模式的理论证成。首先界定税务裁量协商规制模式的范畴并诠释其理论基础，在此前提下论证其产生的正当性与当代发展。进言之，结合协商及其法律适用将该模式界定为运用协商的手段对税务裁量的运行予以规制的方式。在此基础上将该模式特征描述为个案的针对性、主体的平等性、过程的博弈性和结果的合意性，并尝试分析其法律效力。诠释协商规制模式的具体理论支撑为哲学层面的主体间性理论、政治层面的协商民主理论、文化层面的以人为本思想以及法学层面的纳税人权利理论。进而，一方面论证该模式产生于国家治理现代化的要求、社会多元化利益诉求以及信息网络技术迅猛发展的时代正当性，另一方面讲述以税务契约为核心的境内外税务裁量协商规制模式的发展实践。

第七章"税务裁量协商规制模式的构建"。本章建构税务裁量协商规制模式的实体和程序规则。详言之，税务裁量协商规制模式的实体要素主要包括确定协商主体、界定协商双方的权义结构及确定协商费用。出于纳税便利与税收效率的考量，可将税务裁量协商规制模式程序分为普通协商程序和简易协商程序，二者基本遵从"纳税人申请—税务机关受理—征纳双方实质性协商—协商结束"等步骤。

第八章"税务裁量协商规制模式与规范规制模式的衔接"。本章着力构建以"权利制约权力"的协商规制模式与以"权力制约权力"的"立法—行政—司法"规范规制模式间的有效对接。备言之，首先在明确协商规制模式与税收法定原则关系的基础上，提出提高立法层级、合理界定协商规制模式的适用范围等具体路径以实现作为过程之治的协商规制模式与源头之治的立法规制模式的融合。其次，在明晰协商规制模式与行政权不得处分理念以及税收效率原则的关系前提下，通过设计信息公开制度和说明理由制度以将协商规制模式的程序实质化，进而实现同属税务机关内部自我规制的协商规制模式对行政规制模式的发展。最后，在辨析协商规制模式与税收公平原则关系的前提下，通过将协商规制模式纳入税收司法审查的范围及明确协商规制模式的履行问题等将自我规制的协商规制模式嵌入外在监督的司法规制模式。

（二）研究方法

比较研究方法。本书运用比较研究的方法，一方面就域外而言，比较英美法系和大陆法系关于裁量问题的相关理论研究与实践动向；另一方面就国内而言，比较我国税务裁量制度在演进过程中的过去与现状，实然与应然的差异。同时，还从整体上将域外与我国关于税务裁量的认知与发展进行比较，以期构建一套既能接轨域外，也不致冲悖我国法治现状的规制进路。在这个过程中，阅读国内外相关期刊、专著文献，浏览有关国内外税务裁量问题的法律法规、政策文件、案例等，对比分析核心概念、既有规定、判例等是其前提。

实证研究方法。本书在系统梳理我国税收实务中大量的涉税案件后，从中选取涉税裁量纠纷，并在此基础上进行总结归类，选择典型案例。具言之，一是甄选司法实践中的典型案例，如选取6个案件作为税务裁量失范的例证、20个指导案例作为案例指导制度指导性不彰的样本、4个案件作为论证税务裁量基准溯及力及适用的范例。二是援引国家税务总局网站所通报的典型税案，诸如网络主播、影视明星等偷逃税案。在对上述因税务裁量引发纠纷的案例进行实证分析后，佐证书中相应的观点，增强本书的说服力与实定性。

规范研究方法。本书在分析税务裁量问题时较为频繁地运用该研究方法。首先，在本书伊始虽采取实证的研究方法，但是仍从规范的视角分析实证以证明税务裁量失范的原因。第二章通过将税务裁量定位为法适用的性质前提，从形式必然性与实质正当性的价值层面论证税务裁量的生成机理，进而进行规范的类型分析。第二编从"立法—行政—司法"的维度检视规范意义上的税务裁量规制模式，将这三种模式置于规范分析之下。第三编以正当性和理论基础的价值分析为导向论证税务裁量的协商规制模式之生成机理并具体建构该模式，并以规范分析的方法将上述提及的四种规制模式进行有机的结合与协调，以期实现对税务裁量规制的规范化与法治化的目标。是故，整体观之，本书将规范分析方法贯穿其中。

五、研究创新与不足

（一）可能的创新

研究内容创新。本书以税务裁量为切入点，具有一定的创新性。税务裁量问题是我国税收征管实务中切实存在的具有中国本土特色的课题，存在理论界定与实务适用的现实困境，理论界虽有关注但研究较为浅显，实务界未给予应有的投入造成"同案不同判"的个体非正义现象逐步扩张。在我国，税务裁量问题无论是在理论界还是在实务界均仍处于初步的探索阶段，因而有很多可以挖掘和值得探讨的地方。因既有研究有限，且现实意义较大，故本书选题较新颖。

研究路径创新。本书关注税务裁量这一颇具中国特色的税法问题，同时不局限于此，还注重对域外相关制度进行比较研究，这是本书选题的重要特色。本书分析借鉴国内外裁量理论特色，立足中国税务裁量现实，反思以传统规范进路规制税务裁量问题的同时，尝试提出协商规制的新模式，并探讨性地将传统规制与协商规制进行衔接，以期实现税务裁量规制的最优化，重视整个研究路径的创新。

（二）不足之处

税务裁量理论阐释的挑战。裁量问题虽是一个中国本土课题，但是只有目前研究较多的行政法学才初具规模，与之相比，本就稍显稚嫩的税法学在这方面的研究几乎处于空白。从税法学的面向阐释税务裁量的内涵与外延，诠释其形式与实质的生成机理，进而从理论法学的高度入手对其进行类型化的解析，归纳税收征收管理中的各色裁量问题，探寻纷繁裁量表征背后的同质公因式，并提出税法适用的过程性作为新的类型化标准等是研究中需要直面的课题。而对于上述内容，要求论者具有良好的归纳和解释等规范分析能力，同时还需要兼具深厚的法理学功底。观之笔者目前的法理学修养，显然还有进一步提升的空间。

税务裁量协商规制模式的构建难度。规制裁量问题的传统思路难逃"立法约束—行政拘束—司法审查"这一窠臼，本书立基于法治的不同进路，反思传统规制模式的优劣，尝试性地提出构建税务裁量的协商规制进路。协商规制机制在我国并未形成体系化的研究。显然，在此制度阙如的大背景下如何构建税法领域的裁量协商规制模式是我们难以回避的课题：在协商规制模式中应遵循怎样的价值与原则？在信息非对称性的前提下如何运行该机制，怎样评估其运行实效？如何使该模式与传统规范规制模式在衔接过程中实现规制税务裁量的最优？以上实乃本书可能遇到的困难。

六、关于"税务裁量"一词的说明

作为法学思维起点和最基本单位的法律概念，其重要性不言而喻。有鉴于此，欲对税务裁量法律规制问题进行研究，首先绕不开的是对其中最基本的单位——税务裁量，进行合理的分析与界定。具言之，它是指税务机关依据法律授权，为实现个案正义而在适用法律规范进行裁断个案时享有的判断法律要件及确定法律效果的权力与自由。

本书使用"税务裁量"一词，是基于以下考量：首先，关于"税务"一词。从语义上讲，根据《税收辞海》的表述，"税务"解释为有关"税收的事务"；从范围上说，税务不仅涵盖狭义的税收征收管理，还包括其他诸如涉税机构设置、涉税服务、涉税复议、诉讼等其他事务。其次，关于"裁量"一词的使用，就法律层面的用语而言，存在"自由裁量权"与"行政裁量权"的反复采用情形；[1]在执法和司法实务中，工作人员基于习惯和社会接受程度往往使用"自由裁量权"这一用词；但在学术研究层面，我国学者，

---

[1] 2007年《行政复议法实施条例》第40条及第50条第1款首次在行政法规层面使用了"自由裁量权"，2008年《国务院关于加强市县政府依法行政的决定》及2010年《国务院关于加强法治政府建设的意见》则使用了"行政裁量权"，但是2014年《行政诉讼法》的修正则在第60条使用了"自由裁量权"。

特别是行政法学者经过近四十年的研究，终达成以"裁量"取代"自由裁量"的学术共识。

此外，为了尊重所引文献中作者原意的表达，书中仍会出现诸如，"税务行政（自由）裁量权""税收（自由）裁量权""税收执法行政裁量权""税务行政处罚裁量权"等用语。

第一编

税务裁量的运行与逻辑

第一章

税务裁量的实然径路检视

法律适用的过程是法律事实的认定与法律规范之萃取及其具体化的过程。税务裁量作为着眼于法适用的权力和自由，其具体适用即为应税事实的准确认定与税法规范的正确萃取及其具体外化为裁量决定的过程。在该过程中，税务机关拥有的税务裁量权作为一种特殊的权力，甚至在一定情形下对征管的事实发挥着决定性作用。而权力的运用与行使始终伴随着失范的危机与风险，这不仅要求我们关注风险的存在样态，也要求我们探寻该样态存续的背后原因，做到知其然且知其所以然。

第一节　税务裁量实践考察：典型案例折射失范事实

在税收征收管理实践中，无论是刻意还是不经意，税务裁量均已然成为税务人员在认定案件事实、具体化不确定法律概念、作出行为选择、确定处罚额度时所必不可少之考量因素，其重要性与功能性日益得以彰显。然而，在因应错综复杂、层出不穷的税收征管实务图景时，税务裁量疲态渐显，因裁量而引发的涉税纷争由来已久且屡见不鲜，甚至长期成为各界聚焦的热点。事实上，在具体税务裁量中，税务机关是否借税务裁量追求个案正义的实质公平之名行滥用裁量权力之实，不仅关涉税务机关执法的公正度，也会影响纳税人守法的纳税遵从度，进而影响纳税人对税务机关的信任度，不利于征纳双方的和谐互动，有碍于税收营商环境的法治化建设，无益于推动我国税收法治的进程。征税机关在获取税务裁量权后，随之而至的是其权力呈现倍数增长的样态，而税务机关权力的扩大在很大程度上意味着风险的增强。

一、税务裁量失范例示：基于几起典型税案的观察

着眼于法律适用的税务裁量，在税收征收管理过程中几乎无所不在。下面，笔者将以税收征收管理的整体流程为主线，选取典型涉税裁量案件，分析其中存在的裁量因素，以期通过实务中具体案件的例示功能来以小见大，稍窥税务裁量在实践中的适用情形，进一步洞见其在实务中失范的具体样态。

需要说明的是，截至 2022 年 2 月 8 日，在北大法宝网的"司法案例"数据库中以"税务+裁量"为关键词分别在"法院认为""辩方观点""争议焦点""法院查明""裁判依据""裁判结果"等检索条件中进行检索后，共检索到相关税务裁量案件 429 件，其中同一案件经多次审理的计为 1 件。在对上述案件进行逐一阅读并以案件是否真正涉及税务裁量为标准结合最初设定的税收征管流程，最终筛选出 6 组涉及税务裁量的案例作为分析蓝本。此外，在这 6 组案例的叙述中为了统一称谓便于叙述，将涉案企业均称为纳税人，涉案税务机关均简称为"稽查局""地税局""国税局""税务局"[1]，将审判法院简称为"法院"，而不涉及具体的区域名称。

表 1-1　税务裁量失范案例列举

案例	税务裁量权	税务裁量行为
1	税务管理权	审核税务登记变更、认定增值税一般纳税人资格、增加增值税专用发票领用量
2	税收优惠确定权	审核纳税人享受税收优惠资质
3	延期缴纳税款审批权	确定纳税人资格、审查延期情形、批准延期申请、确定延期纳税期限
4	税收核定权	认定计税依据明显偏低、裁判理由正当性、确认核定方式
5	偷税认定权	认定偷税行为、确定偷税数额
6	税务处罚权	确定处罚额度

---

〔1〕　根据《深化党和国家机构改革方案》的要求，省级和省级以下国税地税机构已于 2018 年 6 月 15 日合并。

（一）税务管理中的裁量权滥用[1]

在本案中，作为税务分局局长的李某在接受纳税人行贿后，指使本局科员乔某自 2013 年 10 月起在所辖范围内为不符合条件的纳税人先后办理了税务登记变更、增值税一般纳税人申请认定以及专用发票增量等业务。在上述税务管理过程中，李某和乔某滥用税务管理职权，在税务登记、发票管理环节，审核相关材料时滥用税务审核裁量权，同意将上述材料上报上级国税局并使之顺利通过。税务裁量在该案件中具体体现为变更税务登记、增值税一般纳税人资格申请认定及增值税专用发票增量业务材料的审核权，是因纳税人权力寻租而滋生的税务裁量权滥用。具体情形如下：

纳税人：旺发纺织股份有限公司为金星镇人民政府招商引资企业，所属行业为加工业。

李某：葫芦岛市南票区国家税务总局金星镇税务分局局长，负责全局工作。

乔某：南票区国家税务总局金星税务分局科员，负责纳税申报、税务登记、发票发售、窗口代开及内勤等工作。

税务裁量之一：变更税务登记。李某在明知纳税人没有真实的生产经营行为，生产经营场所不具备安全保管专用发票的条件，也未按照国家统一的会计制度设立账簿，在财务人员不具备从业资格及该企业未提交工商部门出具的核准变更通知书原件及变更后的工商营业执照原件的情况下，接受该纳税人实际经营者王某某和王某的请托，指使乔某在《税务登记证》中将企业经营范围变更为商贸批发企业。

税务裁量之二：增值税一般纳税人资格申请认定：李某在明知该纳税人不符合增值税一般纳税人认定条件，并且在未到现场实地查验的情况下，再次指使乔某填写内容虚假的《一般纳税人申请认定表》和《增值税一般纳税人认定实地查验报告表》，并签署同意意见，使得纳税人取得增值税一般纳税人资格。

税务裁量之三：增值税专用发票增量。2013 年 12 月，纳税人向金星国税

---

[1]　参见"李某滥用职权、受贿，乔某玩忽职守案"，葫芦岛市南票区人民法院刑事判决书〔2015〕南刑初字第 00098 号，葫芦岛市中级人民法院刑事判决书〔2016〕辽 14 刑终 59 号，辽宁省盘锦市中级人民法院刑事判决书〔2018〕辽 11 刑再 1 号。

分局提出增加增值税专用发票领购量的申请并向该局提交申请所需的购销合同，李某未掌握企业生产经营状况，也未安排人员进行实地调查，便同意将纳税人的月发票领购量调整到 300 组且在审批表中签署同意的意见。后该纳税人于同年 12 月 23 日在南票区国家税务总局领购 300 组增值税专用发票。

（二）税收优惠确定权前后矛盾[1]

在本案中，纳税人能否享受西部大开发 15% 的企业所得税税率优惠的症结在于：一方面，纳税人是否符合西部大开发鼓励类产业；另一方面，税务机关审核的正当性。其中，纳税人资质问题属于事实，依据《关于深入实施西部大开发战略有关税收政策问题的通知》（财税〔2011〕58 号）第 2 条的规定[2]可以判断纳税人不属于西部大开发鼓励类产业。但享有税收优惠确定权的税务局却作出了同意纳税人享受该税收优惠的决定，后又否定该行为并要求其补缴税款且加征滞纳金。在本案中，争议的核心实为纳税人是否应当享受税收优惠，进一步取决于所属税务局的税收优惠确定权。在本案中，税务裁量具体表现为税收优惠确定权，进一步表现为税务机关对纳税人资质的审核确认。而税务机关前后大相径庭的决定与纳税人对首次审批的信赖认知相距甚远，由此引发了后期的涉税争议。法庭更是认定，税务局未尽到审查义务，对纳税人的税收优惠审批不符合法律法规及规章规定。具体情形如下：

纳税人：马边嘉能佳能源有限责任公司。

税务机关：四川省马边彝族自治县国家税务总局稽查局、国家税务总局乐山市税务局。

法院：四川省乐山市市中区人民法院。

税务裁量之一：纳税人是否应享受西部开发 15% 的企业所得税税率优惠。国税局先是同意纳税人享受税收优惠，后又否定该行为。纳税人虽为电力企业但以电力购销为主营业务并不属于鼓励类企业，但在国税局分局对纳税人主营产品名称及收入总额和比例等材料进行审核确认后，却在申请材料中主

---

〔1〕 参见"马边嘉能佳能源有限责任公司与四川省马边彝族自治县国家税务总局稽查局、国家税务总局乐山市税务局税务行政管理（税务）案"一审行政判决书〔2018〕川 1102 行初 274 号。

〔2〕 自 2011 年 1 月 1 日至 2020 年 12 月 31 日，对设在西部地区的鼓励类产业企业减按 15% 的税率征收企业所得税。上述鼓励类产业企业是指以《西部地区鼓励类产业目录》中规定的产业项目为主营业务，且其主营业务收入占企业收入总额 70% 以上的企业。《西部地区鼓励类产业目录》另行发布。

营业务范围明显不符合规定的前提下仍审核同意纳税人享受该税收优惠。纳税人主营业务收入实际上不符合西部开发税收优惠的条件，不应当享受该税收优惠，但国税局于 2012 年审核同意纳税人享受西部开发税收优惠政策。之后，2016 年国税局以纳税人主营业务收入未达到 70% 比例为由，认定该企业不得享受减按 15% 的税率征收企业所得税的优惠政策。

税务裁量之二：纳税人是否需要补缴税款及滞纳金。国税局认为，纳税人不履行如实申报的法定义务，存在不应当享受西部开发税收优惠的违法事实，故对纳税人不适用 3 年追征期的规定，应适用 5 年追征期的规定。纳税人认为，其享受税收优惠是经过国税局前期审批和后期注销核准的双重批准认可的，相应的纳税义务已履行完毕，不存在违规享受税收优惠政策的情形。其实，本案系由税务机关未正确行使税收优惠裁量权导致纳税人不当享受税收优惠进而产生少缴税款的事实所致。按照《税收征收管理法》第 52 条第 1 款的规定，〔1〕已过 3 年时效期，此时纳税人没有义务补缴税款，也不存在缴纳滞纳金的问题。

（三）延期缴纳税款审批权行使不当〔2〕

本案中，稽查局决定向纳税人追缴企业所得税 1043 万余元，并从税款滞纳之日起按日加收 5‰ 的滞纳金。纳税人在收到稽查局《税务处理决定书》和《税务处罚决定书》后第一时间与税务局联系并告知实际困难，税务机关遂要求原告先缴纳《处罚决定书》的罚款，并同意原告分期缓交《处理决定书》要求追缴的税款及滞纳金。纳税人据此形成了《缴款计划书》，税务局予以接受并归档入卷进行内部保存，后纳税人分 7 次于 220 日内缴清税款。在这个过程中，税务裁量表现为延期缴纳税款的审批权，进一步体现为审查纳税人身份是否符合条件、情形是否为"特殊困难"，行使审批权的主体是否适格，批准的期限是否恰当。本案中，关键貌似在于《缴款计划书》是否为征纳双方协商一致后的有法律效力的文书，但症结实为税务机关延期纳税审批

---

〔1〕《税收征收管理法》第 52 条第 1 款："因税务机关的责任，致使纳税人、扣缴义务人未缴或者少缴税款的，税务机关在三年内可以要求纳税人、扣缴义务人补缴税款，但是不得加收滞纳金。"

〔2〕 参见"湖州市民政事业经营开发有限公司与国家税务总局浙江省税务局税务行政管理案"，浙江省杭州市西湖区人民法院一审行政判决书［2019］浙 0106 行初 176 号，浙江省杭州市中级人民法院二审行政判决书［2020］浙 01 行终 240 号。

权的裁量权。实际上，税务局适用法律的错误导致本不符合延期条件的纳税人错误取得了延期缴税的资格并据此形成了信赖利益保护。具体情形如下：

纳税人：湖州市民政事业经营开发有限公司。

税务机关：国家税务总局湖州市税务局稽查局、国家税务总局湖州市税务局、国家税务总局浙江省税务局

税务裁量：纳税人以"追缴税款数额巨大，追缴年限达十余年，滞纳金也相当可观，且当时纳税人的法定代表人以及多家关联公司的负责人均因涉嫌虚开发票罪一直被羁押，其客观上无法在短时间内筹措到如此巨额的款项，能够提供的担保也无法得到税务局确认"为由，针对稽查局提出的补征税款及滞纳金申请延期缴纳税款。税务局在未进行充分审查的前提下，擅自作出延期分期缴纳税款的决定。该案显然属于延期缴纳税款裁量权行使不当，具体表现为：一是适用延期缴纳税款的纳税人应为依法正常申报缴纳税款的纳税人，而非稽查局查处需要补缴税款的纳税人；二是延期缴纳的税款是因特殊困难难以如期实现入库的税款，而非稽查查补税款；三是特殊困难的认定需依照《税收征收管理法实施细则》第41条确定的两种情形[1]进行审核，而本案纳税人的理由显然不属于"特殊困难"；四是作出延期缴税款决定，税务机关也仅有权批准不超过3个月的延长期，无权超出期限，更无权决定分期缴税。

（四）税收核定权的认定不确定性[2]

在本案中，稽查局在税收专项检查中发现，纳税人曾以低于市场价的价格销售给其关联公司的离退休职工住宅，该行为符合《税收征收管理法》第35条第1款第6项[3]规定的税务机关有权核定应纳税额之情形，遂按照同期市场价格进行调整。纳税人认为，对企业的商品价格进行调整是企业自主经

---

［1］ ①因不可抗力，导致纳税人发生较大损失，正常生产经营活动受到较大影响的；②当期货币资金在扣除应付职工工资、社会保险费后，不足以缴纳税款的。

［2］ 参见"新疆维吾尔自治区地方税务局稽查局与新疆瑞成房地产开发有限公司税务行政处罚案"，新疆维吾尔自治区乌鲁木齐市中级人民法院行政判决书［2014］乌中行终字第95号，新疆维吾尔自治区高级人民法院行政裁定书［2015］新行监字第54号。

［3］《税收征收管理法》第35条第1款第6项："纳税人有下列情形之一的，税务机关有权核定其应纳税额：……（六）纳税人申报的计税依据明显偏低，又无正当理由的。"

营的权利，税务局以价格明显偏低对其进行处罚没有依据。本案争议的核心焦点为纳税人给出的理由是否能够成为其申报的计税价格的正当理由。结合《税收征收管理法》及其《税收征收管理法实施细则》的规定，在本案中，税务裁量具体体现为税收核定权，进一步表现在税务机关对"明显偏低"和"正当理由"的判断。而税务机关的判断与纳税人的申报认知存在明显差异，后续复议机关（维持）、诉讼机关（撤销稽查局决定）也进一步表明了不同主体的裁量差异性。在本案中，税务机关先是认定纳税人申报的计税依据与其向社会个人销售的价格相比"明显偏低"，后又否定纳税人提出的"正当理由"。税务机关认为，其对上述行为的界定，是税法赋予其的自由裁量权。究其根本，实则"明显偏低""正当理由"属不确定法律概念，虽税收核定为事实确认行为，但是如何核定的关键在于税务机关如何行使裁量权。具体情形如下：

纳税人：新疆瑞成房地产开发有限公司。

税务机关：新疆维吾尔自治区地方税务局稽查局。

法院：新疆维吾尔自治区乌鲁木齐市中级人民法院、新疆维吾尔自治区高级人民法院。

税务裁量之一：计税依据是否明显偏低。税务局认为，纳税人销售给原拥有土地使用权单位职工（含特定关系人）的部分商品的价格，明显低于销售给其他无关联关系的其他社会个人销售同类商品房的价格，属于"申报的计税依据明显偏低"。但纳税人认为，按照当时市场销售价下浮 20% 的价格对老职工优惠售房，属于运用自主经营权调整商品价格的行为。一审法院认为，税务局的税收核定重新确定税基行为系越权行政（该认定明显不当）。

税务裁量之二：计税依据理由是否正当。纳税人提出的理由：纳税人采取的优惠售房举措，是在接到原拥有土地使用权单位的主管单位自治区供销社同意批复后从大局出发所作出的化解纠纷之举。税务局认为，纳税人的行为应属关联企业间违反独立交易原则所进行的交易，纳税人提出的理由不属于正当理由。然而，二审和再审法院均支持纳税人的理由，认为纳税人的低价销售行为并无不当，是解决职工困难，防止群体事件发生的化解矛盾之举。

（五）偷税认定权中的税额认定差异[1]

在本案中，围绕稽查局同日作出《税务行政处理决定书》和《税务行政处罚决定书》认定少缴增值税金额不一致问题，纳税人、税务机关、各级法院态度不一。其争议的焦点在于税务处理与税务处罚的差异性。纳税人的关注点在于稽查局在同一日所作的针对同一少缴税款行为数额的事实认定的重大矛盾，税务机关解释为该差别是从有利于纳税人角度出发所采取的审慎态度。稽查局、税务局、一审与二审法院虽都承认税务处理与税务处罚在构成要件、证明标准等方面存在差异，但其实在考虑时，均以税务处罚应适用更高证明标准为由，作出事实认定不存在矛盾的裁量。再审法院在承认其差异的前提下，重点关注纳税人是否存在主观故意，从而得出了"认定事实不清、适用法律错误"的裁量结果。具体情形如下：

纳税人：厦门市全新彩钢结构有限公司。

税务机关：国家税务总局厦门市税务局稽查局、国家税务总局厦门市税务局。

法院：厦门市思明区人民法院（一审法院）、厦门市中级人民法院（二审、再审法院）。

税务裁量：纳税人认为，市稽查局作出的《税务行政处罚决定书》认定其少缴增值税税款共计3 584 713.32元，而同日作出的《税务行政处理决定书》却认定数额为6 972 043.01元。稽查局对事实的认定前后存在重大矛盾，案涉税务处理决定对全新彩钢公司少缴增值税税款数额的认定明显错误。稽查局认为，税务处理决定和税务行政处罚决定属于两种不同的行政行为。稽查局在行政处罚时，基于审慎考虑，适用较高的证明标准，作出了与税务处理决定不一的认定金额，该认定正是体现了稽查局基于税务处理与税务行政处罚两者本身构成要件、证明标准的不同作出的区别认定，这种差别体现了税务机关在行政处罚中从有利于纳税人角度出发所采取的一种审慎态度，并不是全新彩钢公司所称的出现错误。税务局在复议时持相同态度，一审法院和二审法院也与上述观点一致。但再审法院认为，该行为属于事实认定不清，

---

[1] 参见"厦门市全新彩钢结构有限公司与国家税务总局厦门市税务局稽查局税务行政管理案"，福建省厦门市思明区人民法院行政判决书［2018］闽0203行初192号，福建省厦门市中级人民法院行政判决书［2019］闽02行终121号、［2020］闽02行再3号。

适用法律错误。因为，本案中，税务处理决定和税务处罚决定系针对同一违法行为作出的两个行政行为，二者关系紧密，在少缴税款认定上具有极高的共通性，区别在于在事实认定上是否存在主观故意，即采取了偷税手段。案涉税务处理决定认定的少缴增值税税款中不存在全新彩钢公司计算错误等失误导致的少缴税款的类似情形。税务机关也未能举证证明，其认定的全新彩钢公司少缴增值税行为应被科以行政处理而不应被科以行政处罚。

（六）税务处罚权中的显失公平[1]

在本案中，稽查局依据《税收征收管理法》第 63 条第 1 款[2]和第 64 条第 2 款的规定[3]将纳税人少缴税款行为认定为偷税且未进行纳税申报导致国家税款不能及时、足额实现，遂对纳税人行为课以顶格 5 倍之处罚，税务局复议后维持该决定。一审与二审法院均对偷税事实予以确认，但认为该税务处罚显失公平，变更为 3 倍处罚。本案中，税务裁量具体体现为稽查局享有的税务处罚裁量权，裁量空间为"不缴或者少缴的税款百分之五十以上五倍以下"。然依据当时生效的《四川省国家税务局关于印发规范税务行政处罚自由裁量权相关制度办法的通知》（川国税发〔2009〕36 号）（2015 年 12 月 17 日失效），只有纳税人存在"累犯等其他严重情节"，方可处以 3 倍~5 倍罚款。[4]本案中，纳税人属首次发生偷税行为，即使处罚也应适用"不缴或

---

[1]　参见"成都市荣泰清真食品有限公司和成都市青白江区地方税务局稽查局税务行政处罚案"，四川省成都市青白江区人民法院行政判决书〔2013〕青白行初字第 3 号；四川省成都市中级人民法院行政判决书〔2013〕成行终字第 168 号；刘天永：《税案观察：法院以税务处罚倍数显失公正为由作出变更判决案》，载 http://www.sohu.com/a/168843885_665862，最后访问日期：2023 年 11 月 26 日。

[2]　《税收征收管理法》第 63 条第 1 款："纳税人伪造、变造、隐匿、擅自销毁帐簿、记帐凭证，或者在帐簿上多列支出或者不列、少列收入，或者经税务机关通知申报而拒不申报或者进行虚假的纳税申报，不缴或者少缴应纳税款的，是偷税。对纳税人偷税的，由税务机关追缴其不缴或者少缴的税款、滞纳金，并处不缴或者少缴的税款百分之五十以上五倍以下的罚款；构成犯罪的，依法追究刑事责任。"

[3]　《税收征收管理法》第 64 条第 2 款："纳税人不进行纳税申报，不缴或者少缴应纳税款的，由税务机关追缴其不缴或者少缴的税款、滞纳金，并处不缴或者少缴的税款百分之五十以上五倍以下的罚款。"

[4]　对《税收征收管理法》第 63 条第 1 款的规定，处罚细化的标准为：由税务机关追缴其不缴或者少缴的税款、滞纳金，并处不缴或者少缴的税款 50% 以上 3 倍以下的罚款，有累犯等其他严重情节的，处以 3 倍~5 倍罚款。

者少缴的税款50%以上三倍以下的罚款"的具体规定。具体情形如下：

纳税人：成都市荣泰清真食品有限公司

税务机关：成都市青白江区地方税务局稽查局、成都市青白江区地方税务局

法院：成都市青白江区人民法院、成都市中级人民法院

税务裁量：稽查局认为在进行税务检查时，纳税人"不积极配合、态度不好"，遂对纳税人少缴纳的城镇土地使用税、企业所得税、城市维护建设税和印花税的税款均处以5倍罚款，合计罚款金额546 686.45元。对此，纳税人不服遂申请复议、诉讼。一审法院认为，稽查局应该根据纳税人违法情节酌情进行处罚，纳税人确有不仅配合、态度不好的情况，但是其并没有采取其他恶劣的偷税手段，且属初次被处理，稽查局的处罚显失公正，判决变更为3倍罚款。二审法院支持一审法院变更罚款幅度的判决，但原因增加了"被上诉人未举出充分有效证据证明上诉人不积极配合税务检查的行为具有处以五倍处罚的严重情节及社会危害后果"。

由上观之，上述六个案件涵盖"税务管理—税款征收—税务检查—税收法律责任"这一税收征收管理的流程，就案件本身而言，关涉整个税收征收管理，只是单从涉及的裁量行为聚焦而言，本书作出了侧重选取。上述案件税务裁量的背后是税务机关依照《税收征收管理法》的规定享有的税收征管权，进一步可以细化为税务管理权、税收优惠确定权、延期缴纳税款审批权、税收核定权、偷税认定权与税务处罚权。其中，如何管理税源、纳税人能否享受税收优惠及是否可以延期纳税需经税务机关许可后方能确定，纳税人的行为如何定性、若认定为偷税因此触发的如何确定应纳税所得额、不缴或少缴税款及罚款等问题亦需税务机关确定后方能实施。虽依照税收法定原则及税收债权债务关系学说，纳税人有了应税行为或事实符合法定构成要件，其应纳税额即已确定，税务机关的征管行为也无非是实现已确定税款的及时足额入库。但问题恰恰在于，征纳双方行为的背后各自指向征管职权与纳税义务，而链接二者的虽是税法规定，但纳税人纳税义务履行的正当与否取决于税务机关征管职权的判断，特别是税务机关围绕应纳税额所采取的前端税源管理、中端税额确认、后续法律责任承担等行为。这些切实影响纳税人应纳

税额的行为均有税务裁量的因素，特别是在需要确定诸如"明显偏低""正当理由""合理商业目的""特殊困难"等不确定法律概念时，依照相关法律授权如何裁量取决于税务机关。而也正因税务裁量是税务机关依法享有的职权且法律授予的这项权力并未严格践行税收法定的授权明确要求致使其权力行使边界亦未明，税收实务中各类裁量失范现象层出不穷，涉税争议数量也随之增长。

二、税务裁量失范的现实样态梳理

在上述税务争议中，典型案例所暗含的裁量问题例示着税务裁量在实务中的失范生态。事实上，上述典型案例中的争议焦点及各方主体对事实及法律适用的判断均不同程度地折射出了税务裁量在实践中的困境。具言之，渐行失范的税务裁量在税收征收管理中具体表现为实施、运行程序以及救济的困顿。

（一）税务裁量实施的混乱与滥用

1. 税务裁量主体众多

主体的多样性使得税务裁量具备了多种可能性。税收是公民向国家让渡部分财产权，由国家为之提供相应的公共产品（服务）的特殊契约，这就使得国家获得了税务裁量的正当性。由此，税务机关和海关是税收法律关系中享有征税权的主体，但基于海关的征税范围是关税及代征通关的增值税和消费税，所以这里仅论及税务机关。

纵向观之，在我国的五级税务系统下，各级税务机关作为独立的税务主体，在自行税收征管的过程中并非坚持统一尺度的裁量标准，这就容易引发"同案不同判"的情形。该结果对于直接受裁量纳税人而言公平性难彰，在其进一步通过税务复议维权时就会触发由上下级税务机关裁量尺度不一导致的征纳双方的争议，进一步使得原本争议明确的案件因征纳双方的认知不同而反复涉诉。同时，税务裁量的公平与否其实关涉税收营商环境的便利性，这将进一步影响纳税人的经营选择。若某地频繁存在税务裁量失范事实，纳税人就会认为该地的营商环境并不利于其发展。那么，原有的税源便可能会通过迁移主营业地、减少在当地业务等方式提前规避与税务机关接触，潜在的纳税人可能会直接放弃在该地投资，这将导致该地税源的直接减少并进而影响经济的发展。

横向来看，税务机构的调整变迁也考验着税务裁量。1993年《国务院关于实行分税制财政管理体制的决定》（国发〔1993〕85 号）指出："根据事权与财权相结合原则，将税种统一划分为中央税、地方税和中央地方共享税，并建立中央税收和地方税收体系，分设中央与地方两套税务机构分别征管。"由此开启了中国税收史上二十多年的国地税并立的征管格局。直至 2018 年中共中央印发《深化党和国家机构改革方案》，明确提出"改革国地税征管体制""将省级和省级以下国税地税机构合并"。自 1994 年以来，国地税四级税务裁量格局下各种裁量政策与规定叠加，显然并未产生"1＋1＝2"的效应，反而加剧了税务裁量实务适用的混乱，这也成了促成国地税合并改单的重要原因。诚如张怡教授所言："一个执法主体、一个执法尺度将有效降低制度性交易成本，资源得到更为合理、有效的配置。"〔1〕合并后的税务机关均面临着征收范围的扩大，原只负责地方税征收的税务机关工作人员的业务范围必然拓展至中央税和共享税，反之亦然。改制后，虽形式上避免了税务系统两套执法体系下政策执行的非一致性。但是，执法工作人员长期形成的既定执法思维和方式并不会因简单的机构合并而实现统一，这就可能会导致同一机构内部的同案产生不同的结果，由原来机构外矛盾转变为同一税务机关内的裁量差异。虽然机构合并为统一执法尺度提供了契机，但是既有遗留问题和新生矛盾仍将持续考验税务裁量的公正性。

此外，稽查局的税务裁量适格性长期以来备受质疑。税务稽查是税收征管中针对纳税人偷税、逃避追缴欠税、骗税和抗税情形的特殊税务行为，这就进一步决定了稽查税案会对纳税人的财产权甚至人身权产生实质性影响。由此，税务稽查领域的涉税裁量纠纷频繁发生，涉案纳税人往往以稽查局并不享有相应职权为由提出异议。其实，在 2001 年《税收征收管理法》修订前，稽查局执法主体地位确实存疑。依照 1992 年和 1995 年《税收征收管理法》第 8 条的规定，在当时税务机关包括各级税务局、税务分局和税务所，显然并没有稽查局。但基于稽查局在征管实务中事实执法的现实，涉税纠纷频繁提及稽查局主体不适格的矛盾，2001 年修法时就增加了"和按照国务院规定设立的并向社会公告的税务机构"，2002 年的《税收征收管理法实施细则》专门明确该机构是指省以下税务局的稽查局。由此，法律已明确稽查局

---

〔1〕《中心主任张怡教授受邀参加国家税务局重庆两江新区税务局挂牌仪式》，载 https://mp. weixin. qq. com/s/So2tAezyMHgIgggkRqSnVg，最后访问日期：2023 年 11 月 26 日。

的法律地位，但稽查局仍时常面临主体正当性的拷问。

2. 税务裁量权力滥用普遍

税收征管是税务机关行使征税权的过程，从管理税源的税务管理到确定税额的税款征收，伴随对纳税人涉税行为的税务检查终至对违反《税收征收管理法》规定的税收法律责任的承担，该流程存在税务裁量的外部性风险。

第一，税务管理环节。税务管理是通过纳税人实施税务登记、账簿与凭证管理及纳税申报，从而建立征纳双方彼此联系的税收征管起点。税务裁量正是在税务机关确定税源、税基依据和纳税人履行纳税义务过程中实现的。首先，在税务登记和账簿、凭证管理环节的审批权滥用。税务机关通过审批纳税人的登记情况进而动态掌握税源信息，查验账簿与发票凭证确定纳税人的税基。仅以税务登记为例，在纳税人设立登记、变更登记和注销登记领域，税务机关对纳税人的申请材料享有税务审核权。纳税人能否顺利登记及后续的内容变化是否需要申请变更或注销登记，最终确定权在于税务机关，这也是产生前文案例中滥用税务管理裁量权违规办理税务登记、擦边变更登记范围屡禁不止现象的原因。纳税人为了税务登记能不因受理或审批税务人员的延迟或违规操作而顺利通过，往往会倾向于向其寻租以获取本应正当享有的权利，或本不具备条件的纳税人反而获取税务登记及资质。虽然商事登记制度改革和数字技术在税务领域的运用使得新设立纳税人无需再次进行税务登记、纳税人外出经营活动无需税收管理证明及税务注销程序更为便利化，该改革减少了税务机关的审批职权，在一定程度上降低了税务裁量的滥用风险，但是又增加了新的税务裁量风险。诸如，在一般注销纳税人的"承诺制"容缺办理注销业务中，若纳税人未履行在承诺时限内补齐资料的承诺，则 A 级纳税人将被直接降级为 D 级。在国家大力推进社会信用体系建设的当下，纳税信用对纳税人的生产经营行为意义重大，仅凭承诺的非履行就将原本享受税收激励的纳税人变为需接受严格管理措施的主体，其中权力空间之大、行为结果之影响无需赘述。其次，在纳税申报环节的裁量权滥用。在此环节存在两个裁量因素，一个是"税务机关根据实际需要要求纳税人报送的其他纳税资料"中"实际需要"的确定，另一个是经税务机关核准的纳税人、扣缴义务人因"确有困难""不可抗力"而不能按期申报或报送报告表的情形。以纳税延期申报的核准为例，国家税务总局信息公开栏目里关于"对纳税人延期申报的核准"项目认定条件为"不可抗力或者其他原因",多个省(市)级税务局[1]在纳税服务栏目中将该项目的申请条件表述为:"因人们无法预见、无法避免、无法克服的自然灾害,如水灾、火灾、风灾、地震等不可抗力""因财务处理上的特殊原因,账务未处理完毕,不能计算应纳税额"两种具体情形。前一种指向自然灾害,后一种关涉财务问题,这其实均是对《税收征收管理法》第27条第1款[2]和《税收征收管理法实施细则》第37条[3]的列举,实际上限缩了申请条件,而且在很大程度上忽视了不可抗力的范畴明显大于自然灾害这一逻辑问题。梳理我国纳税延期申报的实践可以发现,国家税务总局分别因2008年贵州雪灾和"512"地震灾害、2010年青海玉树地震灾害、2016年全面推开"营改增"和2020年疫情防控主动发文延长纳税申报期限[4],该规范性文件确实起到了便利纳税人、维护纳税人合法权益的现实功能。但纳税人延期申报事项本是作为主管税务机关的税务许可事宜,应由纳税人或扣缴义务人申请,这样突破程序法定的事宜恰恰容易诱发执法权滥用风险。上述不确定法律概念的确定过程实乃税务裁量的运行,虽然我国《民法典》将"不可抗力"解释为不能预见、不能避免且不能克服的客观情况,但在影响纳税申报时,客观情况能否成立最终仍取决于税务机关的主观核准。这就使得虽有法律规定的"不可抗力""实际需要""确有困难"在

---

[1] 海南、上海、天津、河北、山西、内蒙古、吉林、黑龙江、安徽、山东。

[2] 《税收征收管理法》第7条第1款:"纳税人、扣缴义务人不能按期办理纳税申报或者报送代扣代缴、代收代缴税款报告表的,经税务机关核准,可以延期申报。"

[3] 《税收征收管理法实施细则》第37条:"纳税人、扣缴义务人按照规定的期限办理纳税申报或者报送代扣代缴、代收代缴税款报告表确有困难,需要延期的,应当在规定的期限内向税务机关提出书面延期申请,经税务机关核准,在核准的期限内办理。纳税人、扣缴义务人因不可抗力,不能按期办理纳税申报或者报送代扣代缴、代收代缴税款报告表的,可以延期办理;但是,应当在不可抗力情形消除后立即向税务机关报告。税务机关应当查明事实,予以核准。"

[4] 《国家税务总局关于贵州灾区税收申报缴纳延长期限问题的通知》(国税函〔2008〕135号)、《国家税务总局关于四川省等遭受强烈地震灾害地区延期申报纳税的通知》(国税函〔2008〕409号)、《国家税务总局关于延长2016年7月份增值税申报纳税期限的公告》(国家税务总局公告2016年第39号)、《国家税务总局关于支持青海玉树地震灾区恢复重建有关税收征管问题的通知》(国税函〔2010〕164号)、《国家税务总局关于进一步延长2020年2月份纳税申报期限有关事项的通知》(税总函〔2020〕27号)、《国家税务总局关于延长2020年3月纳税申报期限有关事项的通知》(税总函〔2020〕37号)、《国家税务总局关于延长2020年4月纳税申报期限有关事项的通知》(税总函〔2020〕55号)和《国家税务总局关于明确2020年5月纳税申报期限有关事项的通知》(税总函〔2020〕73号)。

税务机关面前其实没有任何差别，均要以其主观裁量为标准，这就增加了税务裁量滥用的可能性。

第二，税款征收环节。税务机关对已确定税收征收入库是保障税款实现的关键。在该流程中，税务裁量主要体现在若纳税人申报税款有问题税务机关如何依据税收核定或纳税调整来确定税额，若纳税人确不能按期缴纳税款，税务机关怎么判断是否属于"特殊困难"情形以及如何选择合适的制度来保障税款征收呢？仅以征管实务中争议最多的税额确定为例，税务裁量集中体现在税务机关的反避税行为中，具体表现为税收核定和纳税调整。其中，《税收征收管理法》于2001年修订时增加了"纳税人申报的计税依据明显偏低，又无正当理由的"这一规定，实现了税收核定反避税条款由行政法规[1]到法律的税收法定突破。纳税调整以《税收征收管理法》第36条[2]的规定为基础，实现从《企业所得税法》到《个人所得税法》的扩围。这两种税额确定行为虽具体行为方式不同，但均绕不开税务机关基于税务裁量权对"计税依据明显偏低""无正当理由""合理经营需要""合理商业目的""合理调整"等不确定法律概念进行确定的事实。诚如学者所言："应税事实的认定，依据经济实质抑或法律形式，某种程度上说，取决于稽征机关。"[3]该过程虽是对纳税人的纳税义务进行确认而非创设新的义务，但是在确定具体纳税义务时，由于税务机关拥有较大的裁量权，易造成税务裁量的滥用。具体到税收核定，"计税依据明显偏低"的具体判断标准和方法到底为何？什么样的理由才是真正的"正当理由"？这二者的举证责任到底归谁？无论是前文提及的案例，还是实务中争议良多的以"广州德发公司税案"和"新疆瑞成税案"[4]为代表

---

[1] 《增值税暂行条例》《消费税暂行条例》《车辆购置税暂行条例》《房产税暂行条例》《契税暂行条例》。

[2] 《税收征收管理法》第36条："企业或者外国企业在中国境内设立的从事生产、经营的机构、场所与其关联企业之间的业务往来，应当按照独立企业之间的业务往来收取或者支付价款、费用；不按照独立企业之间的业务往来收取或者支付价款、费用，而减少其应纳税的收入或者所得额的，税务机关有权进行合理调整。"

[3] 叶姗：《应税事实依据经济实质认定之稽征规则——基于台湾地区"税捐稽征法"第12条之1的研究》，载《法学家》2010年第1期。

[4] 参见"广州德发房产建设有限公司与广东省广州市地方税务局第一稽查局税务处理决定纠纷上诉案"：最高人民法院行政判决书[2015]行提字第13号；"新疆维吾尔自治区地方税务局稽查局与新疆瑞成房地产开发有限公司税务行政处罚案"：新疆维吾尔自治区乌鲁木齐市中级人民法院行政判决书[2014]乌中行终字第95号，乌鲁木齐市水磨沟区人民法院行政判决书[2013]水行初字第25号。

的案例，其核心均是征纳双方对于税务裁量的不同看法。及至"税务机关有权进行合理调整"这一授权性规范，在《税收征收管理法》实施15年后，《企业所得税法》通过"列举+兜底"的规定以"特别纳税调整"专章创新性地规定了反避税规则，特别是第47条〔1〕所确定的一般反避税条款为税务机关提供了因应层出不穷的基于新业态新模式衍生的避税行为的兜底保障。然而，条款本身为确保周延性与灵活性以"合理商业目的"为标准的概括方式过于原则，配套法律规范《企业所得税法实施条例》《特别纳税调整实施办法（试行）》又试图用"实质重于形式"的原则审核企业是否有避税行为。这二者间关系何为，是同属于一个标准还是两个独立原则，这些就使得本就裁量空间极大的一般反避税条款更易在实务中滋生裁量滥用风险。

第三，税务检查环节。税务机关运用税务检查权对纳税人、扣缴义务人的账簿、记账凭证、报表、证明材料、单据等有关资料，商品、货物或其他财产，存款账户余额和资金往来情况进行税务检查。税务系统力图通过智慧税务建设运用大数据、云计算、区块链、人工智能等现代信息技术实现从经验式执法向科学精确执法的转变，具体通过"金税工程"建设向"以数治税"分类精准监管转变。大数据固然可以运用其相关性精准选取检查对象有效避免国家税款流失，但是如何通过税务检查进而实现税务监管从而保障国家税款的及时足额入库仍主要依赖于检查（稽查）人员专业的税法知识和丰富的检查经验。例如，税务部门在规范网络直播行业和加强文娱领域等重点领域风险防控和监管的过程中，杭州市、广州市、上海市等稽查局经税收大数据分析得出朱某慧、黄某、平某、邓某涉嫌偷逃税款问题，遂依法对上述人员进行立案并开展了全面、深入的税务检查。〔2〕但在税务检查中，纳税人隐匿收入、虚构业务将劳务报酬转换为企业经营所得进行虚假申报等偷逃税

---

〔1〕《企业所得税法》第47条："企业实施其他不具有合理商业目的的安排而减少其应纳税收入或者所得额的，税务机关有权按照合理方法调整。"

〔2〕《杭州市税务局稽查局有关负责人就朱某慧、林某珊偷逃税案件答记者问》，载 http://zhe-jiang. chinatax. gov. cn/art/2021/11/22/art_ 13226_ 526369. html；《杭州市税务局稽查局有关负责人就黄某偷逃税案件答记者问》，载 http://www. chinatax. gov. cn/chinatax/n810219/c1020 25/c5171503/con-tent. html；《上海市税务局第四稽查局有关负责人就邓某偷逃税案件答记者问》，某 http://www. china-tax. gov. cn/chinatax/n810219/c102025/c5173575/content. html；《广东省广州市税务部门依法对网络主播平某偷逃税案件进行处理》，载 http://www. chinatax. gov. cn/chinatax/n810219/c1020 25/c5172913/con-tent. html，最后访问日期：2023 年 11 月 26 日。

款行为的认定，就非大数据等新兴科技所能为之了，需要稽查人员综合运用查账权、实地检查权、资料取得权、询问权、调查权等检查权并结合其多年积累的检查经验与专业技能进行判断。进一步以查账权为例，就场地而言，可以在纳税人、扣缴义务人的业务场所进行，也可以调回税务机关检查；就账簿等资料时效而言，可以是相关主体以前的会计年度，也可以是当年；而这些具体情况的确定，需要依据"必要时""特殊情况"等检查人员所认定的情形，这恰为税务裁量留下了空间，同时也为税务检查过程中的征纳双方交易留下了口子，易引发税务检查人员，特别是稽查人员滥用裁量权的风险。因稽查局专司偷税、逃避追缴欠税、骗税、抗税案件的查处，而这些案件对纳税人和税务机关而言均产生实质性的影响，所以这些案件或为检查实务中权力寻租所集聚之处。

第四，法律责任承担环节。纳税人、扣缴义务人、纳税协力主体及税务人员在依法履行法定义务（职责）过程中有违反《税收征收管理法》规定的行为，依法应承担相应的法律责任。梳理相关法律、行政法规可以发现，税务裁量在这里主要体现在行为情节严重程度的认定和税务处罚数额的确定上，而情节认定又是影响税务罚款数额的关键因素。就前者而言，违法情节认定在《税收征收管理法》中被表述为"情节严重的""构成犯罪的"等，在征管实务中体现为"危害后果""纳税人配合程度"。其中，"危害后果"以税费损失的可挽回性和社会影响的程度性为标准，"纳税人配合程度"涵盖纳税人配合调查（稽查）的积极性、补缴税款的主动性、报告税务机关尚未掌握涉税违法行为的诚实性等内容。就税务罚款而言，集中在纳税人、扣缴义务人及金融机构三方，针对不同的违法行为事实、性质、情节等因素分别课以定额幅度〔1〕和倍数罚款〔2〕。在税务系统税案通报中公布的偷税案例里，基于虚构业务转换收入性质行为，税务机关对朱某慧、黄某课以偷税金额 1 倍罚款，对郑某处以 4 倍罚款，对邓某根据是否主动自查补缴分别课以 0.5 倍和 4 倍罚款。对于隐匿个人收入行为，税务机关对范某冰和郑某的"阴阳合同"行为分别处以 4 倍和 5 倍罚款，对平某课以 0.6 倍罚款，对黄某依据主动补缴

---

〔1〕　2000 元以下、1 万元以下、5 万元以下、2000 元以上 1 万元以下、1 万元以上 5 万元以下、10 万元以上 50 万元以下。

〔2〕　不缴、少缴、拒缴、欠缴税款 50% 以上 5 倍以下；骗取税款 1 倍以上 5 倍以下。

与否分别课以 0.6 倍和 4 倍罚款。在该系列偷税案例里，对郑某的偷税行为相对课以较重处罚，上海市第一稽查局有关负责人认为是"考虑到郑某偷逃税案件发生在 2018 年规范影视行业税收秩序以后，主观故意明显"，对黄某和邓某的偷税行为，相关负责人员认为，"对其主动纠错的偷逃税等违法行为依法从轻处理""对其未能纠错的违法行为视危害程度依法严肃处理"[1]，纳税人的主观故意性是罚款的关键因素，而罚款倍数的确定归于税务机关的罚款裁量权。再进一步以税务处罚"首违不罚"事项为例，依据 2017 年 1 月 1 日施行的《税务行政处罚裁量权行使规则》（国家税务总局公告 2016 年第 78 号）第 11 条[2]在税务执法领域已经开始相关实践，加之 2021 年 1 月修订的《行政处罚法》第 33 条第 1 款[3]更是以法律的形式明确符合"初次违法+危害后果轻微+及时改正"条件的，可以不予行政处罚，结合我国税制改革的背景，国家税务总局先后于 2021 年 3 月 31 日和 12 月 30 日制定了 2 批共 14 项"首违不罚"事项清单，通过界定首违不罚事项和列举具体首违不罚事项规范该创新性的税务处罚制度的执法行为。若单纯从概念上释义，"危害后果轻微"实属不确定法律概念，难以准确界定，故税务机关运用裁量权，对原《税收征收管理法》中纳税人、扣缴义务人的税务管理行为符合"税务机关责令限期改正"情形的首次轻微违法行为进行列举，并结合征管实践不断拓展清单内容。"首违不罚"制度设置与实践无疑对征纳双方均是重大利好，更是以清单形式严格限制税务机关处罚裁量权，但是在实务中，各级税务机关在执法时有难以准备把握的具体条件，通过变相扩大或缩小范围进行税务处罚的情形，这实乃税务机关税务处罚裁量权实施不当。更有甚者，因为税务机关对于"首违不罚"纳税人相关记录不纳入纳税信用评价[4]，纳税人可能主动进行权力寻租以获取纳税信用不降级甚至享受纳税信用激励措施的便利。

---

〔1〕 具体情况，详见国家税务总局官方网站"新闻发布—税案通报"专栏。

〔2〕《税务行政处罚裁量权行使规则》（税总发〔2015〕32 号）第 11 条："法律、法规、规章规定可以给予行政处罚，当事人首次违反且情节轻微，并在税务机关发现前主动改正的或者在税务机关责令限期改正的期限内改正的，不予行政处罚。"

〔3〕《行政处罚法》第 33 条第 1 款："违法行为轻微并及时改正，没有造成危害后果的，不予行政处罚。初次违法且危害后果轻微并及时改正的，可以不予行政处罚。"

〔4〕 自 2021 年度纳税信用评价起，税务机关按照"首违不罚"相关规定对纳税人不予行政处罚的，相关记录不纳入纳税信用评价。参见《国家税务总局关于纳税信用评价与修复有关事项的公告》（国家税务总局公告 2021 年第 31 号）。

（二）税务裁量运行程序失当

1. 税务裁量过程非透明

自税务机关通过税务登记（现新设立登记的企业和农民专业合作社统一在市场监管部门注册登记）确定纳税人税源身份后，征纳双方就构筑起了初步联系的桥梁，随后税务机关按照法律规定结合法律授权的裁量确认纳税人的具体课税要素，以此来实现税收之债及时足额入库。依照税收法定原则，在课税要素明确且具体的基础上，税务机关依法进行稽征，然基于既有税法规定的原则性、包容性和不确定性，往往需要税务机关在具体征收管理的实践中运用税务裁量来具体确定纳税人的实体和程序课税要素，进而以涵盖"违法事实+法律依据+处理（罚）决定"的文书告知纳税人具体裁量结果。基于纳税人的违法事实适用税法相关规定得出具体征管行为，从原理上说是符合法律逻辑的，但无论是何种具体决定书，均仅以"未按照规定足额申报缴纳某税种""应补扣补缴具体税款"等含混事实，辅之以《税收征收管理法》或某具体税种法的法条规定，而缺乏详细说理内容。税务机关详细说明理由应至少涵盖纳税人如何具体行为，税务机关怎样详细适用法律进而认定纳税人违法行为，建立在前二者基础上，税务机关核定（或调整）税基及作出具体处罚的详细标准或方法等内容，这将进一步有利于税收征收管理的透明性，实现征纳双方信息的对称性，从而规范税收征收和缴纳行为，减少涉税争议，提高税收遵从度。然而，实践却呈现出了另一种截然相反的面向，面对征管实践中无所不在的税务裁量，纳税人往往知其结论而不晓得具体过程，而裁量结论往往会触及纳税人财产权，这就又将陷入征纳双方争议不休的泥潭。税务裁量最集中且最易引发纠纷之处在于应纳税所得额和罚款的具体确定，之所以如是，盖因这二者具体数额的高低直接关涉纳税人需要转移财产的额度，切实影响纳税人的实质利益。在这个过程中，无论是通过确定"明显偏低""正当理由""合理调整""所得"等不确定法律概念和适用"其他"兜底条款，还是依"情节轻微（严重）"对纳税人（扣缴义务人及金融机构）确定在定额（或比例）幅度内的具体罚款，在面对纳税人询问或质疑需要税务人员说明详细理由时，得到的答案往往是"法律规定"。税务人员究竟如何裁量，裁量的过程是否仅是其主观意志的直接输出，能否做到真正依法稽征，纳税人无从考量，税务人员也无法告知。税务裁量过程的非透明所造成的征纳双方信息不对称格局，使得纳税人难以信任税务裁量的结果，质疑其个案的公平与正义。

2. 税务裁量程序非公正

税务裁量的运行，实乃税务机关运用税务裁量权进行税收征收管理的行为，该裁量的运行要以具体的程序为依托，其结果往往是对纳税人产生实质性影响。由此，程序正当与否也直接关涉税务裁量的公正程度。税务裁量程序在某种程度上恰是税务机关与纳税人间进行沟通的桥梁，无论是裁量前对纳税人存款、资料等进行调回或查核以确定纳税人的实质应税情况，还是裁量后的公开、说明理由抑或听证行为以告知纳税人处理（罚）结果，甚至整个裁量过程中的利害关系人回避以保障执法的公正性，这一系列制度均需要通过程序的公正以保障裁量的公平。然而，在税收征收管理实务中：一方面，由于我国《税收征收管理法》实施距今也不过三十年，相关程序制度规定得也不甚完善，这就使得我国的税收征收管理实务缺乏系统且完善的法律规定。另一方面，由于我国税务机关长期在"国库中心主义"理念影响下片面强调"为国聚财"的重要性，其行为仍围绕税款及时足额入库，容易忽视程序的重要性和对纳税人权利的保护问题。受制于上述两方面原因，加之税务裁量的特殊性，裁量时存在注重纳税人应纳税所得额的确定等实体内容而轻视或忽视程序公正性的现象，更有甚者认为程序的条条框框束缚了税务人员税务裁量的能动性，极大地降低了税收征收管理的效率。在税收征管时，一旦税务机关的某个程序行使不当，最终的不利后果可能由纳税人承担。例如，纳税人有权拒绝未出示税务检查证和税务检查通知书的税务人员进行检查，但最终在税务裁量确定裁量结果处罚时，税务机关可能以纳税人"态度恶劣""不配合"等为由加重对纳税人的罚款额度。税务裁量程序不当的背后是对纳税人权利的忽视，是税务机关裁量权无序扩张的表征。其实，1992年《税收征收管理法》开宗明义地将"保护纳税人的合法权益"作为宗旨之一，2001年该法修订时在总则部分也增加了关于保护纳税人合法权益的条款，[1]然而纳税人对税务裁量程序不了解、税务机关泄露纳税人情况、纳税人对税务裁量决定陈述与申辩权难以真正实现等情况仍制约着税务裁量运行的公

---

〔1〕 在第1条增加"规范税收征收和缴纳行为"，增加第7条和第8条明确纳税人的知情权、要求保密权、享受税收优惠权、陈述申辩与救济权、检举控告权，增加第9~20条通过强化对税务机关及其工作人员的业务要求、监管、回避等约束税务机关权力以保护纳税人权利。

平性。

(三) 税务裁量救济功能有限

1. 税务复议作用不彰

行政复议是解决税务行政争议的重要法律制度和主要渠道。依照现有法律规定，[1]若发生税务裁量纠纷，通过税务复议救济可以分为两种情形：一类是必须进行"复议前置"，即若为直接纳税（征税行为）争议必须先缴纳或者解缴税款及滞纳金或者提供相应的担保后方能申请复议，不服复议决定的，可以起诉；另一类是上述情形之外的其他争议可以选择复议或者诉讼。根据国家税务总局的统计：2021 年各级税务机关共办理复议案件 2445 件，新发生一审应诉案件 1037 件。[2]另德恒律师事务所发布的《2021 年中国税务行政诉讼大数据分析报告》指出：当年税务行政诉讼案件有 50.7%经历了行政复议阶段，且该比例自 2019 年以来，基本保持每年 7%的增长速度。其中，必须复议前置的案件占比为 20.7%，相对人获得税务机关支持的[3]占比为 5.9%，未获得复议机关支持的[4]占比为 89.7%，复议机关未按期作出决定的占比为 4.4%。以上事实表明，税务复议在解决涉税纠纷保障纳税人救济权方面发挥着越来越重要的作用，但同时其在保障个案的公平正义方面仍有很大的提升空间。

首先，在税务复议前，涉及纳税争议时先缴清税款及滞纳金或提供相应担保的前置程序在客观上要求纳税人在 15 日内先缴清款项或提供担保，否则税务复议权就将无法实现。纳税人在 15 日内缴清税款及滞纳金的规定，对于面临大额税款追缴的纳税人而言是很难完成的。而被申请复议的税务机关却负责对担保人的资格与资信，抵押人抵押担保、出质人质押担保进行审查，作为争议的一方此时却对能否进入下一个救济环节具有决定性作用。这也就意味着在对涉税裁量纠纷进行解决时，税务机关又形成了新的裁量。双重税务裁量非正义的叠加，更将降低纳税人的纳税遵从度，激发征纳双方的矛盾。

---

〔1〕 主要为《税收征收管理法》第 88 条，《税务行政复议规则》第 14 条、第 33 条和第 41 条。

〔2〕《国家税务总局 2016 年法治政府建设情况报告》，载 http://www.chinatax.gov.cn/chinatax/n810214/n2897183/c2927180/content.html，最后访问日期：2023 年 11 月 26 日。《国家税务总局 2021 年法治政府建设情况报告》，载 http://www.chinatax.gov.cn/chinatax/n810214/n2897183/c5174086/content.html，最后访问日期：2023 年 11 月 26 日。

〔3〕 复议作出撤销或部分撤销、变更原行政行为决定。

〔4〕 复议作出维持原行政行为、不予受理行政复议申请或驳回行政复议申请决定。

其次，税务复议审查时原则上采取书面审查的办法，这个过程看似有申请人的申请材料与诉求，被申请人的书面答复及相关材料，但实则仍是复议税务机关的单方裁量行为，缺乏争议双方的直接参与，未经当场质证与辩论而径行针对已有案卷资料进行复议的结果终难脱复议机关"一言堂"的窠臼，过程正当与否难以保障。同时，可以采取听证方式进行审理的是"重大、复杂的案件"，对此的判断，仍由税务机关进行裁量。最后，税务复议决定的公正性面临质疑。税务复议制度作为税务系统内部的一种纠错机制，兼具解决涉税争议、提高税收效率、维护征纳双方合法权益的多重功能。此时，税务复议机关应是一个居中裁判者，对复议申请人和被申请人的行为作出公正审理和决定。然而，在实务中，税务复议机关往往基于系统内部行为统一性、自身形象或其他一些现实因素的考量作出复议维持、不予受理或驳回复议申请决定。这种税务机关既是运动员又是裁判员的事实：一方面，导致复议的中立性、公正性与合理性难以得到保障，降低纳税人对税务机关的信任；另一方面，也容易导致税务复议程序流于形式，极大地降低税收行政效率，反而加大了税收司法的成本。

2. 税务诉讼功能难以实现

税务诉讼是我国税务裁量救济的最后一道防线，本应发挥彰显公平、定分止争之功效。然而，我国当下税务裁量的诉讼救济功能显然难以有效实现。

第一，税务诉讼案件数量整体比较少。自2013年最高人民法院开始推动裁判文书上网后，根据德恒律师事务所的相关统计，2020年可查询的税务诉讼文书数量为1071份，远高于2014年的42份，整合相关文书后该年税务诉讼案件798个，而当年实际行政一审案件26.6万。[1]若单从税务诉讼文书年份论，无疑是我国税务诉讼领域量的重大发展与突破，但是将其放置于行政诉讼范围内，显然显得微不足道。近年来，随着我国市场经济和法治进程的加速，纳税人的维权意识显著提高，加之涉税诉讼纠纷多对纳税人实质利益产生影响，在此多重因素的作用下，我国税务诉讼案件数量逐年上升。但数量上的攀升并不意味着税务诉讼个案公正的正义功能的真正实现。究其本源，

---

〔1〕 易明：《2020年中国税务行政诉讼大数据分析报告》，载 http://www.dhl.com.cn/CN/tansuocontent/0008/021815/7.aspx? MID=0902，最后访问日期：2023年11月26日。

作为广义上"民告官"的一种，涉税诉讼与一般的行政诉讼相比，特殊性在于纳税人与税务机关是常态化接触而非偶发性接触。涉诉纳税人基于对税务机关长期的服从及害怕税务机关给予其事后报复与为难的考虑，对于税务裁量大多数情形均予以接受并配合处理决定加以执行。除非数额确实重大、切实影响纳税人的后续经营，纳税人出于无奈才不得不申请行政复议，更遑谈进一步对复议结果不服而诉至法院了。事实上，即使纳税人诉至法院，真正经过审判的案例亦寥寥无几，多是因纳税人撤诉而裁定终结。学者崔威对已公布的案例数据[1]进行的实证研究表明，我国税务诉讼一审的数量经历了一个显著的下降期[2]，2017 年最新统计为 356 件[3]。而 10 亿纳税人难道每年真的只有这些涉税诉讼？或者税务复议真的能够解决其余涉税纠纷？答案不言而喻。除上述原因外，实务中很多是涉及纳税争议的案件，对复议结果不服后才能诉讼，而很多案件往往受困于"清税（担保）前置"的程序规定，都难行至复议环节，更遑论税务诉讼阶段了。

第二，司法对税务的谦抑性。在涉税诉讼中，基于税务纠纷的专业性、技术性与复杂性，法官往往更倾向于尊重"专家"——税务部门的意见，对涉税诉讼保持适当谦抑，这样寥寥无几进入诉讼程序的税案，对于涉税实体内容的裁量，法官一般与税务机关保持一致，很少发挥其主观裁量性。据德恒律师事务所对税务诉讼案件的长期持续观察，2018 年至 2020 年税务机关的败诉率均为 8%。其中最主要的原因在于税务机关实施认定不清、证据不足，次要原因在于违反法定程序和适用法律法规错误。[4]这表明，在税务诉讼中，裁判法官很少就实质性的税务裁量内容作出判断，往往更多地处于尊重税务机关的初始判断的状态。再进一步以在涉税争议聚焦点最为集中的确定应纳税额的方式纳税调整为例，大致的程序为，税务机关首先确定纳税人与交易

---

〔1〕　鉴于我国案例公开的进度及其公开的程度，仅选取已公开的案例作为样本以期窥视涉税诉讼现实样态。

〔2〕　20 世纪 90 年代末每年有接近 2000 个案件；到 2004 年这个数字下降到每年约 1000 件；在 2007 年甚至下降到约 300 件；近几年则大致保持在每年 400 件。参见崔威：《中国税务行政诉讼实证研究》，载《清华法学》2015 年第 3 期。

〔3〕　刘云刚：《大数据下 2017 年度全国税务行政诉讼案件实证分析》，载 http://lawv3.wkinfo.com.cn/topic/61000000498/index.html，最后访问日期：2023 年 11 月 26 日。

〔4〕　易明：《2020 年中国税务行政诉讼大数据分析报告》，载 http://www.dhl.com.cn/CN/tansuocontent/0008/021815/7.aspx？MID＝0902，最后访问日期：2023 年 11 月 26 日。

方存在关联关系，且其业务往来不符合独立交易原则（合理商业目的）而减少应纳税收入或所得额，在此基础上，按照"可比非受控价格法"等方法进行调整。那么，"关联关系""独立交易原则""合理商业目的""具体调整方法"这些其实涉及的都是纳税人的民商事行为，无论纳税人通过受控外国公司，还是成本分摊协议甚至资本弱化的方式进行交易，对于长期从事行政诉讼的法官来说，其实均远超其业务范围和能力，更遑论穿透民商事交易行为表面的外观和形式来观察其实质经济目的，以此来判断纳税人的实质课税状况，进而再进一步运用合理的方法来确定纳税人的应纳税额了。这对于长期处理其他行政案件的法官来说，无疑是巨大的挑战。也正是基于此，才会有税务诉讼实务中，若涉及实体课税问题的判断，法官倾向于尊重税务人员初始判断的结果了。然而，如上述这般与税务机关无异的审判决定，并未真正体现司法弘扬个案公正的本质，终难达致真正的定分止争效能，反而会增加参与各方的时间和金钱成本，将本可以在一审阶段解决的税务裁量争议延伸至二审甚至再审的阶段解决，产生诸如"德发税案"[1]、"儿童投资主基金税案"[2]等社会影响重大的税案。

3. 税务裁量监督有待提高

传统强调税务机关内部监管的相对单一静止的税务裁量监管模式显然难敷新时代税收征管的现实需求。伴随经济模式的转型，电子商务、互联网经济、平台经济等新兴数字经济模式的兴起，税务机关在进行税收征收管理时面临着更多的挑战，税务裁量中也逐渐开始融入现代科技因素。"现代科技+

---

〔1〕 即被誉为"最高法税务行政诉讼第一案"的"广州德发房产建设有限公司与广东省广州市地方税务局第一稽查局税案"，该案起因于 2006 年 9 月 18 日至 2009 年 9 月 16 日的税务检查，后历经 2010 年行政复议、行政诉讼一审、二审、再审直至 2017 年最高人民法院提审的完整流程。参见"广州德发房产建设有限公司与广东省广州市地方税务局第一稽查局税务处理决定纠纷上诉案"，广州市天河区人民法院一审行政判决书〔2010〕天行初字 26 号、广州市中级人民法院二审行政判决书〔2010〕穗中法行终字第 564 号、最高人民法院行政判决书〔2015〕行提字第 13 号。

〔2〕 本案被誉为"非居民企业间接转让股权诉讼第一案"，本案肇始于 2013 年杭州市西湖区国家税务局对儿童投资主基金的股权转让交易的调查并层报国家税务总局审核，最终税务系统认为纳税人的股权交易属于避税行为，需进行纳税调整，纳税人不服然后通过层层救济方式以 2016 年最高人民法院判决驳回纳税人的诉讼请求结束。本案的争议焦点在于，儿童投资主基金作为非居民企业其间接转让股权行为是否为滥用组织形式且不具有合理商业目的的避税行为。具体内容参见"儿童投资主基金与杭州市西湖区国家税务局案"，浙江省杭州市中级人民法院一审行政判决书〔2015〕浙杭行初字第 4 号、浙江省高级人民法院二审行政判决书〔2015〕浙行行终字第 441 号、最高人民法院行政判决书〔2016〕行申 1867 号。

税务裁量"的结合进一步增强了税务裁量的不确定性，这也进一步增加了税务裁量监督的难度。税务裁量监督机制应是涵盖"政府-市场-社会"多元主体的现代化全流程动态监督机制。该模式就其本质而言是一种协同共治模式，是一种注重事前预警、事中控制及事后问责的动态机制，是一种充分发挥政府机构主导、市场主体参与以及社会第三方主体协助的协同共治范式，是探寻政府与市场边界的又一次尝试，也是简政放权理念在税收征管领域的又一体现。[1]公权力主体的监督从类型上看至少包含税务系统内部监督、审计机关的经济责任审计监督、人大和政协的建议监督等内容，市场主体的监督以纳税人的直接参与方式为主、辅之专业涉税组织与机构的监督，社会监督通过公开裁量结果、落实公民的批评建议权与检举权等方式实现。新时代，税务裁量的监督既要体现传统监督的专业性、公平性，也要融贯现代科技的先进性、便利性与效率性。然而，税务裁量监督的实践呈现出了监督主体单一、监督力度不足的相对静态化状态，其突出的重点在于公权力监督更多地流于形式，私权利监督难以实现。其中，税务机关的监督更多地聚焦于税收执法监督且会根据每年的重点工作进行调整，属于裁量的事后监督且未形成常态化的监督模式；审计监督则更多地倾向于厅局级领导干部的经济责任，基层一线税收征收管理的具体执法主体不属于审计范畴；人大和政协监督很难真正发挥实效。在权利主体方面，近些年来税务系统强调引入纳税人参与机制作为外部监管模式，纳税人参与税务裁量的过程从形式上确实起到了监督主体多元化的作用，但是纳税人在这个过程中的参与度、话语权等问题难以得到保障。纳税人在具体涉税案件裁量中的申诉、控告及请求听证的权利虽表面得以实现，但税务机关在裁量时几乎不考虑纳税人的前述诉求；通过涉税裁量信息公开方式进行的监督，往往会因公开信息量上的不足而受限，若纳税人申请进一步信息公开，则税务机关会以申请内容属不予公开类别为由拒绝公开，这将进一步制约社会监督的实现。事实上，构建全方位的税务裁量动态监管机制有助于保障税务裁量流程的规范化与现代化，维护纳税人的合法权益，实现税收征管制度的创新与转型。而我国现行税务裁量的监督显然与上述理想机制相距甚远，有待进一步探寻与完善。

---

〔1〕　侯欢：《我国自贸区税收征管创新的法治进路——基于重庆自贸区实践的观察》，载《国际经济法学刊》2018 年第 4 期。

第二节　税务裁量失范的根由反思

连接着征纳双方的税务裁量是直接体现国家征税权的"一种征税威慑平衡"。[1]税务裁量的运行会产生如下结果：一方面，税务人员通过法律赋予的裁量能动地适用法律，将自己的税务专业知识技能与业务经验充分融入所需裁量之处，在提高税收征收管理效率的同时保障国家财政收入及时足额入库。另一方面，面对层出不穷的新兴业态和形形色色的纳税人课税事实与行为，作为授权行为的税务裁量在运行过程中容易形成权力寻租与出租情形，这极易造成税务裁量权的滥用，从而引发税务人员渎职甚至犯罪。税务裁量存在的初衷是保障税法适用的灵活性与个案的公正性，其在具体税收征收管理中也确实起到了相应的效果。税务裁量为权力性行为，且多通过税收实体法和程序法获得授权的合法性。但是，税务裁量的失范行使必然会侵害纳税人的合法权益，无益于税收正义的实现，终将有碍于我国税收法治进程。究其原因，税务裁量失范直接导因于裁量的灵活性与税法的稳定性间的张力，进一步深究则诱发于裁量的回应性与税源管理的滞后性间的矛盾，而更根本的缘由则可以归咎于税务裁量的倾斜性与税收公平的衡平性间的实质冲突。简言之，税务裁量失范的困境可归咎为既有法律供给不足、涉税信息失灵及税收利益权衡不公这三方因素，而公正、规范和合法的税务裁量应是在税收法定的前提下依据征纳双方对称的涉税信息作出的公平利益权衡。

一、直接原因：税务裁量灵活性与税法稳定性间的张力

税收就性质而言，是纳税人依据社会契约让渡给国家部分财产权而形成的公法上无对价之强制性给付义务，其实质上属于运用政府之手将财富在私人与国家间实行的二次分配。为防止国家征税权对私人财产权不合理僭越频发从而引发社会动荡，税法的稳定性显得尤为重要，故税收法定由税法原则逐渐在世界各国落地生根。税收法定所要求的课税要素法定且明确在税收立法实践中囿于各国立法技术、认知及其他因素的考量难以真正实现，但为了

---

〔1〕　袁森庚、宋玉华：《关于我国税收核定制度分析及立法完善的思考》，载《税收经济研究》2016年第2期。

保障税法的安定性，给予纳税人充分的信赖利益保护，税法条款往往会通过授权赋予相关主体一定的裁量空间。由此就有了税务裁量存在的可能性。税务裁量的灵活性是其重要特性，税务人员在税收征收管理的过程中能动地将规范的税法与复杂的个案相结合，从而尽可能彰显个案的正义性。然而，也恰如是，税务裁量的灵活性与税法的稳定性间的张力直接导致了税务裁量失范事实。其具体包括如下内容：

第一，从合法性的角度讲，税务裁量失范乱象导因于适用的直接法律依据的立法位阶低且持续性与系统性较差，这进一步可探寻至税收法定原则之"法"的要求，具体体现为税收要素法定的子原则。从严格意义上讲，税收法定的"法"应为法律保留事项，即只能为全国人民代表大会及其常务委员会所制定的法律。诚然，我国从改革开放初期仅实现所得税领域的法定至 2015 年始加速推进全面落实税收法定原则至今已扩围至 12 个税种法定，属于税收法定从理论到实践的重大突破。但在既有的 12 部税种法和 1 部程序法中，《税收征收管理法》作为条款最多的法律也仅有 94 条，简单如《烟叶税法》只有寥寥 10 条，立法条款数量普遍偏少且内容规定多为原则性就使得以此为依据的税务裁量在具体适用中面临着不确定性，这就需要进一步以税收法规、部门规章、地方性税收法规等作为具体适用标准。由此，也为税务裁量实务运行失范埋下了隐患。例如，《个人所得税法》第 5 条[1]采用"列举+兜底"的方式规定了减征个人所得税的情形，但是何种情形可以减征及具体减征的幅度和期限均属于税务裁量的范畴，甚至明确列举出"因自然灾害遭受重大损失"的情形中"重大损失"如何确定也需仰仗具体裁量。这就导致在税收征收管理中，纳税人是否可以享受减税优惠取决于税务机关的审核，但法律并未明确其他细节，这就需要以税务体系出台的各种"条例""公告""暂行办法"为实际标准。税务机关在裁量具体纳税人是否符合个税减税情形时，纳税人希望通过减税来降低直接税收负担而享受税收优惠权，税务机关具有减税的具体确定权，私权与公权的交叉与实现过程必然会增加税务裁量失范的可能性。系统梳理可以发现，我国税务裁量的制定主体多为国务院、税务

---

[1]《个人所得税法》第 5 条："有下列情形之一的，可以减征个人所得税，具体幅度和期限，由省、自治区、直辖市人民政府规定，并报同级人民代表大会常务委员会备案：（一）残疾、孤老人员和烈属的所得；（二）因自然灾害遭受重大损失的。国务院可以规定其他减税情形，报全国人民代表大会常务委员会备案。"

总局及其各级相关主体，整体呈现立法层级低的现实。以各种税收规范性文件为实际适用标准的税务裁量必然会随着上述法规的变动性而呈现不稳定性。税法因其稳定性而难以随时回应现实发展需求，但本身即是对立法的阶段性解析与细化的税收规范性文件则不然，其能适时伴随社会实践需求而以"打补丁"模式进行更新。但这些税收规范性文件因政出多门，所得税司、财产和行为税司等不同部门在制定与修改时往往也未系统考虑税法的整体性，甚至同一部门在不同时期也会产生前后内容矛盾的文件，这就造成了税收规范性文件的持续性与系统性的难题，也使得以之为执法依据的税务裁量合法性进一步面临拷问。

第二，从确定性的视角看，税务裁量的灵活性中蕴含着极大的裁量权，这与税收法定之税收要素明确的子原则存在一定矛盾。通过"法定"，我国税务裁量实现了有法可依的基本格局，但是税收要素法定只是前提，进一步落实税收法定需要做到税收要素的明确，如此方能在明确的基础上进行税务裁量。税收要素明确面临的现实难题：一方面是过于确定的税收要素难以周延未来之可能情形；另一方面在于立法中所采用的不确定性法律概念本身不明确的表现。各税种法的条款均是围绕确定税法主体、客体、税目、税基、税率、税收优惠等实体课税要素和纳税时间、地点等程序课税要素设计的，程序税法是建立在税种法基础上的税收征收管理规则，税务裁量则是在将税种法和程序税法相结合的过程中具体适用法律时的授权性行为，其本质核心仍在于确定课税要素，其间关于税务管理、税务稽查、税务处罚等环节的具体裁量，亦是围绕该本质而为之裁量的。《个人所得税法》在 2018 年修正时，基于增强法条的确定性考虑删除了第 2 条中"经国务院财政部门确定征税的其他所得"这一兜底条款，认为这将极大地限缩税务机关的税目裁量权、有利于实现税收法定的税目法定。先不论这一兜底条款在税收征管实务中使用率如何，单从这一条款从有到无的过程其实就可以表明税收法定与税务裁量的博弈。另外，在《税收征收管理法》第 35 条第 1 款第 6 项"纳税人申报的计税依据明显偏低，又无正当理由的"情形下，税务机关有权核定其应纳税额，增值税、消费税、车辆购置税、契税等四个税种有具体的规定。在该内容下，税务机关的具体裁量行为是核定税款，进一步体现为核定税基，那么税务机关就需要对纳税人申报的计税依据作出判断。首先是"明显偏低"然后"理由是否正当"，若认定符合该情形，则进一步采用合理的方法核定应纳税额。整个税收核定过程是税务机关运用税收核定裁量权进行确定税额的过程，但具体的裁量显然是为了确定税基这一课税要素进行的。税法中诸如此种不胜枚举。但诚如黄茂荣教授所言："囿于立法机关立法资源的非充分性，仰赖行政机关专业性支持成为必要。"[1]在税务机关每次税收核定时，具体确定纳税人申报符合偷税情形后进一步确定合理的方法进行裁量背后均离不开税务机关的专业知识和技能，这也是造成在税法领域呈现行政法规及规范性文件泛化倾向的重要原因。依据税收法定的授权而获取合法性的税务裁量，在具体适用时往往又希望得到确定的课税要素，这又取决于税务机关的进一步解释与确定。诸如"重点扶持""鼓励发展"等主观不确定概念及"其他"等周延性的兜底规定更需要相关主体依据主观经验法则和客观征管科技进行裁量，以落实和细化税务裁量的实施。而主观性"造法"行为显然与课税要素明确原则不甚吻合。正是裁量的灵活性所蕴含的不确定性，导致了诸如"儿童投资丰基金税案"等涉及避税与反避税的争议在税收领域不断呈现，税务人员裁量失范的行为时有发生。

二、深层诱因：税务裁量回应性与税源管理滞后性间的矛盾

税务裁量的失范进一步根源于税务裁量回应性与税务管理滞后性间的矛盾，实则可归咎为涉税信息失灵问题。就涉税信息管理而言，税源管理最为关键，涉税信息处理是其核心环节，税务裁量人员的业务素养是制约其公正的直接因素。公正的税务裁量是税务机关在掌握足量真实的涉税信息基础上对纳税人个案所作出的及时回应，而裁量失范往往是基于征纳双方涉税信息不对称所作出的有失公允的税务行为。质言之，税务裁量之所以滋生征纳双方涉税风险在于涉税信息失灵。

第一，税源管理的滞后性。税务裁量的有效运行建立在对税源进行确定性管理的基础上，而我国税源管理正处于新旧交织的改革过渡时期，这就使得税务裁量的个案回应性难以真正实现。诚然，税收征收管理的起点是确定税源，这主要通过税务登记特别是设立登记来确定。税务设立登记在商事登记制度改革大背景下，采用新旧两种方式：新设企业领取营业执照后无须办理税务登记，个体工商户和从事生产、经营的事业单位仍需按规定办理税务

[1] 黄茂荣：《法学方法与现代税法》，北京大学出版社 2011 年版，第 129 页。

登记。这就形成了纳税人主动提供税务登记信息、市场监管部门共享登记信息和税务部门"金税三期"核心征管系统自动生成纳税人首次办税部分补充信息的状态，该模式虽然极大地便利了纳税人，但于税务机关而言，新设企业多为灵活新颖的经济体模式，仅依靠市场监管部门共享的登记信息及金税系统自动生成的信息远难以满足税收征收管理的需求。客观言之，现代信息技术的融入使得"以数治税"成为可能。在大数据时代，从大数据库中的大数据到非常小的数据[1]皆可量化、皆可数据化[2]。新兴信息主导的税源管理模式将运用大数据相关性分析以及云计算及时性功能来提高记录、存储、处理及运用涉税信息的精准性，这必将进一步提高税务裁量的确定性、科学性。根据 2021 年中共中央办公厅、国务院办公厅印发的《关于进一步深化税收征管改革的意见》规划，智慧税务建设将于 2023 年陆续实现税费信息四个"一式"的智能归集[3]，这受益于大数据、云计算、人工智能、区块链等现代信息技术在税务领域的运用，但这只是将传统人工收集涉税信息的方式转为技术应用，而获取税务信息的真实性仍需仰赖税务人员后端的经验处理。特别是在回应数字经济时代层出不穷的新经济模式与业态时，怎么判断纳税人的民商事行为（事实）是否具有可税性、进一步如何确定具体课税要素均需要税务裁量发挥作用。以税收核定为例，税务人员在作出税务裁量时若仅凭借前述方式获取的信息，必然会面临基于大数据技术获取的海量相关信息，如何择取适当的涉税信息进行裁量仍离不开税务人员的经验与知识。这显然与早已步入大数据时代下大数据的精准性相距甚远。加之，税务人员业务素质有待提高。尽管我国当下税务系统内部不断推出各种改革与"大练兵"等技能培训，但是税务人员业务素养的提升仍是制约税务裁量规范化和公正性的关键因素。税务裁量不仅要求裁量人员具备丰富的税收经验，同时还需要其具备过硬的税收征管业务素质、较高的计算机水平、坚定的政治素养和娴熟的法律技术。实务中，因业务不熟练、经验不足而出现税额确定错误的情

---

[1] 小数据包括但不限于：证人、执法机构和检察机关之间的电子邮件，短信和社交媒体通信信息。Brandon L. Garrett, "Big Data and Due Process", *Cornell Law Review Online*, 99, 2013-2015; p. 209.

[2] [美] 道格拉斯·W. 哈伯德：《数据化决策》，邓洪涛译，世界图书出版广东有限公司 2013年版，第 25～26 页。

[3] 2022 年基本实现法人税费信息"一户式"、自然人税费信息"一人式"智能归集，2023 年基本实现税务机关信息"一局式"、税务人员信息"一员式"职能归集。

形时有发生，因对法律不甚了解而产生适用法律错误的情况不一而足，因计算机水平有限而使网上程序混乱的现象在基层税务部门比比皆是，因政治立场不坚定而被纳税人"糖衣炮弹"腐蚀的反例不胜枚举。如上种种使得税务人员在面对新业态、新产品、新商业模式等新事态产生的新课税事实以及纳税人权力寻租时的行政腐败行为时，未能及时、准确地作出适当回应，不能以坚定的政治素养坚决抵制涉税违法行为。

第二，信息共享的有限性。涉税信息，或言之，涉税情报，是税务裁量的前提与基础，只有充分、对称及准确的涉税信息方能保障后续税务裁量的真实性与规范性，增强裁量结果的说服力。我国涉税信息获取渠道包括税务登记、纳税申报、部门间信息传输、税务检查与稽查、涉税举报等，其中除了税务检查与稽查是税务机关主动作为而获取信息外，其余均为纳税人、行政机关或其他主体向税务机关履行及时提供信息义务。税务裁量就是建立在这些海量涉税信息基础上的，税务机关需要对上述信息进行收集、使用，在此基础上形成裁量结果并将之公开。该涉税信息处理过程主要是税务机关对纳税人通过税务登记与纳税申报所提供信息的裁量，以及在裁量过程中发现前述信息不对称时结合自身税务检查或稽查获取信息的综合裁量。保障裁量结果公正的关键就在于税务机关掌握足量真实的涉税信息，而我国的涉税信息管理：一方面，囿于涉税信息搜集仍处于纸质资料信息向电子信息过渡阶段，[1] 主要依赖税务登记与纳税申报，这就需要纳税人具备很高的税法遵从度，同时要求税务机关能够及时更新数据库中的相关信息，提高涉税信息质量。[2] 加之，当下正推进的税收征管改革要求到 2025 年基本建成功能强大的智慧税务，[3] 这就对涉税信息管理提出了更高的要求。另一方面，涉税信息共享有限制约税务裁量的公平性。我国部门间信息传输与共享长期进度缓慢且效果有限的主要原因在于各机关掌握的信息涉及其自身部门利益。加之，信息共享的成本在既有技术和法律规定下过高也降低了其可行性。但随着我国"放管服"改革的深化及营商环境的持续优化，加快涉税信息共享成了当下的主旋律。就税务系统内部而言，信息共享面临着"横向网络受到部门间

---

〔1〕 侯欢：《大数据时代税务稽查风险的管控》，载《税务与经济》2018 年第 3 期。

〔2〕 数据资料信息更新和完善得不及时导致纳税人动态经营资料缺少的问题，更有被人为技术化处理过的纳税人税务登记和纳税申报资料依然会被纳入信息数据库而致信息本身的不真实情况。

〔3〕 中共中央办公厅、国务院办公厅印发的《关于进一步深化税收征管改革的意见》。

的阻隔、纵向网络受上下级的阻隔"[1]而难以在系统内实现自由流动与共享。就税务机关与其他国家机关而言，其主体范围由市场监管局（原工商行政管理机关）、金融监督管理部门扩展至生态环境主管部门、自然资源部门、水利部门、公安部门、商务部门、海关部门、工业和信息化部门、住房城乡建设部门、民政部门等相关部门，但其多以上述部门"应当向税务机关提供涉税信息"或"定期向税务机关通报"为内容，亦即更多地强调向税务机关单向输出涉税信息。更何况上述部门涉税信息传输共享处于初期，不稳定性与不确定性因素交织将进一步影响其实效。伴随我国市场经济的发展，各种新兴经济模式层出不穷，包括淘宝、京东等大型互联网平台掌握着海量的交易信息，但其只有在税务检查或稽查时如实提供有关资料及证明材料的协力义务，并未形成常态化的信息共享机制。概言之，信息共享在主体、方式等视阈的难题致使税务裁量所需信息难以在征纳双方间实现对称，进而影响税务裁量的公正性。

三、根本缘由：税务裁量倾斜性与税收公平衡平性间的冲突

事实上，既有法律供给不足与税源管理落后是诱发我国税务裁量适用风险的重要原因，而根本缘由可进一步归咎于不同主体间的利益冲突与衡平。税务裁量通过对个案信息与事实的判断来厘清征纳双方间利益冲突，进而实现个案正义，其权衡的利益具有明显的倾斜性。而税收公平原则通过税法条款的具体设计来衡平不同主体间利益冲突，进而实现税收利益的分配公平，其所权衡的利益具有显著的衡平性。正是个案偏向性与分配衡平性间的利益冲突使得税务裁量失范的现实在实务中屡见不鲜。质言之，深究税务裁量失范情形实乃其运行总难契合税收公平之本质。进一步，我们可以从微观公平的视角阐释纳税人间的利益失衡问题，中观公平维度衡酌国家与纳税人间的利益失衡现象，宏观层面审视国家间的利益失衡课题。

第一，微观维度，纳税人间的利益失衡。税收公平要求在量能课税下纳税人间的应能负担公平。税务裁量事实上是裁量人依据类型化观察法结合经济观察法对已发生的课税事实进行裁量确定税务效果以实现不同纳税人间权利倾向配置的产物，本意在于确保个案的公平，然而因裁量者利益倾斜的主观性而导致"同案异判"的个案非正义事件频发。例如，在前述税案中，税

---

[1] 潘涛、张凌：《构建我国税务稽查选案体系的探讨》，载《税务研究》2008年第8期。

务机关以纳税人"不积极配合、态度不好"为由遂对纳税人少缴纳的税款处以 5 倍罚款，这显然有失公允。如此，在统一或相似的裁量要件背景下，依税收公平原则，纳税人本应负担等量的税收，但在税务人员利益倾斜导向的裁量下，同等负担能力的纳税人却要承担较大差异的课税负担，进而导致双方的市场竞争力截然不同，这又怎能不催生纳税人通过权力寻租而获取本应正当的税收利益，裁量失范的结果何尝不是纳税人在面对征税权时的无奈妥协。正是税务裁量的主观性导致其容易受裁量者价值判断的影响，"同案异判"局面长期存在，在微观上很难保证税收公平。无论是直接税还是间接税均是作为纳税人财产权的一部分，特别是对于从事生产经营的纳税人而言，税额更是其直接成本，税额的多少关涉其可用流动资金的多寡，由此面对不公正的税务裁量，市场主体在逐利本性的驱使下可能采取不正当的手段来偷逃税款或者寻求征税权的庇护，进而诱发各种扰乱市场竞争秩序、有违公平竞争的涉税违法犯罪行为，使得本应维护个案公正的税务裁量反而成了涉税违法犯罪的诱因。面对显失公正的税务裁量，涉税争议频发。

第二，中观维度，国家与纳税人间的利益失衡。税务裁量事实上是国家税收收入与纳税人财产权益间所选取的应纳税额的博弈，如何找寻二者的平衡点最为关键。这恰与税收公平原则所关注的国家与纳税人间应与负担公平相吻合，然税务裁量失范的事实也表明裁量人员在进行裁量时导致了国家与纳税人间利益的失衡。税收法定之依法稽征强调税收的开征、停征以及减税、免税、退税与补税等严格依照法律的规定执行，法定其实就是国家与纳税人税收利益的平衡点。然获得依法授权的税务裁量可能因裁量者的倾斜性利益考虑而难以实现公正，或为自身牟利而出租裁量权导致国家税款流失、或为获取更多税收收益而裁量多征税、更有甚者仅凭纳税人态度决定罚款数额高低等等。众所周知，国家与纳税人间的关系随着"税收债权债务关系说"[1]对"税收行政权力说"[2]的取代而逐步由"一元结构"过渡到"二

---

〔1〕 该学说的代表人物为德国亨泽尔、日本北野弘久。核心观点为：税收法律关系在性质上属于一种公法上的债权债务关系，即国家对纳税人请求履行税收债务的关系。[日] 北野弘久：《税法学原论》（第 4 版），陈刚等译，陈刚、杨建广校，中国检察出版社 2001 年版，第 159 页。

〔2〕 该学说的代表人物为德国奥托·迈耶。核心观点为：税收法律关系在性质上属于一种权利关系，即国民对国家课税权的服从关系。[日] 北野弘久：《税法学原论》（第 4 版），陈刚等译，陈刚、杨建广校，中国检察出版社 2001 年版，第 159 页。

元结构"〔1〕，平衡二者关系实则是怎样均衡纳税人税额利益与国家征税税收利益。于是，在税务裁量下，国库收入与纳税人收入总是处于一种失衡或者对立状态，那么如何在保证纳税人收入的同时保障国家财政收入使其双方均不致被过度侵犯即为二者平衡的关键所在。具体以链接应税事实和法律的税收核定为例，依据《税收征收管理法》第35条之规定，税收核定情形围绕"账簿凭证管理"和"纳税申报"进行。其中，何种状态可以谓之账目混乱，纳税申报的理由究竟为何方能成为计税依据明显偏低的正当缘由，这些背后均需要税务人员进行甄别判断进而形成裁量，那么裁量时是以"纳税人中心主义"还是"国库中心主义"作为考量目的，将直接影响税务裁量的结果。在上述不确定的法律概念下，核定人员滥用职权，假公济私的行为时常发生，或多核定税额以应付政府分配任务，或少核定税额以权力出租，诸如此类失范的税务裁量情形无疑是对纳税人合法权利的侵害、对国家征税权的僭越。

第三，宏观维度，国家间的利益失衡。税务裁量失范除了不契合税收的微观和中观公平从而造成税收利益在纳税人间、纳税人与国家间失衡外，也面临着宏观上国家间税收利益的失衡问题。具体到个体纳税人的个案税务裁量，其看似与国家间的税收主权无关，但伴随着人员和资本自由流通而来的恰是税收利益在不同经济体间的分配问题，其主要体现为跨境税务裁量问题，其间关涉课税事实界定及征管流程的施行等实体和程序性问题。具体以跨境电子商务为例，其虚拟性、无国界性进一步增添了纳税主体居民身份和来源地的不确定性，增加了税收管辖权的认定难度。商品、所得和财产的传统"三分法"显然在面对跨境电子商务中新增加的信息财产和线上服务等数字化产品时捉襟见肘。此时，对于"所得"税额的核定以及是否有国际避税行为的判断等跨境所得的交易双方税务机关的任何非协定性行为均有可能诱发不同国家针对同一应税事实而生的国际税收冲突。即使是在已基本实现一体化进程的欧共体，针对跨境电子商务的课税问题也是纷纷扰扰多年才有定论。我国正如火如荼进行的"一带一路"战略和自贸区建设过程中所不可回避的税收优惠，也需要发挥税务裁量的功能在应对接踵而至的跨境税务纠纷时作出符合双方国家税收利益的决定。数字经济时代，大数据、云计算、人工智

---

〔1〕 张怡等：《人本税法研究》，法律出版社2016年版，第57页。

能等现代信息技术在经济模式中的运用使得常设机构认定标准、BEPS 问题应对等面临新挑战，海量多样实时动态的既是生产要素也是课税信息的税收数据如何课税，平台经济兴起所衍生的新业态性质未明增加课税要素的不确定性，这些问题在全球经济体尚未真正就"双支柱"方案〔1〕达成共识并实施前，仍需税务人员在个案中进行裁量。这些个案裁量结果的公正性将进一步影响税收利益在国家间的分配。

---

〔1〕 在"双支柱"方案中，支柱一突破现行国际税收规则中关于物理存在的限制条件，向市场国重新分配大型跨国企业的利润和征税权，以确保相关跨国企业在数字经济背景下更加公平地承担全球纳税义务。支柱二通过建立全球最低税制度，打击跨国企业逃避税，并为企业所得税税率竞争划定底线。参见《G20/OECD 包容性框架 136 个辖区就应对经济数字化税收挑战"双支柱"方案达成共识》，载 http://www.chinatax.gov.cn/chinatax/n810219/n810724/c5169582/content.html，最后访问日期：2023 年 11 月 26 日。

第二章

税务裁量的应然逻辑诠释

在问题思维的导向下，客观认知税务裁量法律的应然机理是寻求税务裁量失范现实下法律规制问题实然解决径路的重要前提。面对在税收实务中广泛存在且以个案正义为使命的税务裁量，在业已论及其在实施、运行程序以及救济等方面存在失范的情形下，首先必须从理论逻辑的视角对其性质作出合理的定位与解释，在此基础上进一步追问其存在的正当性，诠释其可能存在的类型。而所谓税务裁量是税务机关依据法律授权，为实现个案正义而在适用法律规范进行裁断个案时享有的判断法律要件及确定法律效果的权力与自由。究其本质，实乃是一种法律适用的活动和制度，盖因无论从规范还是实证的角度分析税务裁量，其在很大程度上仍需要关注具体个案中案件事实与法律规范间的对应关系。税务裁量实为规范法律适用之道，乃是我国税收征管场域下税法统一适用客观规律的深刻揭示与映射。鉴于此，就有必要站在理论逻辑的视角规范论证税务裁量存在的正当性问题：在形式必然性层面，确保其对税务个案适用中法律要件判断和法律效果确定的可能性与周延性，彰显税法的程序正义价值；在实质正当性层面，折射出在法治发展阶段的税法的时代回应性，保障税务机关补充裁量的正当性依据。在明确税务裁量性质定位、证成其生成机理之后，为进一步加深认知，还有必要对其进行类型化的诠释，依据不同标准进行具体类型化分析。客观言之，伴随我国市场经济法治化程度的逐渐加深，应税事实和行为将愈加复杂，实际运行的税务裁量并不必然归属于某单一理想类型，它可能是涉及多种分类的"混合型"。

第一节　税务裁量的性质定位

新时代的中国社会正经历着机遇与挑战并存的转型，特别是改革开放四十余年来的艰难曲折与不懈探索进一步昭示我国社会在政治、经济、文化、科技、法治等方面已迈入全面转型新时期。税收法治是当下处于转型期的我国在法治建设方面的目标所向，也是时下税制改革的重要课题，其间蕴含的纠纷解决能力与转型社会需求的紧张关系需要在法律具体适用过程中进行消解与缓和，而裁量在我国税法领域的运用与彰显，也正是契合与回应不断变迁的法律与事实间矛盾的现实选择。税务机关及其工作人员运用法律解决伴随社会变迁而衍生或进化的各种涉税裁量纠纷与争议之过程即为法律适用之流程，裁量人员以其裁量架通规范与事实从而推动二者的融合，将抽象的法律添入主观裁量适用于具体的个案以期推动立法所追求的公平正义之实现。诚然，税法是稳定的，但一经公布的税法在回应变化万千的社会生活时往往会呈现出一定的滞后性甚至保守性。如何解决这个问题呢？英国历史法学创始人梅因的话语或许指明了方向："我们可能非常接近地达到它们（社会需要、社会意见和法律）之间缺口的接合处，但是永远的趋势是要把这缺口重新打开。"[1]税务机关及其工作人员所为之税务裁量其实就是在尝试打开"缺口"并试图将之重新闭合。

一、法律适用：税务裁量的定位证立

税务裁量在法学研究和法律制度意义上均不是一种"造法"活动，而是一种法律适用活动和制度，是我国税法场域内法律统一适用客观规律的深刻揭示。盖因无论是从规范还是从实证的角度分析税务裁量，其均需要关注具体涉税个案中案件事实与法律规范间的对应关系并在此基础上作出裁量结果。再进一步从历史向度、空间维度及我国税务裁量实践这三个面向进行考察，可知税务裁量实乃对我国社会转型的理性回应，是税收法治现代化的产物。

首先，从历史向度而言，我国素有重视税务裁量的传统，而这一现象在社会变革时期表现得更为明显。"税收与国家相伴而生"已为公认之命题，诚如马克思所言，"国家存在的经济基础就是税捐"。[2]亦如恩格斯所指，"捐

---

〔1〕 参见［英］梅因：《古代法》，沈景一译，商务印书馆1959年版，第15页。

〔2〕《马克思恩格斯全集》（第19卷），人民出版社2006年版，第32页。

税是以前的氏族社会完全没有的"。[1]而在此演进过程中，税务裁量作为税收征收与确定的伴生物，也始终发挥着应有功能。具体到中国悠久的炎黄画卷史，"氏族公有制"过渡至"宗族私有制"为税收提供了适宜之土壤与养分，正式开启税收时代。[2]伴随着农耕文明的兴起，作为该文明社会代价的赋税也应运而生。据考证，夏朝出现了最早的根据土地出产而课征之赋税。对此，《史记》有云："自虞夏时，贡赋备矣。"[3]可见，量能课税原则的实质理念在夏朝已经萌发。《尚书》亦有载："禹别九州，随山浚川，任土做贡。"[4]对此，最为经典的注释为"任其土地所有，定其贡赋之差"。[5]此间之"贡赋"应为早期农业税之雏形，它所依据之"土地所有"不仅包括土地的面积，也考虑土地之肥瘠，"定其贡赋之差"则是税务裁量在赋税征收中的运用，"定"即为"裁量"。随后，公元前685年齐国"相地而衰征"进一步彰显了税收公平下的税务裁量，管仲推行"通齐国之鱼盐于东莱，使关市讥而不征"[6]的薄赋税政策，可谓是我国较早的以税收优惠发展盐铁业等商业的例证，此间"不征"考虑的是经济发展的目的，这正是税务裁量的表征。历史的脚步继续前行，古代中国也从奴隶社会走到封建社会再至清末半殖民地半封建社会，终行进至社会主义社会，此间千余年的印记均在不同程度上留下了税务裁量的痕迹。尽管并未直接以税务裁量命名且称谓各异，但究其实质均为实践中共性的法律与个性的案件事实的有机结合，对当下仍有重要的参考与示范价值。目光转向税制改革持续发力的当下社会，1994年"分税制"改革效应持续至今，2004年减税改革功效渐显，2012年"营改增"释放改革红利，2018年国地税机构合并落地，在各个阶段，税务裁量始终是税收征管领域不可或缺之因素。以2012年7月3日《国家税务总局关于规范税务行政裁量权工作的指导意见》（国税发〔2012〕65号，以下简称"65号文"）为标志，税务裁量在我国作为官方认可和宣传的制度正式开始落地。随后，国家税务总局针对税收征管领域最易引发争议的税务处罚问题发布了《税务行政处罚

---

[1]《马克思恩格斯全集》（第4卷），人民出版社1958年版，第176页。

[2] 蔡昌：《中国税史》，中国财政经济出版社2016年版，第9页。

[3]《史记·夏本纪》。

[4]《尚书·夏书·禹贡》。

[5]《十三经注疏·尚书正义》。

[6]《国语·齐语》。

裁量权行使规则》（国家税务总局公告 2016 年第 78 号，以下简称"78 号文"）[1]以强调和规范税务裁量的行使。嗣后各省纷纷出台了税务处罚裁量基准以实现省内裁量标准的统一，《京津冀税务行政处罚裁量基准》及《川渝地区税务行政处罚裁量基准》则在此基础上进一步实现了跨区域税务处罚裁量权行使规则和裁量尺度的统一。考察时间跨度上税务裁量制度在征管实务中的功效及其对当下我国税制改革的作用，表明其之所以能够产生并延续至今且依然活跃是我国本土性税务经验创造性转换的现实需求，也是我国税收法治建设的客观性要求。是故，我国税务裁量具有历史的传统基因，符合税收法治运行的内在规律。

其次，从空间维度而言，世界各国的税收实践中普遍存在着与税务裁量相关的各种制度。虽然遍寻其他各国法律难以找到直接使用"税务裁量"的具体用语，但事实上，各国法律均有相关表述。在德国，《税收通则》第一部分绪论中第一节关于"税务概念规定"里的第 5 条规定了裁量，写到"如果税务机关经授权自行征税，则应按经授权目的作出裁量并且遵守有关裁量的法定界限"。随后，裁量应用在判断享受税收优惠的目的、相关期限的延长、行政决定方式选择、税额核定的情形与方式确认、税务处罚等各个环节。[2]在日本，《国税通则法》第二章"国税缴纳义务的确定"中以申报纳税方式（第 17~30 条）和核定课税方式（第 31~33 条）确定税额中税务署长的更正权及核定权的运用、第四章"纳税的延期与担保"关于纳税延期的情形（第 46 条）判断均体现了税务裁量的适用。[3]具体以延期纳税为例，相较于国税的纳税延期格外复杂的情形，《日本地方税法》第一章第八节提及的"延缓征收"（第 15 条）显得格外简单，该条款采用"列举+兜底"的方式确定延缓征收的情况，还指出地方团体长官"制定出期限，将纳税者、特别征收义务

---

〔1〕 2018 年根据国地税机构改革的进程适时调整该文件中关于基准制度主体及删除国地税协作的内容，进一步更新了规范税务裁量的最新内容。《税务总局关于修改部分税收规范性文件的公告》（国家税务总局公告 2018 年第 31 号）。

〔2〕《外国税收征管法律译本》，《外国税收征管法律译本》组译，中国税务出版社 2012 年版，第 1697~1745 页。

〔3〕《外国税收征管法律译本》，《外国税收征管法律译本》组译，中国税务出版社 2012 年版，第 1801~1804、1807~1808 页。

者金额适当地分成几次收缴"〔1〕，日本的道府县知事与市町村长根据具体情形的税务裁量涵盖两个层面：一是是否符合延缓征税的裁量；二是若符合可以采取何种方式延缓。《韩国课税资料的提交及管理法》关于"罚则"（第13~15条）的规定，如第15条规定的"徒刑与罚金可以并处"〔2〕就能看到税务裁量的影子。在《美国国内税收法典》中，"所得税"第Ⅳ部分"税收抵免"之A部分"无法偿还的个人抵免"的认定就需要税务人员依据相关规定、结合一定的税收目的进行相关裁量以确定家庭费用及有偿雇佣所必需的照顾被抚养人服务的费用、收养费用、住宅节能财产等抵免支出。〔3〕事实上，各国税收法律法规中涉税裁量的内容非常普遍，在以判例法盛行的英美法系国家甚至已经形成了数量可观的税务裁量判例用以解释制定法以及先例中的法律规则〔4〕。在历史的沉淀中，无论是在大陆法系还是英美法系税务裁量制度均能寻找到其范本，盖因基本国情有异，加之法制传统不同而致与我国虽称谓各异，但其均为助推法律得以适用的重要经验与范例。

最后，从税务裁量的客观实践而言，社会转型对税法的功能性期待更为迫切，税务裁量制度是税收征收管理在实践中的现实选择。从上述历史和空间的维度可知，该制度自产生伊始就一直在税收实践中发挥着沟通法律与事实、追求公正的功能。在税收征管的实务中，在具体征管个案里，税务人员需要主动运用裁量让"目光在事实与法律规范间'来回穿梭'"〔5〕以沟通二者，即将各种应税事实和相关资料与涉税法律进行选择和判断实现"应然与

---

〔1〕　具体情形：①纳税者、特别征收义务者的财产因遭受震灾、风灾、水灾、火灾或其他灾害，或被盗时；②纳税者、特别征收义务者，或与之共同生活的亲属患病或负伤时；③纳税者、特别征收义务者撤销或停止其业务时；④纳税者、特别征收义务者的业务受到明显的损失时；⑤有类似前列各项之一的事实时。参见《外国税收征管法律译本》，《外国税收征管法律译本》组译，中国税务出版社2012年版，第1864页。

〔2〕　《外国税收征管法律译本》，《外国税收征管法律译本》组译，中国税务出版社2012年版，第1882页。

〔3〕　《外国税收征管法律译本》，《外国税收征管法律译本》组译，中国税务出版社2012年版，第9~23页。

〔4〕　最典型的莫过于关于反避税的税务裁量，早在1935年美国通过"Gregory v. Helvering案"确定实质重于形式的反避税原则，而如何确定经济交易的实质是否构成反避税行为，则就归属于税务裁量的范围。

〔5〕　[德]魏德士：《法理学》，丁晓春、吴越译，法律出版社2005年版，第296页。

实然的对应"[1]。我国多年税收征收管理的实践表明，税务裁量的正当行使有助于规范税收征收和缴纳行为，提高税务机关依法治税的水平和质量，保障纳税人的合法权益不因税务机关随意执法、选择性执法和机械性执法等受到侵害，有助于构建兼具规范性、公正性、效率性的税收执法新体系，推动我国税收法治向规范化、精确化的方向迈进。从 2012 年"65 号文"首次正式提出规范税务处罚、税务许可、税务强制等领域的税务裁量权到 2016 年"78 号文"详细规范税务处罚裁量权的行使规则，具体通过列举考量因素及分档细化量罚幅度来建立税务裁量基准制度，从而明确实际适用规则，逐步实现初期的国税与地税两个机构执法尺度统一、后续省级、跨省级区域协同到制定全国统一的税务裁量权适用规则。在这一过程中，税务工作人员通过合法、合理、公正与公开的税务裁量积极进行细致的分析鉴别，甚至是创造性地认知，探寻其背后的正义理念。质言之，税务裁量是裁量主体通过把握长期复杂征管经验，运用专业税务技术性知识、考量相关涉税因素从而注入法律适用的过程。当然，税务人员在法律适用时追求带有抽象性、主观性与时代性色彩的公正理念，绝不意味着单纯手捧固定不变的强规则性的成文法，一味沉溺于恪守条文的僵化模式。而是通过积极地根据不断变迁的社会情况增加对法律的理解，以消弭稳定的法律条款与变动的社会情况间之张力。唯有如此，方能焕发税收成文法之活力，适应瞬息万变的税收实践，从而达至追求公正的目标。

二、着眼于法适用的税务裁量构造分析

所谓税务裁量，是指税务机关依据法律授权，为实现个案正义而在适用法律规范进行裁断个案时享有的判断法律要件及确定法律效果的权力与自由。它既包括要件裁量也涵盖效果裁量。其中，法律要件的判断与认定为效果裁量奠定了基础。事实上，根据一般认知，效果裁量下处理结果的作为与不作为选择，如何作为所涉及的方式、期限和程序等问题往往较容易辨别。与之相较，涉及不确定法律概念[2]的要件裁量对于如何认定案件事实却总有纷

---

〔1〕　[德] 考夫曼：《法律哲学》，刘幸义等译，法律出版社 2005 年版，第 221 页。

〔2〕　关于不确定法律概念与裁量的关系问题，理论上存在区别说和无区别说两种观点，前者内部又分为"质的区别说"与"量的区别说"。其中，"质的区别说"在德国为通说；后者逐渐演变为"统一裁量论"。通观以上三种学说，这里认为"统一裁量说"应是最佳方案，是我国法治进程发展的需要，也是我国目前逐渐兴起的模式和未来发展的趋向。

争。通说认为，法律规范的适用过程包括以下四个内容：确认案件事实→解释法律要件→涵摄→确定法律效果，[1]其中前三个环节为法律要件的判断，第四个环节是法律效果的确定。具体到税务裁量领域，其法适用的过程如下：

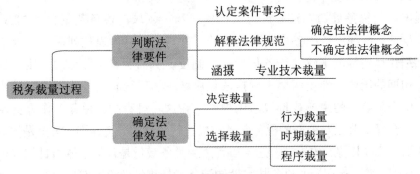

图 2-1　税务裁量构造分析

（一）判断法律要件中的裁量

在具体税务个案中，认定税法案件事实时存在方法选择上的裁量，解释法律要件时面对不确定法律概念的具体化过程中存在的裁量，涵摄时存在专业技术性裁量。具言之：

第一，在认定案件事实时，原则上对行为主体的和事实本身的认定不存在裁量的可能性，因为依据主流的税收债权债务关系说，课税要件成立时纳税人产生课税义务，而赖以成立的民商事行为是既定已发生过的事实。但是，在例外情形下，税务裁量亦存在方法选择上的裁量，主要集中在税额确定制度中通过合理方法核定或调整应纳税额。按照《税收征收管理法实施细则》第 47 条的规定[2]税务机关在核定应纳税额时可以采取一种或两种以上的合理方法，按照第 55 条的规定[3]税务机关在调整所得额时可以采取合理方法，

---

〔1〕［德］哈特穆特·毛雷尔：《行政法学总论》，高家伟译，法律出版社 2000 年版，第 123 页。

〔2〕①参照当地同类行业或者类似行业中经营规模和收入水平相近的纳税人的税负水平核定；②按照营业收入或者成本加合理的费用和利润的方法核定；③按照耗用的原材料、燃料、动力等推算或者测算核定；④按照其他合理的方法核定。

〔3〕①按照独立企业之间进行的相同或者类似业务活动的价格；②按照再销售给无关联关系的第三者的价格所应取得的收入和利润水平；③按照成本加合理的费用和利润；④按照其他合理的方法。

《企业所得税法实施条例》在此基础上又增加了交易净利润法〔1〕和利润分割法〔2〕两种合理方法。税务机关选择的合理方法其实就是在对该具体个案中的计税依据的确定，看似是方法裁量的背后实则是确定税基这一实体课税事实。这显然表明，在具体涉税案件的税收核定及纳税调整方法选择上确实存在税务机关裁量的余地与空间。

第二，在解释法律要件时无可回避的不确定法律概念下仍有裁量的空间。众所周知，确定性法律概念和不确定法律概念共同构成法律规范，不确定法律概念因未明确表示而具有流动特征，致使其内容相对宽泛而导致适用难题。虽我国仍在全面推进税收法定原则落地生根，现有税收立法已经尽量减少不确定法律概念的使用，〔3〕但其所要求的课税要素明确并不能完全在税法条款设计中得以满足。不确定法律概念在我国税法语境下亦是俯首皆是，诸如"正当理由""明显偏低""合理方法""合理商业目的""合理经营需要""实际需要""综合利用"等等。系统梳理我国税法体系，可以发现不确定法律概念高度聚焦于反避税领域，含有明显的价值判断导向。曾有学者言，其是"反避税规则中的'利器'和'灵魂'所在，具有对公私权益的规制和调试功能"。〔4〕尽管上述不确定法律概念在解释时可能会因适法者的认知不同而有所差异，但是我们不能否认，其所具有的"链接事实与政策、衡平权利与权力的独特价值"〔5〕，所发挥的解释税法、填补税法漏洞等实际功效。然而，正如余凌云教授所言："我们无法、也不能让不确定的法律概念永远不确定下去。"〔6〕在该具体化的过程中，主观的税务裁量始终发挥着中介的链接功能，将公平、比例等价值理念融入其中。也正是立基于"不确定法律概念下仍存在裁量"这一基本命题，不确定法律概念在税法领域的适用即是运用税务裁

---

〔1〕　是指按照没有关联关系的交易各方进行相同或者类似业务往来取得的净利润水平来确定利润的方法。

〔2〕　是指将企业与其关联方的合并利润或者亏损在各方之间采用合理标准进行分配的方法。

〔3〕　如 2018 年修正的《个人所得税法》就将第 6 条第 1 款第 3 项的减除"必要费用"改为"费用"，《耕地占用税法》将第 6 条将原暂行条例中可以适当提高税额的说法具体确定为"加按百分之一百五十征收"。

〔4〕　董学智：《论不确定法律概念与反避税规制——以"合理"一词为例》，载《烟台大学学报（哲学社会科学版）》2017 年第 3 期。

〔5〕　董学智等：《论税法上的不确定法律概念》，载《交大法学》2018 年第 2 期。

〔6〕　余凌云：《对不确定的法律概念予以确定化之途径——以警察盘查权的启动条件为例》，载《法商研究》2009 年第 2 期。

量将其具体化的过程。

第三，涵摄事实上是税务工作人员"在大前提与生活事实间之眼光的往返流转"[1]以将税务个案中的涉税事实认定为法律事实的过程。在这里，征管者需要丰富的税收实务经验和大量的税务专业知识方具有获取对案件事实进行科学法律评价的可能性，在这个过程中，存在专业技术性的裁量。税务人员将涉税事实向着税法规范抽象化、税法规范向着涉税事实具体化的过程是不断进行逻辑的归纳、演绎、类推的过程。在这里，裁量者试图寻找法律要件与案件事实间的相似性，专业技术性裁量多于此间运行。以跨境 B2C 电子商务为例，该商业模式是在税务人员结合该商业模式的涉税事实与既有各种涉税法律的基础上进行技术性裁量。我国当前已密集出台的 18 部直接与跨境 B2C 电子商务税收征管相关的规范性文件肯定其可税性，并指出其具体征管细节[2]，但是从实体上界定税收管辖权、确定纳税主体、判断征税对象性质等均需要涉及涵摄，否则若上述课税要素界定不清，后续以之为基础的税收征管程序便将难以有效实施，整个税务裁量就难免落入裁量不公的困境。该情形在数字经济时代愈发明显，面对诸如互联网经济、直播经济等新兴的经济业态，税务机关会衡量相关主体（企业、个人、个体工商户等）的营利行为是否符合可税性理论，此时即是将主体行为、事实与税法规定进行反复权衡；在确定微观（如主播行为）具备可税性后，进一步界分应按哪一税种征税，再次将税种法课税要素与纳税人的所得获取方式进行对照；确定对主播征收个人所得税后进一步认定属于工资薪金、劳务报酬还是经营所得；然后再确定具体的征收管理细节，这方能完成前述法律要件的整体判断过程。

（二）确定法律效果时的裁量

在具体涉税案件中，在判断法律要件后就进入法律效果确定环节，进一步体现为决定裁量（作为与不作为的裁量）和选择裁量（行为方式、程序与时间的裁量）两个面向。显而易见，立法者无法具体、细致地规定各种法律效果，而只能将此种具体税务案件的处理决定权让渡给税务机关。质言之，

---

[1] [德] 卡尔·拉伦茨：《法学方法论》，陈爱娥译，商务印书馆 2003 年版，第 162 页。

[2] 例如，《财政部、国家税务总局关于跨境电子商务零售出口税收政策的通知》（财税［2013］96 号）明确了跨境电子商务零售出口增值税、消费税退（免）税政策的适用情形、适用企业以及排除第三方交易平台的适用等内容。参见侯欢：《跨境 B2C 电子商务税收征管的难题与破解——基于微观、中观和宏观税收公平的思考》，载《西部论坛》2017 年第 5 期。

税务人员需要运用自己的丰富征管经验、专业税务知识以及高超法律技能经前述"确认案件事实—解释法律要件—涵摄"三个流程后，作出是否采取措施、采取何种措施以及何时根据何种程序采取何种措施的裁量。

第一，就决定裁量而言，在税法规定中常常有"可以"式规定，即税务机关"可以"作出处理决定[1]是否减免税、是否作出税务处罚。当然，也存在"有权"[2]式表述，多集中于反避税领域。税务机关是否要根据法律要件判断作出处理，这实乃法律的授权，是税务机关依据法律授权结合具体涉税事实进行选择的裁量，包括作为和不作为的行为选择。例如，《税收征收管理法》第五章"法律责任"部分，多处提及税务机关"可以处……（幅度内）罚款"，首先肯定的是税务机关的罚款裁量权，针对的多为纳税人（扣缴义务人）未履行税务登记、账册凭证管理、接受税务检查等危害后果相对轻微的具体纳税义务。因其违法行为情节轻微，且多先由税务机关责令限期改正，所以此时，税务人员可以在此基础上裁量是否作出罚款决定。在税法规范和税收实务中，以作为的方式居多，这与税法长期作为宏观调控法发挥调控经济和均衡分配差距之功效以及税务系统长久以来所奉行的"国库中心主义"理念密切相关。税务系统当下力推的"首违不罚"事项，作为税收执法方式创新之举"既体现法律的刚性，又体现柔性执法的温度"[3]，正是在税务处罚裁量权内所作出的"不予处罚"裁量决定。当然，从宏观观之，各税种法以及程序税法事实上均是在承认某一课税事实、行为、所得等具备可税性的前提下的后续细化规定，裁量决定的作出可能是在前述多重裁量后的初步判断，进一步具体裁量结果的细节，例如罚款的具体额度、减免税的具体额度与期限等需仰赖下一步的选择裁量。

第二，就选择裁量而言，在决定作出后，税务机关采取作为的情况下，此时即存在选择裁量，税法可能规定这样或那样的作为措施，这就需要税务

---

[1]　《税收征收管理法》中"可以"有37处，《企业所得税法》中有19处，《个人所得税法》《契税法》《资源税法》《船舶吨税法》《耕地占用税法》中有4处，《环境保护税法》《车船税法》中有3处，《印花税法》《车辆购置税法》中有2处，《城市维护建设税法》中有1处。

[2]　具体为《个人所得税法》第8条，《企业所得税法》第六章，《税收征收管理法》第35条、第36条。

[3]　《关于〈国家税务总局关于发布《税务行政处罚"首违不罚"事项清单》的公告〉的解读》，载 http://www.chinatax.gov.cn/chinatax/n810341/n810760/c5162963/content.html，最后访问日期：2023年11月26日。

机关进行选择。就税额确定而言，是足额征收，还是采取减税、免税或抵免的税收优惠举措，抑或是退税还是补税？征收方式是采取查账征收、核定征收、定期定额征收还是其他方式？税务机关是具体采取税收保全措施还是强制执行措施？对于涉税违法行为，是采取限期改正，还是罚款（此时是否要追缴滞纳金），抑或是收缴（或停止向其发售）发票行为？例如，依照《税收征收管理法》第88条第3款的规定，税务机关享有对当事人采取强制执行措施或者申请法律强制执行的行为裁量权。事实上，当税务机关决定采取第一种行为时，依照该法第40条的规定，此间仍存在扣缴税款、扣押、查封、依法拍卖或者变卖等行为的选择。当然，在行为选择的过程中有可能涉及时间的问题，或规定期限幅度，或采取不确定法律概念"及时""定期"等加以限制，或者干脆没有任何规定。在此时间限度内，就必然需要税务人员结合宏观税法的整体公平或效率导向，或者微观具体税法的目标作出适当的裁量。此外，在上述裁量的过程中，离不开程序的裁量，在程序选择上也有裁量的空间。需要特别说明的一点是，理论上，程序贯穿于整个涉税案件，之所以将程序裁量放置于效果裁量范围内而非归置于要件裁量或者单独列明，原因在于裁量要件的过程事实上是初步认识事实的过程，实乃主观认知性活动。只有对该案件进行初步认知后，才能进一步决定调查、取证、质证等等，进而确定法律效果。是故，在判断法律要件时谈程序是没有实际意义的。据此，简单以税务处罚为例，根据《税收征收管理法》第60条第1款的规定："纳税人有下列行为之一的，由税务机关责令限期改正，可以处二千元以下的罚款；情节严重的，处二千元以上一万元以下的罚款；……"简单分析可知，"改正"或"罚款"是税务处罚的选择措施，"限期"是时间裁量，罚款内有幅度的裁量。

第二节　税务裁量的生成机理言说

如前所述，规范与现实间的照应使得税务裁量成了一种可能，而二者间的张力则使税务裁量成了一种必要。纳税人的涉税事实、行为，税务机关的税收征管实践，立法机关的税收法律法规及税务部门的税收规范性文件，税务裁量正是在上述"应然与实然在结构上纠缠在一起"[1]的现实中所作出的

---

〔1〕　郑永流：《法律判断形成的模式》，载《法学研究》2004年第1期。

选择。申言之，来源于实践经验总结和抽象的法律规范与包含着统一规范的案件事实间的对应与差异催动税务裁量的生成。进言之，洞悉税务裁量的生成机理可以从形式的必然性与实质的正当性两个维度进行阐释。前者确保对税务个案适用中法律要件判断和法律效果确定的可能性与周延性，彰显了税法的程序正义价值，属于税务裁量题中应有之义；后者折射出法治发展阶段税法的时代回应性，保障了税务机关补充裁量的正当性依据，属于税务裁量的弦外之音。尽管上述两个维度均能体现税务裁量的本质，但二者所起的作用并非一致：形式维度决定了税务裁量的有无，实质维度则发挥增补的功用。

一、税务裁量的形式必然性解析

税务裁量的存在并非立法技术的不足，也不是立法者有意为之的懈怠。相反，它恰是立法者所采取的一种战略，一种主动将具体细节交于税收执法机关的让渡与选择。之所以存在税务裁量，主要是基于以下两个方面的考虑：

第一，增强税法的包容性、开放性和适应性。规范性法律表述虽然有利于保证税法的安定性和增强具体操作性，但是过于明确的规定反而会呈现封闭性，进而限缩税法的适用范围，使其面对某些法律未作规定但应该可以征税或处理时捉襟见肘。正因如此，有学者指出："故意模糊在法律中是很普遍的。"[1]更有学者旗帜鲜明地强调："在立法过程中必须有计划地使用不确定的法律概念和一般条款。"[2]税务裁量的存在正是税法非封闭性与非僵化性之典型例证。作为最大限度体现和彰显税法适应性的制度，其在征管实务中的运用能够有效"减少和避免立法的空白和漏洞"，[3]弥补成文法中诸如列举性规定等范围过窄而致使法律不能及时回应新兴事实的缺陷。舍此之外，税法规范的相对稳定性与社会生活事实的流变性之间的张力与矛盾在面对社会变迁过程中层出不穷的新型业态与新兴样态时愈发显现。"法律不能频繁变动，反复无常……社会也就不可能不陷入混乱的泥沼。"[4]尤其是在我国法治

---

〔1〕 ［美］劳伦斯·M. 弗里德曼：《法律制度——从社会科学角度观察》，李琼英、林欣译，中国政法大学出版社 2004 年版，第 309 页。

〔2〕 ［德］魏德士：《法理学》，丁晓春、吴越译，法律出版社 2005 年版，第 85 页。

〔3〕 张建军：《论刑法中兜底条款的明确性》，载《法律科学（西北政法大学学报）》2014 年第 2 期。

〔4〕 张文显：《法哲学范畴研究》（修订版），中国政法大学出版社 2001 年版，第 164 页。

建设尚处于非成熟时期，虽有丰富的本土资源但缺乏可资借鉴的充分本国经验，试图单纯依靠纯理论分析与比较法经验的法律移植而建构既有制度显然早已不敷使用，也与我国税法设立之初衷的目标背道而驰。加之，追寻新中国成立以来立法历史长河的点点滴滴，中国的选择往往是以务实之态度先将基本无争议之部分以明确的用语在法律中确定下来，而将悬而不决或立法时仍不能明晰之问题留给未来的立法和司法去发展。有鉴于此，当下法律所呈现的状态并不是竭尽所能以穷尽法律的所有，而是允许容忍较大的留白。显然，税务裁量既可以及时回应社会的变化，又可避免税法的频繁修订，确实为增强税法的包容性、开放性和适应性提供了源源不断的活力。

第二，授权税务机关超越既有法律条款裁量涉税行为的事实与法律属性。虽然税收立法、实务以及理论界对税务机关是否具备裁量权并未形成一致的观点[1]，但一个不容忽视的常规业已逐渐成为财税法理论和实务界的共识——税务机关在对经济实质是否具有可税性的判断上"享有相当的裁量或判断的余地"[2]。该共识实质上乃是肯定税务机关所享有的被授予之税务裁量事实，与之相伴生的则是裁量的范围或者限界问题。税收征管的实践清晰表明，该裁量的范围并未被明确地规定与限制，由此也带来了税务裁量权滥用的风险。当然，税务机关在个案裁量时是否张冠李戴，抑或是借裁量之名行扩张税基之实，均是在裁量过程中需要格外关注的问题。这里不妨以"所得"的确定为例来例证该问题。当前，应税所得的界定为行政部门所主导，税务机关认定某种非法律明定的行为或者财产是否为所得，以及对某种既定所得之税额调整，所考虑无非"是基于有利于国库的价值取向"[3]，这与纳税人权利保护不相符合，也造成实务中大量有关税基争议案件发生[4]。因此，如何准确认定"所得"这一核心要素就成了首要难题。关于"应税所得"各国税法学界众说纷纭，理论学说呈百花齐放、百家争鸣之态：既有萌发于国外之传

---

〔1〕 在立法上，"65号文"明确肯定了行政裁量权在税收执法中的存在。在税收实务中，税务机关运用税收裁量行为确定征税的其他所得现象并不鲜见。税法理论认为，就严格的税收法定主义而言，税务裁量行为显然有悖于税收法定主义。

〔2〕 薛钢：《浅议对税务行政自由裁量权的制约》，载《税务与经济》2003年第1期。

〔3〕 叶姗：《应税事实依据经济实质认定之稽征规则——基于台湾地区"税捐稽征法"第12条之1的研究》，载《法学家》2010年第1期。

〔4〕 如围绕"计税依据明显偏低，又无正当理由"的"儿童投资主基金案""广州德发公司案""瑞成房产公司案"等。

统"流量学说""周期性学说""纯资产增加说""所得源泉说"等学说，[1]也有形成于中国的新兴"可税性理论"，[2]还有以税收公平原则、量能课税原则等作为元理论的观点。诚然，"各国立法时并未拘泥于某一学说，而是根据自己的国情，建立其所得税法理论体系"。[3]我国目前无论是《企业所得税法》还是《个人所得税法》的立法均是如此。面对如此法律生态，税务机关由此获得之税务裁量授权显得格外重要和现实，税务机关在该法律正当性的前提下，运用自己累积的财税技能和经验作出裁量。进一步以损害赔偿金是否应该课税问题为例。当下主要存在下述课税模式——由国家作为赔偿相对人的损害赔偿金一般是不征税或者免税，具体包括国家赔偿金[4]、拆迁补偿款[5]等；由市场主体支付的损害赔偿金一般要征个人所得税，实务中包括自然人因商品房买卖、股权转让等取得的违约金[6]、劳动者因与用工单位解除劳动合同而取得的一次性补偿金[7]、专利权人因被侵权获取的赔偿金[8]等。上述明显差别化之做法是税务机关在征管实务中根据具体的课税事实结合损害赔偿原则、税收公平原则等所作出的裁量结果，充分发挥了税务机关的裁量。

---

[1] 具体内容可参考刘剑文：《应税所得的法律问题探讨》，载《武汉大学学报（人文科学版）》1995年第3期。

[2] 具体内容可参考张守文：《论税法上的"可税性"》，载《法学家》2000年第5期；张守文：《收益的可税性》，载《法学评论》2001年第6期。其中，后者是对税法的可税性理论总体讨论的延续与具体化。

[3] 刘剑文：《应税所得的法律问题探讨》，载《武汉大学学报（人文科学版）》1995年第3期。

[4] 《国家赔偿法》第41条第2款规定："对赔偿请求人取得的赔偿金不予征税。"

[5] 《国家税务总局关于个人取得被征用房屋补偿费收入免征个人所得税的批复》（国税函[1998]428号）、《财政部、国家税务总局关于城镇房屋拆迁有关税收政策的通知》（财税[2005]45号）、《财政部、国家税务总局关于城市和国有工矿棚户区改造项目有关税收优惠政策的通知》（财税[2010]42号）。

[6] 参见《国家税务总局关于个人取得解除商品房买卖合同违约金征收个人所得税问题的批复》（国税函[2006]865号）、《国家税务总局关于个人股权转让过程中取得违约金收入征收个人所得税问题的批复》（国税函[2006]866号）。

[7] 参见《国家税务总局关于个人因解除劳动合同取得经济补偿金征收个人所得税问题的通知》（国税发[1999]178号）（已失效）。

[8] 参见《国家税务总局关于个人取得专利赔偿所得征收个人所得税问题的批复》（国税函[2000]257号）。

二、税务裁量的实质正当性解读

形式机理是税务裁量的应有之义，实质机理便是其弦外之音。税务裁量的实质功能是指为税务机关补充裁量个案提供正当性依据，通过个案公正的实现进而强化法益保护并最终维护法律的实质公平。这必然呈现出一个分步骤、分阶段，渐次推进和逐步落实的实现图景。

税法的公平涵盖形式和实质公平两个层面，其形式公平可以通过税务裁量形式周延性予以实现，而更深层次的追求实质公平的价值目标显然不能通过诉诸其形式功能得以落实，这样就有必要引入实质功能。在讨论税务裁量的实质功能前，法律规定的刚性与税务个案的个殊性间的矛盾不容忽视，税法的应然形态与实然状态间的张力使得税务裁量进一步获得生存空间。具言之，就前者而言，语义封闭的税法规定，弹性和灵活性不足，在界定涉税事实、法律要件时反应迟钝。正如有学者早就认识到的，这样固化而看似周延之法律"也许会导致法律停滞不前"。[1]至于后者，税务案件随着经济社会的转型更加复杂，市场经济的活力使其呈现更多的个殊性。"因为法律是为案件而创立的，案件的多样性是无限的。"[2]面对固化的条款与灵活的个案，要实现真正的税法公平就不得不借助贯通二者的纽带——税务机关的裁量，以其专业性与技术性为媒介。这恰恰也是法律制定者在立法之初"出于政治原因的有意授权和拖延的策略"[3]，税务机关的裁量行为据此获得了实质合理性和正当性。

殊值注意的是，税务机关及其工作人员倘若邯郸学步将裁量予以绝对固化或僵化，这就又与立法赋权背道而驰，该种适用无疑显得十分荒谬与荒唐。正是基于可能或已在征管实务中存在的事实，在涉税个案裁量时，裁量者有必要运用恰当的方法通过合理的税法解释、裁量基准对照、典型案例指导等方式对税务中需要裁量的内容加以明确。仍以"所得"为例，《个人所得税法》第4条以"国务院规定的其他免税所得"为兜底条款，这里在"所得"前以"其他"兜底，显然是为税务裁量预留了足够的空间，税务人员以演绎

---

〔1〕 郑永流：《法律方法阶梯》，北京大学出版社2001年版，第90页。

〔2〕 郑永流：《法律方法阶梯》，北京大学出版社2001年版，第90页。

〔3〕 ［美］劳伦斯·M.弗里德曼：《法律制度——从社会科学角度观察》，李琼英、林欣译，中国政法大学出版社2004年版，第309页。

推理的方式将与"确定免税的其他所得"相应的事实进行判断与衔接，从而作出该"所得"是否应该免税的判断。在这里，正是因为有税务裁量的存在，一线执法者与进一步的复议者方能通过对法律作出灵活的解释，以回应应时而生的各色"所得"是否属于免税所得之范围，使"纸面之税法"得以在个案中尽可能公平运用，进而"减轻现行法律可能带来的严酷和不公正"。[1]总之，如果说法律规定是保障税务机关执法普遍正义所不可回避之固有规则，与之相伴生之税务裁量规定则以其特有的涉税裁量权保证个别的公正，进而仰赖于个别的公正，分步骤、分阶段，渐次推进和逐步实现税收的实质公平。

第三节　税务裁量的类型化诠释

税收征收管理的实践极其注重税收效率主义，而面对我国当下简洁和语意含混的税收立法条款，税务人员往往倚重裁量来处理法律规定不明或者没有规定情形下的税收征管，此时税收法定原则将会面临裁量效率的挑战。进一步，在税务裁量之下，税务人员所面对的是个案中法律适用整个过程的裁量，其结果也强调个案的正义。有鉴于此，税务裁量到底如何协调税收征收管理的整体效率、税收法定的普遍落实以及税收个案公平间的矛盾就不得不关注类型化思维方法在税务裁量领域的适用。从工具主义的视角观之，对着眼于法律适用的税务裁量进行类型化划分能够有效地促进税收法定的落实、提高税收征收管理的效率、增强纳税人保护的力度，其思路是遵循着法学类型化思维的一般要义并结合税务裁量的特殊定位，进而具体将类型化思维运用到税务裁量领域。

一、法学方法论：类型化思维溯源

类型化思维作为一种重要的法学方法论在法学中发挥着其固有功能。借助类型化思维，人们将需要认知的对象进行合理归类并妥当分析以进一步深入该对象的本质，从而加深理解与认知。那么，类型化思维究竟为何，其随

---

〔1〕　［美］埃尔曼：《比较法律文化》，贺卫方、高鸿钧译，生活·读书·新知三联书店 1990 年版，第 59~60 页。

着时代的发展又衍生出何种可以支撑的学说，则是下面将要关注的问题。

（一）"类型"与"类型化思维"的基本涵义厘清

就词语本源而言，类型并非简单地指称某类具体事物，而是表征该类事物背后的共同特征。就单个语词而言，《大辞海》有云："类"即种类，亦称集合、集，指由共同属性的事物所组成。[1]就其哲学意义而言，它是有关"定名、立辞、推理"[2]之根本范畴。就语词的使用而言，它至少可以追溯至春秋战国时期，墨子就将"类"作为分析和区别事物的根据，提出"察类""知类""明类"。[3]"型"，指铸造器物的模子；式样，类型。[4]据对鱼肠剑的记载，"夫纯钩、鱼肠之始下型"。[5]则是对前一种意思的印证。就整个词语而言，"类型"，指具有共同特征的事物所形成的种类。[6]就词源而讲，它的雏形为古希腊时期"纯粹的击打、锤击或因击打所造成的结果"，过往数千年的历史终演变成今日之意味。

在哲学的认识论上，类型显然是以事物"共相"之存在为前提的。[7]据罗素描述，凡在感觉中所给定或与之同质的东西为一个殊相，作为"殊相"之对称，一个"共相"则是那种能为许多殊相的东西所分享的东西。[8]虽然迥异于"抽象概念"对事物最本质性规定的追求，但是类型却是"一种可以反复找到的存在物"，既可以是对多种现象共相的认识，也可以是对具体事物的一定程度的抽象。当然，它虽不同于哲学巨匠黑格尔所提出的"具体概念"[9]，但是其中所蕴含之功效却是异曲同工。

就法学的方法论而言，类型一贯被认为是传统法律漏洞填补的方式，特别是被运用于对"概念式思维"的补充。在法学上，被韦伯认为是"类型概念"，被学者黄茂荣称为"类型式概念"的类型。具体是指：部分与抽象概念

[1] 夏征农、陈至立主编：《大辞海·语词卷》，上海辞书出版社2011年版，第2026页。
[2] 易小明：《类正义论略》，载《天津社会科学》2009年第6期。
[3] 夏征农、陈至立主编：《大辞海·语词卷》，上海辞书出版社2011年版，第598页。
[4] 夏征农、陈至立主编：《大辞海·语词卷》，上海辞书出版社2011年版，第3945页。
[5] 《淮南子·修务训》。
[6] 夏征农、陈至立主编：《大辞海·语词卷》，上海辞书出版社2011年版，第2027页。
[7] 程淑娟：《商行为：一种类型化方法的诠释》，载《法制与社会发展》2013年第3期。
[8] ［英］罗素：《哲学问题》，何兆武译，商务印书馆2007年版，第75页。
[9] 系指事物所固有的具体性，经过一个曲折的认识过程，以理性的形式在人脑中再现出来，从而展现出事物的联系、全面性和丰富性。［德］黑格尔：《小逻辑》，贺麟译，商务印书馆1997年版，第119页。

相接近的具有使用前须依据具体个案情形对其进行价值补充与具体化使之界限明确、内涵清晰的类型。[1]在法学语境下，类型具有描述性、开放性、层次性、整体性以及构成集合的各元素间的流动性等显著特征，在此前提下结合而成的整体形象即可构成一个类型。依学者黄茂荣所言，类型的形成不外乎是在抽象者与具体者间进行的归纳与具体化过程，其进一步将之形象地喻为"从山之两腰向山中央挖山洞的工作"。[2]类型形成后进一步运用该类型要素来掌握法学研究所形成的方法论即为类型化思维。

在法学上，类型化思维作为一种古老的思维方式，是自 20 世纪上半叶从民法法系生成后逐渐兴起并在世界范围内传播开来的。恰如拉伦茨所言，该思维是为了解决抽象概念思维的局限而发展出来的一种思维方法。[3]法学发展至今的事实多次印证，法律更应该关注"整体意义"的类型而非抽象层面的概念，前者所具有的流动性与开放性有力的冲击与纾解传统概念思维的僵化与封闭。是故，类型化思维可以推动法律适用的过程更具科学性和合理性。申言之，该思维由多元聚合且具有相对性、开放性的结构要素（对象）构成，将类型应用于研究中以探寻对某事物的深入认知与解释。它进一步以类推为其实现方式，类推则借助人的知识。诚如昂格尔所言："类推与人的知识同在。"[4]具言之，类推即为运用能将纷繁复杂的事物或现象加以抽象归类的"知性能力"（康德语），构建起已知事物与未知事物间联系的探索、理解世界的方式。无论是在以规范著称的大陆法系还是在以案例为核心的普通法系，裁判者在运用类推方式进行类型化研究时，事实上均是在进行一种当下案件与典型案件的比较与归类。这种类型的思维方式，在法律上的适用相当普遍和广泛。

（二）类型化理论的学说嬗变评述

类型化的思维和方法随着时代的演进而愈加丰满，与之相应类型化理论也逐步取得长足发展并自成脉络：从韦伯的"理想类型论"到拉德布鲁赫的

---

[1]　李可：《类型思维及其法学方法论意义——以传统抽象思维作为参照》，载《金陵法律评论》2003 年第 2 期。

[2]　黄茂荣：《法学方法与现代民法》，中国政法大学出版社 2001 年版，第 472 页。

[3]　[德] 卡尔·拉伦茨：《法学方法论》，陈爱娥译，商务印书馆 2003 年版，第 338 页。

[4]　Robert M. Unger, "What Should Legal Analysis Become?", London and New York: Verso, 1996, p. 28.

"类型概念说"乃至恩吉施、拉伦茨关于类型的学说终被考曼夫以"事物本质类型论"将该理论推至极致。

德国哲学巨匠韦伯所勾勒的类型是一种整理各色"观点"与"现象"所形成的分析结构。[1]据学者归纳，他之所以要建构起这样一种"理想类型"，乃是基于以下三个因素考虑：一是试图发现此种理念构造物存在现实中的可能性及使其在现实中对应物清晰和可理解；二是提高人们在研究中通过为假设理念提供指导及为经验描述提供手段之推断原因的能力；三是整理和系统化经验碎片和个别现象。[2]韦伯的类型论对我们认识法学现象具有重要意义。他认为，理性与非理性的情形均不同程度地存在于人类的法律活动中。[3]具体到法学研究上，他的理想类型可包括形式理性与形式非理性、实质理性与实质非理性这样两组对极的四个范畴，而期间他将目光大量投入法律的非理性问题研究。[4]然而，韦伯关于"法学概念可以而且应当被作为理想类型使用"的理想类型理论完全适合于经验的法律研究的断言显然具有很强的主观色彩，早已被实践所证伪。事实上，诚如译者冯克利先生所言，理想类型对于观察者而言，主要起到一种参照系的作用。[5]它为我们认识演变中的法律制度提供了一种思考方法，为我们认识法律的规定与个案间的差异性提供了一种思维方式。

在法学领域真正引入类型的学者是德国的古斯塔夫·拉德布鲁赫。他在1938年发表的论文《法律思维中的分类概念和次序概念》中主张将类型概念引入法律以兼顾法的安定性与个案正义。在他看来，概念由分类概念[6]和次序概念这一相互对立的对极范畴组成，但是类型概念作为前一范畴的必经过

---

〔1〕［德］马克斯·韦伯：《社会科学方法论》，杨富斌译，华夏出版社 1999 年版，第 186 页。

〔2〕李可：《类型思维及其法学方法论意义——以传统抽象思维作为参照》，载《金陵法律评论》2003 年第 2 期。

〔3〕［德］马克斯·韦伯：《经济与社会》（下卷），［德］约翰内斯·温克尔曼整理，林荣远译，商务印书馆 1997 年版，第 17 页。

〔4〕胡玉鸿：《韦伯的'理想类型'及其法学方法论意义——兼论法学中"类型"的建构》，载《广西师范大学学报（哲学社会科学版）》2003 年第 2 期。

〔5〕［德］马克斯·韦伯：《学术与政治：韦伯的两篇演说》，冯克利译，生活·读书·新知三联书店 1998 年版，第 119~120 页。

〔6〕分类概念定义为通过事物的特征来明确界定事物，是一种分离式的"非此即彼"（Entweder-Oder）的思维。参见［德］阿图尔·考夫曼：《古斯塔夫·拉德布鲁赫传——法律思想家、哲学家和社会民主主义者》，舒国滢译，法律出版社 2004 年版，第 112 页。

程所蕴含的正外部性屈指可数。有鉴于此，次序概念则是在法学中应该倡导的。随后，类型学说在德国法学领域得到了进一步的继承与发展，卡尔·恩吉施（Karl Engisch）在 1953 年的论文《当代法律和法学中的具体化观念》中提出了平均类型（经常性类型）和整体性类型（形态类型）这两种法学上的最终形态。他指出，法学上的具体观念就是类型。[1]受恩吉施的影响，卡尔·拉伦茨也开始转向对类型论的研究。他认为："法律概念性规定的后面，经常还是类型。"[2]在对其进行分类[3]的基础上，这位法哲学家进一步认识到，它作为补助思考的有益范式，既是比较后由被发现之共同点所转化的相对普遍性，也是排斥其他特色的共性范畴。[4]亚图·考夫曼的事物本质类型论在前人的基础上将类型理论推至极致。整体而言，有学者对其作出了高度评价道，它"不失为法解释的新思维"[5]，该种理论通过运用类推的思维将内部之事物本质[6]、外部之类型在整个法运行的过程中串联起来。在考夫曼看来，法原本即带有类推的性质。[7]后继学者肯定了考夫曼对于事物本质的论述，认为他抓住了类推的实质。

二、类型化思维在税务裁量中的运用与设置

类型思维是一种兼具实质性、规范性与价值性的思维模式。法理分析显示，在税务裁量中，类型思维具有极其特殊的法律机能，事关税务裁量的公正性、税收征管程序设计的科学性以及纳税人合法权益保护的实效性。面对纷繁复杂的税收经济活动，结合现有税收法律法规的规定，根据不同的标准，

---

[1]　Karl Engisch, "Die Idee der Konkretisierung in Recht und Rechtswissenschaft unserer Zeit", *Heidelberg*, 1953, 2. Aufl. 1968, p. 248.

[2]　[德] 卡尔·拉伦茨：《法学方法论》，陈爱娥译，商务印书馆 2003 年版，第 337 页。

[3]　根据他的归类，类型可分为经验的类型、逻辑的理想的类型和规范的理想的类型。其中经验类型，又被称为平均类型或经常性类型。具体内容 [德] 卡尔·拉伦茨：《法学方法论》，陈爱娥译，商务印书馆 2003 年版，第 338 页。

[4]　顾祝轩：《制造"拉伦茨"神话：德国法学方法论史》，法律出版社 2011 年版，第 181 页。

[5]　刘士国：《类型化与民法解释》，载《法学研究》2006 年第 6 期。

[6]　"事物的本质"即为存在于法律理念与将来的生活事实、法律规范与现实的生活事实以及当为与存在间的"第三者"，或称之为"意义"。参见 [德] 亚图·考夫曼：《类推与"事物本质"——兼论类型理论》，吴从周译，学林文化事业有限公司 1999 年版，第 40 页。

[7]　[德] 亚图·考夫曼：《类推与"事物本质"——兼论类型理论》，吴从周译，学林文化事业有限公司 1999 年版，第 15 页。

对税务裁量可以进行多种意义的划分。

需要特别说明的是，下述任何单一类型的税务裁量都只是对税务裁量权运行实践的一种理想状态的阐释，实务中，税务裁量的具体行使状况大多是"混合型"，即可能会涉及下述多种税务裁量分类要素，但是它的本质属性可能比其他税务裁量更接近于下述的某一类型。

（一）自主型税务裁量与非自主型税务裁量

以裁量者是否考虑法外顾虑为前提，将税务裁量划分为自主型税务裁量与非自主型税务裁量。

自主型税务裁量是指裁量者在没有任何法外顾虑的情况下，完全根据自己对法律、正义、案件情形等问题的认识与把握进行的裁量。该种裁量是税务裁量的最理想样态，此时税务裁量者在完全"自由"的前提下，将具体个案与抽象的法律法规相结合，缓解法律规则机械性的同时最大限度地实现了一般正义与个案正义的协调。

非自主型税务裁量是指裁量者在裁量的过程中介入了私利的诱惑、政策的影响或者社会的压力等法外顾虑因素的裁量。根据介入因素的不同，可以进一步划分为私利型税务裁量、政策型税务裁量和压力型税务裁量。具言之：首先，私利型税务裁量是指裁量者在进行税务裁量时渗入了裁量者个人或其所在单位私利的考虑，从而以个人非理性标准取代公共法律标准。如基于行贿受贿而乱开"绿灯"、任意或不当税务处罚等。其次，所谓的政策型税务裁量，是指用以实现特定税收公共政策的裁量。例如，国家税务总局等六部门研究决定联合开展打击骗取留抵退税违法犯罪行为并将其作为 2022 年常态化打击虚开骗税工作的重点。从国家税务总局网站通报的税案情况来看，截至 2022 年 9 月 5 日，其所通报的公司骗取留抵退税未构成犯罪的案件，根据《税收征收管理法》第 63 条的规定，对纳税人并处不缴或少缴税款的 50% 以上 5 倍以下的罚款，但通报的税案均是对纳税人处以 1 倍罚款，在很大程度上考量了留抵退税政策"激发市场主体活力"的初衷。最后，压力型税务裁量是指在公共舆论的压力下进行税务裁量。随着税收法治进程的加快，公民税收意识逐渐觉醒与提高，公众参与的积极性显著增强，同时微博、抖音、微信等新媒体的加入进一步强化了税收参与手段与方式，提高了税收关注度。加之，当下我国税务人员独立、公正办案的意识与抗干扰能力有待提高，这样在具体税务裁量时就难免会受外在舆论压力的影响。以"范某冰逃税案"

为例加以简单说明：2018 年 5 月 28 日崔某元在其微博上公布了演出阴阳合同截图后，明星天价片酬和逃税一时成为网友热议话题。对此，国家税务总局高度重视，责成江苏等地税务机关依法展开调查核实，并于 9 月对范某冰及其名下公司的 4 类逃避税行为分别处以 0.5 倍、1 倍、3 倍和 4 倍罚款，同时对原无锡市地方税务局、原无锡市地方税务局第六分局等主管税务机关的有关负责人和相关责任人员依法依规进行问责。[1]随后，国家税务总局针对此类问题提出按照自查自纠、督促纠正、重点检查、总结完善等步骤，逐步推进规范影视行业税收秩序工作。[2]随之而至的霍尔果斯影视公司注销事件的消息再次引人关注，郑某、邓某等偷逃税案更是发生在中央宣传部、国家税务总局等五部门三令五申治理影视行业有关问题的政策背景下，其偷逃税主观故意明显。据此，上海市税务局对此二人转换收入性质虚假申报偷税处以 4 倍罚款，对郑某收取"增资款"完全隐瞒收入偷税部分处以 5 倍的顶格罚款。[3]在影视行业偷税事件的个案处理中，"范某冰案"在舆论持续发酵后所作出的针对纳税人及相关单位和责任人员的处理和处分的裁量涉及私利型税务裁量和压力型税务裁量，"郑某案"和"邓某案"更加彰显了政策性税务裁量驱动下的税务处罚。

（二）税务管理裁量、税款征收裁量、税务检查裁量和税务处罚裁量

按照税收征管的环节划分，税务裁量可以被分为税务管理裁量、税款征收裁量、税务检查裁量和税务处罚裁量。税务裁量贯穿于税收征管的各个环节与步骤，在具体的征管时细节处处彰显裁量。具言之，在税务管理环节，裁量者依据被授予的裁量权办理纳税人的税务登记、变更与注销；在对账簿、凭证发票各环节[4]进行管理和监督也存在裁量，甚至在税控装置安装具体对

---

[1] 《税务部门依法查处范某冰"阴阳合同"等偷逃税问题》，载 http://www.chinatax.gov.cn/chinatax/n810219/n810724/c3789033/content.html，最后访问日期：2023 年 11 月 26 日。

[2] 《国家税务总局关于进一步规范影视行业税收秩序有关工作的通知》（税总发〔2018〕153号）。

[3] 《上海市税务局第一稽查局有关负责人就郑某偷逃税案件答记者问》，载 http://www.chinatax.gov.cn/chinatax/n810219/n810724/c5168455/content.html，最后访问日期：2023 年 11 月 26 日；《上海市税务局第四稽查局有关负责人就邓某偷逃税案件答记者问》，载 http://www.chinatax.gov.cn/chinatax/n810219/c102025/c5173575/content.html，最后访问日期：2023 年 11 月 26 日。

[4] 依据《税收征收管理法》第 21 条的规定，该环节具体是指"印制—领购—开具—取得—保管—缴销"。

象、时间等的选取上也存在裁量；在纳税申报时，税务机关核准纳税人是否符合延期申报情形，这里就是一种税务裁量。在税款征收环节，税务机关有权裁量是否加收滞纳金，审核纳税人的减税、免税申请，核定纳税人应纳税额并选择核定方法，有权对相关不按规定操作的企业进行合理调整，对符合条件的纳税人进行税务扣押、限期缴纳、纳税担保、税收保全甚至采取各种强制执行措施，可以对符合法律规定条件的欠缴税款纳税人行使代位权与撤销权，有权对已入库或未入库的税款进行退还、补缴等处理。在税务检查环节，确定检查对象，继而实施检查活动，最终作出检查决定等均离不开检查人员主观裁量权的运用。在税务处罚环节，税务机关可以根据纳税人违法的事实、情节等因素，选择是否对其进行处罚，若决定处罚则选择处罚的方式，是针对财产的罚款、抵押还是强制执行，还是针对行为的责令限期改正，抑或是针对人身的限制出境等等。具体到财产罚时还需考虑额度财产罚或比率财产罚的选择。另外，还需考虑相应的标准、时限等问题。

表2-1　税收征管环节的裁量分类

种类	《税收征收管理法》	具体条文列举
税务管理裁量	第15、16、21~23、27条	经税务机关核准，可以延期申报。（第27条）
税款征收裁量	第32、33、35~52条	纳税人有下列情形之一的，税务机关有权核定其应纳税款。（第35条）
税务检查裁量	第54、55、57~59条	对与案件有关的情况和资料，可以记录、录音、录像、照相和复制。（第58条）
税务处罚裁量	第60~87条	纳税人有下列行为之一的，由税务机关责令限期改正，可以处二千元以下罚款；情节严重的，处二千元以上一万元以下的罚款。（第60条）

（三）法律要件判断的税务裁量、法律效果确定的税务裁量

依据税务裁量的过程将税务裁量分为法律要件判断的税务裁量和法律效果确定的税务裁量。税务裁量的过程，即税法适用的过程，实际上是税务机关根据税收法律规范结合案件事实而得出判断、作出决定的过程。一般而言，

其过程大致如下：

第一，认定案件事实，包括对事实存在方法选择、性质和情节等进行认定。具言之：一是关于情形存在方法的选择，最具代表性的即为法律中关于税收核定具体方法的确定。[1]二是关于对案件事实性质的认定，即对纳税人及协力义务人行为性质或是被管理事项性质的认定。如《税收征收管理法》对"偷税""抗税"等概念的认定，《个人所得税法》《企业所得税法》关于"所得"的判断，《企业所得税法》"特别纳税调整"章对避税与反避税行为的认定，《烟叶税法》对"烟叶"的认定，《环境保护税法》对"应税污染物"的认定，等等。三是关于对案件事实情节的认定问题。税收实务中关于情节的裁量一般使用"情节严重（或轻微）"的用语，也有"（尚不）构成犯罪"的区分，还有"致使他人合法权益受到损失"等用语。例如，仅在《税收征收管理法》中就有 6 处关于"情节严重"的规定，一处关于"情节轻微"的规定，具体如"税务人员徇私舞弊……情节严重的，依法追究刑事责任"。（第 77 条第 2 款）抗税时"情节轻微，未构成犯罪的"。再如，对"未经税务机关依法委托征收税款的责任"进行认定时，《税收征收管理法》第 78 条规定了三个档次分别处以不同的处罚，依次为最轻的情节，为"未经税务机关依法委托征收税款的"，较重的情节为"致使他人合法权益受到损失的"，最重的情节为"构成犯罪的"。类似的规定还有许多。

第二，不确定法律概念的具体化。事实上，案件事实认定与法律要件的解释并不是严格区分的，在案件事实认定部分也存在着法律要件的裁量，大量存在着对不确定法律概念的解释问题。如在认定"抗税"时的"暴力""威胁"是否存在标准；在"避税"认定中"关联企业"的具体确定；税收核定时"计税依据明显偏低，又无正当理由的"；"所得"确定时的"其他"等兜底条款的存在；情节判断时，"严重"与"轻微"的认定等问题，均存在大量不确定法律概念。此时，税务裁量事实上是裁量者运用裁量将上述不确定法律概念具体化、确定化到个案中以进一步进行涵摄。

第三，专业技术性裁量。裁量者在运用丰富的税收实务经验和大量的税务知识等对个案事实进行科学法律评价时，其背后体现了专业技术性考量。

---

[1] 《税收征收管理法实施细则》第 47 条规定了税收核定情形的确定方法："税务机关有权采用下列任何一种方法核定其应纳税额。"

无论是对案件事实的认定还是对法律要件的解释，均离不开专业技术性裁量。例如，每笔入库税款应纳税额确定的背后都有税务机关工作人员专业的技术性支持，具体表现为确定是否具备可税性、符合哪个税目、适用何种税率等等，这些均离不开税务人员长期积累的丰富实务经验和专业税务知识。又如，在税务稽查中，查账时，稽查人员的每个行动、询问的内容均暗含着其丰富的稽查经验与知识，常年处于稽查第一线的老稽查人员甚至能够第一时间凭经验发现问题所在。

第四，决定是否采取措施的裁量。具体是指在税务要件裁量后，进行初步确定法律效果，决定是否要采取措施，也即作为与不作为的裁量。税务执法人员根据纳税人行为与事实情节等内容结合税收法律规定进而裁量决定是否要进行税务检查、税务稽查，是否作出税务处罚等。

第五，行为选择的裁量，包括对行为的方式、幅度等作出选择。详言之，一是具体行为方式的选择。这里存在着以下情形：其一，法律可能规定这样或那样的处理措施，这集中体现为强制执行、税收保全、减免税认定、税务检查等。例如，《税收征收管理法》第 38 条针对纳税人不能提供担保规定了"冻结""扣押""查封"等保全措施。再如，若决定采取税务处罚，则具体采取何种处罚方式，是行为罚、财产罚、人身罚还是名誉罚？其二，法律可能采取不确定的法律概念进行限定。《企业所得税法》关于"合理方法"进行特别纳税调整的规定[1]便是一典型例证。类似规定也存在于《税收征收管理法》第 36 条中。二是具体税务行为幅度的选择，这集中体现为税务处罚的幅度问题。就额度罚来讲，根据情节的不同，所处罚款数额也不等。具体有如下格次："二千元以下""二千元以上五千元以下""二千元以上一万元以下""一万元以上五万元以下"等。就比率财产罚而言，"50%以上五倍以下""一倍以上五倍以下"等均是"幅度"，税务机关的行为需要在该幅度内进行选择。

第六，时期裁量。税务机关在何时决定、何时采取措施的具体时间上的选择。一般而言，大致有下述三种情形：一是有具体期限的规定。例如《船舶吨税法》第 17 条规定关于"未缴、少缴、漏征或者多征税款"的情形，分

---

〔1〕《企业所得税法》第 41 条第 1 款："企业与其关联方之间的业务往来，不符合独立交易原则而减少企业或者其关联方应纳税收入或者所得额的，税务机关有权按照合理方法调整。"

别以"应当缴纳税款之日起一年内"和"二十四小时内"作为具体期限。[1]二是只有"及时""定期"等要求。例如,《税收征收管理法》第51条关于税款退还的规定,"税务机关及时查实后应当立即退还"。三是没有任何时间的规定。例如,关于税务处理决定过程中的听证行为,相关法律并没有作出具体规定,是税务机关具体进行裁量的结果。

第七,程序裁量,指作出税务行为步骤的选择。即税务机关根据何种程序决定、采取措施也存在裁量的空间,集中体现为税收征管的程序选择问题。具体如,作出决定时的回避、说明理由、听证、信息公开等程序性问题,而税务机关在具体程序裁量时是否适用上述制度、如何适用等关系则留待后续司法审查范围确定。

---

〔1〕《船舶吨税法》第17条第1款规定:"海关发现少征或者漏征税款的,应当自应税船舶应当缴纳税款之日起一年内,补征税款。"第2款规定:"海关发现多征税款的,应当在二十四小时内通知应税船舶办理退还手续,并加算银行同期活期存款利息。"

第二编

税务裁量规范规制模式的类型与困境

通过前述对于裁量的系统考察我们可以发现，该概念自诞生之初就肩负着权力分立之重任，彰显着立法权、行政权与司法权的交织与融合。税务裁量亦然，从其法律适用的性质定位、生成的正当性机理以及区分的不同类型着眼，进一步深究，可以发现它是作为税收立法权、执法权与司法权交织下而在税收征收管理实务中得以迅猛发展的特殊产物而存在。有鉴于此，面对失范样态渐显的税务裁量，对其规制显然也应从该视角入手。那么，如何规制已失范的税务裁量呢？从"权力制约权力"的规范角度观之，无外乎仍着眼于立法权、执法权和司法权的约束。细查之，在传统的规制模式下，立法通过精细化条款与多元化目的，试图从源头上遏制裁量的失范，司法则以严密的审查体系试图从事后保障对失范裁量的治理。然而，伴随着税收征收管理实务中新型样态的层出不穷，税务裁量已然成为现代税收征收管理所无法回避的事实。当立法者与司法者不断以新的规制手段回应渐显失范的税务裁量事实时，税务机关更是从自身内部着手进行革新，从基层到中央掀起了制定税务裁量基准的热潮。这三种努力的方向尽管来自不同的权力分支，但是均以规范本身为落脚点，属于广义的规则之治。事实上，无论是立法的规制、行政的努力还是司法的控制，均未脱离传统的规范之治，都是试图尽可能地明确或者具体化税务裁量的内容，减少相对的不确定性。而这些又终究过于强调税务裁量的普适性，而忽视或淡忘税务裁量的情境性；更多地关注制约裁量的规范性因素，淡忘左右税务裁量的事实因素。也正是基于上述三种规制模式的先天不足，笔者才呼吁在具体规制实践中注入新的血液，为下文协商的引入埋下伏笔。

需要特别指出的是，倘若从时间的顺序而言，首先诞生的是税务裁量立法规制的模式，然后是司法规制的模式，最后才是税务系统内部的自我革新之行政规制模式，本章原则上也应以之为线索进行论述。但是考虑到无论是立法的精细规定和多元化目的探寻，还是税务裁量基准的具体适用，均可能影响司法监督的制度设计，所以本章在结构的安排上，将先论及立法机关与行政机关对税务裁量规制的努力，再将目光调整至司法对税务裁量的监督。

第三章

立法规制模式下精细 规定与多元目的适用的异化

税收法定主义在我国从理念到落实的过程是我国税收领域逐步法治化的进程，具体体现在税收立法层面则是税收法律的从无到有，逐步修正、细化的进程。税收领域多年来呈现出了行政立法盛行、税务机关裁量执法普遍、税务司法救济难以实现的法治生态。最初，立法者通过严格的法律保留原则，从源头上压制税务机关的裁量空间。而后立法者逐渐认识到税务领域的专业性与技术性，通过税收立法授权，使税务机关得以在法律预设的条件和效果内行使税务裁量权。然而，面对不断扩张的税务裁量，立法机关又祭出了"精细化改革"大招，试图以规定精细化模式来约束税务裁量，以增加确定性，以目的多元化来指导税务裁量以保证灵活性。

第一节 逻辑基础：税收法定原则的中国落实

自《大宪章》走来的税收法定原则，历经七百余年方在中国始现。作为典型的舶来品，该原则是 1989 年由民法学者谢怀栻先生将之作为西方国家税法四大基本原则之一而首现于中国法学界的。[1]回溯其在中国的发展脉络，它经历了从无到有、从文本到实践的发展演变并仍在继续朝着中国化方向演进与落实。如之所示，税收法定原则在中国逐步落实的进程折射出了我国税收法律运行的图景，特别是我国税收立法的情况受制并同步于经济体制改革的步伐。申言之，税收法定原则在因改革开放而逐渐成熟的中国特色社会主

---

[1] 其他三个原则为税收公平原则、实质征税原则和促进国家政策事实原则。参见谢怀栻：《西方国家税法中的几个基本原则》，载刘隆亨主编：《以法治税简论》，北京大学出版社 1989 年版，第 150~157 页。

义市场经济场域下生根发芽并加速落实。我国经济体制改革的背后反映的是作为资源配置手段的"有形之手"与"无形之手"的博弈，是政府与市场深层互动的表现，而市场经济是法治经济，税法作为宏观调控之法，既与经济发展密切相关，也是税收领域探寻政府与市场关系法治化的现实选择。系统梳理该原则在中国落实进路，结合我国经济体制改革的阶段性特征，可以将我国税收法定原则中国化的进程划分为四个阶段[1]，即税收法定原则缺失阶段（1949 年—1978 年）—税收法定原则萌芽阶段（1979 年—1991 年）—税收法定原则的探索完善阶段（1992 年—2012 年）—税收法定原则的落实阶段（2013 年至今），具体以税收法定原则的理论研究和立法实践两条主线进行交织论述。就税收法定的立法实践而言，改革开放后，对外开放使得大量外资涌入，由此围绕所得税产生了我国最早的一批税法，对内改革因"84 授权决定"赋予税收行政立法正当性而制定了围绕国营企业利改税和工商税制改革的税收条例（草案），为保障改革开放顺利进行的"85 授权决定"制定了一系列税收暂行条例，由此基本形成了我国税收立法的基本格局。迈入新时代，随着"落实税收法定原则"改革任务的提出，我国开始真正进入税收"法"定时代，税收立法权开始回归立法机关。就税收法定的理论研究而言，1989 年该原则始泊入中国，90 年代开始有零星学者关注，21 世纪之初财税法学界的研究关注该原则的内涵、外延与法源等应然问题，新时代财税法学界在拓展基础理论的前提下逐渐注重该原则的适用性、指导性和现实回应性，这样的研究理路是符合对于法律基本原则的认识逻辑的。在整个过程中，我国改革开放为税收法定原则的引入提供了合适的适用场域，税收法定原则理论研究争鸣而形成理论共识又反哺税收法定原则的实施，特别是税收立法活动。

---

〔1〕 目前学界既有的关于税收法定原则的划分均是将其分为三个阶段，代表性的为日本学者北野弘久和中国的刘剑文。北野弘久教授围绕纳税人权利将该原则发展界分为：形式意义的税收法定主义—实质意义的税收法定原则—宪法意义的税收法定三个阶段。刘剑文教授在前述分类的基础上结合中国国情将该原则划分为"有法—良法—善治"三个阶段。[日] 北野弘久：《税法学原论》（第 4 版），陈刚等译，陈刚、杨建广校，中国检察出版社 2001 年版，第 73~80 页；刘剑文：《落实税收法定原则的现实路径》，载《政法论坛》2015 年第 3 期。

表 3-1　我国税收法定原则的落实进路

阶段	经济体制	政府与市场	典型事件	立法实践	理论研究
缺失阶段：1949 年—1978 年	计划经济体制	无市场	1950 年《关于统一全国税政的决定》	现代意义的税收立法暂付阙如	尚未在中国出现
萌芽阶段：1979 年—1991 年	以计划经济为主、市场调节为辅的经济体制	政府主导	1978 年十一届三中全会 1984 年《中共中央关于经济体制改革的决定》	所得税立法开始并缓慢进行	1989 年学者首次论及
			1984 年《全国人民代表大会常务委员会关于授权国务院改革工商税制发布有关税收条例草案试行的决定》	制定 5 个税收条例（草案）	
	有计划的市场经济体制		1985 年《关于授权国务院在经济体制改革和对外开放方面可以制定暂行的规定或者条例的决定》	制定 14 个税收暂行条例	
探索完善阶段：1992 年—2012 年	社会主义市场经济体制	市场的基础性作用	2000 年《立法法》 1993 年《中共中央关于建立社会主义市场经济体制若干问题的决定》 2003 年《中共中央关于完善社会主义市场经济体制若干问题的决定》	税收立法迅速发展且呈现行政立法主导样态	重点关注应然问题
落实阶段：2013 年至今		市场的决定性作用	2013 年《中共中央关于全面深化改革若干重大问题的决定》 2015 年《立法法》修正 2015 年《贯彻落实税收法定原则的实施意见》	税收立法加速推进：13 部税法，6 个暂行条例	开始从应然走向实然

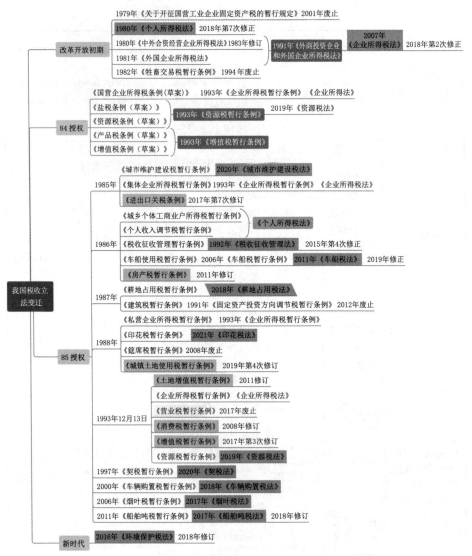

图 3-1　我国税收立法变迁

一、税收法定原则缺失阶段（1949 年—1978 年）

在该阶段，我国整体上呈现出税收法定原则缺失的状态。从历史角度考察，1989 年谢怀栻先生方将税收法定原则引入中国，故从时间线追溯，在我国计划经济体制时期，我国尚未有关于该原则的理论研究。梳理税收法治的实践我们可以发现，新中国成立后，我国处于计划经济时期，在计划经济体制下，我国法制建设几乎停滞，整体上有"财政"而无真正意义上的税收，国家财政需要以国有企业上缴利润为保障。彼时，传统社会主义指令代替财税法发挥宏观调控功能，[1] 税收法定没有生存的空间，现代意义上的财税法暂付阙如。在这一时期，税与法在形式上处于明显的割裂状态，"有财政而无法律"实乃最佳映照。在国家分配论与税法虚无主义的指导下国家通过频繁使用财政与税收的计划而非法律总揽一切财政税收事务。在此阶段，1950 年《关于统一全国税政的决定》将全国性税收的立法权（严格意义讲应该是税收条例制定权）实质上划归政务院。例外的是，《农业税条例》于1958 年由全国人民代表大会常务委员会制定。由此，整体观之，在此时期我国无论是理论界还是实务界对税收法定原则都没有关注，税收法定原则在我国处于暂付阙如状态。

二、税收法定原则萌芽阶段（1979 年—1991 年）

在该阶段，税收法定原则在我国处于萌芽状态，我国在税收领域开始出现立法。时间推及至十一届三中全会，改革开放开启了"政府主导"下的经济体制改革，"市场"作为资源配置的方式之一开始在我国经济体制改革中发挥作用，我国由此进入了由"计划经济体制"向"社会主义市场经济体制"过渡时期。得益于改革开放政策与方向的调整，特别是对外开放打开国门，外资企业纷纷涌入东南沿海，为进一步吸引外资及与国际接轨，我国所得税领域最早开始了税收法定的法治实践。《个人所得税法》（1980 年）实际上以在中国境内居住满 1 年的外籍人员、华侨和港澳台同胞为纳税人，《外商投资企业和外国企业所得税法》（1991 年）在原《中外合资经营企业所得税法》（1980 年）和《外国企业所得税法》（1981 年）纳税人的基础上新增了中外合作经营企业和外资企业两类纳税人。除上述新中国第一批真正意义上的税法外，国务院还制定了《国营企业所得税条例（草案）》（1984 年）、《集体企业所得税暂行条例》（1985 年）、《城乡个体工商业户所得税暂行条例》（1986 年）、《个人收入调节税暂行条例》（1986 年）、《私营企业所得税暂行条例》（1988

---

〔1〕　张怡：《论非均衡经济制度下税法的公平与效率》，载《现代法学》2007 年第 4 期。

年)、《企业所得税暂行条例》(1993 年) 等 6 部面向国内纳税人的所得税行政法规。为了进一步推进经济体制改革和扩大对外开放，国务院于 1984 年和 1985 年分别获得全国人民代表大会常务委员会和全国人民代表大会授予制定税收条例草案、有关经济体制改革和对外开放暂行规定或条例的权限。[1]1984 年的授权范围仅及于国营企业利改税和改革工商税制，据此国务院制定了盐业税、资源税、产品税、增值税和国营企业所得税这 5 个税种的条例（草案），由此开启了我国税收领域行政立法的高峰。在 1985 年授权决定后，国务院截至 1991 年年底陆续出台了 14 个税收暂行条例，包括 4 个所得税法[2]、4 个行为税[3]、4 个财产税[4]、1 个车船税法[5]和 1 个税收征收管理法[6]。在改革开放这一时代重要法宝的指导下，我国前一阶段几近绝迹的税收立法陆续重现，初步形成了当代中国税法体系实体税法和程序税法的基本架构。

也正是税收立法的逐渐恢复与重建开始滋生税收法定原则引进的生存土壤。在我国经济体制转轨过渡期，税收问题的重要性愈发凸显，税收领域行政立法盛行，也呼吁从法学理论上对税收领域的这一现象作出回应。而 1989 年谢怀栻先生撰文介绍税收法定原则在某种程度上也正是理论界对税收领域实践的回应，以之为开端，我国在 20 世纪 90 年代中后期后陆续有学者开始关注这一原则。

三、税收法定原则的探索完善阶段（1992 年—2012 年）

随着我国税制改革进程的加速和法治理念的推广普及，税收法定原则的关注度和普及率也愈发提高，这可以进一步从理论界的研究焦点与规范层面

---

〔1〕 1984 年 9 月 18 日第六届全国人民代表大会常务委员会第七次会议通过的《全国人民代表大会常务委员会关于授权国务院改革工商税制发布有关税收条例草案试行的决定》和 1985 年 5 月 14 日第六届全国人民代表大会第三次会议通过的《关于授权国务院在经济体制改革和对外开放方面可以制定暂行的规定或者条例的决定》。

〔2〕《集体企业所得税暂行条例》(1985 年)、《城乡个体工商业户所得税暂行条例》(1986 年)、《个人收入调节税暂行条例》(1986 年)、《私营企业所得税暂行条例》(1988 年)。

〔3〕《建筑税暂行条例》(1987 年)、《固定资产投资方向调节税暂行条例》(1991 年)、《印花税暂行条例》(1988 年)、《筵席税暂行条例》(1988 年)

〔4〕《车船使用税暂行条例》(1986 年)、《房产税暂行条例》(1986 年)、《耕地占用税暂行条例》(1987 年)、《城镇土地使用税暂行条例》(1988 年)。

〔5〕《车船使用税暂行条例》(1986 年)。

〔6〕《税收征收管理暂行条例》(1986 年)。

的实践中窥见。当然，学界的研究与法律实践密不可分，关注税收法定实然与应然间的差距与张力，力图以理论研究供养法律修订的养料，寻求税收法定中国化的适当路径。理论界对税收法定的研究从初期名称之统合、构成要素之争议到法源之论争。也正是理论研究的不断深入为立法提供着理论养分，从而推动该帝王原则在规范层面的确立。

（一）税收法定原则的理论发展

首先，名称之统合。关于该原则名称问题主要有租税法律主义、税捐法定主义、税收法定主义等三种。虽然存在名称之差异，但究其根本，名称差异并不影响其在演进过程中被使用与适用。当然，该名称争议经近三十年的中国化最终统一为"税收法定原则"这一基本共识。

其次，构成要素的纷争未止。在我国，税收法定原则构成要素问题的主流学说为"三要素说"。最早最为系统的研究来自张守文教授。他认为，税收法定原则包括课税要素法定、课税要素明确、依法稽征原则。[1]"三要素说"的支持者[2]对前两个子原则均无异议，只是对第三个子原则的表述略有不同，为"依法课（征）税""程序合法"等用词，透过不同名称的表象我们可以看到，上述均是强调程序方面的、技术层面的税收法定。事实上，这些观点在很大程度上是将日本学者金子宏教授"四要素说"中的后两项"合法性原则和程序保障原则"统合为程序法定[3]，"在简化税收法定原则基本内容的同时能准确表达其实质内涵"。[4]随着更多学者对该原则的关注，我国学界亦有不同的声音，比较有代表性的观点如学者鲁篱在 2000 年提出，除涵盖上述内容外，税收法定原则还应包括禁止溯及既往和类推适用。[5]许安平在2005 年指出税收法定由形式意义上的税收法定主义和实质意义上的税收法定

---

〔1〕　张守文：《论税收法定主义》，载《法学研究》1996 年第 6 期。

〔2〕　覃有土、刘乃忠、李刚：《论税收法定主义》，载《现代法学》2000 年第 3 期；王鸿貌：《税收法定原则之再研究》，载《法学评论》2004 年第 3 期；徐孟洲：《论税法原则及其功能》，载《中国人民大学学报》2000 年第 5 期。

〔3〕　［日］金子宏：《日本税法》，战宪斌等译，法律出版社 2004 年版，第 50 页。

〔4〕　郭昌盛：《税收法定原则落实的理论前提之反思》，载《烟台大学学报（哲学社会科学版）》2021 年第 2 期。

〔5〕　鲁篱：《税收法律主义初探——兼评我国税收授权立法之不足》，载《财经科学》2000 年第 2 期。

构成，后者意味着税制公平。[1]其实，上述几种对税收法定原则构成要素的划分，是学者对税收法定原则在不同标准下进行的类型化处理，或以实体与程序要素为标准，或以形式公平和实质公平为标准。而理论的界分也将影响税收法治实践的运行，诸如应将立法条款规定为何，进一步以立法为基础的征管和司法行为又该如何实践。

最后，围绕税收法定的法源问题的论争在 21 世纪初讨论得最为激烈。对该问题的讨论围绕着税收法定原则"法"的范围及我国是否已实现"税收宪定"这两条主线进行。其一，关于税收法定原则的"法"范围的界定。"狭义说"支持者认为，从规范征税权、保护纳税人权利的角度应将"法"仅界定为全国人民代表大会及其常务委员会制定的法律，代表性学者有刘剑文、熊伟、覃有土、李刚等[2]；"广义说"持有者则认为，从契合中国国情的视角应该对"法"做广义的界定，包括法律、行政法规、规章、规范性文件等各种形式的法律，代表性学者如王家林[3]等。诚然，对"法"的狭义解释既能够契合税收法定原则"限制行政权"和"保护纳税人财产权"的初衷，也代表了税法领域的立法水平。但是，需要考虑的是，作为一个舶来品，该原则的界定应考虑我国法治的进程及经济体制改革的现实需求，改革开放虽已进行多年，但我国法治特别是经济领域的税收法治问题，实则仍处于回应我国经济体制改革成果的时期，尚不能做到高屋建瓴地实现严格意义的法定。鉴于此，税收法定的"法"在我国长期应该做广义的界定。其二，关于税收法定的法律依据问题。亦可言之为，税收法定原则在我国的确立情形。目前，关于税收法定原则在我国规范层面的确立问题学界已达成基本共识——税收法定原则在法律层面基本得到了确立，即在法律层面既有法律的规定充分肯定并例证了该原则——2015 年《立法法》第 8 条关于"税收法律保留制度"的规定、第 9 条和第 10 条关于授权立法的规定以及《税收征收管理法》第 3 条依法进行征收的规定。争论的焦点聚焦于该原则是否已在我国宪法层面得到确认。对此，有"肯定说"和"否定说"两种观点。学者刘剑文教授、熊伟教授、朱大旗教授是前一种学说的支持者，认为《宪法》第 56 条的规定

---

〔1〕 许安平：《税收法律主义及其在当代的困惑》，载《现代法学》2005 年第 3 期。

〔2〕 刘剑文主编：《财税法学研究述评》，高等教育出版社 2004 年版，第 190 页；覃有土、刘乃忠、李刚：《论税收法定主义》，载《现代法学》2000 年第 3 期。

〔3〕 王家林：《"税收法定主义"观不符合中国国情》，载《中国财政》2012 年第 1 期。

"其实就是税收法定主义的另一种完全表达形式"。[1]刘剑文教授新近的研究对该立场虽有所松动，但是仍承认该条文可通过宪法解释等方式而真正成为这一原则的宪法依据。[2]而持"否定说"的学者张守文、覃有土、王鸿貌、李刚等则坚持认为，我国宪法未对税收法定主义作出具体、全面和明确的规定，故该原则尚未在我国宪法层面得到落实。[3]通过《宪法》明确税收法定原则可以彰显该原则的重要性、契合域外普遍做法，表明一国税法体系的完整性，上述两种观点都是建立在《宪法》应该明确税收法定原则这一共识的前提下所进行的阐述。我国《宪法》只有一处是与税收相关的，即"中华人民共和国公民有依照法律纳税的义务"表明中国公民的纳税义务。该条款可以被追溯至1954年《宪法》第102条的规定，后几经修正均删掉该条款，1982年《宪法》又将该内容作为第56条写进"公民的基本权利和义务"一章。在1954前年我国税收领域的法律以"暂行条例""暂行办法""试行办法"等形式公布，若依前述"狭义说"，此时，我国就不存在课税依据，所征各类税收均为非法。在1982年《宪法》前颁布的所得税法虽符合狭义说，但是纳税人均非中国公民。若从学说引进视角考察，1989年才被引进中国的税收法定原则怎可成为更早之前《宪法》的依据。

（二）税收法定原则的立法实践

在该阶段，1992年第七届全国人民代表大会常务委员会第二十七次会议通过了《税收征收管理法》，同时废止了1986年国务院发布的《税收征收管理暂行条例》。税制改革遵循1993年《中共中央关于建立社会主义市场经济体制若干问题的决定》和2003年《中共中央关于完善社会主义市场经济体制若干问题的决定》的要求，特别是"1993年决定"提出的"改革和完善税收制度"的导向，整体仍呈现出在"1985年授权决定"下国务院主导下的行政立法模式。具言之，在"推行以增值税为主体的流转税制度"导向下，国务

----

〔1〕　刘剑文、熊伟：《税法基础理论》，北京大学出版社2004年版，第112页。

〔2〕　他认为，客观地说，《宪法》第56条本身并没有完整地体现税收法定原则的精神和要求。参见刘剑文：《落实税收法定原则的现实路径》，载《政法论坛》2015年第3期。

〔3〕　具体内容参见张守文：《论税收法定主义》，载《法学研究》1996年第6期；王鸿貌：《税收法定原则之再研究》，载《法学评论》2004年第3期；覃有土、刘乃忠、李刚：《论税收法定主义》，载《现代法学》2000年第3期；翟继光：《税收法定原则比较研究——税收立宪的角度》，载《杭州师范学院学报（社会科学版）》2005年第2期；李刚、周俊琪：《从法解释的角度看我国〈宪法〉第五十六条与税收法定主义——与刘剑文、熊伟二学者商榷》，载《税务研究》2006年第9期。

院于 1993 年出台了 4 个暂行条例，具体为土地增值税、增值税、消费税和增值税的暂行条例；以"开征和调整某些税种"为导向新制定了 5 个暂行条例，内容涉及开征车辆购置税、烟叶税，调整车船使用牌照税、车船使用税为车船税，海关船舶吨税为船舶吨税，盐业税并入资源税，产品税并入增值税，国营企业所得税、集体企业所得税、私营企业所得税合并为企业所得税；按照"统一企业所得税和个人所得税"的要求，将《企业所得税暂行条例》和《外商投资企业和外国企业所得税法》合并为《企业所得税法》，《个人收入调节税暂行条例》和《城乡个体工商户所得税暂行条例》的内容统一进《个人所得税法》。这一时期的税收领域立法已在前一阶段额度的基础上进行逐渐完善，并初步奠定我国当下税收领域的基本法治框架。

整体而言，在该阶段，税收法定原则的理论研究与立法实践均处于探索完善阶段。其中，税收法定原则的理论研究在学者最初引入的基础上，开始探索其内涵和外延，初步实现了本土化的过渡，理论的争鸣也正是该理论逐步走向深化的象征。税收法治实践主要集中于税收领域的立法和征管两个层面，税收立法仍以行政立法为主且不断回应税收征收管理的实践，法律因应经济形势发展逐渐修正，《税收征收管理法》经历了 3 次修正和 1 次修订；统一后的《个人所得税法》历经了 5 次修正。[1]由是，税收法定的理论研究和法治实践是交织发展、互为基础和保障的，理论研究要以税收法治实践为现实基础并为其提供理论保障，法治实践以理论研究为指导并为其提供实践试验场域。

四、税收法定原则的落实阶段（2013 年至今）

进入新时代，税收法定原则迈入了加速落实的新阶段，我国税收领域无论是理论研究还是法治实践均产生了质的飞跃。这直接得益于我国改革开放以来社会主义市场经济体制的持续完善：从"以计划经济为主、市场调节为辅的经济体制"到"有计划的市场经济体制"再过渡至社会主义市场经济体制并不断完善该体制。党的十八届三中全会提出，以经济体制改革作为全面深化改革的重点，明确其"核心问题是处理好政府和市场的关系"[2]并结合中国国情适时对二者关系作出重新界定。以"决定性作用"取代"基础

---

〔1〕 分别于 1999 年、2005 年、2007 年（2 次）、2011 年进行修正。
〔2〕 2013 年党的十八届三中全会通过的《中共中央关于全面深化改革若干重大问题的决定》。

性作用"〔1〕的重大转变，极大地丰富了作为宏观调控法的税法之理论内涵，为税收法定原则的落实提供了更加自由和广阔的适用疆域和中国土壤。由是，党的十八届三中全会明确将"落实税收法定原则"作为一项重要改革任务，随之，党的十八届四中全会将制定和完善"财政税收"法律作为"加强重点领域立法"的一项任务。〔2〕2015 年《立法法》相关内容〔3〕的修正也从宪法性法律的高度回应了该问题，全国人大常委会法工委牵头起草的《贯彻落实税收法定原则的实施意见》更是为该原则的落实细节做了规划。在此背景下，"落实税收法定原则"已经成为新时代我国理论界和实务界的基本共识。

我国税收法定原则实践的立法进程和步伐开始加速。以中央决议首次明确提出"落实税收法定原则"为界，在税收立法领域，以《立法法》和《贯彻落实税收法定原则的实施意见》为依据，立法权开始回归中央。2016 年环境保护税作为新时代开征的第一个新税种由第十二届全国人民代表大会常务委员会第二十五次会议通过；2017 年起，《烟叶税法》《船舶吨税法》《耕地占用税法》《车辆购置税法》《资源税法》《城市维护建设税法》《契税和印花税法》〔4〕等 8 部法律通过税制平移将既有税收条例上升为法律。就税法修改而言，为回应我国经济社会变化、应对税收实务中出现的各类新问题及做好法律间的衔接：我国于 2015 年完成了对《税收征收管理法》的第 4 次修改，简化减免税申请程序。2017 年和 2018 年分别对《企业所得税法》进行了局部

---

〔1〕　从"使市场在社会主义国家宏观调控下对资源配置起基础性作用"到"更大程度地发挥市场在资源配置中的基础性作用，……完善宏观调控体系"再到"使市场在资源配置中起决定性作用和更好发挥政府作用"。参见 1993 年党的十四届中央委员会第三次全体会议《中共中央关于建立社会主义市场经济体制若干问题的决定》、2003 年党的第十六届中央委员会第三次会议通过的《中共中央关于完善社会主义市场经济体制若干问题的决定》、2013 年党的十八届三中全会通过的《中共中央关于全面深化改革若干重大问题的决定》。

〔2〕　《中共中央关于全面推进依法治国若干重大问题的决定》。

〔3〕　2015 年 3 月 15 日，第十二届全国人民代表大会第三次会议审议通过了关于修正《立法法》的决定，将《立法法》原第 8 条规定的"只能制定法律"的税收基本制度，细化为"税种的设立、税率的确定和税收征收管理等税收基本制度"单列为一项。

〔4〕　2017 年 12 月 27 日第十二届全国人民代表大会常务委员会第三十一次会议通过《烟叶税法》和《船舶吨税法》、2018 年 12 月 29 日第十三届全国人民代表大会常务委员会第七次会议通过《耕地占用税法》和《车辆购置税法》、2019 年 8 月 26 日第十三届全国人民代表大会常务委员会第十二次会议通过《资源税法》、2020 年 8 月 11 日第十三届全国人民代表大会常务委员会第二十一次会议通过《城市维护建设税法》和《契税法》、2021 年 6 月 10 日第十三届全国人民代表大会常务委员会第二十九次会议通过《印花税法》。

微调，内容各自涉及公益性捐赠支出超出标准的结转扣除和非居民企业汇总缴税程序简化。2018 年修改了《个人所得税法》《船舶吨税法》和《环境保护税法》三部法律，其中《个人所得税法》第 7 次修正在实体上涉及界定纳税人、简并税目、确定税基（提升基本费用减除标准提升、引入专项附加扣除和反避税条款）、改变课税模式和变动税率级次等内容，在程序上新设信息共享制度和纳税信用制度；后两部税法是税制平移后的首次修正，其内容仅涉及执法机构的调删。2019 年修正《车船税法》时，将悬挂应急救援专用号牌的国家综合性消防救援车辆和船舶增列为免税对象。截至 2022 年 11 月 30 日，我国现行 18 个税种中，除房产税、土地增值税、城镇土地使用税、增值税、消费税和关税等 6 个税种仍由国务院制定的暂行条例征收外，其余 12 个税种已实现了税收法定。其中，2019 年财政部和国家税务总局联合起草了《土地增值税法（征求意见稿）》《增值税法（征求意见稿）》和《消费税法（征求意见稿）》等三部法律并向社会公开征求意见；2022 年财政部和海关总署起草的《关税法草案》作为《国务院 2022 年度立法工作计划》拟提请全国人民代表大会常务委员会审议；2021 年 10 月全国人民代表大会常务委员会曾授权国务院在部分地区开展房地产税改革试点工作，明确提及"条件成熟时，及时制定法律"。[1]2022 年财政部有关负责人表示："综合考虑各方面的情况，今年内不具备扩大房地产税改革试点城市的条件。"[2]按照《贯彻落实税收法定原则的实施意见》的要求，我国应于 2020 年前全面完成税收立法工作，但税收法定原则的落实情况显然并未如期实现。自 2015 年加速的税收法定进程是按照由易到难的逻辑推进的，仍以暂行条例为依据的 6 税种，或因我国经济处于转轨期而受经济政策变动影响极大，或因房地产关联居民保障、房地产市场稳定、宏观经济发展等多重因素而阻力较大，但既有的动向表明，我国仍处于并将长期处于税收法定原则的落实阶段。

与实务界将落实税收定进程的重心放在充实税收法律的供给上不同，我国财税法学界关于该原则的研究在持续深化既有内容的基础上，更加关注税收法定原则的实然图景，开始强调税收法定原则的实践价值。具体表现在以

---

〔1〕 2021 年 10 月 23 日第十三届全国人民代表大会常务委员会第三十一次会议通过《全国人民代表大会常务委员会关于授权国务院在部分地区开展房地产税改革试点工作的决定》。

〔2〕《财政部：今年内不具备扩大房地产税改革试点城市的条件》，载 http://tj.mof.gov.cn/zt4/jianguanshixiang/202203/t20220330_ 3799692.htm，最后访问日期：2023 年 11 月 26 日。

下两个方面：一是继续深化对既有理论的研究。有学者对税收法定原则做了新的阐释。如张学博指出，传统的绝对税收法定原则并不能完全适应现代经济社会的需要，而是应以相对税收法定原则取而代之。[1]也有部分学者在重申税收法定原则的基础上提出了落实路径，比较有代表性的观点如熊伟教授，提及宪法和法律早已确立税收法定主义，当前只需落实，最需要解决的问题就是废除税收立法授权，恢复全国人民代表大会对课税的专属立法权。[2]许多奇教授认为，税收法定主义的首要内涵是税收立法的合法性与本源的正当性，其实质就是税收法律保留。[3]刘剑文教授认为，该原则的实质就是通过民主控制和程序规范来限制课税权的行使空间与方式，进而保护纳税人权利，维护人的尊严和主体性，[4]落实该原则应注意提高立法质量，而落实只是起点，更高的追求是实现税收领域的"良法之治"。[5]还有学者对我国理论界多年来的研究成果进行了归纳反思，提出应将税收法定的"法"范围扩展到行政法规、我国仅在现行法律体系中初步确立了该原则。[6]上述研究是在前一阶段的研究基础上的深化，反映了我国财税法学界对该问题研究的持续关注并不懈深化。二是以税收法定原则衡量并指导我国税收法治的实践。部分学者以该原则来衡量具体税种的立法并以之为圭臬提出具体完善路径，代表性观点如张守文教授以烟叶税和印花税为例，指出制定税收法律只是落实该原则的形式化步骤，真正的"法定"尚需从程序到实体、从形式到实质都充分体现法定原则的内在要求。[7]熊伟教授关注消费税调控权问题，认为其应在恪守税收法定原则的前提下运行，同时政府应拥有适量的自主空间。[8]以税收法定原则内涵研究为起点，并在理论研究较为成熟的前提下指导实践，如

---

〔1〕 张学博：《税收法定原则新论：从绝对主义到相对主义》，载《上海财经大学学报（哲学社会科学版）》2016年第4期。

〔2〕 熊伟：《重申税收法定主义》，载《法学杂志》2014年第2期。

〔3〕 许多奇：《重释税收法定主义——以〈海南自由贸易港法〉颁布为契机》，载《法学论坛》2022年第2期。

〔4〕 刘剑文：《落实税收法定原则的现实路径》，载《政法论坛》2015年第3期。

〔5〕 刘剑文：《落实税收法定原则的意义与路径》，载《中国人大》2017年第19期。

〔6〕 郭昌盛：《税收法定原则落实的理论前提之反思》，载《烟台大学学报（哲学社会科学版）》2021年第2期。

〔7〕 张守文：《税制改革与税收立法的完善——以烟叶税为例》，载《法学杂志》2018年第2期；张守文：《税收立法要素探析——以印花税立法为例》，载《政治与法律》2022年第5期。

〔8〕 熊伟：《税收法定视阈下消费税调控权的研究径路》，载《社会科学辑刊》2019年第1期。

此既能深化理论研究，也能为税收法定的法治实践提供源源不断的理论支撑。

虽然在落实税收法定原则的实践进程中面临"试点模式"的正当性危机、税收条例与政策的合法性拷问、有法不依的税法遵从难题以及授权立法的限度问题等规范和实践层面的关键性"戈尔迪之结"。但是，我们始终应该注意到，改革开放四十年以来，我国社会主义市场经济的高速发展、法治进程的加速推进以及理论界对税收法定原则的深入阐释，使得该原则在我国具备了深厚的经济、法治以及理论基础。诚如学者所言，该原则的中国化进程实质上即为"法治理念在税收领域的彰显过程"。[1]当然，税收法定原则最为理想的状态是涵盖"宪法—立法法—税收基本法"这样完整的体系[2]，然而在国家治理体系现代化转型的当下，实现这一美好愿景显然仍有很长的路要走。

第二节 现实抉择：授权与控权张力下的税务裁量

落实税收法定原则任务艰巨，在该进程中税收征收管理实务的实践运行始终是衡量该原则落实程度的重要指标，而税收征收管理究其本质即为将相对抽象的税收法律法规适用于绝对具体的税法个案的过程。此间，税务裁量始终存在并发挥着关键作用。正是通过税务裁量之桥梁，架通税收法律与税收案件之缺口，文本中的税法才得以被践行至税收实践中的个案。进一步深究税务裁量存在的根源则在于税收授权，将立法内容授予行政机关，使其根据个案的情景进行裁量。而之所以存在税收授权问题，则与税收法定原则，特别是其中的法律保留息息相关。简言之，税收法律的相对保留为授权立法提供生存空间。诚如刘剑文教授所言："落实税收法定原则并不意味着绝对地否定和排斥税收授权立法""授权立法也不会天然等同于削弱税收法定"。[3]事实上，税收法律保留与税收授权立法是在承认税收法定原则前提下一体两面的存在。税收法律保留在从原初的绝对法律保留向相对法律保留的演变进程中始终强调立法机构的权威性，推崇税收基本制度应该由法律予以规定。控权的特性始终贯穿其中，并得到了不同程度的彰显。随着理论界和实务界

---

〔1〕 刘剑文：《落实税收法定原则的现实路径》，载《政法论坛》2015年第3期。。
〔2〕 熊伟：《重申税收法定主义》，载《法学杂志》2014年第2期。
〔3〕 刘剑文：《落实税收法定原则的意义与路径》，载《中国人大》2017年第19期。

对法律相对保留的承认，税收授权立法得以获得法律的正当性与合法性，而税务裁量正是在上述授权与控权之下应运而生的，是二者面对我国税收法治现状所作出的平衡。

一、我国税收授权立法总体画卷展开

回溯我国税收法定的进程，可以梳理出我国税收授权立法从时间线上分为三个阶段：第一阶段是"84授权决定"和"85授权决定"授权国务院制定税收条例，属于概括性授权；第二阶段是《立法法》通过至修正前，以行政法规授权为主，根据前述两次授权决定制定的税收法规授权国务院、省级人民政府和税务机关制定实施条例（具体办法）、规定税收优惠和确定课税要素；第三阶段以《立法法》修正和十八届三中全会为开端，授权方式以税法的法条授权为主，整体呈现前述三主体获得授权程序和内容更加正当。整体梳理税收授权立法三阶段的内容，主要涉及宏观上的制定税收法规与开展税收试点，微观上确定课税要素与处罚。需要说明的是，在严格税收法定的意义上，此处论述的法律依据仅选取我国的13部税法中的相关授权条款规定。

第一，授权制定税收法规，具体包括制定税收条例（草案）、暂行条例、实施条例、具体办法等内容。其中，就条例而言，"84授权决定"授权国务院在实施国营企业利改税和改革工商税制的过程中拟定并发布税收条例（草案），[1]"85授权决定"授权国务院必要时可以在经济体制改革和对外开放方面制定暂行规定或者条例，[2]《个人所得税法》《企业所得税法》和《车船税

---

[1]　具体内容如下：第六届全国人民代表大会常务委员会第七次会议根据国务院的建议，决定授权国务院在实施国营企业利改税和改革工商税制的过程中，拟定有关税收条例，以草案形式发布试行，再根据试行的经验加以修订，提请全国人民代表大会常务委员会审议。国务院发布试行的以上税收条例草案，不适用于中外合资经营企业和外资企业。参见《全国人民代表大会常务委员会关于授权国务院改革工商税制发布有关税收条例草案试行的决定》。

[2]　具体内容如下：为了保障经济体制改革和对外开放工作的顺利进行，第六届全国人民代表大会第三次会议决定：授权国务院对于有关经济体制改革和对外开放方面的问题，必要时可以根据宪法，在同有关法律和全国人民代表大会及其常务委员会的有关决定的基本原则不相抵触的前提下，制定暂行的规定或者条例，颁布实施，并报全国人民代表大会常务委员会备案。经过实践检验，条件成熟时由全国人民代表大会或者全国人民代表大会常务委员会制定法律。参见《中华人民共和国第六届全国人民代表大会第三次会议关于授权国务院在经济体制改革和对外开放方面可以制定暂行的规定或者条例的决定》。

法》中均有"国务院根据本法制定实施条例"的表述。就具体办法而言，《个人所得税法》授权国务院规定对储蓄存款利息课税的具体办法[1]，由此有了《对储蓄存款利息所得征收个人所得税的实施办法》；《企业所得税法》授权国务院规定税收优惠的具体办法[2]，包括制定专项税收优惠政策[3]、过渡期税收优惠政策[4]；《城市维护建设税法》授权国务院规定计税依据的具体确定办法[5]；《车船税法》授权国务院制定在特定情形下税收优惠的具体办法。[6]上述被授权的对象均为国务院，前两种授权属于概括性的一揽子授权，在很大程度上是当时的立法者面对整个国家正经历着的经济和社会的巨大变革所作出的迫不得已选择。[7]第三种授权属于为执行税法规定需要制定详细事项的情形，是为了解决税法条款原则性和不确定性的问题，从而增强税法适用的效率性与科学性。第四种授权属于细节性授权，针对与国民经济和社会发展紧密相关的内容，充分显示税法的调控功能。

第二，授权开展税收试点工作，主要包括水资源税试点和房地产税试点。鉴于水资源仅是资源的一种，故其是通过《资源税法》的具体条款授权国务院试点征收水资源税，[8]这其实是一种"费改税"。与之相较，在中央划定2020年底全面落实税收法定原则之后，房地产领域的相关税种仍未实现法定，盖因其既关涉地方财政困境的破解，也关涉房地产市场发展，还与土地资源

---

〔1〕《个人所得税法》第18条："对储蓄存款利息所得开征、减征、停征个人所得税及其具体办法，由国务院规定，并报全国人民代表大会常务委员会备案。"

〔2〕《企业所得税法》第35条："本法规定的税收优惠的具体办法，由国务院规定。"

〔3〕《企业所得税法》第36条："根据国民经济和社会发展的需要，或者由于突发事件等原因对企业经营活动产生重大影响的，国务院可以制定企业所得税专项优惠政策，报全国人民代表大会常务委员会备案。"

〔4〕《企业所得税法》第57条第2款："法律设置的发展对外经济合作和技术交流的特定地区内，以及国务院已规定执行上述地区特殊政策的地区内新设立的国家需要重点扶持的高新技术企业，可以享受过渡性税收优惠，具体办法由国务院规定。"

〔5〕《城市维护建设税法》第2条第3款："城市维护建设税计税依据的具体确定办法，由国务院依据本法和有关税收法律、行政法规规定，报全国人民代表大会常务委员会备案。"

〔6〕《车船税法》第4条："对节约能源、使用新能源的车船可以减征或者免征车船税；对受严重自然灾害影响纳税困难以及有其他特殊原因确需减税、免税的，可以减征或者免征车船税。具体办法由国务院规定，并报全国人民代表大会常务委员会备案。"

〔7〕刘莘、王凌光：《税收法定与立法保留》，载《行政法学研究》2008年第3期。

〔8〕《资源税法》第14条第1款："国务院根据国民经济和社会发展需要，依照本法的原则，对取用地表水或者地下水的单位和个人试点征收水资源税。征收水资源税的，停止征收水资源费。"

利用息息相关，甚至直接影响民生保障，简单通过税制平移的方式难以有效保障上述目标的实现。由此，2021 年全国人民代表大会常务委员会严格遵循 2015 年《立法法》第 10 条的规定授权国务院在部分地区开展房地产税改革试点工作，将既有房产税与城镇土地增值税两个税种合并征收房地产税。该授权决定明确试点目的〔1〕，课税对象、纳税人、征管等范围〔2〕，具体办法及实施细则制定主体〔3〕，积极稳妥原则及 5 年期限等内容。

　　第三，授权规（确）定税收优惠，主要涉及确定减免税情形、幅度与期限，制定税收优惠具体办法、政策等内容。前已述及国务院获得授权制定税收优惠具体办法和政策的情形，这里仅就授权确定税收优惠的内容进行阐释。此处税收优惠确定的免税优惠是对应纳税额的免除，而减税优惠是个概括性的授权，既可以是在既有税率基础上的降低，也可能是税基的减按，抑或者应纳税额的减征。从整体来看，就具体税种而言，通过"其他免税所得（情形）""其他减税情形""等情形可以规定免征或者减征""定期减征或免征""对下列情形免征或减征"等列举式兜底的方式授予国务院或者省、自治区、直辖市人民政府税收优惠确定权。其中，国务院一般获取的是免税或减税情形确定权，具体分两种情形：一种是在明确列举免税或减税情形的前提下，法律授权国务院确定其他情形以回应或因国家政策变动，或突发事件等不确定性因素，如《个人所得税法》对免税所得〔4〕、减税〔5〕情形的规定，《船舶吨税法》中关于确定

----

〔1〕　为积极稳妥推进房地产税立法与改革，引导住房合理消费和土地资源节约集约利用，促进房地产市场平稳健康发展。参见《全国人民代表大会常务委员会关于授权国务院在部分地区开展房地产税改革试点工作的决定》。

〔2〕　①课税对象：试点地区的房地产税征税对象为居住用和非居住用等各类房地产，不包括依法拥有的农村宅基地及其上住宅；②纳税人：土地使用权人、房屋所有权人为房地产税的纳税人；③征管问题：国务院及其有关部门、试点地区人民政府应当构建科学可行的征收管理模式和程序。参见《全国人民代表大会常务委员会关于授权国务院在部分地区开展房地产税改革试点工作的决定》。

〔3〕　国务院制定房地产税试点具体办法，试点地区人民政府制定具体实施细则。参见《全国人民代表大会常务委员会关于授权国务院在部分地区开展房地产税改革试点工作的决定》。

〔4〕　《个人所得税法》第 4 条第 1 款第 10 项及第 2 款："下列各项个人所得，免征个人所得税：……（十）国务院规定的其他免税所得。前款第十项免税规定，由国务院报全国人民代表大会常务委员会备案。"

〔5〕　《个人所得税法》第 5 条第 2 款："国务院可以规定其他减税情形，报全国人民代表大会常务委员会备案。"

免税船舶的规定[1]，《环境保护税法》中暂予免征环境保护税的批准[2]；另一种是根据国民经济和社会发展的需要，国务院可以规定减征或者免征某税种，《资源税法》[3]、《城市维护建设税法》[4]、《印花税法》[5]、《契税法》[6]在条款中有列举具体情形，《耕地占用税法》[7]和《车辆购置税法》[8]直接予以规定。省级政府取得在列举情形下选择减税或免税及其幅度和期限的确定权，这主要是考虑税收的实际情况，较中央政府而言，地方政府对辖区内纳税人是否符合或应该减免税的情形更加了解，较基层政府而言省级政府获取税收优惠确定权更显权威，该选择兼顾税收公平和税收效率。具体如《个人所得税法》授权省级政府确定减征及具体幅度和期限[9]，《企业所得税法》授予民族自治地方的自治机关可以决定减征或免征地方分享的企业所得税额[10]，

[1]《船舶吨税法》第9条第1款第10项和第2款："下列船舶免征吨税：……（十）国务院规定的其他船舶。前款第十项免税规定，由国务院报全国人民代表大会常务委员会备案。"

[2]《环境保护税法》第12条第1款第5项和第2款："下列情形，暂予免征环境保护税：……（五）国务院批准免征的其他情形。前款第五项免税规定，由国务院报全国人民代表大会常务委员会备案。"

[3]《资源税法》第6条第3款："根据国民经济和社会发展需要，国务院对有利于促进资源节约集约利用、保护环境等情形可以规定免征或者减征资源税，报全国人民代表大会常务委员会备案。"

[4]《城市维护建设税法》第6条："根据国民经济和社会发展的需要，国务院对重大公共基础设施建设、特殊产业和群体以及重大突发事件应对等情形可以规定减征或者免征城市维护建设税，报全国人民代表大会常务委员会备案。"

[5]《印花税法》第12条第2款："根据国民经济和社会发展的需要，国务院对居民住房需求保障、企业改制重组、破产、支持小型微型企业发展等情形可以规定减征或者免征印花税，报全国人民代表大会常务委员会备案。"

[6]《契税法》第6条第2款："根据国民经济和社会发展的需要，国务院对居民住房需求保障、企业改制重组、灾后重建等情形可以规定免征或者减征契税，报全国人民代表大会常务委员会备案。"

[7]《耕地占用税法》第7条第5款："根据国民经济和社会发展的需要，国务院可以规定免征或者减征耕地占用税的其他情形，报全国人民代表大会常务委员会备案。"

[8]《车辆购置税法》第9条第2款："根据国民经济和社会发展的需要，国务院可以规定减征或者其他免征车辆购置税的情形，报全国人民代表大会常务委员会备案。"

[9]《个人所得税法》第5条第1款："有下列情形之一的，可以减征个人所得税，具体幅度和期限，由省、自治区、直辖市人民政府规定，并报同级人民代表大会常务委员会备案：（一）残疾、孤老人员和烈属的所得；（二）因自然灾害遭受重大损失的。"

[10]《企业所得税法》第29条："民族自治地方的自治机关对本民族自治地方的企业应缴纳的企业所得税中属于地方分享的部分，可以决定减征或者免征。自治州、自治县决定减征或者免征的，须报省、自治区、直辖市人民政府批准。"

《资源税法》〔1〕和《契税法》〔2〕规定省级政府可以决定减征或免征及规定具体办法，《车船税法》授权省级政府对特定车船的定期减征或免征的税收优惠权。〔3〕

第四，授权确定税收要素，主要涉及税率和应纳税所得额等实体要素和纳税申报等程序要素。这里的确定税率是指在税法确定相关税种浮动税率（额）的前提下被授权的主体综合考量各种因素后确定课税对象的具体税率（额）的情形。其中，资源税和契税是在既有幅度税率内确定具体适用税率，车船税、耕地占用税和环境保护税是在幅度税额内确定具体的适用税额，课税对象相对复杂的资源税、车船税和环境保护税附有税目税率（额）表。除船舶〔4〕外其余应税客体的具体适用税率（额）均由省级政府结合本地实际情况确定。应纳税所得额是影响纳税人纳税义务的实质性因素，亦是所有课税要素确定时最为复杂的内容，要考虑应税收入的性质、税收优惠政策、不确定法律概念、反避税问题等各种因素。对于税收优惠确定权，前已述及这里就不再赘述。基于不征税收入的公益性属性，所以在《企业所得税法》确定收入总额时将其确定权限以"国务院规定的其他不征税收入"的形式授予国务院。除前述内容外，在具体确定应纳税所得额时，税务机关基于其税收征收管理行为，通过税种法和程序法的规定获取在确定纳税人具体税基时的确定权，主要通过"有权"明确授予税务机关纳税调整及税收核定等反避税权和通过"其他""等"条款设计帮助税务机关确定具体情形。第一种情形

---

〔1〕《资源税法》第7条："有下列情形之一的，省、自治区、直辖市可以决定免征或者减征资源税：（一）纳税人开采或者生产应税产品过程中，因意外事故或者自然灾害等原因遭受重大损失；（二）纳税人开采共伴生矿、低品位矿、尾矿。前款规定的免征或者减征资源税的具体办法，由省、自治区、直辖市人民政府提出，报同级人民代表大会常务委员会决定，并报全国人民代表大会常务委员会和国务院备案。"

〔2〕《契税法》第7条："省、自治区、直辖市可以决定对下列情形免征或者减征契税：（一）因土地、房屋被县级以上人民政府征收、征用，重新承受土地、房屋权属；（二）因不可抗力灭失住房，重新承受住房权属。前款规定的免征或者减征契税的具体办法，由省、自治区、直辖市人民政府提出，报同级人民代表大会常务委员会决定，并报全国人民代表大会常务委员会和国务院备案。"

〔3〕《车船税法》第5条："省、自治区、直辖市人民政府根据当地实际情况，可以对公共交通车船，农村居民拥有并主要在农村地区使用的摩托车、三轮汽车和低速载货汽车定期减征或者免征车船税。"

〔4〕《车船税法》第2条第3款："船舶的具体适用税额由国务院在本法所附《车船税税目税额表》规定的税额幅度内确定。"

下的反避税权具体分为税收核定权和纳税调整权，就税收核定权而言，以《税收征收管理法》第 35 条明确列举的账簿凭证管理（前 4 项）和纳税申报事宜（后 2 项）为基础，具体税种法如《企业所得税法》就应税企业提供资料问题作出了规定，[1]《车辆购置税法》[2] 和《契税法》[3] 以该条第 1 款第 6 项确定的"纳税人申报的计税依据明显偏低，又无正当理由的"为基础具体设计了各自税收核定情形。纳税调整权以《税收征收管理法》第 36 条[4] 关于企业与其关联企业业务往来的规定为基准，《企业所得税法》第六章通过"一般条款[5]+具体列举[6]+兜底条款[7]"的规定明确了纳税调整事宜，《个人所得税法》于 2018 年修正时增加了反避税条款[8]，但其基本沿袭了《企业所得税法》的相关规定，设计时更多的是将主体考虑为合伙企业、个人独资企业、个体工商户等营利性主体。第二种类别下确定应纳税所得额的具体情形时分别采用列举式和描述式的条款设计，前者具体如"其他收入""其

---

〔1〕《企业所得税法》第 44 条："企业不提供与其关联方之间业务往来资料，或者提供虚假、不完整资料，未能真实反映其关联业务往来情况的，税务机关有权依法核定其应纳税所得额。"

〔2〕《车辆购置税法》第 7 条："纳税人申报的应税车辆计税价格明显偏低，又无正当理由的，由税务机关依照《中华人民共和国税收征收管理法》的规定核定其应纳税额。"

〔3〕《契税法》第 4 条第 2 款："纳税人申报的成交价格、互换价格差额明显偏低且无正当理由的，由税务机关依照《中华人民共和国税收征收管理法》的规定核定。"

〔4〕《税收征收管理法》第 36 条："企业或者外国企业在中国境内设立的从事生产、经营的机构、场所与其关联企业之间的业务往来，应当按照独立企业之间的业务往来收取或者支付价款、费用；不按照独立企业之间的业务往来收取或者支付价款、费用，而减少其应纳税的收入或者所得额的，税务机关有权进行合理调整。"

〔5〕《企业所得税法》第 41 条："企业与其关联方之间的业务往来，不符合独立交易原则而减少企业或者其关联方应纳税收入或者所得额的，税务机关有权按照合理方法调整。"

〔6〕《企业所得税法》第 45 条："由居民企业，或者由居民企业和中国居民控制的设立在实际税负明显低于本法第四条第一款规定税率水平的国家（地区）的企业，并非由于合理的经营需要而对利润不作分配或者减少分配的，上述利润中应归属于该居民企业的部分，应当计入该居民企业的当期收入。"第 46 条："企业从其关联方接受的债权性投资与权益性投资的比例超过规定标准而发生的利息支出，不得在计算应纳税所得额时扣除。"

〔7〕《企业所得税法》第 47 条："企业实施其他不具有合理商业目的的安排而减少其应纳税收入或者所得的，税务机关有权按照合理方法调整。"

〔8〕《个人所得税法》第 8 条第 1 款："有下列情形之一的，税务机关有权按照合理方法进行纳税调整：（一）个人与其关联方之间的业务往来不符合独立交易原则而减少本人或者其关联方应纳税额，且无正当理由；（二）居民个人控制的，或者居民个人和居民企业共同控制的设立在实际税负明显偏低的国家（地区）的企业，无合理经营需要，对应当归属于居民个人的利润不作分配或者减少分配；（三）个人实施其他不具有合理商业目的的安排而获取不当税收利益。"

他支出""其他应当作为长期待摊费用的支出""其他就业人员所支付的工资""技术进步等原因""用于环境保护、节能节水、安全生产等专用设备"等兜底表达，后者如"与取得收入有关的、合理的支出""与取得收入无关的其他支出"等不确定性表述。整体观察，前述应纳税所得税确定权的核心是税务机关释明"其他""等""有/相/无关""合理""正当""必要""明显""偏低"之具体情形，上述内容或涉立法周延性或关价值判断，税务机关获取的授权其实属于税收法定原则下课税要素明确原则之要求。

第五，授权税务处罚，具体表现为税务机关基于《税收征收管理法》第五章的规定而取得对税法主体的处罚权。承担责任的主体包括纳税人、扣缴义务人、开户银行或者其他金融机构、税务机关及其工作人员，具体处罚方式包括"二千元以上一万元以下"之类的定额幅度内罚款和"不缴或者少缴的税款百分之五十以上五倍以下"类的倍数幅度罚款。

表 3-2　我国授权立法情形与依据

主体	内容	授权依据
全国人民代表大会及其常务委员会	制定税收法规	《全国人民代表大会常务委员会关于授权国务院改革工商税制发布有关税收条例草案试行的决定》，《第六届全国人民代表大会第三次会议关于授权国务院在经济体制改革和对外开放方面可以制定暂行的规定或者条例的决定》，《个人所得税法》第21条，《企业所得税法》第59条，《车船税法》第12条，《个人所得税法》第18条，《企业所得税法》第35、36、57条第2款，《城市维护建设税法》第2条第3款，《车船税法》第4条。
	规定税收开停征及税收优惠	《税收征收管理法》第3条第1款，《个人所得税法》第18条。
	税收试点	《全国人民代表大会常务委员会关于授权国务院在部分地区开展房地产税改革试点工作的决定》，《资源税法》第14条。
	规定税收优惠	《个人所得税法》第4条第1款第10项和第2款、第5条第2款，《企业所得税法》第35、36、57条，《资源税法》第6条第3款，《城市维护建设税法》第6条，《耕地占用税法》第7条第5款，《印花税法》第12条第2款，《契税法》第6条第2款，《车辆购置税法》第9条第2款，《船舶吨税法》第9条第1款第10项和第2款，《环境保护税法》第12条第1款第5项和第2款。

续表

主体	内容	授权依据
	确定纳税申报情形	《个人所得税法》第 10 条第 1 款第 7 项。
	确定具体税率	《车船税法》第 2 条第 3 款。
	确定不征税收入	《企业所得税法》第 7 条。
省级政府	确定税收优惠	《个人所得税法》第 5 条第 1 款，《资源税法》第 7 条，《车船税法》第 5 条，《契税法》第 7 条。
	确定税率	《资源税法》第 2 条第 2 款、第 3 条第 2 款，《契税法》第 3 条第 2、3 款，《车船税法》第 2 条第 2 款，《耕地占用税法》第 4 条第 2 款、第 5 条、第 12 条第 1 款和第 2 款，《环境保护税法》第 6 条第 2 款。
税务机关	反避税调整：税收核定和纳税调整	《税收征收管理法》第 35、36 条，《企业所得税法》第 6 章第 41~48 条，《个人所得税法》第 8 条，《车辆购置税法》第 7 条，《契税法》第 4 条第 2 款，《环境保护税法》第 21 条。
	保证周延性	《企业所得税法》9 处"等"，15 处"其他"；《税收征收管理法》1 处"等"，39 处"其他"；《个人所得税法》10 处"等"，7 处"其他"；《车船税法》3 处"等"，2 处"其他"；《车辆购置税法》2 处"等"，3 处"其他"；《城市维护建设税法》1 处"等"，1 处"其他"；《船舶吨税法》2 处"等"，3 处"其他"；《耕地占用税法》3 处"等"，3 处"其他"；《环境保护税法》5 处"等"，11 处"其他"；《契税法》3 处"等"，4 处"其他"；《印花税法》2 处"等"，3 处"其他"。
	明确不确定概念	《税收征收管理法》39 处"有关"，2 处"合理"，2 处"正当"，4 处"明显"，1 处"偏低"；《企业所得税法》4 处"有关"，3 处"无关"，5 处"合理"，1 处"明显"；《个人所得税法》4 处"有关"，5 处"相关"，4 处"合理"，1 处"正当"，1 处"明显"；《车船税法》2 处"有关"；《车辆购置税法》2 处"有关"，1 处"正当"，1 处"明显"，1 处"偏低"；《城市维护建设税法》

续表

主体	内容	授权依据
		2 处 "有关"；《船舶吨税法》3 处 "有关"；《耕地占用税法》2 处 "有关"，4 处 "相关"，1 处 "合理"；《环境保护税法法》4 处 "有关"，3 处 "相关"，2 处 "正当"，4 处 "明显"；《契税法》4 处 "有关"，2 处 "相关"，1 处 "正当"，1 处 "明显"，1 处 "偏低"；《烟叶税法》1 处 "有关"；《印花税法》2 处 "有关"。
	确定税务处罚	《税收征收管理法》第五章。

二、税收法律保留和税务裁量的矛盾与统一

法律保留作为税收法定原则的最低形式要求，包括绝对法律保留事项和相对法律保留事项。税收授权立法则是基于法律相对保留而生之行为，二者统一于税收法定原则落实的实践中。就如何看待二者的关系而言，理论界与实务界有夸大税收授权立法危害之说法，认为它是对我国税法最高原则中法律保留内容的背离，将其置于税法原则的对立面。无疑，这是对税收法律保留的误解，将授权立法归属于绝对的税收法律保留所禁止之事宜，显然是未真正认识税收法定原则，犯了一叶障目的偏见。

而之所以产生该现象，直接诱因是《立法法》修正及十八届三中全会的决定，前者将原与 "财政、海关、金融和外贸" 并列的 "税收" 基本制度单列为一项强调法律保留，后者在 "推动人民代表大会制度与时俱进" 中提出 "落实税收法定原则"，由此在理论界开始再次重申税收立法权，使其回归全国人大。[1]现实原因在于，我国税法领域长期存在的行政立法导向致使该领域法治乱象丛生，进而诱发各种涉税争议、合法性危机、地方政府公信力下降等问题。问题争议的焦点就在于前述 1984 年和 1985 年的两个授权决定，基于 1984 年授权决定已于 2009 年通过的《关于废止部分法律的决定》被废止，目前呼吁废止的是现行有效的 1985 年授权决定。事实上，从时间顺序来

---

〔1〕　关于此论述详见易有禄、李婷：《税收法定原则视野下的税收立法权回归》，载《江西财经大学学报》2014 年第 1 期；袁明圣：《税收法定原则在中国：收回税收立法权没有时间表》，载《江西财经大学学报》2014 年第 4 期。

讲，先有该授权决定，其后税收法定原则传入我国并逐渐通过《立法法》等法律得到进一步落实，以后法的生效当然否定前法的合法性显然违背了一般法理常识。即使是税收实务界也认为："单纯地否定或肯定税收领域的授权立法都有失公允，难免偏颇。"〔1〕值得注意的是，我们需要以历史的眼光、现实的观察和未来的视角对授权决定特别是 1985 年的授权决定作出理性的权衡。一方面，我们要肯定该授权决定在特殊经济时期所发挥的有效回应功能以及在完善我国财税体系、优化税权配置和积累税收立法经验等方面的积极意义；另一方面，我们也要承认，在该授权决定实施过程中，空白授权、扩权立法以及转授权等不当授权行为会滋生税务机关恣意立法惯性对法治进程的危害。同时，我们更应该意识到，伴随我国已进入新时代，改革开放迈入深水区、法治特别是财税法治建设的加速，该授权决定在当前的社会经济状况下已逐渐失去其存在的合理性。

　　事实上，无论是法律保留的域外嬗变还是中国实践，均表明作为其上位概念的税收法定原则是包括并将授权明确的立法内含其中的，其所不兼容的仅为违反授权明确原则的空白或者含混之授权立法。具言之：首先，从域外法律保留的演进观察可知，以《大宪章》为起源的法律保留原则最初产生于君主立宪社会，要求"除下列三项税金外，若无全国公意许可，将不征收任何免役税与贡金"〔2〕，此时该原则的存在是为了维护个人自由财产免受君主专制行政权的僭越与侵犯。〔3〕随后，民主共和制下的《权利请愿书》和《权利法案》分别强调"议会的一致同意"与"议会准许"的"国会保留"，随即税收法定原则纷纷在各国的宪法中得到确定。由此观之，域外法律保留经历了从单纯关注人民立法权到不断限缩授权立法范围的转变。〔4〕可见，在西方法律保留的历史中，虽然其"法"的范围不断限缩，但是关于法律保留的相对性却是一脉传承的。其次，目光回转至中国，2015 年修正后的《立法法》第 8 条第 6 项关于法律的绝对保留以及第 9~12 条详解授权立法的内容均表明，税收法定原则下相对法律保留不排斥合法的授权立法。理性的学者也

---

〔1〕　杨志强、李娜：《税收授权立法问题探析》，载《法学杂志》2013 年第 11 期。

〔2〕　《大宪章》第 12 条。

〔3〕　［德］奥托·迈耶：《德国行政法》，刘飞译，商务印书馆 2013 年版，第 73 页。

〔4〕　佘倩影、刘剑文：《税收法定主义：从文本到实践的挑战与路径》，载《辽宁大学学报（哲学社会科学版）》2016 年第 6 期。

一再呼吁认真对待二者的关系。在他们看来，"这是一个问题的两个方面"，行政机关，特别是税务机关"通过授权立法方式享有立法权具有客观必然性"。[1]二者"并非绝对排斥的关系"[2]，我国从宪法性法律到一般性法律的规定均以二者的有机联系为前提，并致力于平衡二者的关系。

税务裁量正是产生于法律文本与法律实践间的缝隙之中。在税收法定的相对法律保留下而生的税收授权立法给予税务裁量以形式合法性，税制改革各阶段伴生的各涉税新情形赋予税务裁量以实质正当性。正是在税收法律保留的控权理念与税收授权立法的授权理念间，税务裁量得以留存并在征管实务中发挥着重要功能。在税收法定原则落实的进程中，税收授权立法愈发规范，税务机关依据法律授权为实现个案正义而在适用法律规范进行裁断个案时享有的判断法律要件及确定法律效果的权力与自由就有了合法的基础。税务裁量立法规制模式即是通过增强税收法律的明确性、具体性以规制不必要的裁量，限缩裁量的空间。进一步讲就是，通过精细化改革以赋予税收立法多重目的、细化税收法规内容的技术措施，从而获得法律的相对确定性，以达至规制税务裁量的目标。

第三节 确定性之殇：立法规定精细化模式的固有缺陷

在上述分析的基础上，当我们回过头再来审视我国税务裁量的立法规制模式时，我们可以清晰地看到税收法定原则的印迹，它试图通过获得法律的相对确定性进而缩小裁量范围，而立法由粗放向精细化的转型进一步表明了该规制模式的发展走向。

一、立法规定精细化改革的兴起

我国当前长期存在的"立法宜粗不宜细"的基本理念雏形是邓小平同志

---

[1] 李刚：《论税收调控法与税法基本原则的关系》，载《厦门大学学报（哲学社会科学版）》2008年第3期。

[2] 徐阳光：《民主与专业的平衡：税收法定原则的中国进路》，载《中国人民大学学报》2016年第3期。

提出的中国立法基本方略。〔1〕经过三十余年的大规模立法活动，我国立法工作取得了长足的进步：2010 年底，具有中国特色的社会主义法律体系已经形成，截至 2022 年 10 月 3 日现行有效法律 294 件。〔2〕中国特色社会主义法律体系从无到有到日臻完善的过程中，立法重心也由新中国成立初期的立法创制转向了立法完善，不再是大刀阔斧地制定新的法律，而是开始转向对既有法律的修补。上述法治进程的推进也表明，我国立法开始由粗放型立法走向精细化立法。标志性的事件有二：一是党的十八届四中全会明确提出"深入推进科学立法、民主立法……推进立法精细化"〔3〕；二是《立法法》修正后在总则第 6 条中新增一款"法律规范应当明确、具体，具有针对性和可执行性"。这就从中央决定到宪法性法律的层面肯定了立法精细化的可能性，而我国立法领域的实践也肯定了该精细化改革：特别是党的十八大以来，全国人民代表大会及其常务委员会新制定法律 69 件、修改法律 237 件，通过有关法律问题和重大问题的决定 99 件，作出法律解释 9 件。〔4〕面对越来越高的立法要求，全国人民代表大会常务委员会法制工作委员会时任研究室主任梁鹰曾指出，当下对精准立法的诉求越来越高。他精辟地说道："要针对问题立法、立法解决问题，要瞄准靶心立法，才能百发百中。"〔5〕亦有学者如侯淑雯教授言道，此种精细化是一种涵盖立法体系、程序、规范、规则等方方面面的细致与完善。〔6〕而立法规定精细化正是精细化立法模式下具体规范的细化与完善。

立法规定之所以呈现精细化的样态，既是我国立法阶段性转型的必然选择，也是实现科学立法形式诉求的现实抉择。申言之：首先，立法规定精细

〔1〕 他指出："法律条文开始可以粗一点，逐步完善。"参见邓小平：《解放思想，实事求是，团结一致向前看》，载《邓小平文选》（第 2 卷），人民出版社 1994 年版，第 143 页。

〔2〕《现行有效法律目录（294 件）》，载 http://www.npc.gov.cn/npc/c30834/202211/02ef739024984d22a2b465b739a7b212.shtml，最后访问日期：2023 年 11 月 26 日。

〔3〕《中共中央关于全面推进依法治国若干重大问题的决定》，2014 年 10 月 23 日中国共产党第十八届中央委员会第四次全体会议通过。

〔4〕《中国这十年·系列主题新闻发布 | 中国特色社会主义 法律体系日臻完善》，载 http://www.npc.gov.cn/npc/c30834/202206/c077ec5b9e594fb28c4da72ed173903f.shtml，最后访问日期：2023 年 11 月 26 日。

〔5〕 朱宁宁：《全国人大常委会法工委研究室主任梁鹰：瞄准靶心立法才能百发百中》，载《法制日报》2016 年 3 月 1 日。

〔6〕 参见侯淑雯：《制定"立法标准法"的必要性、可行性及原则》，载《地方立法研究》2018 年第 5 期。

化是我国立法阶段性转型的必然选择。一方面，自新中国伊始至今，特别是 1978 年后所采取的大规模批量创制性立法彰显出了我国粗放型立法的弊端——立法价值过度强调法的笼统性和涵盖性，立法内容注重字数的精简和高度概括性，立法语言突出原则性和不确定性，以致极大地减损了我国立法的质量和权威。另一方面，中国特色社会主义已迈入新时代，全面深化改革步伐不断推进，面对改革可能产生的动荡，相对稳定的立法可以更好地承担为改革指明方向的重任，明确具体的法律条文方能尽可能减少执法与司法过程中由法条歧义引发的适法纠纷，从而增强法律适用的准确性，降低改革的成本。其次，立法规定精细化是实现科学立法形式诉求的必然抉择。《关于〈中共中央关于全面推进依法治国若干重大问题的决定〉的说明》列举了我国立法领域面临的一些突出问题，指出"立法质量需要进一步提高……解决实际问题有效性不足，针对性、可操作性不强"。并提出提高质量的根本途径是"推进科学立法、民主立法"。诚然，立法是一项专业性、科学性、技术性极强的系统工程，而精细化的立法规定则有助于增强法律的针对性和可操作性，提高立法质量，解决实际问题，进而增强法律的公信力。

二、立法规定精细化模式难以精确定位并细致规范税务裁量

税收立法规范的精细化是我国立法精细化改革的一个缩影，是科学立法导向下提高立法的针对性和可操作性的必然选择。在税法领域，条款的精细化直接关涉课税要素的确定性问题，由是就显得尤为重要。盖因税收是对纳税人财产的合法占有，直接关涉纳税人的财产权问题，同时也会影响调节分配差距、节约资源能源、保护环境、调控经济。加之，税收涵盖法学、经济学、财政税收学、管理学等交叉性专业内容，税法的适用不仅仅是单纯的法律的适用，更涉及各类课税要素的专业性、技术性内容的裁量，更有对诸如电子商务、数字经济等层出不穷的新业态的税务处理。由是，若税法条款的原则性强于操作性则必然会增强税法适用的难度，导致各类涉税纠纷，既无益于税收征收管理，也有损纳税人合法权益，更无助于现代化的税收治理。

放眼我国财税法学的研究，特别是进入 20 世纪后，不断有作品指陈财税法治建设进程中出现裁量滥用的情形，将病因归结于既有法律未对相关内容做精确的界定，或既有法律规定的宽泛，将解决问题的出路寄希望于立法规

定的明细化，期望通过不断修法重塑清晰的构成要件和法律效果。系统梳理现行 13 部税法，如表 3-3 所示，初始就以法律为起点的《个人所得税法》《企业所得税法》《环境保护税法》中，《个人所得税法》经 7 次修正，法条数量由 15 条增至 22 条，《企业所得税法》经 2 次修正后数量仍为 60 条，《环境保护税法》在 2018 年修订后依然是 28 条。在 10 部通过"暂行条例"上升为法律的税法中，《税收征收管理法》的修正最为频繁，其初为税收法规时条款数量是 44 条，1992 年制定法律时为 62 条，2001 年修订后数量维持在 94 条，是我国现行税法中条款最多的法律。在其余 9 部税种法里，《烟叶税法》《耕地占用税法》上升为法律后数量维持不变，《车船税法》上升为法律后数量由 14 条变为 13 条，其余均整体呈不明显增长趋势，如《船舶吨税法》《契税法》《资源税法》《城市维护建设税法》条款增加了 1 条，《车辆购置税法》增加了 2 条，《印花税法》增加了 4 条。若单纯就法条数量而言，除程序法外，整体变动不大。但是，若从内容上对比，就税收法律而言，除《环境保护税法》和《船舶吨税法》的修改是回应机构改革外〔1〕，其余均是对税法条款作出的实质性变动。《车船税法》修改时增加一项作为免税车船〔2〕；《企业所得税法》首次修正增加了公益性捐赠超出部门扣除规则〔3〕，二次修正完善了汇总缴税情形〔4〕。《个人所得税法》的修正整体上呈现明确（非）居民个人的纳税人概念，丰富税目，调整基本减除费用标准、增加专项附加扣除情形和反避税条款以进一步确定应纳税所得额，转变课税模式，调整税率级距，增加信息共享、纳税信用管理等强化税收征管制度。《税收征收管理法》的修订内容包括增加发票类别管理、保护纳税人权利、部门间协作、征管现代化、衔接私法内容等条款，修改税务登记期限和简化减免税程序。检

---

〔1〕《环境保护税法》修改内容：①将第 22 条中的"海洋主管部门"修改为"生态环境主管部门"。②将第 10 条、第 14 条、第 15 条、第 20 条、第 21 条、第 23 条中的"环境保护主管部门"修改为"生态环境主管部门"。《船舶吨税法》修改内容：删去第 11 条中的"或者出入境检验检疫部门"。

〔2〕 2019 年《车船税法》第 3 条增加 1 项作为第 4 项："（四）悬挂应急救援专用号牌的国家综合性消防救援车辆和国家综合性消防救援专用船舶。"

〔3〕 2017 年《企业所得税法》第 9 条增加了"超过年度利润总额 12% 的部分，准予结转以后三年内在计算应纳税所得额时扣除"。

〔4〕 2018 年《企业所得税法》将第 51 条第 1 款中的"非居民企业在中国境内设立两个或者两个以上机构、场所的，经税务机关审核批准"修改为"非居民企业在中国境内设立两个或者两个以上机构、场所，符合国务院税务主管部门规定条件的"。

视前述税法的修订内容可以发现，其实均是在税收法定原则下对实体和程序课税要素的进一步明确，或通过增加条款，或通过修改原条款内容，实质上起到了细化课税要素的功能。把目光转向"落实税收法定原则"提出后通过税制平移而上升为法律的 8 部税法，可以发现，修改后的法律从条款表述上更加突出并明确课税要素。不妨以《烟叶税法》为例对此稍加阐释，如表 3-4 所示，《烟叶税法》在纳税人条款中明确了纳税人是依照《烟草专卖法》收购烟叶的单位，明确界定计税依据是纳税人收购烟叶实际支付的价款总额，删除了国务院税率调整权，明确了纳税期限问题，删除了税务机关核定具体纳税期限规定。更具体的如该法删除了"具体纳税期限由主管税务机关核定"的规定，明确了"烟叶税按月计征，纳税人应当于纳税义务发生月终了之日起十五日内申报并缴纳税款"的具体纳税计算期、纳税申报期限和税款缴款期 3 个课税要素。整体观之，该法作为"落实税收法定原则"后第一部通过税制平移而上升为法律的税法，虽法条数量未变，但是在内容上进一步明确了课税要素，删掉了两个授权条款，增强了税法的确定性，实属落实税收法定原则的关键一步。纵览我国现行税收立法，无论是开局即为税法还是通过税制平移后为税法，无论是从条款数量变化还是条款内容修订来看，均是在实现"法"的前提下努力"定"下来。质言之，在有法可依的前提下，通过精细化税法条款内容将各课税要素进一步确定下来。

诚然，税法条款的精细化确实有助于增强税法适用的确定性，但立法机关显然难以做到如学者所言之"在法律中可以寻至行政机关每个细节的依据"[1]，以此将税法与税收征收管理行为彼此一一对应。这从我国人大代表中财税代表的人数可窥一斑。据统计，在十九大的 2280 名人大代表中，政法领域共计 89 名[2]，但其并未直接反映与财税法的关联性。全国人大代表中法律专业的人数所占比例较小，财税法专业人士所占比例更是可以忽略不计。由此，在上述税法的立改废过程中，税法虽在一定程度上实现了立法权回归全国人大，但是既有立法并不可能真正做到立法与执法的完美对接。毕竟，法律一经公布即可能面临滞后，而修法也大多是对法律实施过程中出现的问

---

[1]　崔卓兰、刘福元：《论行政自由裁量权的内部控制》，载《中国法学》2009 年第 4 期。

[2]　其中，21 名代表来自各级党委政法委，31 名代表来自公安系统，16 名代表来自法院系统，12 名代表来自检察系统，9 名代表来自司法行政系统。参见王斗斗：《解读十九大代表中的"政法面孔"》，载《法制日报》2017 年 10 月 21 日。

题的回应，既有法律所能做到的就是尽量非常接近达到社会的需要和社会的意见与法律之间缺口的结合处。[1]那么，本就衍生于税收授权立法的税务裁量可否因税法条款规定的精细化而受到完全控制？

表3-3　现行税法条款数量变化

税法	法律条款	暂行条例条款	数量变化
《个人所得税法》	1980年：15；1993年：14；1999年、2005年、2007年、2007年、2011年：15；2018年：22		15—14—22
《企业所得税法》	2007年、2017年、2018年：60		未变
《环境保护税法》	2016年、2018年：28		未变
《烟叶税法》	2017年：10	2006年：10	未变
《耕地占用税法》	2018年：16	2008年：16	未变
《税收征收管理法》	1992年、1995年：62；2001年、2013年、2015年：94	1986年：44	44—62—94
《船舶吨税法》	2017年、2018年：22	2011年：21	21—22
《契税法》	2020年：16	1997年、2019年：15	15—16
《资源税法》	2019年：17	1993年、2011年：16	16—17
《城市维护建设税法》	2020年：11	1985年、2011年：10	10—11
《车辆购置税法》	2018年：19	2000年：17	17—19
《印花税法》	2021年：20	1988年、2011年：16	16—20
《车船税法》	2011年、2019年：13	2006年：14	14—13

---

〔1〕〔英〕梅因：《古代法》，沈景一译，商务印书馆1959年版，第15页。

表3-4　《烟叶税法》对比示意图

课税要素	《烟叶税法》	《烟叶税暂行条例》
纳税人	第1条 在中华人民共和国境内，依照《中华人民共和国烟草专卖法》的规定收购烟叶的单位为烟叶税的纳税人。纳税人应当依照本法规定缴纳烟叶税。	第1条 在中华人民共和国境内收购烟叶的单位为烟叶税的纳税人。纳税人应当依照本条例规定缴纳烟叶税。
课税对象	第2条 本法所称烟叶，是指烤烟叶、晾晒烟叶。	第2条 本条例所称烟叶，是指晾晒烟叶、烤烟叶。
计税依据	第3条 烟叶税的计税依据为纳税人收购烟叶实际支付的价款总额。	
税率	第4条 烟叶税的税率为百分之二十。	第4条 烟叶税实行比例税率，税率为20%。烟叶税税率的调整，由国务院决定。
应纳税额	第5条 烟叶税的应纳税额按照纳税人收购烟叶实际支付的价款总额乘以税率计算。	第3条 烟叶税的应纳税额按照纳税人收购烟叶的收购金额和本条例第4条规定的税率计算。应纳税额的计算公式为：应纳税额＝烟叶收购金额×税率。应纳税额以人民币计算。
征管依据	第6条 烟叶税由税务机关依照本法和《中华人民共和国税收征收管理法》的有关规定征收管理。	第9条 烟叶税的征收管理，依照《税收征收管理法》及本条例的有关规定执行。
纳税地点	第7条 纳税人应当向烟叶收购地的主管税务机关申报缴纳烟叶税。	第5条 烟叶税由地方税务机关征收。第6条 纳税人收购烟叶，应当向烟叶收购地的主管税务机关申报纳税。
纳税义务发生时间	第8条 烟叶税的纳税义务发生时间为纳税人收购烟叶的当日。	第7条 烟叶税的纳税义务发生时间为纳税人收购烟叶的当天。
纳税期限	第9条 烟叶税按月计征，纳税人应当于纳税义务发生月终了之日起十五日内申报并缴纳税款。	第8条 纳税人应当自纳税义务发生之日起30日内申报纳税。具体纳税期限由主管税务机关核定。
时间效力	第10条 本法自2018年7月1日起施行。2006年4月28日国务院公布的《中华人民共和国烟叶税暂行条例》同时废止。	第10条 本条例自公布之日起施行。

前述问题的答案显然是否定的。税收立法的精细化确实明确了各税种的课税要素，增强了税收征收管理的确定性，在一定程度上起到了规制税务裁量的作用，但这并不意味着既有精细化的税收立法真正细致地规范了所有税务裁量。理论界虽有"只有借助精确的立法指令，才能确保负责任的行政决定"[1]之通说，但事实上，在立法中细致规定行政机关行为的做法是不能亦是不可取的，在税法领域亦然。仅以《个人所得税法》为例，该法直接规定课税对象的条款包括第2条应税所得、第4条免税所得、第5条减税所得，且均是采用列举的方式表述。进一步观察"应税所得"条款的变迁，如表3-5所示：一是整体而言，款项逐渐增加。1993年修法时吸收了《个人收入调节税暂行条例》和《城乡个体工商业户所得税暂行条例》的相关规定，使得原来"5+X"的税目增至"10+X"，直至2018年修法时调整为9项。由原来的6项增至11项并持续多年，虽最新修订的条例将关于"经营所得"的两项合二为一，同时删去了兜底条款，但从整体上看该条中的项目仍是呈增长趋势。二是内容逐渐精细化。将社会经济发展过程中新出现的情形逐步纳入应税所得的范围。即使最新修订中按照适当减并应税所得分类的思路只保留了"经营所得"一项，但是根据解释，[2]反而进一步细化了经营所得的内容。该变迁中争议最大的是是否应删掉"其他所得"的规定。立法机关将此解释为"考虑到目前《个人所得税法》中列明的所得范围已经比较全面，可不必再由国务院或其有关部门确定'其他所得'"，[3]言外之意为修订后的9项所得已涵盖所有可能之情形，无需以"其他所得"保障立法之可能不周延。修法决定一经公布，理论界也是一片叫好之声，认为是呼应税收法定原则课税要素明确的要求，删除兜底条款减少税务机关在认定"其他所得"时的适用困境。[4]细究上述理论，唯落实税收法定原则之要求尚有一定道理。一是官方"立法无需论"显然过于理想，过高估量了我国既有立法技术。一方面，

---

[1] ［美］理查德·B. 斯图尔特：《美国行政法的重构》，沈岿译，商务印书馆2002年版，第37页。

[2] 将个体工商户的生产、经营所得调整为经营所得，不再保留对企事业单位的承包经营、承租经营所得，该项所得根据具体情况，分别并入综合所得或者经营所得。

[3] 《全国人民代表大会宪法和法律委员会关于〈中华人民共和国个人所得税法修正案（草案）〉审议结果的报告》。

[4] 刘剑文、胡翔：《〈个人所得税法〉修改的变迁评介与当代进路》，载《法学》2018年第9期；侯卓：《个人所得税法的空筐结构与规范续造》，载《法学家》2020年第3期。

税行为作为市场运行过程中基于民商事行为的后置法，民商事行为因市场主体追求利益最大化而愈加丰富，与之相应的税行为也必将推陈出新，以之为依据的个人所得类型，岂是既有法律所能穷尽，否则也就不会出现前述税目整体增加之趋势了。另一方面，从法律体系完整性而言，立法机关仅删除了应税所得的兜底规定，但仍保留了在免税和减税条款中的"其他免税所得"和"其他减税情形"之规定，修改后的《个人所得税法实施条例》仍在第6条保留了"个人取得的所得，难以界定应纳税所得项目的，由国务院税务主管部门确定"。这岂不有矛盾之嫌？二是"适用困境说"更多的是一种感性的描述，是学者在学理下综合征管信息作出的学理概说。税收征收管理中到底出现过多少情形适用原兜底条款，适用时到底情况如何，恐怕税务机关自身也无法给出一个准确的答案，而建立在此基础上的税法学理结论就有待进一步考察。诚然，若从税收法定之课税要素明确原则之要求，删掉兜底条款将应税所得明确为9项，的确减少了税务机关因"其他所得"之适用裁量，但是其能完全避免不当税务裁量之风险吗？恐怕不尽然，为做好政策衔接，财政部和税务总局联合发布公告，将个人为单位或他人提供担保获得的收入、受赠人因无偿受赠房屋取得的受赠收入、个人取得的礼品收入三项纳入"偶然所得"[1]项目，学界遂有"偶然所得"异化为新的所得兜底条款之担忧。[2]面对日益多样化的税收实务生态，特别是随着数字经济时代来临，互联网井喷式发展，衍生出了新型业态，给税务机关的征管理念与业务能力带来了巨大挑战。如果缺乏兜底性条款，对于事实上符合可税性的内容，税务机关如何获得征管行为的正当性与合法性呢？

由此推之，立法规定精细化下的税法条款，虽然在一定程度上增加了税收法律法规的明确性，增强了其可操作性，具有限缩税务裁量的可行性，却仍会招致新的不确定，赋予税务机关未依授权而获得之事实裁量，进而仍陷入财税部门单方或联合发文以应对市场运行中出现的新型业态，复又深陷税收行政立法之泥淖。诚然，立法规定精细化模式本身仍难以实现税收法定中完全的课税要素明确主义，这是立法固有的漏洞，并非简单地通过修法而能

---

[1]《财政部、税务总局关于个人取得有关收入适用个人所得税应税所得项目的公告》（财政部、税务总局公告2019年第74号）。

[2] 廖益新、李乔彧：《税收法定主义视野下的个人所得认定》，载《法学家》2019年第5期。

达至之目标。

表3-5　《个人所得税法》中"应税所得"的规定变迁

版本	税目
1980年	下列各项所得，应纳个人所得税： ①工资、薪金所得；②劳务报酬所得；③特许权使用费所得；④利息、股息、红利所得；⑤财产租赁所得；⑥经中华人民共和国财政部确定征税的其他所得。
1993年修正	下列各项个人所得，应纳个人所得税： ①工资、薪金所得；②个体工商户的生产、经营所得；③对企事业单位的承包经营、承租经营所得；④劳务报酬所得；⑤稿酬所得；⑥特许权使用费所得；⑦利息、股息、红利所得；⑧财产租赁所得；⑨财产转让所得；⑩偶然所得；⑪经国务院财政部门确定征税的其他所得。（新增5项）
2018年修正	下列各项个人所得，应当缴纳个人所得税： ①工资、薪金所得；②劳务报酬所得；③稿酬所得；④特许权使用费所得；⑤经营所得；⑥利息、股息、红利所得；⑦财产租赁所得；⑧财产转让所得；⑨偶然所得。

第四节　指导性之弱化：立法目的多元化模式的意外走样

立法对税务裁量的具体规制方式除了细化条文规定外，以多元的立法目的进行指导也是一种重要途径。税务人员在具体裁量过程中，若立法没有规定或者条款无法明晰内容，此时其就需要回归立法旨意，寻找立法者制定法律时的初衷。诚然，社会实践的发展推动立法由单一目的逐渐走向复合的多元目的，该动向在回应多元化的社会需求时切实提供了灵活的兜底功效，然而多重选择下立法目的能否发挥其指导税务裁量的功能有待实践的进一步检验。

一、税务裁量立法目的规制的实践言说

法理学大家耶林曾就法律的目的做过一针见血的论述。他指出："目的是全部法的创造者，每条法律规则的产生都源于一种目的，即一种事实上的动

机。"[1]该观点在各国的法律文本中得到了充分的证成。在我国，绝大部分制定法都在第1条以"为（了）"作为标识语开宗明义地制定立法目的条款。作为法的灵魂，立法目的功能在现代立法中愈发显现。诚如国务院法制办公室前副主任郜风涛以其25年的工作历程所体会到的真谛——法律制度的设计因立法目的明确得以摆脱杂乱无章而行之有效。[2]立法目的的重要性不仅体现在法律条款设计上，更表现在法律的运行中，无论是执法行为还是司法行为，抑或是守法行为，当法条没有明确规定时，都需要诉诸立法目的的条款进行适用。

然而，在税法领域，呈现出与其他部门法不同的立法生态。不考虑法律彼此间的替代性和时效性问题，系统梳理的自改革开放后的48件税收法规[3]，曾有11件税收法规第1条规定了立法目的，占比约为23%；若仅考虑现行有效的税收法规，19件中有6件含有立法宗旨，占比约为32%；若进一步仅统计税法，则13部税法中仅有3部释明了立法目的，占比约为23%。税法中缘何会出现这种稍显与众不同之情形？对此，或许从税收立法起草和咨询的参与人员的表述中可窥一二，"在税收领域，如果立法意图的描述过于概括，是危险的。""税收立法背后的政策目标多元化且互相冲突，在实际条款中表达总的立法目的是很困难的。因此税法中一般不阐释立法的目的。"[4]同时，他们也给出了若不以立法目的的开篇，税法应如何布局的方案，即"法案就可以在开头说明法案的基本结构要素，即纳税人的定义、税基和税率"。[5]显然，我国大多数税种法是遵循上述立法理路，基本围绕"纳税人—课税对象（税目、计税依据）—税率—应纳税额—纳税申报—纳税地点—纳税期限"等课税要素进行设计，根据所涉税种的简易或复杂程度，简单如《烟叶税法》仅10条，复杂如《企业所得税法》分8章分别阐释上述课税要素。

然而，这并不意味着我国税收立法中没有阐释立法目的的条款的法律，表3-6所列大致分为以下几种情形：第一种是程序法，自1986年《税收征收管理

---

[1] Jhering, "Der Zweck im Recht", I. Vorrede., Leipzig: Breitkopf & Härtel, 1893, S. Ⅷ.
[2] 郜风涛：《文津法札》，中国法制出版社2011年版，第119页。
[3] 分别为16部税法、6个条例、26个暂行条例（规定）。
[4] V. 图若尼主编：《税法的起草与设计》（第1卷），国际货币基金组织、国家税务总局政策法规司译，中国税务出版社2004年版，第79~80页。
[5] V. 图若尼主编：《税法的起草与设计》（第1卷），国际货币基金组织、国家税务总局政策法规司译，中国税务出版社2004年版，第80页。

暂行条例》时就规定了 5 重立法目的。时任财政部部长王丙乾在做《税收征收管理法（草案）》的说明时指出："无论对内对外都需将现行税收征管法规的内容通过立法上升为国家法律，以提高法律效力。"〔1〕上升为法律的程序法保留了立法目的条款。第二种是税种法：一类是与土地资源相关的税种，如耕地占用税、城镇土地使用税、土地增值税，其立法目的始终围绕着土地。就目前而言，耕地占用税由"暂行条例"上升为"法律"保留了立法目的条款。财政部和国家税务总局 2019 年 7 月联合公布的《土地增值税法（征求意见稿）》删除了立法目的条款，而与其他税种法一样，以"纳税人"作为第 1 条。城镇土地使用税因与房产税改革密切相关，未来改革的动向可能依房地产税而定。一类是具有特定目的之税种，如城市维护建设税、个人收入调节税、固定资产投资方向调节税和关税。其中，个人收入调节税因并入个人所得税而被废止，而实现三法统一的《个人所得税法》历经 7 次修正仍保持原有立法体例，未有立法目的条款；固定资产投资方向调节税因亚洲金融危机自 2000 年停征并因不适应我国社会主义市场经济体制改革而于 2012 年被废止；关税的立法宗旨经 1992 年修订后延续至今；而城市维护建设税上升为法律后，第 1 条删掉了立法宗旨，代之以纳税人界定。还有一类就是《环境保护税法》，该法作为"落实税收法定原则"后的首部立法，开篇即指出了保护环境之立法目的，可谓真正意义上首开我国税收立法设置立法目的之先河。此种尝试是否可以作为一种未来税收立法的走向抑或基于《环境保护税法》特质的特例？然而，该问题似乎不是那么好回答，却又在税收立法实践中尽显。在自《环境保护税法》颁布后通过税制平移的 8 部税法中，《耕地占用税法》保留了立法目的，《城市维护建设税法》删掉了立法目的，其余 6 部税法仍以界定纳税人开篇。2017 年和 2018 年两次修正的《企业所得税法》、2018 年修正的《个人所得税法》以及 2019 年修正的《车船税法》都并未新增立法目的条款。

　　诚然，若从立法目的条款的制度供给上看，我国似乎呈现出了明显的不足状态，然若考虑税法立法目的之多元及开放性，似乎不在立法中明确立法目的又是最优选择，为税种的多元功能及国家经济政策变动预留了空间。以《个人所得税法》为例，最初我国在 1980 年开征个人所得税是基于对外开放

----

〔1〕《〈税收征收管理法（草案）〉的说明》。

后一批外资涌入中国。由此，外籍人员、华侨和港澳台同胞纷纷在我国境内取得个人收入，从遵从国际惯例、维护税收主权的视角，我国开征了该税种。嗣后，随着我国经济体制改革的深入，城乡个体工商户和我国公民纷纷取得了较高的个人收入，彼时对这两类主体征收的个人所得税主要基于调节收入差距的考量。对于个人从上海证券交易所、深圳证券交易所及北京证券交易所取得的上市公司股票转让所得暂不征收个人所得税的规定，考虑的是扶持证券市场发展。对储蓄存款利息是否征税则是以对市场流动资金的需求量为导向的。而后，我国现代化税制改革提出"增加直接税比重"，个税的增加财政收入的功能又开始得到重视。而 2022 年新确定的将 3 岁以下婴幼儿照护费用纳入专项附加扣除的规定，也暗含了鼓励生育政策之需求。由是，我国个人所得税的立法目的是多元且开放的，在不同时期、不同立法目的的导向下，我国设计了《个人所得税法》的具体条款。事实上，无论是否就立法目的作出明确宣示，每部法律在制定之初即被赋予了独特的目的，区别在于明确表达立法目的能够更直接地指引税务裁量，而未作宣示则需要裁量者从法律的整体规范内容中衡量目的之所在，进而再指引税务裁量。

表 3-6　现行税法和行政法规中目的条款规定

法律和行政法规	立法目的
《税收征收管理暂行条例》	为了保障国家税收法规、政策的贯彻实施，加强税收征收管理，确保国家财政收入，充分发挥税收调节经济的杠杆作用，促进经济体制改革和国民经济协调发展，特制定本条例。（1986 年）
《税收征收管理法》	为了加强税收征收管理，保障国家税收收入，保护纳税人的合法权益，制定本法。（1992 年）
	为了加强税收征收管理，规范税收征收和缴纳行为，保障国家税收收入，保护纳税人的合法权益，促进经济和社会发展，制定本法。（2001 年）
《环境保护税法》	为了保护和改善环境，减少污染物排放，推进生态文明建设，制定本法。
《耕地占用税暂行条例》	为了合理利用土地资源，加强土地管理，保护耕地，制定本条例。

续表

法律和行政法规	立法目的
《耕地占用税法》	为了合理利用土地资源，加强土地管理，保护耕地，制定本法。
《城镇土地使用税暂行条例》	为了合理利用城镇土地，调节土地级差收入，提高土地使用效益，加强土地管理，制定本条例。
《土地增值税暂行条例》	为了规范土地、房地产市场交易秩序，合理调节土地增值收益，维护国家权益，制定本条例。
《进出口关税条例》	为了贯彻对外开放政策，更好地发挥关税的经济杠杆作用，促进对外贸易和国民经济的发展，特制定本条例。（1985 年）
	为了贯彻对外开放政策，促进对外经济贸易和国民经济的发展，根据《海关法》的有关规定，制定本条例。（1992 年）
《城市维护建设税暂行条例》	为了加强城市的维护建设，扩大和稳定城市维护建设资金的来源，特制定本条例。
《个人收入调节税暂行条例》	为了调节公民个人之间的收入状况，有利于促进经济体制改革的顺利进行，特制定本条例。
《固定资产投资方向调节税暂行条例》	为了贯彻国家产业政策，控制投资规模，引导投资方向，调整投资结构，加强重点建设，促进国民经济持续、稳定、协调发展，制定本条例。

二、多元立法目的对指导性的拘束

我们总是面临法律必须稳定但又不能静止不变这一传统悖论。不断生长的法律为回应社会环境的变迁而在立法目的上亦有体现。从我国 11 部有过立法目的的税收法律法规观察，少则规定 2 个立法目的，多则规定 6 个立法目的。盖因社会经济的发展，法律特别是税法需要承载更多的社会经济需求，其所欲达到的社会效果呈现出综合性。在税法中设立多元化的立法目的恰是立法者所采取的特殊立法技术，以保障法律的灵活性。申言之：一是增强税法的包容性、开放性与适应性。精细化条款的设置虽有利于保证税法的安定性和增强具体操作性，但是过于明确的列举反而会在一定程度上呈现封闭性，进而限缩税务机关行为的灵活性，致使其在面对诸如数字经济等法律未明确规定但具备应税性的所得时捉襟见肘。正因如此，"故意模糊在法律中是很普遍的"。[1]更有学者旗帜鲜明地强调，"在立法过程中必须有计划地使用不确定的法律概念和一般条款"。[2]事实上，立法目的条款正是立法层面之典型例证。作为最大限度地体现和彰显税法适应性的制度，其在征管实务中的运用能够有效"减少和避免立法的空白和漏洞"。[3]舍此之外，税法中立法目的条款相对稳定性与社会生活事实的流变性之间的张力与矛盾在面对社会变迁过程中层出不穷的新型业态与新兴样态时愈发显现。显然，其既可以及时回应社会的变化，又可避免税法频繁修订，为税法灵活性提供源源不断的活力。二是为税务机关补充判断（裁量）提供正当性依据。税法中的立法目的条款赋予了税务执法者裁量空间，这也正是其灵活性的体现。虽然税收立法、实务以及理论界对税务机关是否具备行政裁量权并未形成一致的观点，但一个不容忽视的常规业已逐渐成为财税法理论和实务界的共识——税务机关在对经济实质是否具有可税性的判断上"享有相当的裁量或判断的余地"。[4]面对固化的条款与灵活的个案，要实现真正的税法公平就不得不借助贯通二者的纽带——税务机关——的专业性与技术性，授予其税收裁量权。正是在该前提下，税务机关得以运用裁量裁断涉税个案，从而使法律条文并未规定的内容通过立法目的之解释而寻找到相应的依据，不至于出现背离立法初衷的荒谬行为。

从形式上而言，立法目的多通过目的条款的形式在总则部分彰显出来，它在协调立法各方利益的同时评判立法质量的高低。[5]诚然，多元化的税收立法目的给予税法运行的灵活性，在税法条款规定不明确或者条款没有规定时，适法者可以据此进一步适用税法。然而，多元化的立法目的固然在一定程度上保障并兜底了税法适用的灵活性，但多元且彼此间的关系不明又显然带来了新的不确定性，这恰恰增加了选择的难度，有碍于立法目的指导性的发挥。在多元立法目的已成为立法主流的当下，任何一个行为所欲达成的目

---

〔1〕　[美] 劳伦斯·M. 弗里德曼：《法律制度——从社会科学角度观察》，李琼英、林欣译，中国政法大学出版社 2004 年版，第 309 页。

〔2〕　[德] 魏德士：《法理学》，丁晓春、吴越译，法律出版社 2005 年版，第 85 页。

〔3〕　张建军：《论刑法中兜底条款的明确性》，载《法律科学（西北政法大学学报）》2014 年第 2 期。

〔4〕　薛钢：《浅议对税务行政自由裁量权的制约》，载《税与经济》2003 年第 1 期。

〔5〕　韩佑：《法律文本中立法目的条款设置论析》，山东大学 2014 年硕士学位论文，第 17 页。

的都具有层次性，立法目的亦然。[1]从逻辑上讲，这些目的间或处于并列关系或因重要程度不同而有主次之分。然而，税收立法的实践则不然，一般仅在第 1 条简单罗列多重立法目的，如《税收征收管理法》所示之"加强税收征收管理，规范税收征收和缴纳行为，保障国家税收收入，保护纳税人的合法权益，促进经济和社会发展"；《环境保护税法》描绘的"保护和改善环境，减少污染物排放，推进生态文明建设"；《耕地占用税法》规定的"合理利用土地资源，加强土地管理，保护耕地"。显然，其并未就彼此间的逻辑关系进行明确，这就容易导致在税收征收管理的实践中，若立法目的发生冲突，那将如何选择才不会导致偏离立法宗旨？是故，多重目的且各目的彼此间的关系并未明确，加之社会经济形式总是处于不停的演进中，与之相应，多重立法目的下的单个立法目的之主次性也在不停变化。而面对法律规范只规定预期要实现的目标，税务机关对多重目的之裁量运作是否合法的判断，只能寄希望于对裁量结果与立法预期契合度的衡量。该裁量决定之正当性与否，诚如学者张铜锐所言，"乃取决于该行为之效果"。加之，"加强""减少""规范""保障（护）""促（推）进""合法（理）""改善"等模糊用语表达的税收立法目的，在个案中能否真正达至上述目标，始终需要在具体情景化中进行操作与衡量。纵然抽象的立法目的为税收法律生长赢得了空间，却在一定程度上削弱了立法目的对税务裁量的指导作用。有鉴于此，立法目的是否清晰，将直接影响目的模式下税务裁量审查标准的可操作性。然而，多重立法目的天然的选择性使其具备的灵活性显然难以回应立法目的之明晰性需要以具体指引税务裁量运作。

在税收征收管理的程序法中，1986 年的《税收征收管理暂行条例》列举了 6 重立法目的，而在 1992 年公布的《税收征收管理法》中，仅包含 3 重立法目的。随后，2001 年，该法修订又新增了 2 重立法目的。这背后其实折射出了税收立法目的的多元且不确定性。具言之，随着当时我国国民经济的发展和经济体制改革的深化，税收重要性的凸显，1986 年发布的《税收征收管理暂行条例》已不完全适应这种形势的要求，需要进一步完善。于是，自1989 年统一的《税收征收管理法》开始提上日程，自 1992 年起几经审议的《税收征收管理法》公布，相较于《税收征收管理暂行条例》而言，其删掉

---

[1] 刘风景：《立法目的条款之法理基础及表述技术》，载《法商研究》2013 年第 3 期。

了"保障国家税收法规、政策的贯彻实施""充分发挥税收调节经济的杠杆作用""促进经济体制改革和国民经济协调发展"这3个立法目的,增加了"保护纳税人的合法权益",保留了"加强税收征收管理"和"保障国家税收(财政)收入"2项内容。造成上述局面的原因是多方面的,之所以删掉"保障国家税收法规、政策的贯彻实施"是因为《税收征收管理法》第2条和第58~60条明确了该法的适用范围,也再次确认了税务机关税收征收管理的合法性;删掉了税收与经济相关的内容,主要是考虑到1992年我国已基本完成从计划经济体制向市场经济体制的过渡,处于社会主义市场经济体制探索完善期,此前"促进经济体制改革和国民经济协调发展"的目标已基本实现,而在这个过程中,国家运用税收调节经济的手段、方式和政策也越加多元和普遍,故在《税收征收管理法》中删掉了相关内容;增加"保护纳税人的合法权益"是在"通过立法,使纳税人依法履行纳税义务并保护自己的合法权益"[1]这一原则导向下的内容,而此时更多的是一种昭示性条款;保留"加强税收征收管理"和"保障(确保)国家税收收入"这是《税收征收管理法》的基本要求,也是税收所具备的本源性目的。其实,上述立法目的的调整中殊为重要的原因是,《国民经济和社会发展十年规划和第八个五年计划纲要》对税收作出了明确的规划——按照统一税政、集中税权、公平税负的原则,逐步理顺税制结构,强化税收管理,严格依法治税,充分发挥税收增加财政收入和对经济实施宏观调控的重要作用。及至2001年该法修订,当时的草案审议结果报告修改意见第1条表明:"有些常委委员和财经委员会提出,税收征管法是调整征纳关系的法律,规范征税和纳税行为是这个法的一个重要立法内容,对此应当在总则中加以表述。"[2]故当时的建议是在"加强税收征收管理"和"保障国家税收收入"间增加"规范税收征收和缴纳行为",而在修订公布后的法律还增加了"促进经济和社会发展"这一内容。此后,在2013年和2015年的两次修正中均保持5重立法目的未发生改变。观之条文内容,"加强税收征收管理"和"规范税收征收和缴纳行为"是对征纳双方行为的导向,"保障国家税收收入"和"保护纳税人的合法权益"是对税收

---

〔1〕 王丙乾:《〈中华人民共和国税收征收管理法(草案)〉的说明——1992年2月20日在第七届全国人民代表大会常务委员会第二十四次会议上》。

〔2〕《全国人大宪法和法律委员会关于〈中华人民共和国税收征收管理法修正案(草案)〉审议结果的报告》。

征收管理所涉国家利益、社会公共利益和纳税人利益的维护，"促进经济和社会发展"是税收经济和社会功能的综合体现。若从逻辑视角细察，这5个立法目的间是什么关系呢？若言之并列，则背后所折射之价值内涵应处于平等地位，显然，这5重立法目的背后的税收公平和税收效率价值在我国经济发展的各个阶段均有所侧重和取舍，并非并列之逻辑。若称之为主从关系，则何为该法之主目标、何为从属目标，显然也不易言说。若谓之递进关系，则应由小到大进行推演，应先聚焦具体的规范税收征收和缴纳行为，从而加强税收征收管理，进而保护相关法益，最终促进经济和社会发展。但是，就法益保护而言，是国家税收收入更重要还是纳税人的合法权益更重要？这又会回到个体营利性和集体公益性的矛盾中。税务机关自成立初就肩负着"为国聚财、为民收税"的使命，"聚财"和"收税"虽主体不同，但其背后的行为具有一致性及税款征收，这就容易导致在税收征收管理时，税务机关过于偏重税款的征收入库，而对税收征收的规范性、纳税人合法权益的维护等有所忽略。聚焦税务机关，理想的状态必然是既希望加强税收征收管理、规范税收征收行为、保障国家税收收入，同时亦希望在税收征管的过程中保护纳税人的合法权益。但是，从税务机关保障财政收入的主要职责来看，前者是《税收征收管理法》所追求的主要目标，保护纳税人合法权益是税务机关的次要目标，二者从长远来看是一致的，最终必将促进经济和社会发展。但是在具体操作过程中难免会有冲突之处。频发的涉税争议，很多焦点就在于应纳税款的具体数额确定，税务机关力求保障税款征收入库，纳税人希望维护自身合法权益，由此征纳双方未寻找合适的平衡点，就激化了征纳双方的矛盾。

在具体税种法中，整体观之，其总体立法目的较为一致。《环境保护税法》打破了我国单行税种法不设立法目的之惯例，其开篇便明确了该法的三重立法目的——保护和改善环境、减少污染物排放、推进生态文明建设。这看似简单的目的条款整体彰显该法是"为了达至特定的环境目标而引入的税收"[1]。在立法起草之时，可供立法者选择的立法目标既有传统的财政收入、纳税人权利保护，也有特殊的环境保护。对此，有学者曾言："综合域外环境税法的演进规律，中国的环境现实、财政能力实况和税收法治进程，中国环

---

〔1〕 C. K. Harper, "Climate Change and Tax Policy", *Boston College International and Comparative Law Review*, 30（2），2007, p. 449.

境税法应当秉持环境保护为首位立法目的，厘定财政收入为次位立法目的，同时辅之纳税人权利保护为环境保护与财政收入的底线立法目的。"[1] 显然，立法者最终的选择从整体上来说是相对单一的环境保护目的，这也契合了该法的命名。《耕地占用税法》的立法目的亦大致如是。该法第 1 条所明示的"合理利用土地资源，加强土地管理，保护耕地"的具体内容表明，该法的立法目整体围绕"耕地"这一资源的合理利用和保护展开。就我国税法领域目前的立法生态而言，这两部税法是针对"环境"和"耕地"这两种特殊资源而进行的特殊立法，属于特殊目的税种法，具有明显的倾向性。但这并不意味着，纳税人权利保护、财政收入、经济调控、社会调整等其他目的就不适用这两部法律。众所周知，税收天然就具有增加财政收入的功能。举例来说，2022 年耕地占用税收入 1257 亿元，环境保护税 211 亿元，[2] 虽然上述两税种历年来在整体税收收入中占比非常低，但不容否认，其事实上增加了我国财政收入。具体课税要素的设置，特别是税收减免往往基于经济或社会调控的目的，也彰显对纳税人权利的保护。较为典型者如，《耕地占用税法》第 7 条所明示的两类免税范畴：第一种情形为占用耕地建造军事设施、学校、幼儿园、社会福利机构、医疗机构；第二种是占用耕地新建自用住宅。具体又细分为两种：一是农村居民经批准搬迁，新建自用住宅占用耕地不超过原宅基地面积的部分；二是农村烈士遗属、因公牺牲军人遗属、残疾军人以及符合农村最低生活保障条件的农村居民，在规定用地标准以内新建自用住宅。显然，上述税收优惠除军事设施建设用地外，其余情形均是考虑社会因素，对教育、医疗和社会福利机构等主体实施免税政策更有助于这类主体发挥其社会功能，对符合条件的农村居民新建自用住宅的免税彰显了对相对弱势群体的倾斜性照顾和保护的社会扶助功能。显然，即便有明确的立法目的，在税收征收管理的实践中，也会面临明确的立法目的与隐含的立法目的之选择。

---

　　[1]　叶金育、褚睿刚：《环境税立法目的：从形式诉求到实质要义》，载《法律科学（西北政法大学学报）》2017 年第 1 期。

　　[2]　《2022 年财政收支情况》，载 http://gks.mof.gov.cn/tongjishuju/202301/t20230130_ 3864368. htm，最后访问日期：2023 年 11 月 26 日。

第四章

行政规制模式下裁量基准制约的偏差

在现代法治背景下，面对广泛的税收立法授权，税务裁量获取了形式的正当性，而立法尝试通过精细化条文和多元化目的来进行规制失范的税务裁量结果显然也不尽如人意。此时，一种新的行政自我规制模式应运而生，即通过税务机关内部的自我拘束来实现对税务裁量的规制，该模式内部以各种裁量基准为具体操作标准。在我国，税务裁量基准的数量呈现迅猛增长的态势，无论是在不确定法律概念的确定、法律效果的认定，还是在行为的选择、处罚结果额度幅度的细化上，裁量基准均扮演着重要的角色。但是，这一行政系统内部的规制方式能否承担起规制现代税务裁量的重任，还有待实践的进一步证明。

第一节 行政自我规制的创新：税务裁量基准的中国勃兴

作为回应税务裁量规制转型而出现的一种新型制度，税务裁量基准旨在通过税务机关设定一种规则化的具体判断选择标准，以加强对裁量权的自我控制。在中国的本土实践中，税务裁量基准是如何生成的？作为一种特殊的"规则之治"，它在对税务裁量的规制上有着怎样的技术创新？其又是如何实现对税务裁量的规制的？它的特殊功能结构优势何如？带着这些问题，我们需要对该制度进行系统的梳理与分析。

一、税务裁量基准的实践

裁量基准在中国本土的实践最直接导因于行政执法中的尺度不一，特别是行政处罚的裁量不公。可考证的最早冠以"裁量基准"之类名称的是公安机关的行政处罚领域，具体为《金华市公安局关于开展行政处罚裁量基准试点工作的意见》（金市公字［2003］36号）。[1]随后，行政执法领域纷纷出台相应的裁量基准，大量与之相关的规范性文件在执法实践中悄然兴起。在地方已呈燎原之势的裁量基准也得到了中央层面的密切关注，一系列政策性文件随之出台。

国家层面，自2004年开始，党中央和国务院陆续出台了一系列文件逐步明确了在行政执法中的"裁量基准"内容，特别重视关于行政处罚的裁量权规范行使问题。具言之，2004年首次在规划性文件中提出对行政机关行使"自由裁量权"的程序要求，[2]2006年国务院公布的关于预防和化解行政争议文件开始提出防止滥用行政裁量权的措施，即细化、量化和规范权力行使，[3]同时也为在此前后地方陆续开始出现的"自由裁量权实施办法（细则）""裁量标准（基准）"等提供了依据。2008年国务院对于加强市县政府依法行政的要求，在上述细化的前提下，要求将处理过的行政裁量标准予以公布和行政，[4]随后2010年在加强法治政府建设的文件中明确提出"建立行政裁量权基准制度"，随后在一系列文件[5]中均有诸如"建立健全行政裁量权基准制度，细化、量化行政裁量标准，规范裁量范围、种类和幅度"的表述。上述内容更是被写进了2019年通过的《优化营商环境条例》的第60条[6]，以行政法规的形式确定下来。在最新的法治建设规划[7]提出"全面推行

［1］据悉，浙江金华的公安系统最早于2003年在县级公安局的科所队开展行政处罚裁量基准试点工作，2004年2月在总结经验的基础上将其推广至金华市公安局，随后裁量基准制度的成功引起市政府的关注和重视，从而得以在2006年开始在全市范围得以推广。

［2］《全面推进依法行政实施纲要》（国发［2004］10号）规定："行使自由裁量权应当符合法律目的，排除不相关因素的干扰""行政机关行使自由裁量权的，应当在行政决定中说明理由。"

［3］《中共中央办公厅、国务院办公厅关于预防和化解行政争议健全行政争议解决机制的意见》（中办发［2006］27号）规定："对行政机关的行政裁量权进行细化、量化和规范，防止滥用行政裁量权。"

［4］《国务院关于加强市县依法行政的决定》（国发［2008］17号）规定："要抓紧组织行政执法机关对法律、法规、规章规定的有裁量幅度的行政处罚、行政许可条款进行梳理，根据当地经济社会发展实际，对行政裁量权予以细化，能够量化的予以量化，并将细化、量化的行政裁量标准予以公布、执行。"

［5］《中共中央关于全面推进依法治国若干重大问题的决定》《法治政府建设实施纲要（2015－2020年）》（中发［2015］36号）、《国务院关于加强和规范事中事后监管的指导意见》（国发［2019］18号）。

［6］《优化营商环境条例》第60条："国家健全行政执法自由裁量基准制度，合理确定裁量范围、种类和幅度，规范行政执法自由裁量权的行使。"

［7］《法治中国建设规划（2020－2025年）》规定："全面推行行政裁量权基准制度，规范执法自由裁量权。"《法治政府建设实施纲要（2021－2025年）》指出："全面落实行政裁量权基准制度，细化量化本地区各行政执法行为的裁量范围、种类、幅度等并对外公布。"

（落实）行政裁量权基准制度"，从"建立"到"健全"再至"全面推行"。可见，该制度在我国实践中发挥着越来越重要的作用。针对行政裁量权基准在制定中存在的问题，国务院于 2022 年专门制定了《国务院办公厅关于进一步规范行政裁量权基准制定和管理工作的意见》，明确了对行政裁量权基准制定的主体、内容、程序和管理的具体要求，这也是国家层面第一部专门针对行政裁量权基准制定的文件，进一步凸显了其重要性。除上述整体对行政执法裁量权作出规范外，2021 年修订的《行政处罚法》第 34 条以专门条款[1]的形式明确了对行政处罚裁量基准的设定义务和公开义务，这既是对上述一系列中央决议关于"建立健全行政裁量权基准制度"的有力回应和具体落实，也是我国裁量基准法治化的重要标志。上述国家层面的文件和法律法规为行政裁量基准的运行提供了政策和法律依据。在此大背景下，市场监管、交通、环保、海事、税务等领域纷纷出台相应的部门规范性文件，对所涉领域的行政裁量权进行规范。

具体到税务领域，对裁量权的细化与量化同样始于税务处罚。早在 2005 年 11 月，淄博市地税局就开始推行细化税务处罚幅度的试点工作，在总结试点经验的基础上形成了市级规范性文件，[2]随着经验的逐步总结和推广，2006 年 11 月 20 日山东省地税局也发布了相应的规范性文件[3]，以进一步规范税务处罚裁量权。随后，地方掀起制定税务处罚裁量基准热潮，尽管名称各异，[4]但是其均是对税务裁量作出细化和量化的努力与尝试。2012 年国家税务总局专门就规范税务行政裁量权提出了指导意见，[5]在强调规范税务行政裁量权的现实价值和基本要求的前提下，第三部分明确提出"建立税务裁量基准制度"，这也是税务系统内部首次系统地就税务裁量基准问题作出规定

---

〔1〕《行政处罚法》第 34 条："行政机关可以依法制定行政处罚裁量基准，规范行使行政处罚裁量权。行政处罚裁量基准应当向社会公布。"

〔2〕《淄博市地税局自由裁量权实施办法》及《淄博市地税局税务行政处罚自由裁量权参照执行标准（试行）》（淄地税发［2006］7 号）。

〔3〕《山东省地方税务局规范税务行政处罚自由裁量权实施办法（试行）》及《山东省地方税务局规范税务行政处罚自由裁量权参照执行标准》。

〔4〕据不完全统计包括"裁量权实施办法""裁量基准的适用办法""裁量权适用规则""裁量权（参照）执行标准""裁量基准""裁量权执行基准""裁量基准行使规则""裁量权指引""裁量权细化标准"。

〔5〕"65 号文"。

和回应。该部分首先界定了裁量基准的概念[1]、性质[2]和内容[3]，其次明确了裁量基准的制定主体[4]、适用[5]、备案[6]与说明理由[7]等具体制度。此后，真正掀起税务系统制定税务裁量基准的热潮，截至 2016 年 11 月底，全国税务系统共有 69 家省级单位制定了规范行政处罚裁量权"裁量基准"或"实施办法"。其中，32 个省级区域制定了国税局、地税局统一适用的处罚裁量基准。[8] 2015 年税务总局在关于全面推进依法治税的部署中提及："规范税务行政裁量权，完善税务行政裁量权基准制度，制定全国统一的规范税务行政处罚裁量权行使规则。"[9] 据此，国家税务总局于 2016 年 11 月 30 日发布了"78 号文"[10] 以规范税务行政处罚裁量权行使，保护纳税人、扣缴义务人及其他涉税当事人的合法权益。前述规则现共 4 章 28 条，明确了行政处罚裁量权适用的基本原则、适用程序、相关配套制度以及裁量基准的制定规则，形成了一整套制度规范。以该规则为基础，各省市纷纷出台了自己的"税务行政处罚裁量基准"并适时进行修订，从而实现了省级范围内税务行政处罚的统一性。2021 年中共中央办公厅和国务院办公厅印发了作为税收征收管理现代化总体规划的《关于进一步深化税收征管改革的意见》，其中"持续健全行政处罚裁量基准制度"已然成为"十四五"时期完善税务执法

---

　　[1]　裁量基准是指行政机关根据执法实际为规范行政裁量权行使而制定的具体标准，是对行政裁量权按照一定标准进行细化、量化和具体化的重要参考指标。

　　[2]　裁量基准是对以往执法经验的归纳、总结和提炼。

　　[3]　制定裁量基准包括解释法律规范中的不确定法律概念、列举考量因素以及分档、细化量罚幅度等。

　　[4]　各省（自治区、直辖市）国、地税机关原则上应当根据本地区税收执法实际，联合制定本地区统一适用的规范各项税务行政裁量权的裁量基准。条件不具备的地方，也可以通过沟通协商制定相对统一的裁量基准。

　　[5]　税务机关执法应当遵循裁量基准。税务机关适用裁量基准，应当注意听取执法人员、纳税人及专家的意见，及时评估，并根据评估结果对裁量基准进行修改与完善。

　　[6]　各省（自治区、直辖市）税务机关制定的裁量基准应当报国家税务总局备案。

　　[7]　案件情况特殊，不宜适用裁量基准的，应当在法律文书中说明理由。

　　[8]　《税务总局规范税务行政处罚裁量权》，载 http://www.chinatax.gov.cn/chinatax/n810219/n810724/c2410971/content.html，最后访问日期：2023 年 11 月 26 日。

　　[9]　《国家税务总局关于全面推进依法治税的指导意见》（税总发〔2015〕32 号）。

　　[10]　2018 年根据国地税机构改革的进程适时进行修订：一是修改第 9 条中制定税务行政处罚裁量基准的主体，将原"省国税局、地税局应当联合制定"修改为"省税务机关"；二是删掉第 25 条"国税机关、地税机关应当强化执法协作，健全信息交换和执法合作机制，保证同一地区对基本相同的税收违法行为的行政处罚基本一致"。

制度和机制的重要制度安排之一，为持续优化的税收营商环境提供源源动力。在该领域，最新的动向为推进税务执法区域协同，具体表现自 2020 年 6 月起，长三角地区、京津冀地区、川渝地区、东北地区和西北甘青两省相继出台了 6 个区域协同的税务处罚裁量基准（见表 4-1）。截至 2023 年 2 月 12 日，我国以"税务处罚裁量基准"命名的省级文件共有 40 个，其中 23 个全文有效，《新疆维吾尔自治区税务行政处罚裁量权实施办法及基准》已于 2022 年公布征求意见稿，11 个文件因区域协同规则的发布而全文废止，5 个因长江三角洲区域协同文件发布而部分废止。整体观之，我国税务处罚裁量基准适用范围已逐渐从省内走向省际，适用范围正逐步扩大。

表 4-1　税务裁量基准文件梳理

类别	效力	名称
单独省级	全文有效（17）	12 个以裁量基准命名：深圳、陕西、宁夏、西藏、海南、广西、广东、内蒙古、山东、河南、福建、云南
		3 个以裁量基准（试行）命名：贵州、湖北、山西
		2 个以裁量权执行基准命名：湖南、江西
	征求意见稿（1）	1 个以裁量权基准命名：新疆
	部分有效（5）	江苏、浙江、安徽、上海和宁波
	全文废止（11）	北京、天津、河北、四川、重庆、甘肃、青海、辽宁、吉林、黑龙江和大连
省级协同	全文有效（6）	江苏、浙江、安徽、上海、宁波：《长江三角洲区域申报发票类税务违法行为行政处罚裁量基准》《长江三角洲区域登记 账证 征收 检查类税务违法行为行政处罚裁量基准》
		北京、天津、河北：《京津冀税务行政处罚裁量基准》
		四川、重庆：《川渝地区税务行政处罚裁量基准》
		甘肃省、青海省：《甘青两省税务行政处罚裁量基准》
		辽宁、吉林、黑龙江、大连：《东北区域税务行政处罚裁量基准》

表 4-2　税务裁量基准法律依据

类别	时间	依据
综合	2004 年	《全面推进依法行政实施纲要》（国发［2004］10 号）
	2006 年	《中共中央办公厅、国务院办公厅关于预防和化解行政争议健全行政争议解决机制的意见》（中办发［2006］）27 号
	2008 年	《国务院关于加强市县政府依法行政的决定》（国发［2008］17 号）
	2010 年	《国务院关于加强法治政府建设的意见》（国发［2010］33 号）
	2014 年	《中共中央关于全面推进依法治国若干重大问题的决定》
	2015 年	《法治政府建设实施纲要（2015-2020）》（中发［2015］36 号）
	2019 年	《国务院关于加强和规范事中事后监管的指导意见》《优化营商环境条例》
	2021 年	《行政处罚法》《法治中国建设规划（2020-2025 年）》《法治政府建设实施纲要（2021-2025 年）》
	2022 年	《国务院办公厅关于进一步规范行政裁量权基准制定和管理工作的意见》（国办发［2022］27 号）
税务	2012 年	《国家税务总局关于规范税务行政裁量权工作的指导意见》（国税发［2012］65 号）
	2013 年	《国家税务总局关于加强纳税人权益保护工作的若干意见》（税总发［2013］15 号）
	2015 年	《国家税务总局关于全面推进依法治税的指导意见》（税总发［2015］32 号）
	2016 年	《"十三五"时期税务系统全面推进依法治税工作规划》《税务行政处罚裁量权行使规则》（国家税务总局公告 2016 年第 78 号，2018 年修订）
	2017 年	《国家税务总局关于进一步深化税务系统"放管服"改革优化税收环境的若干意见》（税总发［2017］101 号）
	2019 年	《国家税务总局关于支持和服务长江三角洲区域一体化发展措施的通知》（税总函［2019］356 号）
	2021 年	《关于进一步深化税收征管改革的意见》

　　洞察我国税务裁量基准生成与发展的脉络，可以发现，其在经历最初试点先行的"自下而上"生成之后，经国务院和国家税务总局的推动，各省份

甚至部分区域间也制定了裁量基准，部分省份还形成了"省-市-县"三级税务裁量基准体系。税收执法实践中大量涌现的裁量基准已然成为税收法治进程中的一道亮丽风景。

二、税务裁量基准的技术创新

以庞德"律令-技术-理想"的法律模式理论[1]观之，税务裁量基准是以实务操作中适用法律和规制裁量的一种技术而存在的。学者周佑勇教授亦有言道："技术是裁量基准的灵魂。"[2]而如何使技术在制定和执行该基准时有效发挥其自身功能而不至于偏离自身设置的初衷是我们当下不容回避的命题。有鉴于此，应采取何种技术？又如何以恰当的控制技术来实现税务裁量的规范性、衡平性以及调适性？这无疑是税务裁量基准必须直面的核心课题。

以表4-1所示之我国省级税务局公布的23个全文有效文件为样本，可以发现我国主要采取"细化情节""格化效果""解释不确定概念""列举考量因素"等技术来细化和格化税务裁量，这也基本符合国税总局对于制定裁量基准的内容要求。[3]当然，从各个技术间的关系观察，上述技术是一个不可分割的整体，共同支撑着税务裁量基准在税收执法（特别是处罚）领域的适用。首先，细化情节技术是整个税务裁量基准规则结构的前提，它决定着基准设定的合理程度和实施效果。情节由法定情节和酌定情节构成，法定情节是税收执法所要考虑的首要因素，决定着所要课处的结果。酌定情节是体现纳税人行为违法程度和主观因素的其他考量因素，会导致处罚结果在格次之内的幅度变动。以税务登记管理中的"纳税人未按照规定的期限申报办理税务登记、变更、注销手续行为"这一违法行为为例，《税收征收管理法》第60条第1款第1项对该行为的描述即为法定情节。可酌定将其具体化为：①首次发生且危害后果轻微，在税务机关发现前主动改正或者在税务机关责令限期改正的期限内改正的；②税务机关责令限期内改正的，不属于轻微情

---

〔1〕 在庞德看来，法是由律令、技术和理想三个要素构成的。参见张文显：《二十世纪西方法哲学思潮研究》，法律出版社1996年版，第370页。

〔2〕 周佑勇：《行政裁量基准研究》，中国人民大学出版社2015年版，第16页。

〔3〕 裁量基准是对以往执法经验的归纳、总结和提炼。制定裁量基准包括解释法律规范中的不确定法律概念、列举考量因素以及分档、细化量罚幅度等。

节，但在税务机关发现前主动改正或者在税务机关责令限期改正的期限内改正的；③超过税务机关责令限改期限后改正的，具体逾期期限有 30 日、45 日、60 日、90 日、180 日、360 日、1080 日、1800 日等；④税务机关责令期限届满仍未改正；⑤多次违反且在税务机关责令限期改正的期限内未改正的，或者有其他严重情节的。正是情节细化使得裁量格次的划分愈加合理和具可操作。其次，格化效果技术是整个税务裁量基准规制结构的关键，其所要解决的问题包括裁量阶次划分和量罚幅度分割确定。裁量阶次在具体文件中的表述有"违法程度""程度""裁量阶次"，具体包括轻微、较轻、一般、较重、严重、特别严重六种阶次，一般分为三阶次和四阶次两类。其中前者使用"轻微、一般、严重"的表述，后者或使用"轻微、较轻、一般、严重"，或为"轻微、一般、较重、严重"，也有使用"轻微、一般、严重、特别严重"的表述。量罚幅度在具体文件中被表述为"处罚基准""处罚标准""具体标准""裁量基准""罚款执行标准"等，包括不予处罚和法定罚款幅度内分割阶段进行处罚，后者具体如定额 50 元、200 元、500 元、2000 元，定额幅度内 200 元以上 1000 元以下、2000 元以上 1 万元以下、1 万元以上 5 万元以下等，比例幅度内 30%、50%、50% 以上 1 倍以下、2 倍以上 5 倍以下等。也有文件未明确使用阶次，而是分类将酌定情节和所作处罚均作为裁量基准表格中的一格内容予以表述，但其只是形式上未做到尽可能细化，实质上仍为对税务处罚的类型化和细化。如《京津冀税务行政处罚裁量基准》即是如是规定，具体以偷税行为的处罚为例，在该表"裁量基准"一栏内区分三种情形分别处不缴或少缴税款的 50% 以上 1 倍以下、1 倍以上 2 倍以下和 2 倍以上 5 倍以下的罚款。此外，在细化情节和格化效果的过程中不可避免地会涉及不确定法律概念和裁量因素，这就需要对不确定法律概念进行解释，以尽可能明晰概念，对相关因素进行综合考量以妥善解决纠纷，实现税收执法规范化。在具体制定裁量基准时，诸如"特殊困难""其他严重情节""危害后果轻微""社会影响巨（较）大、严重"等不确定法律概念，有明确使用，也有通过上述酌定列举情节予以具体化后再以之为兜底周延情形。在考虑具体裁量因素时，区别考量纳税人主观状态、身份、行为及其后果，所涉数量等内容。其中，纳税人主观状态包括主动、故意、及时、积极、恶意等种类；纳税人身份涵盖自然人纳税人、个体工商户、单位、法人、企业或其他组织、正常户与非正常户、居民与非居民等类别；纳税人行为有是否改正、配合等遵从行为，是否为经营行为的担保行为等选择；纳税人的行为可能造成的后果，有诸如危害后果轻微，较（重、巨）大、严重（不良）社会影响，是否造成税款流失，是否造成税务人员身体伤害和税务机关财产损失等情况；所涉数量包括逾期天数，银行账号数量，违法次数，发票、账簿、完税凭证份数，税款、发票金额等各类数据。正是在上述具体裁量技术的运用下，税务裁量基准才得以成为税收执法的具体标准，而不至于落为一纸空文被束之高阁。

简单以国家税务总局广西壮族自治区税务局 2023 年修订的税务处罚裁量基准[1]为样本来解读该基准所运用的技术。之所以选择以该文件作为样本是基于以下因素的考量：一是就时间而言，该文本是目前可见版本中最新的基准性文件，是对《法治政府建设实施纲要（2021-2025 年）》《关于进一步深化税收征管改革的意见》和《行政处罚法》等内容的及时回应和落实。二是就形式外观而言，该省的裁量基准制定得相对较为标准和清晰，具体包括类别、违法行为、处罚依据、裁量阶次、违法情节、裁量基准等六方面内容。该基准将税收违法行为分为税务登记类、账簿和凭证管理类、纳税申报及税款征收类、纳税担保类、税务检查类、发票管理类、税收票证管理类、非居民管理类等 8 类共 47 种具体违法行为。在此基础上，对违法行为依据违法情节区分裁量阶次，进而明确在处罚依据内的裁量基准。其中，处罚依据和法定情节来自与此直接相关的征管、发票、担保等 6 部法律法规[2]，裁量阶次根据法定情节（违法行为）结合酌定情节（违法情节）细化为"轻微、一般、较重和严重" 4 个档次，在此基础上提出相应的裁量处罚基准。举两例详加说明："纳税申报及税款征收类"中的第 9 项和第 10 项，前者为纳税人（扣缴义务人）未按照规定的期限办理纳税申报和报送纳税资料的违法行为，后者为纳税人的偷税行为。第 9 项考虑违法行为的次数（首次、两次以上）、时间（同一自然年度、两年、限期、逾期天数）相应作出"不予处罚和罚款"的决定，其中罚款区分个人和单位，个人课以定额 20 元、30 元和 2000元，单位课以 50 元、不超过 200 元、2000 元以上 1 万元以下。第 10 项因为

---

〔1〕《广西壮族自治区税务行政处罚裁量基准》，该基准于 2020 年发布，2023 年 2 月 6 日修订，同年 3 月 1 日起施行。

〔2〕《税收征收管理法》《税收征收管理法实施细则》《纳税担保试行办法》《发票管理办法》《税收票证管理办法》《非居民承包工程作业和提供劳务税收管理暂行办法》等。

偷税行为本身相对其他税收违法行为较为严重，故该行为没有"轻微"违法阶次，处罚时以 5 年内偷税次数、纳税人是否配合税务检查作为主要情节，将比例处罚幅度进一步划分为"50%、50% 以上 1 倍以下、1 倍以上 5 倍以下"三个幅度。根据该规定，一方面在事实要件方面，《税收征收管理法》采用"情节严重"类之宽泛的不确定概念将其简单划分为一般和严重两种情形并依次课以税务处罚，而裁量基准则将实施要件细分为"轻微——一般-较重-严重"各种具体情节。另一方面，在法律效果方面，此类裁量基准通过运用格化的技术手段将处理后果进行人为分档，使得较为简化的法条更加细致地表现为 4 个档次并以表格形式呈现出来。在整个过程中适当地以行为次数、主观因素、期限等为考量因素综合考虑作出纳税人违法行为的裁量基准。

表 4-3　《广西壮族自治区税务行政处罚裁量基准》的规定

违法行为	处罚依据	法定裁量幅度	违法程度	违法情节	裁量基准
纳税人未按照规定的期限办理纳税申报和报送纳税资料的，或者扣缴义务人未按照规定的期限向税务机关报送代扣代缴、代收代缴税款报告表和有关资料的	《税收征收管理法》第 62 条	由税务机关责令限期改正，可以处 2000 元以下的罚款；情节严重的，可以处 2000 元以上 1 万元以下的罚款。	轻微	在同一自然年度内首次逾期申报且在税务机关发现前主动改正或者在税务机关责令限期改正期限内改正的。	不予处罚
			一般	在同一自然年度内两次以上逾期申报且在税务机关责令限期改正期限内改正的。	对个人处 20 元罚款，对单位处 50 元罚款。
			较重	应申报未申报连续不超过两年且未在税务机关责令限期改正期限内改正的。	对个人每次处 30 元罚款，罚款总额不超过 200 元；对单位或者其他组织每次处 100 元罚款，罚款总额不超过 2000 元。

续表

违法行为	处罚依据	法定裁量幅度	违法程度	违法情节	裁量基准
			严重	应申报未申报连续两年以上且未在税务机关责令限期改正期限内改正或者存在其他严重情节的。超过规定的办理和报送期限90日的；或者有其他严重情节的。	对个人处2000元罚款；对单位或者其他组织处2000元以上1万元以下罚款。
纳税人伪造、变造、隐匿、擅自销毁帐簿、记帐凭证，或者在帐簿上多列支出或不列、少列收入，或者经税务机关通知申报而拒不申报或者进行虚假的纳税申报，不缴或者少缴应纳税款的，是偷税。	《税收征收管理法》第63条第1款	对纳税人偷税的，由税务机关追缴其不缴或者少缴的税款、滞纳金，并处不缴或者少缴的税款50%以上5倍以下的罚款；构成犯罪的，依法追究刑事责任。	一般	5年内首次因偷税被税务机关处罚，且在税务机关实施税务检查作出税务处理决定前主动、及时申报、补缴税款、滞纳金的。	处不缴或者少缴税款50%的罚款。
			较重	5年内2次以上因偷税被税务机关处罚，且在税务机关实施税务检查作出税务处理决定前主动、及时申报、补缴税款、滞纳金的。	处不缴或者少缴的税款50%以上1倍以下的罚款。
			严重	不配合税务机关检查，或者有其他严重情节的。	处不缴或者少缴的税款1倍以上5倍以下的罚款。

三、税务裁量基准的功能叙说

前述论及的内容表明，税务裁量基准作为税收执法实践中自发生成与后天引导的一种技术性制度创新，通过细化情节、格化效果、解释不确定法律概念和考量相关因素等具体技术，以规则的形式规制裁量权的行使。作为一种特殊的规则之治，税务裁量基准是否能够使税务裁量者在戴上镣铐后依然无损于其跳舞行为？这就不得不提及税务裁量基准的如下功能：规制税务裁量，拘束税务机关及其工作人员、说服与保护纳税人，协调税收公平与效率。其中，第一层次的功能是基准的直接功能，属于行为的视角；第二层次的功能是基准的能动功能，属于主体的角度；第三层次的功能是基准的深层次功能，属于价值的维度。

（一）行为层面：规制税务裁量

生成税务裁量基准最直接也是最原初的动因在于规制税收执法过程中的"执法随意、裁量不公"现象，该生成机理体现为规制税务裁量的直接目标期待。具言之，该制度通过减少裁量中可能存在的任意与任性冲突。具体法律条文中的不确定法律概念和加强对行为的监督来规制税务裁量。

首先，防止税务裁量的随意性。税务裁量基准是税务机关为规范行使税收征管行为而制定的细化量化标准。"65号文"对此作出了明确规定。[1]税务裁量基准作为沟通税收征管个案与法律的桥梁，是法律的应然性与实然性间的缓冲。细化、量化的税收执法基准，给税务机关及其工作人员提供清晰明了、较为确定的执法指南与操作标准，这样就极大地降低了税收征管实务中税收执法人员的随意性，提高了其科学性。

其次，减少税务裁量的不确定性。税法条文从纸面之法落实为征管实务中的有效依据离不开税务裁量功效的发挥，这亦是前文反复提及且已证成之观点。众所周知，在这个过程中，广泛存在的不确定法律概念显然是无可回避的问题，也正是因为其存在，增加了裁量的选择性，加剧了税收征管的不确定性。而税务裁量基准的存在，恰恰是弥补了上述缺陷。例如，"78号文"第15条以列举的形式指出，应当依法从轻或者减轻行政处罚。而各省据此规定，结合税务工作实际所制定的裁量基准行使规则，往往会就"从轻处罚""减轻处罚"作出解释。[2]正是该基准及其行使规则的存在，使广泛存在于

---

〔1〕　规范税务行政裁量权，防止和减少税务机关随意执法。

〔2〕　例如，《黑龙江省税务行政处罚裁量基准行使规则》第10条在第1款列举从轻或减轻的情形后，在第2款和第3款分别就二者进行了简单的解释："从轻处罚，是指税务机关根据税务行政相对人的税收违法行为的性质、情节、危害程度等因素，在《裁量基准》所规定的阶次内确定较低处罚。减轻处罚，是指税务机关根据税务行政相对人的税收违法行为的性质、情节、危害程度等因素，在《裁量基准》所规定的处罚幅度最低限度以下给予的处罚。"

税法条文中的不确定法律概念获得相对的确定性，进而明确裁量应该遵守的规则，限制裁量的范围。

最后，增强对税务裁量的监督性。无论何种制度在运行中总会有偏离轨道之时，这时若存在有效的监督在一定程度上便能避免不必要的损失。而公开被认为是众多监督方式中成本较小且效率较高的一种手段。具体到税务裁量基准领域，诚如学者王天华所言，该制度的最基本功能在于"公开行政机关行使裁量权的判断过程"。[1]税务裁量基准的制定、公开以及实施能够有效增强对税务裁量的自我规制。众所周知，当下广大纳税人作为税收征管直接的利益关联方可以通过参与基准设定的过程充分表达自己的利益诉求和提供有益建议，从而较为有效地实现对基准的源头监督。除此之外，以规范性文件形式设定的税务裁量基准以线上与线下相结合的形式进行公开公示，使得纳税人可及时了解到税收征管每个环节的操作标准，对税收征管过程中的违法行为及时进行反映，在一定程度上保障了对税务裁量的执法监督。舍此之外，已经公开公示的税务裁量基准，在法院审理时作为规范性文件，其效力虽然众说纷纭难成定论，但是该情形并不妨碍法官在审理涉税纠纷时对相关裁量基准的注意与关注，这也在一定程度上表明了司法对税务裁量的监督。

（二）主体层面：拘束税务机关及其工作人员、说服与保护纳税人

"法之生成与消亡，系于人，因于人，由于人，法律以人为本源。"[2]具体到税务裁量领域，这里的人包括裁量者与被裁量者，也即税务机关及其工作人员与广义纳税人。税务裁量基准对上述人员的功能主要体现如下：

首先，能够拘束税务机关及其工作人员。一方面，裁量基准以细化和量化的方式对选择幅度大、范围广的税务裁量权进行精确化与格化，增强税务机关工作人员在具体税收征管中的操作性。梳理省级税务裁量基准，可以发现，无论是否专门以轻微、较轻、严重等违法程度进行界分级次，其对违法情节和处罚（裁量）的基准都是被清晰地规定在表格中的。通过如此清晰细化的裁量基准，税务裁量者的裁量空间得以压缩，能够有效地拘束税务机关及其工作人员的税务裁量。另一方面，明确的裁量基准有利于抑制权力设租

---

[1] 王天华：《裁量标准基本理论问题刍议》，载《浙江学刊》2006年第6期。
[2] 杨奕华：《法律人本主义——法理学研究诠论》，法律出版社1997年版，第100页。

与腐败。诚如先哲早已言及的关于裁量权滥用的定理[1]所述，法律授予税务机关工作人员以灵活的裁量权，在征管过程中，越权裁量、滥用裁量权征管的情形时有发生。也正是税收裁量权的存在，为工作人员权力设租与腐败提供了空间。按照孟德斯鸠的说法，权力不会休止除非至其界限。[2]在这里，税务裁量权成了裁量者权力设租的诱发因素。税务机关擅自改变征管范围和税款入库预算级次、违法擅自作出补税决定、受贿、徇私舞弊玩忽职守不征或少征税款等越权征管、滥用税收裁量权的行政腐败行为终将税务人员推向了违法犯罪的深渊。

其次，能够说服与保护纳税人。一方面，税务裁量基准能够发挥说服纳税人的作用。纳税人作为市场主体，为寻求税务机关掌握的税务裁量权庇护而采取行贿等不正当竞争手段对税收征管者施加影响的行为，是基于其作为经济人对自身利益最大化追求的本性。究其实质，该行为实为纳税人为获取市场价格和权力价格间的差额而向作为国家代表的享有征税权的税务机关寻求的一种特权供应。[3]质言之，税务裁量的裁量空间实为纳税人权力寻租所寻之处。而正是税务裁量基准的存在，压缩了裁量空间，使得税务机关工作人员有正当的理由与依据拒绝其寻租行为，说服纳税人，提高其税法遵从度。另一方面，税务裁量基准能够保护纳税人的合法权益，使其免受不法裁量的侵害。经过多年的立法与实践，随着公民权利意识的觉醒，在税法领域纳税人的维权意识和能力均有了显著的提高，维护其合法权益的观念已深入人心。纳税人法益保护不再仅仅是限制税收立法权启动的阀门，而是成了向执法者提出要求的标尺。这就要求征管者彻底摒弃片面强调税法为取得财政收入手段的传统国库中心主义意识，牢固树立"以人为本"的人本主义税收法治观，切实维护纳税人的合法权益。基准为税务机关划定行为准则，限制征管行为的空间与选择幅度，防止税务机关恣意利用税务裁量权侵犯纳税人的合法权益。

---

[1]　"所有的自由裁量权都可能被滥用。"参见［英］威廉·韦德：《行政法》，徐炳等译，中国大百科全书出版社1997年版，第70页。

[2]　即"有权力的人们行使权力一直到遇到有界限的地方才休止"。参见［法］孟德斯鸠：《论法的精神》（上册），张雁深译，商务印书馆1959年版，第154页。

[3]　李昌麒主编：《经济法学》，法律出版社2007年版，第38页。

（三）价值层面：协调税收公平与税收效率

税收的公平与效率之争可谓是自税收起源之时就一直暗含其中的一条价值线索，其背后折射出了更高位阶的公平与效率之张力。正是基于税务裁量基准能够通过拘束税务机关及其工作人员、说服与保护纳税人从而限制税务裁量，进而使其能发挥协调税收公平与税收效率的价值功能。在本就暗含罗尔斯笔下矫正正义之税收领域，税务裁量更多的是契合税收实质公平理念下的个案公正，通过打通税收法律法规与实务个案间的隔阂以彰显税收公平。在这个层面，势必会受制于个案的复杂而增加征管的成本，从而影响税收效率，而税务裁量基准的出现，在一定程度上缓解了上述矛盾。

税务裁量基准明确裁量的情节与处罚的结果，能够有效保障税收征管的高效性。在无基准的前提下，任何一个涉税裁量环节均要考量大量的事实因素与法律因素，裁量者的眼光始终在"事实与法律间来回穿梭"以充分保障个案的正义和切实维护纳税人的合法权益。倘若这个错综复杂的过程在每次税务裁量时均要重演一遍，这将会造成巨大的时间成本、人力资源浪费。而裁量基准以标准性的内容公示在税收征管人员面前，使得其征管行为有迹可循，有细则可考，面对实务中反复出现的需要裁量的问题，工作人员只需简单依照税务裁量基准进行对照裁量，既可保证裁量的科学性，亦能提高执法的效率。事实上，正是税务裁量基准的出现，使得税收工作人员能够在保证税收个案正义的同时兼顾税收效率。

第二节 运行危机：税务裁量基准适用的现实窘境

税务裁量基准制度设置的初衷是规范因税收立法授权而衍生出的税务裁量权。系统梳理该制度之生成路径及发展趋势，可以发现，税务裁量基准制度整体呈现出一种"自下而上"之规范化和法治化的趋势。具言之，该制度诞生于2005年基层税务机关执法之实践试点，2012年国家明确提出"建立税务裁量基准制度"，4年后国家税务总局对其中"税务处罚裁量基准"的制定提出了明确要求，2021年《行政处罚法》正式在立法上承认了包括税务行政处罚裁量基准在内的行政处罚裁量基准的法律地位，而2022年国务院办公厅的文件更是首次从国家层面对建立健全行政裁量权裁量基准作出了规定。历经十余年的探索和积累，税务裁量基准制度虽然在税收征管领域不断发挥其限制税务机关滥用税务裁量权和保护纳税人合法权益的功能，但该制度在运行中仍然面临着很大的挑战。恰如学者所言："裁量基准在解决问题的同时，本身又成为一个问题。"[1]作为一种特殊的制度，裁量基准在税务实践中往往会面临现实的窘境：一方面，作为税务机关规范税务裁量权的执法规则，其能否作为税务机关及其工作人员在税收征收管理执法时的直接依据；另一方面，若可以作为执法的依据，那么在裁量时是否必须援引，适用是否正确？简言之，税务裁量基准的法律适用是否是必须且正当的。

一、税务裁量基准溯及既往的疑虑

法是否溯及既往问题实际上为法律的时间效力问题，即法律在时间上的适用范围或存续期间。在法律实务中，其历经绝对的法不溯及既往到相对的溯及既往的转变，该变化的背后是其理论依据从既得权理论[2]到信赖利益保护理论的变迁。诚然，基于对公权力行为的信赖保护，法往往禁止溯及既往。但是，这种信赖也绝非不可触碰的底线。[3]这就为法的相对溯及既往留下了空间。

事实上，关于税法是否溯及既往的问题，在税法学界几乎形成了共识：溯及既往原则在税法上往往表现为"实体从旧，程序从新"的原则。[4]基于税法的特殊性，整个税法中大量存在着溯及既往的现象。据学者翟继光观察，在税法中存在数量较大的法律文件以下述三种形式呈现溯及既往的效力：一是该法律文件的生效时间早于其发布时间，这是最主要的形式。二是对发生在法律文件生效时间之前的行为适用新规定的现象。三是法律文件明确规定了具体生效时间，但是其中个别条例实际上在该法律生效之前就已经具备一

---

[1]　王锡锌：《自由裁量权基准：技术的创新还是误用》，载《法学研究》2008 年第 5 期。

[2]　该理论盛起于 19 世纪的个人自由主义，该理论以既得权作为阻却新法溯及既往的判断基准。其代表人物是萨维尼。他认为，但凡法律不影响"既得权"的，就属于法的不溯及既往。反之，凡是溯及既往的法律，必然会影响"既得权"；凡是不溯及既往的法律，自然不会影响"既得权"。参见杨登峰：《何为法的溯及既往？在事实或其效果持续过程中法的变更与适用》，载《中外法学》2007 年第 5 期。

[3]　周佑勇：《裁量基准的变更适用是否"溯及既往"》，载《政法论坛》2018 年第 3 期。

[4]　即纳税人的实体权利义务存在于新税法生效之前的，依从旧税法的规定；纳税人程序上的权利义务存续期间发生税收程序法更新状况的，依从新税法的规定。参见孙健波：《税法解释研究——以利益平衡为中心》，法律出版社 2007 年版，第 89~90 页。

定的效力，这是一种较为隐蔽的溯及既往现象。[1]对于税务裁量基准是否溯及既往问题，也许可以从实务中的案例中寻求一定的解释。

案例一：郑州前通商贸有限公司诉郑州市国家税务局稽查局税务纠纷案[2]

在本案中，纳税人、稽查局以及法院对《河南省税务系统行政处罚裁量标准适用规则（试行）》（以下简称《适用规则》）是否溯及既往的态度在一定程度可以反映裁量基准在实务中的溯及力问题。纳税人认为稽查局作出处理决定所依据的上述《适用规则》，无论是发布时间还是执行时间均晚于稽查局认定的偷税事实发生时间，故属于适用法律错误。稽查局则认为，其作出处罚决定的依据是《税收征收管理法》而非《适用规则》，但同时又认为，根据《适用规则》其所作出的处罚属于幅度内的最低档次。而法院则支持稽查局的决定，认为处罚符合《税收征收管理法》及《适用规则》的相关规定。

纳税人认为，即使稽查局认定其偷税的事实清楚，定性准确，但其依据《适用规则》而作出的对纳税人偷税数额 2.1 倍的处罚结论，也是错误的。首先，该规则的发布时间系 2014 年 8 月份、执行时间在 2014 年 11 月份，两者均晚于稽查局所认定的偷税事实发生时间及立案查处时间，该规则不适用于对纳税人偷税行为的处罚，对偷税行为的处罚应适用偷税事实发生时的法律法规，该规则没有溯及既往的效力，稽查局依据该规则对其涉案行为进行处理属适用法律法规错误。

稽查局认为，我局对纳税人作出的《税务行政处罚决定书》认定事实准确，证据确凿、充分，处罚适当。根据《税收征收管理法》第 63 条第 1 款的规定，基于原告采取账外账的方式偷逃漏税，我局对纳税人处以所偷税款 2.1 倍罚款。我局的行政处罚是在处罚幅度（50%以上 5 倍以下）内依法行使自由裁量权，并与违法行为相适当，罚责相当、处罚适当。另我局根据《适用规则》的规定，纳税人 2010 年偷税比例已达 45%，属于特别严重的违法行为，我局考虑到纳税人的实际经营现状，即将濒临倒闭，承受能力有限，本着人性化的原则，对纳税人在相关规定的处罚幅度内依法作出了最低的行政

---

〔1〕 翟继光：《财税法基础理论研究》，中国政法大学出版社 2017 年版，第 193~195 页。

〔2〕 参见"郑州前通商贸有限公司与郑州市国家税务局稽查局税务行政管理案"，河南省郑州市中级人民法院行政判决书［2016］豫 01 行终 301 号。

处罚。综上所述，我局的税务处罚决定认定事实清楚、证据充分，适用法律法规正确，处罚适当。

一审和二审法院均认为，纳税人偷税 67 702. 88 元，稽查局决定对其处以偷税款额 2.1 倍的罚款 142 176. 06 元，符合《税收征收管理法》的相关规定，也符合《适用规则》的规定。

案例二：浙江京桥实业有限公司与龙游县国家税务局稽查局、衢州市国家税务局税务纠纷案[1]

在本案中，纳税人、稽查局、国税局以及法院分别作为处罚行为的接受方、作出者、复议者以及审判者对于浙江国税局制定的具体税务处罚裁量权规则《浙江省国家税务局税务行政处罚自由裁量权操作规程》和《浙江省国家税务局税务行政处罚自由裁量权基准》（以下简称《操作规程》和《基准》）是否有溯及力所持的不同态度，再次印证了裁量基准在实务中的尴尬地位。纳税人认为，上述两个规则应适用新修订的规则，稽查局适用法律错误。而行为作出机关及复议机关均认为依据的法律是《税收征收管理法》，法院对此予以确认，同时还指出上述两个规则是程序性的操作依据，而非必须引用之法律。加之，新的规则更加严厉，故仍依旧的规则处罚不会额外加重纳税人的负担，据此不构成适用法律错误。

纳税人认为，龙游国税稽查局适用的是 2012 年的《操作规程》和《基准》，而新的《操作规程》和《基准》已于 2016 年 8 月 1 日实施，适用法律错误，适用裁量基准错误。

稽查局认为，其作出行政处罚依据《税收征收管理法》第 63 条关于偷税的处罚规定，适用法律正确。《操作规程》和《基准》是程序性的操作依据，不是必须在处罚决定中引用的法律法规，按 2012 年的基准处罚并未加重申请人的负担，不属于适用法律错误。

税务局（复议机关）认为，对京桥公司提出处罚的标准套用的主张，复议机关不予采纳。根据《税收征收管理法》第 63 条第 1 款 "对纳税人偷税的，由税务机关追缴其不缴或者少缴的税款、滞纳金，并处不缴或者少缴的

---

〔1〕　参见 "浙江京桥实业有限公司、龙游县国家税务局稽查局、衢州市国家税务局案"，浙江省衢州市中级人民法院行政判决书〔2017〕浙 08 行终 110 号、111 号。

税款百分之五十以上五倍以下的罚款"的规定，依据国家税务局国税稽[2000] 10号第5条第3项的规定，纳税人有账外经营或者利用虚假合同、协议隐瞒应税收入、项目情节之一的，处以1倍以上3倍以下的罚款。复议机关认为其存在主观的故意且偷税情节严重，被申请人已对京桥公司处以最低幅度处罚，鉴于复议不得加重处罚原则，复议机关对行政处罚予以维持。

一审和再审法院认为，税稽查局根据所查明的京桥公司偷税事实，适用《税收征收管理法》第63条关于偷税的处罚规定对京桥公司作出处罚决定，适用法律正确。《操作规程》和《基准》是程序性的操作依据，不是必须在决定中引用的法律、法规，且新的规程与标准处罚更加严厉，故按基准处罚并未加重对京桥公司的负担，不构成适用法律错误。

在案例一中，纳税人主张法不溯及既往，而作出处罚的国税局以及审判法官均否认纳税人的主张，认为处罚并无不当，符合法律规定。事实上，就是承认了裁量基准对未生效前发生的税收违法行为的溯及既往。在案例二中，纳税人主张适用新的裁量基准，复议的国税局以及所课以处罚的稽查局则并未正面回答，而是以合理性审查不属于法院的审查范围为由规避了该问题，而一审法院首先指出《操作规程》和《基准》是程序性的操作依据，不是必须在决定中引用的法律、法规。随后，话锋一转，接着道："新的规程与标准处罚更加严厉，故按基准处罚并未加重原告的负担，不构成适用法律错误。"2016年新修订的处罚基准相较于2012年的处罚基准确实更为严格，纳税人以更为严格的裁量基准主张适用法律错，难道是对法律适用的误解？而探究纳税人、税收执法机关、复议机关、人民法院对于税务裁量基准适用的差异态度，这反映了他们对于裁量基准溯及力的不同认识，也折射出了税务裁量基准溯及力在税收征管和税务诉讼中的尴尬地位。

二、税务裁量基准适用的偏差

除前述税务裁量基准在适用时是否可以作为执法依据适用外，税收征收管理实务中还存在着税务裁量基准适用不当问题。税收执法者在面对裁量基准时或无所适从，或怠于裁量，致使其能动性未能充分发挥，进而影响具体税务个案的处理造成实践中执法尺度不一情形时有发生。这样的结果或是弃裁量基准于不用，或是机械适用裁量基准，或是置纳税人合法权益于不顾，这显然与该制度设置的初衷背道而驰。而之所以会产生上述情况：一方面，源自对税务裁量基准性质和效力的误解，将其作为执法中必须遵循的准则或者法律，若不使用则会被追究责任。这样税务执法人员就会过度关注裁量基准，为了遵守规则而遵守基准，而将纳税人合法权益的保护目的置之不理。另一方面，税收执法者可能会对裁量基准的细化要件技术产生误解，认为只要单纯对照基准的法定与酌定要件即可依据相应的裁量阶次作出裁量决定，而忽视了其自身所负有的个案考虑义务。

第一，税务裁量基准在僵化与灵活间适用。税务裁量的广泛存在乃是立法机关追求最大限度的个案公正所做出的努力与让步。而税务裁量基准的出现在满足上述功能的同时却会因为适用的相对僵化或灵活而致使立法原意落空。一方面，税务裁量基准划分的僵化与适用，在税务裁量基准文本中，随处可以见处 500 元罚款、1 倍罚款等定额的处罚基准，此时对个案具体情况的考虑似乎显得不那么重要。另一方面，税务裁量基准在确定处罚标准时又会采取处未缴或者少缴税款 1 倍以上 5 倍以下、1 万元以上 5 万元以下罚款等幅度处罚。此时，使得经细化后的税务处罚的罚款幅度仍然相对宽泛，税务机关的裁量权依据容易诱发不安定因素。诚然，对不同的税收事实适用同一条税收法律规范，终将走向以形式公正掩盖实质正义的误区。先哲伊壁鸠鲁早就意识到了这点。他曾指出，在稍微具体地适用法律时，对不同的人会是不同的法律，或为善法，亦可能成为恶法。[1]事实上，通过"细化情节""格化效果""解释不确定概念""列举考量因素"等技术，税务机关在制定裁量基准的同时也为个案情况留出了裁量的余地，以保障税收执法的灵活性。而实务中机械适用裁量基准使得个案考量的空间丧失，特别是基层税务工作人员出于对上级税务部门的信任以及层级部门间的服从义务，更是只在已框定的裁量基准内活动。以对纳税人、扣缴义务人编造虚假计税依据的处罚为例，根据相关法律规定[2]，各级税务机关享有"五万元以下的罚款"的法律效果裁量权限。以国家税务总局大连市税务局的具体规定变迁为例（见表 4-4）大连市国家税务局、大连市地方税务局于 2012 年联合发布的裁量标准第 40

---

[1]　徐国栋：《西方立法思想与立法史略（下）——以自由裁量与严格规则的消长为线索》，载《比较法研究》1992 年第 Z1 期。

[2]　《税收征收管理法》第 64 条第 1 款："纳税人、扣缴义务人编造虚假计税依据的，由税务机关责令限期改正，并处五万元以下的罚款。"

条将该罚款幅度细化为4项内容，根据违法金额"一刀切"地处以"五千元""二万元"和"五万元"的罚款，如此处罚基准被严格限制甚至标准化地执行，纳税人具体行为情节在税务机关作出决定时，考量有限。诸如此类定额的罚款金额在各省级税务处罚裁量基准中比比皆是，特别是针对一些偷逃税款行为较为轻微的税务登记、发票管理行为。面对这种标准化到极致几乎没有裁量空间的税务裁量基准，我们不禁要思考：若可以如此简单地以涉税数额的多少来课以处罚，那么《税收征收管理法》的立法者在制定时缘何还要授予"五万元以下"的裁量幅度？我们相信，立法当初授权上述裁量空间，是期待税务机关能够综合考虑编造虚假计税依据的手段、动机、主观因素及社会影响等相关因素，而不是简单地以涉案金额作为唯一的考量因素。而该裁量基准在第2条也明确指出"大连市行政区域内各级地方税务机关对单位或者个人作出罚款的税务行政处罚决定，适用本裁量标准"。那么，实施多年的原裁量基准在实务中必然不会充分根据个案情形适当加以选择，尤其是在县乡级的地方税务局也肯定以其为执法标尺。这样税务机关考虑个案的情形，维护纳税人合法权益的初衷必然会受到影响。面对过于僵化的税务裁量基准，该税务机关在修订时作出了改变，2016年之后的税务处罚裁量基准均采用了定额幅度内的处罚基准，如2016年就曾采用诸如"2万元以上5万元以下"等幅度的规定。但这又会陷入在新的裁量处罚幅度内进行确定的问题，如此又将会陷入周而复始的循环之中。

表4-4　大连市税务处罚裁量基准列举

依据	违法情节	裁量基准
《大连市地方税务局税务行政处罚裁量标准》（大地税函〔2012〕6号）	编造虚假计税依据金额不满1万元的	处2000元以下的罚款
	编造虚假计税依据金额1万元以上10万元以下的	处5000元罚款
	编造虚假计税依据金额10万元以上100万元以下的	处2万元罚款
	编造虚假计税依据金额100万元以上的	处5万元罚款

续表

依据	违法情节	裁量基准
《大连市税务行政处罚裁量权基准》(大连市国家税务局、大连市地方税务局公告 2016 年第 19 号)、《大连市税务行政处罚裁量基准》(国家税务总局大连市税务局 2018 年第 14 号)	编造虚假计税依据金额不满 1 万元的	处 2000 元以下的罚款
	编造虚假计税依据金额 1 万元以上 10 万元以下的	处 2000 元以上 5000 元以下罚款
	编造虚假计税依据金额 10 万元以上 100 万元以下的	处 5000 元以上 2 万元以下罚款
	编造虚假计税依据金额 100 万元以上的	处 2 万元以上 5 万元以下罚款
《大连市税务行政处罚裁量基准》(国家税务总局大连市税务局 2021 年第 6 号)	编造虚假计税依据金额 1 万元以下	处 100 元以上 1000 元以下罚款
	编造虚假计税依据金额 1 万元(不含)—10 万元	处 1000 元以上 1 万元以下罚款
	编造虚假计税依据金额超过 10 万元	处 1 万元以上 5 万元以下罚款
《东北区域税务行政处罚裁量基准》(国家税务总局辽宁省税务局 国家税务总局吉林省税务局 国家税务总局黑龙江省税务局 国家税务总局大连市税务局 2022 年第 1 号)	编造虚假计税依据金额不满 5 万元的	处 1000 元以下的罚款
	编造虚假计税依据金额 5 万元以上 50 万元以下的	处 1000 元以上(不含) 1 万元以下的罚款
	编造虚假计税依据金额超过 50 万元,或者有其他严重情节的	处 1 万元以上(不含) 5 万元以下的罚款

第二,税务裁量基准在遵循与偏离间适用。除去上述税务裁量基准在适用时选择空间的问题,其在具体适用时还面临着适用的恰当性问题。税务裁量基准的设置目的本身就是解决税务处理结果畸轻畸重、个案有失公允问题,但在具体操作时,也会出现依据本就细化的税务裁量基准进行税收执法后,纳税人对适用该裁量基准没有异议,却对具体适用的标准存疑,纳税人认为税务处罚过重偏离裁量基准的情形时有发生,这样本就为解决裁量可能的不公而设立的裁量基准却又招致了新的量罚不当。以"湖北金城置业有限公司与监利市地方税务局稽查局税务纠纷案"[1]为例,在本案中,纳税人认为稽

---

[1] "湖北金城置业有限公司与监利县地方税务局稽查局案",湖北省荆州市中级人民法院行政判决书 [2018] 鄂 10 行终 17 号。

查局所作出的税务处罚决定中，针对其以其他凭证代替发票使用的违法行为处以罚款 5000 元的处罚超出了《湖北省税务行政处罚裁量基准》（以下简称《裁量基准》）的处罚权限。据此，一审法院和二审法院均支持其主张，认为根据该《裁量基准》第 43 条的规定，以其他凭证代替发票的，25 份以下为一般情形，应处以 2000 元以下的罚款，但在该处罚决定中，违法使用的凭证只有 5 份，罚款 5000 元属于明显不当。而在"绍兴市波司登服饰有限公司与国家税务总局绍兴市税务局稽查局税务纠纷案"[1]中，纳税人认为其账簿、凭证遗失属于不可抗力，不存在《税收征收管理法》所规定的主观故意或过失，根据《浙江省税务行政处罚裁量基准实施办法》和《浙江省税务行政处罚裁量基准》（以下简称《实施办法》和《裁量基准》）的规定应该过罚相当，而稽查局机械地适用税收征管法相关规定，处以 5000 元罚款，违背了合理行政的基本原则。稽查局则认为，纳税人明知继续将账簿放在那里可能会损坏账簿，存在主观故意将账簿陷于一种危险状态之中，足以认定纳税人存在损毁账簿的主观故意，由于其主观故意导致账簿无法恢复，属于后果特别严重的违法程度。依据《实施办法》和《裁量基准》，应该"处 2000 元以上，1 万元以下罚款"，处罚是符合法律规定的。一审法院和二审法院均支持了稽查局的主张，认为纳税人的违法行为属于情节严重，稽查局的处罚无明显不当（量罚适当）。这两个案件是在承认税务裁量基准可以作为税务机关执法依据的前提下，对税务机关适用裁量基准的准确性的争议。纳税人认为，处罚严重偏离裁量基准，第一种情形下只涉及简单的凭证份数确定，税务机关是否遵循裁量基准作出决定显得毫无悬念。但是第二种情形其实涉及多方主体对于"情节严重"的认知差异，纳税人、税务机关与法院均承认该裁量基准的效力，但是却在具体适用裁量基准的哪一档次上产生了争议，这就不再是简单判断到底适用裁量基准的哪一档次的选择问题了，而是要追及至对不确定法律概念的解释或者确定化问题。

---

[1] "绍兴市波司登服饰有限公司与国家税务总局绍兴市税务局稽查局案"，浙江省绍兴市越城区人民法院行政判决书［2019］浙 0602 行初 17 号、浙江省绍兴市中级人民法院行政判决书［2019］浙 06 行终 466 号。

第三节　制度障碍：税务裁量基准设计的先天不足

税务裁量基准在税收征收管理实践中未能如预期般发挥应该之功效，而是仍面临着现实的适用难题，这与该制度在理论上身份未明有直接关系。众所周知，作为一种执法实践创新，行政裁量权基准植根于中国本土实践，凝聚了地方基层执法者的智慧，并"自下而上"地迅速成为我国法治建设推进过程中最具价值和生命力的一种新型裁量治理模式。[1]税务裁量基准亦然，其萌发于一线的税收征管实践，既有的法律法规更多是对实践经验与适用问题的总结与修补。换言之，该制度本无先天的设计优势，更多是后天的补足。如此，也就不难解释税务裁量基准在适用中的窘境了。

一、设定之疑：税务裁量基准的制定困扰

究竟"谁有权制定裁量基准"以及"在有权制定裁量基准的主体中由谁来具体制定裁量基准更加妥当"的判断是税务裁量基准制度适用的逻辑原点。长期以来，税收实务、税收立法和税收理论对此的不同言说直接反映了该领域制定主体的不明确现象，这必将增加税务裁量适用的难度和风险。

考察我国税务裁量基准制定的实践，可以发现其制定主体呈现由单一向多元、由基层向省级发展的趋势。从时间线上看，相较于省级税务机关而言，基层税务机关制定的裁量基准相对较早，如《淄博市地税局税务行政处罚自由裁量权参照执行标准（试行）》早于山东省地方税务局印发的《山东省地方税务局规范税务行政处罚自由裁量权参照执行标准》。从主体个数而言，其变化与我国税收征管体制改革密切相关，初期是由单一税务机关制定，后期发展为国地税机关联合制定，又转变为省级税务机关制定，最新的趋势是多个省级税务机关联合制定。以计划单列市之一的大连市为例，该市地方税务局和国家税务总局分别于 2012 年和 2014 年发布了《大连市税务行政处罚裁量标准》和《大连市国家税务局税务行政处罚裁量基准》，后为统一国地税执法尺度，两部门于 2016 年联合发布了《大连市税务行政处罚裁量权基准》，

---

〔1〕周佑勇：《新时代推进行政裁量权基准制度建设的纲领性文件》，载《中国司法》2022 年第 8 期。

2018 年底为适应国地税机构合二为一的改革，国家税务总局大连市税务局发布了《大连市税务行政处罚裁量基准》并于 2021 年进行了修改，2022 年为了更好服务国家区域发展战略和推进区域税务执法标准统一，国家税务总局辽宁省、吉林省、黑龙江省和大连市税务局联合制定了《东北区域税务行政处罚裁量基准》。就制定主体的主动性而言，初期部分税务机关积极探索制定税务裁量处罚基准，如 2010 年浙江省和宁波市地方税务局分别制定了《浙江省地税系统规范税务行政处罚裁量权实施办法》和《宁波市地方税务局行政处罚自由裁量权试行标准》。嗣后，应"65 号文"中"各省（自治区、直辖市）国、地税机关原则上应当根据本地区税收执法实际，联合制定本地区统一适用的规范各项税务行政裁量权的裁量基准"的规定，省级国、地税机关纷纷联合制定裁量基准。如 2015 年的《宁波市税务行政处罚裁量基准（试行）》（第 1 批）、2016 年的《浙江省税务行政处罚裁量基准实施办法》和《浙江省税务行政处罚裁量基准》等。也有地区省级税务机关为下级税务机关设定裁量基准的模式。更有甚者要求下级机关必须严格执行。例如，依照 2015 年《湖北省税务行政处罚裁量权实施办法》的相关规定，"省以下各级税务机关不得另行制定税务行政处罚裁量办法和基准"。此时，整个湖北省不区分经济发展及区域特色适用统一的标准。上述税务裁量基准主体的发展，也展现出了在税收实务中，制定主体的多元化，而在这个过程中，政出多门，未适时修改与调整的税务裁量基准在具体适用时难免会有冲突，这就增加了其适用的风险。

上述多元税务裁量基准制定主体的变迁往往会面临合法性的诘问。溯源我国税务裁量基准制定的依据，可以发现其直接的依据为"65 号文""78 号文"。两个文件均明确由"省税务机关"制定本区域统一适用的税务处罚裁量基准，用语从"原则上应当联合制定"到"应当制定"，表明在国家层面，制定税务裁量基准的主体应该是省税务机关。间接的依据为 2021 年修订的《行政处罚法》和 2022 年《国务院办公厅关于进一步规范行政裁量权基准制定和管理工作的意见》（国办发〔2022〕27 号）。前者第 34 条规定，行政机关可以依法制定行政处罚裁量基准，将包括税务处罚裁量基准在内的处罚裁量基准制定主体明确为"行政机关"。后者针对基准过多、过乱问题，明确了国务院部门和地方各级人民政府及其部门制定行政裁量权基准方面的权限,[1] 还进一步明确了同一执法事项上下级行政机关的制定权限。[2] 以前述文件为基础进行分析,根据最新国家层面文件,有权制定税务裁量基准的主体包括国家税务总局、省级税务机关、市级税务机关和县级税务机关;从法律效力而言,《行政处罚法》作为法律其效力远高于国务院和国家税务总局所发布的规范性文件,但其内容却仅限于行政处罚。加之,法律和国务院规范性文件的公布时间在 2021 年后,这其实是对多年来裁量基准实践的矫正,希望通过"自上而下"的法规对"自下而上"衍生的税务裁量基准制度制定主体进行纠偏。

正是因为税务裁量基准过多,不同税务主体出台的文件甚至标准差距较大,甚至同样的税收违法行为所课以的税务处罚也不尽相同,这就为税务裁量基准的适用困境埋下了伏笔。系统梳理理论界关于上述问题的观点,我们可以发现,目前学界的观点大概包括以下两种:一种观点是"共同主体制定说",即高层级税务机关与基层税务机关应该充分发挥各自的优势,共同制定税务裁量基准。持这种观点的学者认为,高层级机关具有大局意识,可以从整体上制定税务裁量原则性的一般裁量规则;低层级机关具备丰富的一线执法经验和裁量标准需求,可以从地方具体出发制定细致且灵活的裁量基准。比较有代表性的观点如,章志远教授的研究指出:"国务院部门及省级行政执法机关虽然可以制定裁量基准,但应该仅就裁量基准的一些原则性问题做出一般性规定;至于更为细致而灵活的量化标准,则应交由基层行政执法机关根据地域差异并结合以往执法经验进行制定。"[3] 王贵松教授则是从法律授权与裁量基准设定的合理性出发认为,基于法律授权所有执法机关均享有设定权,

---

〔1〕 参见《国务院办公厅关于进一步规范行政裁量权基准制定和管理工作的意见》第 4 条:"严格履行行政裁量权基准制定职责。国务院有关部门可以依照法律、行政法规等制定本部门本系统的行政裁量权基准。制定过程中,要统筹考虑其他部门已制定的有关规定,确保衔接协调。省、自治区、直辖市和设区的市、自治州人民政府及其部门可以依照法律、法规、规章以及上级行政机关制定的行政裁量权基准,制定本行政区域内的行政裁量权基准。县级人民政府及其部门可以在法定范围内,对上级行政机关制定的行政裁量权基准适用的标准、条件、种类、幅度、方式、时限予以合理细化量化。"

〔2〕 对同一行政执法事项,上级行政机关已经制定行政裁量权基准的,下级行政机关原则上应直接适用;如下级行政机关不能直接适用,可以结合本地区经济社会发展状况,在法律、法规、规章规定的行政裁量权范围内进行合理细化量化,但不能超出上级行政机关划定的阶次或者幅度。

〔3〕 章志远:《行政裁量基准的兴起与现实课题》,载《当代法学》2010 年第 1 期。

若从设定的合理性出发，应当考虑交由经常行使裁量权的行政机关实施，而基于事项的特殊要求，宜由更高级别的行政机关设定裁量基准。[1]张莉教授从管辖的视角入手，认为可以通过地域管辖和职能管辖两步走的策略保障基准制度的正当性和科学性。该学者认为，省、市、县三级政府应在各自职权范围内对本辖区裁量基准作统一认识，在此基础上，不同主管部门依据职能管辖对行政法律规范进行具体化。[2]另一种观点是"单一主体制定说"，即由省级或较大市的税务机关制定税务裁量基准。代表性学者如周佑勇等认为，裁量基准的制定权限应被下放至县级行政机关，或将制定权控制在省级以下、县级以上，这样能够有效应对现阶段各省市制定裁量基准考虑时的情节不周全、技术较为疏漏等问题。[3]而张馨予则认为，我国税务裁量基准的制定权限理应被控制在省一级或较大市的行政机关这一层级。将裁量基准的制定权下放至县级税务机关已逐渐不符合我国经济发展现状，同时县级制定权限也会进一步加剧税收规范性文件的复杂度，增加区域内行政执法的成本。她进一步指出，裁量基准的制定权限应为有权制定法律解释的层级，原则上应被限定在税收地方性法规的制定层级。[4]上述学说虽有差异，但究其根本其实均是根据裁量情景化由不同层级的裁量主体具体制定裁量基准，试图寻找一种权威性与合理性的平衡。这样，税务裁量基准不会因制定主体的问题而面临权威性不足或内容不当的困境。

税务裁量基准的实践、税收立法文本和税法理论学说关于税务裁量基准制定主体的众说纷纭，在很大程度上源自该制度是先有实践，立法和学说某种程度上是对实践问题的纠偏，而恰如是，为税务裁量基准的属性和法律效力埋下了隐患，进一步增加了税务裁量基准制度适用的风险。

二、质疑之源：税务裁量基准的法律属性分歧

税收征管实践中关于税务裁量基准适用的分歧源自对裁量基准性质定位的不确定性。税务裁量基准的性质定位问题，事实上还要进一步追溯其上位

---

〔1〕 王贵松：《行政裁量的构造与审查》，中国人民大学出版社 2016 年版，第 112 页。

〔2〕 张莉：《行政裁量基准制度实践反思》，载《中国行政管理》2011 年第 6 期。

〔3〕 周佑勇、熊樟林：《裁量基准制定权限的划分》，载《法学杂志》2012 年第 11 期。

〔4〕 张馨予：《税务裁量基准的功能定位与结构塑造——基于实证的分析》，载《甘肃政法大学学报》2021 年第 4 期。

概念——裁量基准的性质问题。对此，学界曾有过广泛的探讨。总体观之，学者们的学说共有五种：

第一，行政立法说。按照这种观点，裁量基准是行政机关行使"行政立法权"制定的一种立法性规则。依据制定主体的不同，有的裁量基准属于规章，有的是内部的解释性规则。当然，在实务中存在最多的是各地方行政主体制定的内部解释性规则，它们是对立法意图和目标作进一步解释和阐释的载体。持此观点的代表性学者为北京大学法学院的王锡锌教授。在王教授看来："制定该基准的过程，究其根本，乃制定者运用被赋予的立法权限而对法律条文中的立法意图与目标所作的更为详细的解释和阐明。"〔1〕据此，裁量基准当然具有法律和事实上的效力。也有学者从广义法律体系视角，将其界定为"规范性文件"。如学者熊樟林认为，在规范层面，裁量基准自身并不构成一个独立类型，而只是"规范性文件"的一种表现形式，能够使其区别于不具有法律意义的"技术标准"和"实施方案"。〔2〕

第二，行政规则说。支持该学说的学者提出，它是行政机关为行使裁量权而制定的仅为内部使用之行政规则。如此，其只具有内部的拘束力，对行政相对人和法院并不具有拘束力。如清华大学余凌云教授就曾直接指出："裁量基准，作为行政规则的一个缩影。"〔3〕与之类似，华东政法大学章志远教授也通过对该基准的存在形式的分析提出了"相当于大陆法系行政法规范体系中的行政规则"〔4〕的论断。上述学者的观点支持了该学说，使其在理论界获得了相当大的市场。

第三，行政法规范的具体化说。此观点的代表性拥护者为中国政法大学的王天华教授。王教授对该问题保持持续的关注，他规范地从法的概念这一法学核心概念入手，以裁量基准的概念界定隐含其性质定位。提出它是一种植根于既有行政法律但是又弥补既有法律规定缺失或者规定不足而设定之判断标准。通过上述描述与勾勒，裁量基准的形象跃然纸上，显然是一种"行政法

---

〔1〕　王锡锌：《自由裁量权基准：技术的创新还是误用》，载《法学研究》2008年第5期。

〔2〕　熊樟林：《裁量基准的概念限缩与扩容》，载《东南大学学报（哲学社会科学版）》2019年第3期。

〔3〕　余凌云：《游走在规范与僵化之间——对金华行政裁量基准实践的思考》，载《清华法学》2008年第3期。

〔4〕　章志远：《行政裁量基准的兴起与现实课题》，载《当代法学》2010年第1期。

律规范的具体化"。[1]它在实务中的运用，有效地连接了上位的行政法条文与下层的执法实践，处于中间层的媒介地位。也有学者提出，行政裁量基准实际上属于下位法对上位法"设定"内容的"细化"，属于"规定权"的范畴。[2]

第四，裁量性的行政自制规范。该学说的核心观点为裁量基准兼具"行政自制"[3]和"规则之治"的双重品格。此学说的支持者是中央党校（国家行政学院）的周佑勇教授，根据周教授多年来对该问题的持续深入研究与关注，他将裁量基准定性为此。在这位行政法学者眼中，它是一种兼具行政自制与规则之治双重品格与功能的制度。其中对其性质影响较多的因素是"行政自制"的内在控权品格，其偏重于对社会力量的尊重且更加注重对行政主体自身的"道德反思"，在活动中始终保持一种相对理念。与之相较，后者则更多地强调裁量基准的表现形式和外在功能，其要求裁量基准的设定必须根据授权法的旨意，以保证基准法律对裁量权约束的一种延续。[4]该学说因其务实性而更接近裁量基准制度的实践运行样态，从而在具体法律适用中得以运用和体现。

第五，裁量基准具有两面性。持该观点的学者为中国人民大学法学院的王贵松教授。他认为，截然区分裁量基准的性质是不妥当的，在王教授看来，裁量基准兼具裁量性和规范性。首先，就裁量性而言，作为裁量权行使的方式不具有法源的地位，只是裁量决定中的理由或者考虑因素而已。其次，就规范性而言，从它具体应用于个案中的实际情况观察，毋庸置疑，其作为规范个别裁量的一种手段而存在。以行政规则形式作为表现形态的裁量基准经设定主体地位和平等对待原则转介，得以获得事实上的拘束力，具备裁量的规范性。[5]

正是基于上述众说纷纭的裁量基准性质，税务裁量基准的性质也未形成定论，这进一步影响着税务裁量基准的效力，使得裁量基准到底有何效力一

[1] 王天华：《行政法上的不确定法律概念》，载《中国法学》2016年第3期。
[2] 胡建淼：《行政裁量权基准的属性、制定和适用》，载《中国司法》2022年第8期。
[3] 所谓的行政自制理论，是指行政系统或者行政主体对自身违法或不当行为的自我控制，包括自我预防、自我发现、自我遏制、自我纠错等一系列内设机制。崔卓兰、于立深：《行政自制与中国行政法治发展》，载《法学研究》2010年第1期。
[4] 周佑勇：《行政裁量基准研究》，中国人民大学出版社2015年版，第36~37页。
[5] 王贵松：《行政裁量的构造与审查》，中国人民大学出版社2016年版，第106~107页。

直未形成统一意见，影响了其在执法与司法中的适用。

三、拘束之惑：税务裁量基准的效力纷争

继税务裁量基准的性质之争后，它的效力问题亦成了适用的焦点。官方对此模棱两可，实务界对此难以统一，理论界对此众说纷纭。中央层面从"不按照基准行使裁量权属违法"的提法[1]到"应当遵循"再至"不得单独引用税务行政处罚裁量基准作为依据"，上述一系列的话语表达似乎并未给予裁量基准效力以明确解答。似是而非的法律规定恰恰诠释了规则制定者或称之为官方对裁量基准效力理解上的背反：无论是不遵循即违法的原初规定还是应当遵循的正式版本，均承认（至少是默认）裁量基准具有拘束力；而不得单独引用作为处罚依据又似乎否定了其拘束力。

立法的困惑也得到了实务中个案的印证。在"郑州前通商贸有限公司与郑州市国家税务局稽查局税务处罚案"[2]中，一审法院和二审法院均认为，针对纳税人偷税的事实及对其课以偷税款额 2.1 倍的罚款是符合法律规定的，同时也符合本省税务处罚裁量标准。[3]在这里，法院肯定了该标准的拘束力。而在"浙江京桥实业有限公司与龙游县国家税务局稽查局、衢州市国家税务局税务处罚案"[4]中，一审法院认为，案件提及的两个具体裁量标准[5]是程序性的操作依据，不是必须在决定中引用的法律、法规。显然，在该案中法官，将裁量基准视为程序性操作依据。另外，在"武汉汉口北信和农贸市场有限公司与武汉市国家税务局第一稽查局税务处罚案"[6]中，虽然该纳税人认为从重顶格处罚 5 倍，明显违反相关规定[7]的合理裁量原则，本案处罚

---

〔1〕　不按照裁量基准行使行政裁量权属违法。但是，裁量基准毕竟不是法律规则，行政执法部门不得在执法文书中直接引用裁量基准作为行政执法依据。

〔2〕　参见"郑州前通商贸有限公司与郑州市国家税务局稽查局税务行政管理案"，河南省郑州市中级人民法院行政判决书［2016］豫 01 行终 301 号。

〔3〕　参见《河南省税务系统行政处罚裁量标准适用规则（试行）》。

〔4〕　参见"浙江京桥实业有限公司、龙游县国家税务局稽查局、衢州市国家税务局案"，衢州市中级人民法院行政判决书［2017］浙 08 行终 110 号、111 号。

〔5〕　参见《浙江省国家税务局税务行政处罚自由裁量权操作规程》和《浙江省国家税务局税务行政处罚自由裁量权基准》。

〔6〕　参见"武汉汉口北信和农贸市场有限公司、武汉市国家税务局第一稽查局税务行政管理案"，湖北省武汉市中级人民法院行政判决书［2017］鄂 01 行终 640 号。

〔7〕　《偷税案件行政处罚标准（试行）》第 6 条及"65 号文"。

最多不超过 2.5 倍。但是，一审法院则认为，稽查局对纳税人的处罚决定并未超出法律规定范围，处罚适当。对此，二审法院予以确认。在此过程中，两审的法官均未提及裁量基准的适用问题。事实上，这正是法院在裁判时最常见的状态——回避裁量基准的效力问题。

三个案件中法院的不同态度彰显出了裁量基准效力在实务中的尴尬地位：作为内部规则，执法者当然遵循；而纳税人即使对其产生信赖保护，司法却不一定对其予以承认。立法的困惑和实务的尴尬也进一步在学界的相关学说中得以诠释。理论界对税务裁量基准的效力也处于"百家争鸣"之态。究其根本，之所以会有争议乃源于对其性质界定不明。上文提及的五种性质学说，也纷纷衍生出了其各自关于效力的观点且内部各有争议，如持"裁量基准立法说"的学者[1]声称，它作为法律，当然具备对行政机关的内部拘束力和对相对人的外部法律效力。也有学者认为，裁量基准的规范性仅仅只能在行政机关内部体现，或者说，裁量基准仅仅只具有间接的法律效果。[2]而持"行政规则说"的学者则主张作为内部规制，对内具有绝对拘束力。我国一衣带水的邻邦日本就是该学说的践行者。在日本，该国学者几乎一致承认其在行政组织内部的拘束力，甚至连日本最高法院都曾明确否定裁量基准的外部效果。[3]王贵松教授在裁量基准两面性学说的前提下，认为裁量基准不是法，不会产生法律拘束力，而借由平等对待原则、信赖保护原则、自我拘束原则等转换从而具有对行政机关的事实拘束力。[4]当然，也有更加务实的学者[5]认为，应该根据实务情况具体分析其效力。然而，在关于其效力的研究中，我

---

〔1〕 王锡锌教授就主张："基准一旦制定颁布……具有规范效力和适用效力。这种内部适用效力，又将进一步延伸至行政相对方，因而具有了外部效力。"参见王锡锌：《自由裁量权基准：技术的创新还是误用》，载《法学研究》2008 年第 5 期。

〔2〕 熊樟林：《裁量基准的概念限缩与扩容》，载《东南大学学报（哲学社会科学版）》2019年第 3 期。

〔3〕 1978 年"麦克林案"中，最高人民法院认为："行政厅即使对于任其裁量的事项设定裁量权行使的准则……即使违法该准则而作出处分，原则上也仅产生妥当与否的问题，而并不当然违法。"参见日本最高裁判所 1978 年 10 月 4 日判决。王贵松：《行政裁量的构造与审查》，中国人民大学出版社 2016 年版，第 105 页。

〔4〕 王贵松：《行政裁量的构造与审查》，中国人民大学出版社 2016 年版，第 107 页。

〔5〕 余凌云教授通过研究发现："裁量基准的对外公布，很可能使其不再仅仅是一种内的规范，而会外化为相对人的一种合法预期，使其对行政机关的未来行为产生一种信赖，就是严格遵循基准。"参见余凌云：《游走在规范与僵化之间——对金华行政裁量基准实践的思考》，载《清华法学》2008年第 3 期。

们不得不提及周佑勇教授的观点，他在初期将裁量基准效力定位在软法与硬法之间，具有对内的拘束力[1]和对外的法律效力[2]。由此，周教授似乎是"立法说"的支持者。然而，随着研究的深入，他进一步明确裁量基准作为裁量性的行政自制规范，从而具有对内的当然拘束力和对外有条件的约束力。[3]

　　事实上，上述理论界对裁量基准效力的争论，涉及基准是具有法律拘束力还是事实拘束力的问题，进一步争议的焦点为税务裁量基准对适用主体的效力问题。当然，如果以内外为界分，对税务机关及其工作人员的效力属于对内效力，对外则关涉纳税人、其他涉税主体以及案件的裁判法官的承认与信赖问题。

表4-5　规范性文件中裁量基准的定义、制定主体、法律属性和效力

文件	定义	制定主体	法律属性（形式）	效力
《国家税务总局关于规范税务行政裁量权工作的指导意见》	裁量基准是指行政机关根据执法实际为规范行政裁量权行使而制定的具体标准，是对行政裁量权按照一定标准进行细化、量化和具体化的重要参考指标。	各省（自治区、直辖市）国、地税机关原则上应当根据本地区税收执法实际，联合制定本地区统一适用的规范各项税务行政裁量权的裁量基准。条件不具备的地方，也可以通过沟通协商制定相对统一的裁量基准。各省（自治区、直辖市）税务机关制定的裁量基准应当报国家税务总局备案。	裁量基准是对以往执法经验的归纳、总结和提炼。	税务机关执法应当遵循裁量基准。案件情况特殊，不宜适用裁量基准的，应当在法律文书中说明理由。

---

　　[1]　主要是基于行政机关的领导权或监督权而产生，并往往通过行政机关内部激励、评议考核和责任追究等自我约束机制来实现。参见周佑勇：《在软法与硬法之间：裁量基准效力的法理定位》，载《法学论坛》2009年第4期。

　　[2]　需要借助于立法授权旨意要求的说明理由制度以及裁量基准自身体现出来的法律原则的适用效力等硬法保障机制从而获得一种间接的司法适用。王贵松：《行政裁量的构造与审查》，中国人民大学出版社2016年版，第12页。

　　[3]　对相对人适用效力是一种相对的有一定条件限制的约束力，需要借助司法审查才能最终得以确定。周佑勇：《行政裁量基准研究》，中国人民大学出版社2015年版，第72、81页。

续表

文件	定义	制定主体	法律属性（形式）	效力
《税务行政处罚裁量权行使规则》	税务行政处罚裁量基准，是税务机关为规范行使行政处罚裁量权而制定的细化量化标准。	省国税局、地税局应当联合（修改后：省税务机关）制定本地区统一适用的税务行政处罚裁量基准。	税务行政处罚裁量基准应当以规范性文件形式发布，并结合税收行政执法实际及时修订。	税务机关在实施行政处罚时，应当以法律、法规、规章为依据，并在裁量基准范围内作出相应的行政处罚决定，不得单独引用税务行政处罚裁量基准作为依据。
《国务院办公厅关于进一步规范行政裁量权基准制定和管理工作的意见》	行政裁量权基准是行政机关结合本地区本部门行政管理实际，按照裁量涉及的不同事实和情节，对法律、法规、规章中的原则性规定或者具有一定弹性的执法权限、裁量幅度等内容进行细化量化，以特定形式向社会公布并施行的具体执法尺度和标准。	国务院有关部门可以依照法律、行政法规等制定本部门本系统的行政裁量权基准。制定过程中，要统筹考虑其他部门已制定的有关规定，确保衔接协调。省、自治区、直辖市和设区的市、自治州人民政府及其部门可以依照法律、法规、规章以及上级行政机关制定的行政裁量权基准，制定本行政区域内的行政裁量权基准。县级人民政府及其部门可以在法定范围内，对上级行政机关制定的行政裁量权基准适用的标准、条件、种类、幅度、方式、时限予以合理细化量化。	以规章形式制定行政裁量权基准的，要按照《规章制定程序条例》规定……以行政规范性文件形式制定行政裁量权基准的，要按照国务院办公厅《关于加强行政规范性文件制定和监督管理工作的通知》要求……	行政机关在作出行政执法决定前，要告知行政相对人有关行政执法行为的依据、内容、事实、理由，有行政裁量权基准的，要在行政执法决定书中对行政裁量权基准的适用情况予以明确。因不规范适用行政裁量权基准造成严重后果的，要依规依纪依法严格追究有关人员责任。

第五章

司法规制模式下司法审查与案例指导的失灵

对裁量的司法制衡已经成为现代法治的重要标志之一。裁量从其诞生伊始，即为衡量行政与司法关系间的重要语词，对于其是否应受司法审查，英美法系与大陆法系均通过自身法治发展进程作出了回答。伴随着税务裁量规制路径的不断演进，司法对税务裁量的规制不再仅局限于司法审查强度这一单一面向，在实践中生发的案例指导制度也开始逐渐得到官方的认可，从而得以迅速成长为一种新型的规制税务裁量方式。基于此，如何才能真正更好地发挥司法规制税务裁量的外在功能，将是本节尝试性探讨的课题。

第一节　司法对税务裁量的态度：从裁量不予审理到适度审查

司法对税务裁量态度的背后反映着司法与裁量的关系。从历史的视角纵向观察司法与裁量的关系，可以发现：在19世纪三权分立之初，司法不审理裁量，二者完全分立；行政裁量伴随着行政权的扩张而壮大，此时司法权借助于立法权，逐步开始对裁量进行形式上和实质上的审查。当然，此时司法审查的关键是寻求司法与裁量的合理边界，即司法对裁量的适度审查。

一、司法与裁量关系的轨迹运行

据学者吴庚考证，裁量的诞生源于19世纪前半叶欧洲绝对王权松动后为避免行政措施遭遇法院的干预。[1]裁量原初的含义即为，行政不受审查的自由空间。随着三权分立理论经洛克到孟德斯鸠的演变及各国的实践，行政与司法的分离与制衡也在裁量领域得到了彻底体现：仅是适用法规的司法不得

---

[1]　吴庚：《行政法之理论与实用》（增订第8版），中国人民大学出版社2005年版，第74页。

对作为行政固有领域的裁量进行干预。终于在 1875 年，"裁量不予审理"作为一项原则在奥地利通过《行政法院设置法》第 3 条被固定下来〔1〕，随后德国的《行政法院法》也确立了该原则〔2〕。至此，裁量不予审理原则作为国际通例被世界各国所普遍遵守。例如，《美国联邦行政程序法》第 701 条第 1 款第 2 项就明确规定，法律赋予行政机关裁量的行为不受司法审查。

然而，对于司法究竟能否审查裁量的怀疑与辩论自裁量理论诞生之初就从未停歇，伴随着时间推移的背后是理论与实践的深化发展，各界在对裁量不予审理原则进行质疑与论证后，初步达成了基本共识——司法可以也应该对裁量进行审理。1910 年，劳恩在对羁束裁量和狭义自由裁量进行区分后指出，在前述羁束裁量中存在的行政判断应该服从司法审查。〔3〕理论的学说经完善后得到了各国立法的支持，《德国 1960 年联邦行政法院法》第 114 条〔4〕与《日本 1962 年的行政案件诉讼法》第 30 条〔5〕的规定即为实质而有力的注脚。

当然，司法对裁量的审查并不止步于羁束裁量。随着对分权理论理解的深化，理论界与实务界逐步认识到羁束裁量与自由裁量之间是可以相互转换的，二者仅存在量的事实差别。加之司法审查技术的不断突破，此时司法审查的疆域已拓展至整个裁量。诚然，需要特别指出之处在于，司法对整个裁量进行审查，并不意味着司法审查的无限性，司法审查的标准与范围有待进一步界分。

司法与裁量的关系变迁折射出了裁量日益窄化的事实，而从裁量不予审理到司法予以审查的过程也说明了司法对裁量的态度转变。然而，真正隐藏其后的合法性与合理性审查争论关乎司法对裁量的审查程度问题。

---

〔1〕 行政机关自由裁量行使所赋予的权限……不属于行政法院的审查权范围。

〔2〕 例如：1876 年德国符腾堡《行政法院法》第 13 条第 2 款，1878 年拜仁《行政法院法》第 13 条第 1、3 款；1884 年巴登《行政法院法》第 4 条第 4 款、1900 年萨克森《行政法院法》第 76 条等。〔日〕田村悦一：《自由裁量及其界限》，李哲范译，王丹红校，中国政法大学出版社 2016 年版，第 2 页。

〔3〕 〔日〕田村悦一：《自由裁量及其界限》，李哲范译，王丹红校，中国政法大学出版社 2016 年版，第17~18 页。

〔4〕 对于行政机关依其裁量权作出的行为，行政法院有权……审查行政机关是否逾越法定裁量界限，是否以不符合裁量授权目的的方式使用裁量。

〔5〕 有关行政机关的裁量处分，限于超越裁量权范围或滥用裁量权时，法院可予以撤销。

二、合法性与合理性审查之争

司法与裁量的关系变迁史事实上恰为域外国家司法对裁量的规制历程，而在行政诉讼起步较晚的中国，"裁量理论"是典型的舶来品，但是"裁量行为"却极具中国特色。自 1989 年第一部《行政诉讼法》颁布后，司法与行政裁量的关系就可以通过司法对其审查范围进行体现，即司法对裁量是进行合法性审查，还是进行合理性审查。

诚如上述，合法性与合理性的区分实际上就是司法审查的范围问题。法院对行政行为的合法性进行审查是其职责所在，具体到裁量上，其问题的关键即为裁量与法的关系，进一步即指向裁量是否存在合法性问题。裁量行为中存在合理性问题毋庸置疑，这是自裁量产生之初就暗含其中的意蕴。然而，裁量是否面临合法性的拷问？对于该问题的回答具体又可以分三个阶段进行解读。在裁量不予审理阶段，此时，普遍的观点是裁量行为只存在合理性问题。到了第二阶段，在羁束裁量与自由裁量的裁量二分法中，羁束裁量存在合法性问题。在第三阶段，司法对整个裁量进行审查的前提即为在裁量中存在合法性问题。至此，裁量中的合法性问题明确成了司法审查的对象。

而对于行政行为合理性问题的审查，历来就备受争议。以下简单通过合理性审查的法规变迁进行阐释。具体而言，合理性的审查也可以被分为三个阶段：第一阶段，合理性的例外审查。1989 年《行政诉讼法》第 5 条明确规定了合法性审查原则，[1]但是该法第 54 条第 2 项第 5 目又指出对于滥用职权，法院可以判决撤销或者部分撤销，该条第 4 款同样规定，行政处罚显失公正的，可以判决变更。这里的"滥用职权"与"显失公正"显然更侧重于对合理性的考量。可见，该法事实上是确立了以合法性审查为原则。合理性审查为例外的司法审查原则。需要特别指出的是，此时的合法性显然为形式层面的合法性问题。第二阶段，合理性到合法性审查的渐进。除了上述"原则–例外"解释路径外，此时还存在着另外一种学说，即实质合法说。根据该学说，司法合法性审查的范围不再仅局限于传统的形式合法性层面，而是拓展至了实质合法性的层面。在这里，严重不合理的审查事实上是包含在实质

---

〔1〕 1989 年《行政诉讼法》第 5 条："人民法院审理行政案件，对具体行政行为是否合法进行审查。"

合法性之中的。不仅审判实务开始采纳该学说，在法规范上，其态度也从模棱两可到承认实质合法性审查。[1]至此，立法和实务均在事实上把实质合法性审查的范围拓展至合理性审查。由此，进一步拓宽了合法性审查的疆域。第三阶段，明显不当行政行为的合法性审查。2014年修正的《行政诉讼法》新增"明显不当"作为第70条第6项的内容。同时，为保持法律的统一性，将旧法中的"显失公正"均以"明显不当"替换。随后，2017年对该法进行修正，仍然维持了上述内容。对此，全国人民代表大会常务委员会法制工作委员会在2014年修法时曾就此作出专门的回答：《行政诉讼法》修改"在坚持合法性审查原则的前提下，对合法性原则的内涵作了扩大解释"，将明显不当的行政行为也作为违法行为。[2]可见，立法仍秉承合法性审查的基本立场，但是当下的合法性审查的范围已经从形式合法性扩展至实质合法性。而"明显不当"的合理性审查事实上仍内含于实质合法性中。

深究上述合理性与合法性的审查阶段可以发现，在中国行政诉讼的司法实践中，合法性审查逐步从形式合法性向实质合法性迈进，而与此同时，合理性审查则以"滥用职权""显失公正""明显不当"等具备显著不确定法律概念特征的形式内涵于实质合法性审查中。

三、司法审查税务裁量的应然立场

论述至此，遵循司法在实质合法性范围内对裁量进行审查的逻辑前提，税务裁量作为裁量的一种亦应受到司法的实质性审查。而司法具体又应该对税务裁量持何种立场呢？结合我国司法审查的实践及税务裁量的现实，我们发现，司法在保持对税务裁量适度谦抑性的同时应该充分发挥司法审查的功能实乃司法的应然立场。其中，司法所谦抑的场域正是司法对税务裁量的界限之所在。何以至此？

第一，司法之所以要对税务裁量保持适度谦抑或者尊重的原因是税务裁

---

〔1〕 例如，2000年《最高人民法院关于执行〈中华人民共和国行政诉讼法〉若干问题的解释》，第56条规定："被诉具体行政行为合法但存在合理性问题的，应当判决驳回原告的诉讼请求。"此时，合理性问题开始正式进入视野。2008年《最高人民法院关于行政诉讼撤诉若干问题的规定》则开创性地规定了对不当行为的审查。第1条规定："人民法院经审查认为被诉具体行政行为违法或者不当，可以在宣告判决或者裁定前，建议被告改变其所作的具体行政行为。"

〔2〕 参见全国人民代表大会常务委员会法制工作委员会编，信春鹰主编：《中华人民共和国行政诉讼法释义》，法律出版社2014年版，第20页。

量特殊性的要求。税务裁量所属的税收领域相较于其他行政领域而言更具专业性、技术性，更需要税收一线工作人员的经验积累。在税收征管过程中，无论是税务登记还是账簿管理，抑或是发票管理，甚至是纳税申报、税款征收的具体环节，乃至细节之处的税务稽查均需要税收工作人员发挥其专业技能，在上述过程中所涉及的裁量行为显然迥异于一般的行政设立许可、行政征收、行政处罚等行政行为。面对纷繁复杂的税收实务生态，从如何确定可税性至确定课税后如何征收这一看似简单的环节，其背后所折射的法律关系之复杂也是一般行政行为所无法比拟的。例如，惩罚性赔偿所得是否具备可税性问题，我国《消费者权益保护法》规定的消费者可以获得"三倍""二倍以下""五百元"等额度的惩罚性赔偿[1]，《食品安全法》规定消费者可以要求经营者"支付价款十倍或者损失三倍""一千元"赔偿金[2]，《民法典》规定被侵权人有权请求"相应的惩罚性赔偿"[3]。此时，若消费者或者符合条件的被侵权人因惩罚性赔偿获得赔偿金，填平其所受基本损失外之多余金额，是否具备可税性，应否被课征个人所得税？依据《个人所得税法》之规定，在免征或减征范畴中唯一列举的赔偿项目为"保险赔款"，这部分资金显然不属于减免税的范畴，而根据应税所得之税目规定，似乎属于"偶然所得"。而按照《个人所得税法实施条例》的规定，个人得奖、中奖、中彩以及其他偶然性质的所得是偶然所得，如表5-1所示，偶然所得似乎除了"偶然"之外，无明确标准。于此，上述惩罚性赔偿也在偶然获益之内。然对此，立法并未明确、理论上并无定论、税收实务中也无先例，再加上2018年修正

---

〔1〕《消费者权益保护法》第55条："经营者提供商品或者服务有欺诈行为的，应当按照消费者的要求增加赔偿其受到的损失，增加赔偿的金额为消费者购买商品的价款或者接受服务的费用的三倍；增加赔偿的金额不足五百元的，为五百元。法律另有规定的，依照其规定。经营者明知商品或者服务存在缺陷，仍然向消费者提供，造成消费者或者其他受害人死亡或者健康严重损害的，受害人有权要求经营者依照本法第四十九条、第五十一条等法律规定赔偿损失，并有权要求所受损失二倍以下的惩罚性赔偿。"

〔2〕《食品安全法》第148条第2款："生产不符合食品安全标准的食品或者经营明知是不符合食品安全标准的食品，消费者除要求赔偿损失外，还可以向生产者或者经营者要求支付价款十倍或者损失三倍的赔偿金；增加赔偿的金额不足一千元的，为一千元。但是，食品的标签、说明书存在不影响食品安全且不会对消费者造成误导的瑕疵的除外。"

〔3〕《民法典》第1185条："故意侵害他人知识产权，情节严重的，被侵权人有权请求相应的惩罚性赔偿。"第1207条："明知产品存在缺陷仍然生产、销售，或者没有依据前条规定采取有效补救措施，造成他人死亡或者健康严重损害的，被侵权人有权请求相应的惩罚性赔偿。"第1232条："侵权人违反法律规定故意污染环境、破坏生态造成严重后果的，被侵权人有权请求相应的惩罚性赔偿。"

后《个人所得税法》对所得的兜底条例的取消，此时到底是否应该课税问题就更引人深思了。而这也正是税务机关税务裁量之所在，在这里税务机关权衡惩罚性赔偿所得背后的法益与个税征收的立法目的，考虑的是在税收征管视域下对民商法领域获得惩罚性赔偿是否为税法上的所得及后续征管适用等问题。看似简单的个人收入增加背后的法益权衡是纷繁复杂的，这就更需要发挥税务机关的专业性。是故，在税务裁量领域，司法应该保持对税务裁量的适度尊重。

表 5-1　偶然所得法律法规梳理

法律	内容
《个人所得税法实施条例》	第 6 条第 1 款第 9 项偶然所得，是指个人得奖、中奖、中彩以及其他偶然性质的所得
《财政部、税务总局关于个人取得有关收入适用个人所得税应税所得项目的公告》（财政部、税务总局公告 2019 年第 74 号）	一、个人为单位或他人提供担保获得收入，按照"偶然所得"项目计算缴纳个人所得税。 二、房屋产权所有人将房屋产权无偿赠与他人的，受赠人因无偿受赠房屋取得的受赠收入，按照"偶然所得"项目计算缴纳个人所得税。 三、企业在业务宣传、广告等活动中，随机向本单位以外的个人赠送礼品（包括网络红包），以及企业在年会、座谈会、庆典以及其他活动中向本单位以外的个人赠送礼品，个人取得的礼品收入，按照"偶然所得"项目计算缴纳个人所得税，但企业赠送的具有价格折扣或折让性质的消费券、代金券、抵用券、优惠券等礼品除外。
《国家税务总局关于加强网络红包个人所得税征收管理的通知》（税总函〔2015〕409 号）	一、对个人取得企业派发的现金网络红包，应按照偶然所得项目计算缴纳个人所得税，税款由派发红包的企业代扣代缴。
《财政部、国家税务总局关于企业向个人支付不竞争款项征收个人所得税问题的批复》（财税〔2007〕102 号）	鉴于资产购买方企业向个人支付的不竞争款项，属于个人因偶然因素取得的一次性所得，为此，资产出售方企业自然人股东取得的所得，应按照《个人所得税法》第 2 条第 10 项"偶然所得"项目计算缴纳个人所得税，税款由资产购买方企业在向资产出售方企业自然人股东支付不竞争款项时代扣代缴。
《财政部、国家税务总局关于个人取得有奖发票奖金征免个人所得税问题的通知》（财税〔2007〕34 号）	一、个人取得单张有奖发票奖金所得不超过 800 元（含 800 元）的，暂免征收个人所得税；个人取得单张有奖发票奖金所得超过 800 元的，应全额按照个人所得税法规定的"偶然所得"目征收个人所得税。

续表

法律	内容
《国家税务总局关于个人取得的奖金收入征收个人所得税问题的批复》（国税函〔1998〕293号）	根据《个人所得税法实施条例》的规定，个人因在各行各业做出突出贡献而从省级以下人民政府及其所属部门取得的一次性奖励收入，不论其奖金来源于何处，均不属于税法所规定的免税范畴，应按"偶然所得"项目征收个人所得税。

第二，司法之所以仍要充分发挥审查功能原因在于税务裁量的危险性。我们在肯定上述税务裁量的特殊性的同时不应该忽视税务裁量存在任意、恣意以及滥用的危险。前述税收立法通过明确的税法条款和立法目的在授予税务机关税务裁量权的同时，也希望同时规制税务裁量权。税收法定的加速进程使得上述内容通过人民代表大会及其常务委员会立法的形式得以确定，既增强确定性又提高权威性，无疑有助于规制税务裁量权。然而，立法固有的缺陷及税法中甚少采用立法目的条款的现实，在规制税务裁量权的同时，也在无形中增加了滥用税务裁量权的风险。语焉不详又条款有限的税收立法增加了税收征收管理的难度，而税务机关自发生成的税务裁量基准意在尽可能地规制税收立法授予的税务裁量权，但既有税务裁量基准所面临的适用性难题也在一定程度上表明了其可能存在的风险性。由此，无论是税收立法还是税收执法，均存在税务裁量权使用失范问题。囿于税收对纳税人财产的现实减损性，税务机关所作出之裁量决定直接关涉纳税人的财产权，若任由其肆意裁量，必然会造成对纳税人合法权益之践踏，导致涉税争议的频发，甚至有损税务机关之公信力。事实上，司法审查税务裁量也正是基于上述因素的考量。作为维护正义的最后防线，司法"复审自由裁量权"（施瓦茨语）同样是法治国家的基本要求与特征。如果不能对税务裁量进行司法审查，任由税务机关进行裁量，那么税务裁量的权力就难以被关进制度的笼子，所谓的税务诉讼与权利救济不过是画饼充饥，徒增安慰之举。

第二节　税务裁量司法审查的难题审视

基于税收征收管理以国家权力为后盾，税务机关及其工作人员在该过程中具有绝对强势地位。由此，若发生税务争议，早期的纳税人一般采取自认倒霉式的接受。随着纳税人权利意识的觉醒，纳税人逐渐意识到通过法定救济途径来维护合法权益的重要性，于是在税收法治缓慢推进的中国，税务复议和税务诉讼开始被用来维护纳税人的合法权益。而在税法领域，"双重前置"又是绕不开的前提。当纳税人破开重重前置程序诉诸法院，此时司法审查标准的主观性以及司法对行政的过度谦抑性又是横亘在面前的两大障碍。需要说明的是，并非所有的涉税纠纷均要实行"双重前置"，依据《税收征收管理法》的相关规定，[1]若税务机关采取税务处罚、强制执行措施或税收保全措施等行为，纳税人、扣缴义务人和纳税担保人不受前述前置程序影响，可直接提起诉讼或复议。

一、"双重前置"对纳税人司法救济的限制

理论界和实务界也一直对该"双重前置"制度诟病良多，且每次《税收征收管理法》的修改对此制度的存废之争必然甚嚣尘上。"双重前置"来源于我国《税收征收管理法》第88条第1款的规定，[2]根据条文表述，若征纳双方在纳税上发生争议，在纳税人提起税务诉讼前必须经过"清税前置"和"行政复议"两个程序，也即第一个前置——缴纳或者解缴税款及滞纳金或者提供相应的担保，第二个前置——行政复议决定不服，如此方可提起税务诉讼。据统计：2021年全国税务行政诉讼案件一审原告曾提出行政复议申请的案件占比达78.6%，而该类案件中有高达72.7%被税务机关驳回、不予受理或者维持。在未获复议机关支持的案件中，除1起外，其余案件在行政诉讼中均未能得到法院的支持。[3]纳税人（扣缴义务人、担保人）在诉讼前就需要先确定是否属于纳税争议，然后进行了符合条件的清税行为，之后经税务复议后方可提起诉讼。在整个过程中，任一环节税务裁量有误，都有可能影响纳税人提起税务诉讼，由此就导致真正进入诉讼环节的涉税纠纷较少。该制度除了有损国家利益外，还会严重侵害纳税人的权利。具言之：首先，它

---

〔1〕《税收征收管理法》第88条第2款："当事人对税务机关的处罚决定、强制执行措施或者税收保全措施不服的，可以依法申请行政复议，也可以依法向人民法院起诉。"

〔2〕《税收征收管理法》第88条第1款："纳税人、扣缴义务人、纳税担保人同税务机关在纳税上发生争议时，必须先依照税务机关的纳税决定缴纳或者解缴税款及滞纳金或者提供相应的担保，然后可以依法申请行政复议；对行政复议决定不服的，可以依法向人民法院起诉。"

〔3〕易明：《2021年中国税务行政诉讼大数据分析报告》，载 https://view.inews.qq.com/k/2022 0520A0DBHO00? web_ channel=wap&openApp=false，最后访问日期：2023年11月26日。

限制甚至剥夺了纳税人的救济权。权利除了依靠道德的自发维护外，还需要通过法律救济程序来加以保障。在"双重前置"制度下，假使纳税人无力在规定期限内缴纳税款及滞纳金或者提供相应的担保，那么因税务裁量与征收管理机关发生争议的纳税人就无法提起复议和诉讼，将丧失寻求救济的权利。其次，该制度将导致法律对纳税人实行区别性的歧视保护，有财力实行清税的纳税人将有继续寻求救济的机会，无财力的纳税人将止步于此。此时，税收公平的微观公平受到侵害，出现纳税人间不平等的情形。

在正式进入清税前置前，纳税人首先要确定哪些行为属于此处所涉及的"双重前置"，即哪些行为可以被判定属于前述"在纳税上发生争议"情形。对此，《税收征收管理法实施细则》将其明确为纳税争议并给出了定义，[1]《税务行政复议规则》则将此部分具体行政行为囊括进了"征税行为"范畴。[2]概言之，只有真正涉及确认课税要素进而影响征收税款的具体行政行为才属于此处。而在税收征收管理的实务中，时有税务机关滥用职权，将本不属于"双重前置"税收行为纳入其中。如在"海南省昌江县地方税务局、海南省昌江县地方税务局第一税务分局与乐东黎族自治县农村信用合作联社行政征收、行政强制案"[3]中，两级税务机关均认为该农村信用合作联社应履行双重前置义务，而二审法院却并未支持其主张。理由有二：一是乐东黎族自治县农村信用合作联社并未取得涉案土地的合法使用权且不是涉案土地的实际使用人或代管人，其不是法律意义上涉案土地的纳税人、扣缴义务人、纳税担保人，故昌江县地方税务局、昌江县地方税务局第一税务分局不应要求被上诉人提起本案诉讼前应适用《税收征收管理法》第88条关于行政复议前置程序

---

〔1〕《税收征收管理法实施细则》第100条："税收征管法第八十八条规定的纳税争议，是指纳税人、扣缴义务人、纳税担保人对税务机关确定纳税主体、征税对象、征税范围、减税、免税及退税、适用税率、计税依据、纳税环节、纳税期限、纳税地点以及税款征收方式等具体行政行为有异议而发生的争议。"

〔2〕《税务行政复议规则》第14条："行政复议机关受理申请人对税务机关下列具体行政行为不服提出的行政复议申请：（一）征税行为，包括确认纳税主体、征税对象、征税范围、减税、免税、退税、抵扣税款、适用税率、计税依据、纳税环节、纳税期限、纳税地点和税款征收方式等具体行政行为，征收税款、加收滞纳金，扣缴义务人、受税务机关委托的单位和个人作出的代扣代缴、代收代缴、代征行为等。"

〔3〕"海南省昌江县地方税务局、海南省昌江县地方税务局第一税务分局因与乐东黎族自治县农村信用合作联社税务行政征收及行政强制案"行政判决书，海南省第二中级人民法院行政判决书〔2016〕琼97行终5号。

的规定。二是在昌江县地方税务局、昌江县地方税务局第一税务分局作出的被诉税收征缴行为明显侵害了被上诉人的合法权益的情况下，被上诉人乐东黎族自治县农村信用合作联社可以选择申请行政复议或提起行政诉讼。在"国家税务总局广州市荔湾区税务局与胡某然不履行法定职责案"中[1]，税务机关认为此案有关征收引起的争议，应适用税法关于"双重前置"的规定，而法院认为该案是被胡某然申请税务机关履行法定职责，并不是纳税争议案件，故不予支持税务机关的此项主张。类似的案例在税务实践中并非个案，从表面上看，这是税务机关适用法律错误，而深究其背后，不乏滥用税务裁量权的因素。

在确定纳税争议后，当事人只有先依照税务机关的纳税决定缴纳或解缴税款及滞纳金或者提供相应的担保，方可依法申请复议。由此，当事人有两个选择：一是缴税；二是提供相应的担保。通过系统梳理《税收征收管理法》自1992年制定后的4次修改，发现在前两个版本的文本表述中清税前置的方式仅提及"缴纳或者解缴税款及滞纳金"，2001年对该法重新修订后在此基础上增加了"或者提供相应的担保"的方式。条文内容的表述似乎增加了纳税人选择的多样性。然而，无论是税款及滞纳金还是担保均需要以强大的财力作为支撑，也就是说，在发生纳税争议时需要强大的资金支持否则便无法进入下一步的复议环节，税务诉讼更是一个遥不可及的摆设。同时，《税收征收管理法实施细则》第73条[2]又将上述清税要求的时间限制在了15日，那么在如此短促的时间段内实现缴纳或解缴税款及滞纳金或者提供符合条件的担保，显然提升了纳税人维权的成本，降低了其维权的机会。审慎的学者已经逐渐意识到该问题。她指出，正是纳税人"清税前置"程序难以在有限的时间内完成，大多数纳税人才不得不因此而丧失提起税务复议的权利。[3]如果作为复议前置的清税前置难以实现，那么以复议前置为前提的税务诉讼的实现更是谈何容易。而在纳税争议时，当事人缴纳的税款或者提供的担保是

[1] "国家税务总局广州市荔湾区税务局与胡某然不履行法定职责案"行政判决书，广州铁路运输中级人民法院行政判决书[2019]粤71行终3430号。
[2]《税收征收管理法实施细则》第73条："从事生产、经营的纳税人、扣缴义务人未按照规定的期限缴纳或者解缴税款的，纳税担保人未按照规定的期限缴纳所担保的税款的，由税务机关发出限期缴纳税款通知书，责令缴纳或者解缴税款的最长期限不得超过15日。"
[3] 廖仕梅：《废除税务行政救济前置条件的必要性与可行性》，载《行政法学研究》2017年第1期。

否符合条件，这个确定权掌握在税务机关手中。由此，在该环节，也容易发
生滥用税务裁量权之事宜。例如，在"国家税务总局辽阳市税务局稽查局与
缪某二审行政案"中〔1〕，缪某于 2018 年 1 月 27 日向被告以书面形式提出
"关于向辽阳市地方税务局稽查局税务处理决定提供缴纳担保的申请"，以辽
阳市东兴建材家居广场二、三层房产作为税务处理决定应纳税款的担保。一
审和二审法院均认为，稽查局未提交当事人所提供财产不能作出纳税担保决
定的相关证据，视为没有相关证据，径行作出不予确认纳税担保的决定的程
序违法，应予撤销。在此案中，法院肯定了稽查局的纳税担保确认权，但否
定了其程序正当性。在"广州市森雅再生资源有限公司与国家税务总局广州
市税务局行政复议二审行政案"中〔2〕，森雅公司认为，纳税争议是税务机关
作出要求其补缴 2012 年度税款的决定，故其只缴纳该年度税款及滞纳金。税
务局认为，清缴税款及滞纳金的范围应是 2009 年 1 月 1 日至 2012 年 12 月 31
日，纳税人的行为不符合相关规定，故不予受理其复议申请。一审和二审法
院均支持税务机关的决定，认为森雅公司仅仅缴纳了应补缴税款的一部分，
属于不完全履行，不符合先行缴纳或者解缴税款和滞纳金或者提供相应担保
的前置条件。而在"淮北市天奥物资贸易有限公司与国家税务总局安徽省税
务局行政复议案"中〔3〕，税务局以天奥公司于 2017 年 7 月 12 日提出的纳税
担保申请未获确认，且其直至 2018 年 4 月 24 日才缴清税款及滞纳金，已经明
显超过税务机关确定的缴纳期限为由，认定其提出的行政复议申请不符合法
律规定，驳回其申请。而法院并未支持税务局的决定，认为逾期缴纳税款行
为并不表明其丧失了申请行政复议的权利，天奥公司在第二次申请行政复议
未果后，依照涉案纳税决定缴清税款及滞纳金，应当视为具备法定的申请条
件，否则将被彻底切断救济途径，因为若不能申请行政复议，则更无从提起
行政诉讼。可见，对于缴税及提供担保是否恰当，初步的决定权掌握在税务
机关手中，若税务机关否定纳税人、扣缴义务人或者担保人的前述行为，则

---

〔1〕　"被上诉人缪阳诉上诉人国家税务总局辽阳市税务局稽查局税务行政管理案"二审行政判决
书，辽宁省辽阳市中级人民法院行政判决书〔2018〕辽 10 行终 178 号。
〔2〕　"广州市森雅再生资源有限公司与国家税务总局广州市税务局行政复议案"二审行政判决
书，广州铁路运输中级人民法院〔2020〕粤 71 行终 1320 号。
〔3〕　"淮北市天奥物资贸易有限公司与国家税务总局安徽省税务局案"行政判决书，安徽省合肥
市包河区人民法院行政判决书〔2018〕皖 0111 行初 172 号。

就从根本上切断了当事人寻求救济的途径，若纳税争议责任在税务机关，纳税人的合法权益又该如何维护？

纳税争议当事人依照法律规定进行了符合条件的"清税前置"后，进入复议机关。税务复议是涉税纠纷解决的重要制度与程序，《税务行政复议规则》第 14 条明确采用"列举+兜底"的方式确定了税务复议的范围，而前述纳税争议只是其中明确列举出来的 11 种[1]具体行政行为之一种。据统计：在 2021 年的税务诉讼中，有近一半经历了行政复议阶段，且该比例自 2019 年以来，基本保持每年 7%的增长速度。而其中仅有 20.7%的案件属于纳税争议，必须复议前置。但仍有 49.3%的税务行政诉讼案件，当事人在前期提起了行政复议申请。而前期经历过行政复议的税务行政诉讼案件，相对人未获复议机关支持，复议作出维持原行政行为、不予受理行政复议申请或驳回行政复议申请决定的占了总量的 89.7%。[2]若进一步以 2022 年国家税务总局收到的本机关政府信息公开行为引发的行政复议为例，在该年，收到行政复议申请 39 件。其中，作出"结果维持"复议决定 35 件；作出"结果纠正"复议决定 0 件；作出其他结果决定 2 件；尚未审结 1 件。[3]上述数据虽未能直接反映纳税争议税务复议的结果，但是在某种程度上也说明我国现行税务复议在很大程度上以"决定维持"作为结果。维持原税务机关的决定，意味着纳税人所寻求的纳税争议并未得到解决，在某种程度上表明，纳税人花费巨大成本所申请之复议，其实属于一种资源浪费。且这无异于在纳税人维权路上设置新的拦路虎，使其寻求正义的进程缓慢且艰辛。

税务裁量的司法规制必须以因裁量引发的争议能够被诉至法院为前提，否则任何试图通过司法审查税务裁量的正当性与合法性的企图都只能是一种制度建构的空想，并不能发挥任何功能。诚如上述，"双重前置"制度的存在使得税务裁量争议难以进入诉讼程序，仅有少量进入诉讼程序的税务裁量诉讼则可能因下文将提及的审查标准的主观化和对税务机关过度的尊重而难以

---

[1]　具体为：①征税行为；②行政许可、行政审批行为；③发票管理行为；④税收保全措施、强制执行措施；⑤行政处罚行为；⑥不依法履行职责的行为；⑦资格认定行为；⑧不依法确认纳税担保行为；⑨政府信息公开工作中的具体行政行为；⑩纳税信用等级评定行为；⑪通知出入境管理机关阻止出境行为。

[2]　易明：《2021 年中国税务行政诉讼大数据分析报告》，载 https://view.inews.qq.com/k/20220520A0DBH000? web_ channel = wap&openApp = false，最后访问日期：2023 年 11 月 26 日。

[3]　《国家税务总局 2022 年政府信息公开工作年度报告》。

真正实现裁量的个案正义。问题依然回归至该前置制度，我们就不得不回溯至法律设立这两个前置制度的初衷。诚如拉伦茨早已论及的事实："任何一项立法都明示或隐含某种立法目的……在立法时就必须受规范的企图、正义或合目的性考量的指引。"[1]在论及税务"双重前置"时，回归立法目的初衷，据相关学者研究，清税前置制度存在"保护国家税收收入安全，避免税款损失"的形式立法目的及"减少复议或诉讼发生"的实质目的；复议前置的目的是"提高争议解决效率，减轻法院负担"[2]。目的的溯源有助于理解该制度在运行中的情形，实现应然与实然的比照。诚然，"目的正当未必就意味着可以为了这个目的而不择手段"。[3]制度预想的初衷在实践操作中总会受各种因素的影响而面临走形的现实。"双重前置"制度能否增加国家的利益有待考证，但是该制度的实施因权力寻租等非法行为的存在而可能有损国家利益是毋庸置疑的。无论是清税前置还是复议前置的制度，都是在税务系统内部的程序，这就为纳税人权力寻租及税务人员权力设租提供了空间，盖因纳税人要想维护自己正当的知情权、复议权、诉讼权等权利面临着重重阻碍和巨大的经济及时间成本，这样出于"经济人"利己性的考量，纳税人更倾向于采取非法的贿赂、合意定税等途径而不是依法按部就班地寻求救济。对于复议前置，北野弘久早有论述，在这位日本税法大师看来，该制度与其说是有利于纳税人快速实现权利救济、节省成本，不如说是为了"便利行政"。[4]更多基于税收行政考虑的复议前置，经税务机关内设机构复议审查后，显然"难以超脱税务机关整体利益关系，复议机关缺乏独立性"[5]。由此，纳税人对税务复议公正性缺乏信任，其依然会寻求税务诉讼的救济。

二、税务裁量司法审查的主观化

纳税人提起税务诉讼的情形包括两种：一类为依据前述必须履行"双重前置"义务后，对行政复议不服的情形；另一类为对具体税务行政行为不服，

---

〔1〕　[德]卡尔·拉伦茨：《法学方法论》，陈爱娥译，商务印书馆2003年版，第94页。

〔2〕　付大学：《比例原则视角下税务诉讼"双重前置"之审视》，载《政治与法律》2016年第1期。

〔3〕　张翔：《机动车限行、财产权限制与比例原则》，载《法学》2015年第2期。

〔4〕　[日]北野弘久：《税法学原论》（第4版），陈刚等译，陈刚、杨建广校，中国检察出版社2001年版，第302页。

〔5〕　刘剑文：《税收征管制度的一般经验与中国问题——兼论〈税收征收管理法〉的修改》，载《行政法学研究》2014年第1期。

可以直接提起税务诉讼的情形。特别是在第一种情形下，纳税人破开"双重前置"的阻碍，终于行至诉讼阶段后，其所渴求的税收公平似乎唾手可得。但是，事实果真如是吗？诚然，纳税人对于司法机关的信任显然要远强于税务机关，这既是基于法院所享有的审判职能源于宪法这一根本大法，也是基于法院本身作为独立于立法和行政的第三方中立机构而存在。法官们作为司法机关的代表，往往被认为是有权对具体诉争的问题作出最终裁判的专家，能够以其法律素养和职业道德作出最公正的判决。有鉴于此，对税务复议不服的纳税人重新提起税务诉讼试图化解因税务裁量所引发的纠纷进而维护自己的合法权益。然而，作为"正义化身"的法官真的能够以完全公正的态度来解决上述纷争吗，纳税人所寄希望的"最后防线"真的能够防住失范的税务裁量吗？

当我们尝试探寻上述两个问题的答案时，直接相关的因素非税务诉讼中的审查标准莫属。审查标准有法定审查标准与酌定审查标准。其中，税务裁量相关的法定标准是《行政诉讼法》第 69 条、第 70 条、第 72 条及第 77 条规定的 6 种。[1]酌定审查标准主要是指在司法审查的过程中还应该考虑的其他影响因素，例如法律原则、法律解释、规范目的、政策等。原则上作为适用法律的最权威代言人，法官在审查税务裁量纠纷时应该以法律为依据，采用法定标准。然而，在司法实务中，法官往往还会考虑其他因素，在均衡形式与实质标准的前提下作出判决。然而，在考虑法定标准时，法官无法绕开超越、滥用职权以及明显不当等概念本身的不确定性；在考虑酌定审查标准时，无论是法律原则、法律解释还是规范目的，甚至政策因素均是比较空泛的规定，操作性强度不够。实质上，上述标准均需要法官运用主观判断进行衡量，该过程充分彰显了法官作为最佳释法者与适法者的双重角色。鉴于在税务裁量司法实务中上述标准运用频率及适用范围的不同，下面将选取较为特殊的滥用职权、明显不当、规范目的等三个标准进行分析。

第一，滥用职权作为一种主观评价式规范标准，其在司法实践中的适用所强调和关注的是作为执法机关的税务机关是否有故意而为之轻率与恣意妄为。在税务诉讼中，纳税人所声称的税务机关滥用职权的主张很难得到法官

---

〔1〕 具体为"主要证据不足""适用法律、法规错误""违反法定程序""超越职权""滥用职权"和"明显不当"。

的支持。例如，在"吴某、宁波市地方税务局国家高新技术产业开发区分局税务行政管理案"中〔1〕，对于宁波市地税局于 2016 年 12 月 22 日以邮寄形式发出《调查取证通知书》，要求纳税人"12 月 24 日前（不含 24 日）提交"，且复议期限于 12 月 26 日截止的行为是否属于滥用职权，纳税人声称时间安排不合理，属于滥用职权，税务局坚持并未超过《行政复议法》规定的复议期限也未超过决定延期的最后期限。法院最终支持了税务局的主张。而对于纳税人主张税务机关滥用职权的诉求，有时候法官甚至不直面回答上述问题，而是以程序违法径行作出判决。例如，在"徐州市永泰选矿厂与徐州市铜山区国家税务局案"中〔2〕，纳税人认为税务局 4 个多月内 9 次划扣其企业账户资金的行为违反了法定程序，且未尽到通知义务，提前征收税款，纯属滥用职权的行为。而法院则回避了这个问题，直接驳回了纳税人的起诉。主审法官指出，对于不服税务机关作出缴纳税款处理决定的争议属于需实行"双重前置"的纳税争议，但纳税人"未完成先行行政复议的法律规定的程序，直接向法院提起诉讼的请求，依法应予驳回"。类似的案件也有"山东中闽投资有限公司与国家税务总局寿光市税务局行政征收案"，〔3〕在该案中，纳税人认为税务局未进行税务调查，在漠视其陈述和申辩权的前提下径行向其送达税务事项通知书，且多次更改征收数额的行为是典型的滥用职权。须指出，关于滥用职权，行政法学者沈岿的言论在一定程度上能为我们揭示该标准不讨法官喜欢的原因。沈教授一语中的地指出："它（滥用职权）始终与故意地违法行使职权勾连。"〔4〕在代表司法公正的法官眼中亦是如此，假如主审法官以之为衡量标准，不就是直接承认税收征管者的主观故意吗，而这又有违司法一贯对行政所保持的谦抑。对此，浙江大学的郑春燕教授曾针对行政裁量审查标准而对法官所作的专门访谈结果也进一步证实了该观点。根据郑教授的实证调研，法官之所以对该标准有所保留，是基于对"避免引起行政

〔1〕 "吴某、宁波市地方税务局国家高新技术产业开发区分局税务行政管理（税务）案"二审行政判决书，浙江省宁波市中级人民法院行政判决书［2017］浙 02 行终 322 号。

〔2〕 "徐州市永泰选矿厂与徐州市铜山区国家税务局案"一审行政裁定书，徐州市泉山区人民法院行政裁定书［2015］泉行初字第 74 号。

〔3〕 "山东中闽投资有限公司与国家税务总局寿光市税务局税务行政管理（税务）案"一审行政裁定书，山东省潍坊市潍城区人民法院行政裁定书［2021］鲁 0702 行初 8 号。

〔4〕 沈岿：《行政诉讼确立"裁量明显不当"标准之议》，载《法商研究》2004 年第 4 期。

机关的抵触情绪"的考量。[1]盖因行政机关对于法官所作出之"滥用职权"的否定性评价是其最不愿意接受的主观定性，甚至对其业绩、升迁考核等都影响重大。在税务裁量诉讼中，法官对于税务机关在作出裁量行为时的意志状态难以固定为客观证据，往往是通过法官自己自由心证来推测税务机关行为的目的与考量，进而确定是否属于滥用职权。正是法官从内心深处拒绝使用该标准，使得其在审判案件时总是为排除税务机关主观故意作辩解与掩护，这样导致运用此标准不仅无法回应立法预设的监督裁量目的，反而会使得法官容易代替税务机关的角色作出判断。

第二，相对于被慎重使用的"滥用职权"标准，由"显失公平"演化而来的"明显不当"在税务裁量司法审判中的运用较为频繁，特别是在《行政诉讼法》第77条将其单列出来之后，更具有针对性。然而，制度的运行与制度预期总是存在偏差。例如，在深圳法院发布的2021年度行政审判十大典型案例中，较为典型的是"樵某诉国家税务总局深圳市宝安区税务局、国家税务总局深圳市税务局行政奖励及行政复议案"[2]。在该案中，樵某通过电子平台检举反映深圳市某贸易有限公司涉嫌未缴相关税收，税务局对樵某作出颁发检举奖金人民币1.84元奖励通知，樵某不服遂申请复议，复议维持后诉至法院。法院认为，区税务局按照收缴入库税款168.21元及罚款200元的5‰给予樵某检举奖励1.84元，奖励金额仅系参照税款5‰的比例计算确定，未充分考虑各项奖励因素，确定的奖励金额畸低，不是对行政法比例原则的准确运用，不符合税收检举奖励制度鼓励公民检举税务违法行为的立法目的，无法起到鼓励检举税收违法行为的积极示范作用，属明显不当。明显不当行为在税务裁量领域更多地体现在税务处罚决定中，此时明显不当，对应的实则为处罚畸轻畸重的问题，于税务机关而言是在其处罚裁量幅度内行使职权，于被课以处罚的主体而言其往往倾向于在幅度内的低罚，于法官而言，其需要做的就是判断税务机关、纳税人、法律之间的恰当性。常见的税务处罚明

---

〔1〕 郑春燕：《现代行政中的裁量及其规制》，法律出版社2015年版，第160页。

〔2〕《广东省深圳市中级人民法院发布2021年度行政审判十大典型案例之二：樵某诉国家税务总局深圳市宝安区税务局、国家税务总局深圳市税务局行政奖励及行政复议案》，载http://gfggi66f6a8 ad06ba47d9s9qq0uccvufnp60fv.fbch.oca.swupl.edu.cn/pfnl/95b2ca8d4055fce1d619c952c42bc1128ba44dd43 a2d3998bdfb.html? keyword＝%E6%98%8E%E6%98%BE%E4%B8%8D%E5%BD%93%20%E7%A8% 8E%E5%8A%A1%E5%B1%80，最后访问日期：2023年11月26日。

显不当主要有如下两种情形：一是在同一税务处罚案件中，税务机关对具有相似违法情节的几个纳税人的处罚存在畸轻畸重现象；第二种情形是本次的税务处罚决定与以往类似案件相比处罚明显过重；第三种情形是与已经制定的税务裁量基准相比处罚明显不当。其中，在第一种情形下，摆在法官面前的是同一案件中的同一案件事实。此时，作为裁判者的法官就能比较容易地作出判断。而后在两种情形下就需要法官运用自身裁量权在法律、税务机关决定、纳税人主张间进行判断。对此，不同法官往往存在不同见解，但整体上仍倾向于支持税务机关的处罚决定。例如，在"营口通达管道工程有限公司与营口市地方税务局稽查局税务行政处罚案"中，[1]纳税人认为其发票使用行为均照章纳税，没有危害税收，未损害国家、集体、个人任何一方的利益，不具有社会危害性。即便在该笔业务的财务记账方面有违规行为，也属初次发生的情节轻微的违规行为，被申请人对申请人处以 5 万元的处罚，明显不当。对此，法院认为，稽查局综合案件全部情况，按最低额度 5 万元进行处罚，处罚适当。而同样是在"南京德嘉置业有限公司与国家税务总局南京市税务局稽查局税务处罚案"中，[2]纳税人认为，税务机关有两处行为属于明显不当。一是对于纳税人的同一个少缴房租的行为，南京地税与国税执法口径并不一致。南京地方税务局稽查局对少报租金而少缴纳营业税的行为就纳税人自动补缴税款的部分并没有定性为偷税，只是就纳税人自行核算自动申报与税局认定差额的部分进行了罚款。而同样的案件却被南京市国税局认定为少缴房租收入 18 883 287.52 元并定性为偷税处以 3 009 046.65 元的罚款。二是依据江苏省国地税联合发布的《税务行政处罚自由裁量基准操作标准》关于偷税的处罚规定，纳税人在发现少缴房租后，已分别向国税和地税补交了税款，但国税局仍向其处以 0.8 倍的罚款，属于明显不当。对此，法院否定了纳税人的主张。法院认为，针对执法尺度不一致问题，二者分属不同执法单位，征收税种有别、所查违法事实有异、处理结果有所不同；针对处罚问题，税务局综合本案案情和纳税人公司配合税务机关检查及主动补缴税款和滞纳金情节，对纳税人作出 0.8 倍处罚，符合法律及税务处罚操作标准的

---

〔1〕　"营口通达管道工程有限公司与营口市地方税务局稽查局税务行政处罚案"再审审查与审判监督行政裁定书，辽宁省高级人民法院行政裁定书［2017］辽行申 730 号。

〔2〕　"上诉人南京德嘉置业有限公司与被上诉人国家税务总局南京市税务局稽查局税务行政管理行政处罚案"行政判决书，江苏省南京市中级人民法院行政判决书［2018］苏 01 行终 1027 号。

相关规定，并无不当。"明显不当"的判断标准是由"明显"和"不当"两个标准共同构成的，在确定税务机关行为在其税务裁量权限范围内行为"不当"后，更加重要的是如何判断该"不当行为"的明显性。其实，这于法官而言，其行为要求"以法律为依据"，而法律往往采取正向列举之规定，对于"明显"这类严重之情节，更多的是要诉诸案件事实。但在这个过程中，是法官主观适用税法的行为，那么其如何理解"明显不当"就显得尤为关键。加之，我国并非判例法国家，既往行政惯例的适用并未必然，这样法官往往会忽视纳税人基于对税务规则和税务惯例所形成的信赖利益，即使前述规则和惯例均是建立在税务机关主动积极作为的前提下。对此，案件的法官仍是采取漠视的态度以至于"明显不当"标准的适用仅限于同一案件中的对不同纳税人的处罚，而将纳税人根据税务惯例所产生的正当期待排除在外。

第三，当通过法定标准仍然难以完全审查税务裁量纠纷时，法官往往诉诸其他关联要素，回归立法本旨，寻求立法目的判决就会浮出水面。诚然，无论是在理论界还是在实务界，甚至连法官自己都承认其对于法律之规范目的解释的绝对权威性。当然，这与法官是司法公正的代表是守护正义的最后一道防线密不可分。在具体涉税裁量案件中，案件的审判法官（特别是主审法官）往往会在衡量税务裁量决定是否契合规范目的上进行自由心证，该判断的过程融会贯通于整个司法审查的过程。然而，法官以规范目的为标准的审查方式，在当下受到了较多的质疑与挑战。法官对立法目的判断实际上是与立法者对规范目的的预设、税务机关对规范目的的选择进行碰撞的过程，而法院对此目的的判断并不一定特别强于以税务技能和经验见长的税务机关。而在此过程中，法官将税务机关、纳税人的行为与具体税法目的相衡量进行取舍的主观判断显然不可回避，也正是在该过程中需要格外注意法官的主观意识，防止以法官个人意志代替立法原意。

三、司法对行政的过度谦抑

无论是在前述的税务复议前置中，还是在税务诉讼审理过程中，司法机关及其工作人员对税务机关均会给予很大程度的尊重，甚至一度绝对承认税务机关的专业判断。在一般情况下，法官可以凭借自身的法律素养和法律操守较为优秀地扮演"正义最后一道防线"的角色，处理专业性与技术性不强的纠纷。然而，在面对如税收这一高度专业性和技术性的纠纷时，法官往往会陷入解释的困境。加之，科技发展日新月异，新的形态与业态也层出不穷。此时，法官的困顿亦会随之增加。诚然，层出不穷的科技自身所携带的变动性更加凸显了其不确定性，而所有国家机关中行政机关又总是与科技保持最近距离的，新的科技往往会在行政机关中先行推广开来。与行政机关相比，司法机关总是相对保守地固守法官的公正性。这就造成了学者皮尔斯（Pierce）所言的如下窘境，它（科技之变动性）将明显地限制法官（法院）审查的实践能力。[1]即使是司法鉴定已成为司法的常态、专家学者通过专家意见书的形式开始在司法中发声，但是税务人员通过专业培训、征管实践所积累的丰富专业与经验技能，也不是上述方式所能够代替的。盖因司法鉴定多重视结果、专家学者往往注重理论研究，而税收征管中的裁量恰恰强调实务的过程能动性，这也就使得法官在面对涉及税务裁量的案件时往往会采取尊重税务机关判断的决策。任何对专业的尊重本身都并无过错，有害的是过分的依赖而导致税务机关及其工作人员的裁量判断超越其征收管理的范畴，而在税务诉讼中也呈现绝对优势。这样本就处于相对弱势的纳税人会试图通过税务诉讼来维护自身合法权益的希望岂不是又终将回归至税务机关裁量的原初决定？此时的税务诉讼除非是程序性或法律性的明显错误，否则也不过是税务机关借了个场地再次重申自己的决定罢了。

法官对税务人员判断所表现出的谦抑性，不仅仅是源于税收领域的专业与技术性，还是基于对行政机关"首次判断权"的尊重。根据学者的界定，所谓首次判断权是指行政机关及其工作人员（特别是基层工作者），基于行政需要总是第一个接触案件，最先开始查明事实、收集证据且运用法律解释等方法适用法律由此作出行政判断，是故其享有对案件的最初判断权。[2]原则上，诉至法院的税务裁量纠纷，法官通过法律解释与法律漏洞填补实现对法律本身的解释与适用，而基于对税务机关判断的尊重，法官往往会对事实问题仅作形式的经验法则考虑。在此情形下，未深入税务裁量纠纷本质的司法审查往往并不能产生真正维护纳税人合法权益的司法正义。质言之，我们承认司法应该适度尊重行政机关的首次判断权，但是这必须建立在税务机关对

---

〔1〕　Pierce, "The Internet Limits on Judicial Control of Agency Discretion: the D. C. Circuit and the Nondelegation Doctrine", Admin. L. Rev., 2000, Vol. 52, p. 63.

〔2〕　高卫明：《论行政裁量的司法统制范围——从过程论的视角》，载《法律适用》2013 年第 11 期。

事实的判断正确无误的前提下，否则对错误甚至违法问题的尊重与礼让，必然会陷入无限的误区，有悖于税务裁量司法规制的初衷。

第三节　税务裁量案例指导制度控制的窘境：指导性不足彰显

案例指导制度作为一项具有中国特色的司法制度，其在弥补成文法不足、统一并简化司法适用、限制裁量权、减少诉讼双方纠纷等方面发挥着独特的功能。无论是1948—1978年最高人民法院以案件批复的形式发布的那类司法解释性文件，还是20世纪80年代初正式发布的一系列刑事案件，抑或是1985年开始发布的一系列公报案例〔1〕，《人民法院案例选》登载的案例以及《中国审判案例要览》刊登的案例，以及2011年开始发布的指导性案例，均属于广义上案例指导制度中的指导性案例，在不同程度上指导人民法院的司法审判工作。当然，在2011年《最高人民法院关于案例指导工作的规定》（以下简称《规定》）发布后，"指导性案例"这一术语有了特殊的指代。〔2〕

一、案例指导制度的体系化发展

追溯新中国成立以来案例指导制度在我国的发展史，可以发现，我国一直十分重视案例，有发挥典型案例指导作用的传统。经过多年实践和发展，我国司法领域初步形成了以指导性案例、公报案例、典型案例、参阅案例为主体的案例指导体系。其中，指导性案例是由最高人民法院、最高人民检察院确定并统一发布，是已经发生法律效力、认定事实清楚、适用法律正确、裁判说理充分、法律效果和社会效果良好、对审理类似案件具有普遍指导意义的案例。公报案例是指发布在《最高人民法院公报》和《最高人民检察院公报》上的案例。典型案例是最高人民法院和最高人民检察院以公文形式发布的具有典型意义的司法案例，也包含少量地方各级法院和检察院发布的典

---

〔1〕　载体为《最高人民法院公报》。

〔2〕　根据全国人民法院审判委员会专职委员胡云腾的解释，该术语"专指经过最高人民法院审判委员会讨论通过，并以最高人民法院以'公告'的形式发布的案例，其他案例一概不得称之为指导性案例或指导案例"。参见胡云腾：《关于参照指导性案例的几个问题》，载《人民法院报》2018年8月1日。

型案例。参阅案例经省法院审判委员会确认并以固定形式编号的案例，该类案例对全省法院处理同类案件具有指导、参考和借鉴作用。

在我国，案例指导制度最早发源于法院系统。早在 1982 年下半年，最高人民法院和部分高级人民法院就曾选编印发过一些执行政策和适用法律较好的经济犯罪的典型案例，供各地人民法院在处理案件时参考。[1]1985 年最高人民法院创办《最高人民法院公报》作为刊登包括典型案例、司法解释等重要司法信息的权威载体。1983 年至 1987 年间，最高人民法院正式发布了 293 个案例，为统一重大、复杂刑事案件统一量刑标准，新出现的民事、经济案件提供范例。[2]2005 年最高人民法院印发的《人民法院第二个五年改革纲要（2004—2008）》首次以正式发文的形式提出："建立和完善案例指导制度，重视指导性案例在统一法律适用标准、指导下级法院审判工作、丰富和发展法学理论等方面的作用。最高人民法院制定关于案例指导制度的规范性文件，规定指导性案例的编选标准、编选程序、发布方式、指导规则等。"2007 年时任最高人民法院院长肖扬在《最高人民法院工作报告》中对 2007 年工作作出安排时提及"为统一裁判标准，继续加强和改进司法解释工作，着力探索案例指导制度，规范法官自由裁量行为"。[3]随后，最高人民法院共印发了 5 件关于案例指导工作的通知，有对该制度作出顶层设计及安排的宏观内容，[4]也有涉及案例指导制度具体实施工作的微观细节[5]。2011 年起，最高人民法院开始以《最高人民法院关于发布第一批指导性案例的通知》（法［2011］354 号）陆续公布 37 批共 211 个指导性案例。此外，最高人民法院还公布了"典型案例"，诸如"最高法发布人民法院妥善化解涉汛矛盾纠纷典型案例""最高法发布人民法院依法保护民营企业产权和企业家权益典型案例"等。

---

〔1〕 1982 年 12 月 10 日第五届全国人民代表大会第五次会议通过《第五届全国人民代表大会第五次会议关于最高人民法院工作报告和最高人民检察院工作报告的决议》。

〔2〕 1988 年 4 月 1 日在第七届全国人民代表大会第一次会议通过《最高人民法院工作报告》。

〔3〕《最高人民法院工作报告——2007 年 3 月 13 日在第十届全国人民代表大会第五次会议上》，载 http://gongbao.court.gov.cn/Details/8d5c7f5697174cf5331f505966d10a.html，最后访问日期：2023 年 11 月 26 日。

〔4〕《最高人民法院关于做好案例指导工作的通知》（法明传［2011］197 号）和《最高人民法院印发〈关于推进案例指导工作高质量发展的若干意见〉的通知》（法［2021］294 号）。

〔5〕《最高人民法院印发〈关于案例指导工作的规定〉的通知》（法发［2010］51 号）、《最高人民法院办公厅关于印发〈最高人民法院案例指导工作专家委员会工作规则〉的通知》（法办［2013］50 号）、《最高人民法院印发〈关于案例指导工作的规定〉实施细则的通知》（法［2015］130 号）。

检察系统也一贯重视案例指导制度的建设，强调发挥典型案例、公报案例、指导性案例的作用，并取得一定成效。2022 年《最高人民检察院工作报告》列举了 2018 年至 2022 年在正当防卫、公益诉讼等领域的典型案件推动法治进步的实践及效果。[1]1989 年创办《最高人民检察院公报》，一般是在最后的"案例栏目"刊登 1 篇~2 篇案例作为公报案例，截至 2016 年第 2 期刊登"廖某华受贿、滥用职权案"后不再刊登典型案例。最高人民检察院虽开始探索建立指导性案例制度从时间上晚于最高人民法院，但其发布第一批指导性案例的时间却早于最高人民法院，依据 2010 年 7 月 30 日公布的《最高人民检察院关于印发〈最高人民检察院关于案例指导工作的规定〉的通知》[2]在当年 12 月 31 日就发布第一批指导性案例，截至 2023 年 8 月 31 日共发布 47 批 190 个案例。此外，最高人民检察院还加强案例库建设，在 2020 年底提出并于 2022 年正式上线的检察案例库，[3]已收录案例 16.6 万件，充分发挥类案检索、参照办案作用。[4]

前述各类案例本质上均是对已经发生法律效力的案例进行甄选、再加工后的产物，旨在指导司法工作、统一司法尺度和裁判标准、规范自由裁量权。形式上，指导性案例、典型案例、参阅案例均是以文件的形式发布，其中指导性案例表现为《最高人民检察院关于印发最高人民检察院第××批指导性案例的通知》和《最高人民法院关于发布第××批指导性案例的通知》，典型案例呈现出最高人民法院（检察院）发布《第××批（××件）××典型案例》和《最高人民检察院关于印发××典型案例的通知》，参阅案例以《××省高级人民法院关于公（发）布第××批参阅案例的通知》。而在公报案例中，最高人民法院的公报案例类型除与最高人民检察院公报案例一致地刊登在"案例栏目"下的典型案例外，还有在"裁判文书选登"中公布的案例，均是以"××案"形式刊载。就公开方式而言，最高人民法院审判委员会讨论决定的指导性案例，统一在《最高人民法院公报》、最高人民法院网站、《人民法院报》上以

---

〔1〕《最高人民检察院工作报告》（2022 年），载 https://www.spp.gov.cn/spp/gzbg/202303/t20230317_608767.shtml，最后访问日期：2023 年 11 月 26 日。

〔2〕 已经 2015 年 12 月 9 日最高人民检察院第十二届检察委员会第四十四次会议修订。

〔3〕《最高检：检察案例库今年将正式上线》，载 https://www.spp.gov.cn/zdgz/202202/t20220224_545704.shtml，最后访问日期：2023 年 11 月 26 日。

〔4〕《最高人民检察院工作报告》（2021 年），载 https://www.spp.gov.cn/spp/gzbg/202203/t20220315_549267.shtml，最后访问日期：2023 年 11 月 26 日。

公告的形式发布。[1]最高人民检察院发布的指导性案例，应当在《最高人民检察院公报》和最高人民检察院官方网站公布。[2]公报案例刊登在《最高人民法院（检察院）公报》上，可在两高官方网站查询，典型案例可在两高官方网站查询。参阅案例未形成统一的公开方式。例如，陕西省的做法是省法院通过《参阅案例》和陕西法院网发布，并由省法院《三秦审判》择优选登。[3]北京市是以高级法院审判委员会的名义及时发文公布，并由高级法院研究室负责在北京法院内网案例工作专栏刊登。[4]同时，为充分发挥典型示范带动效应，各类案例也往往会通过新闻发布会的形式公开发布。虽然上述各类案例都具有指导作用，但就适用而言，指导性案例的效力以最高人民法院和最高人民检察院规范性文件的形式予以明确为"应当参照"，具体体现为"各级人民检察院应当参照指导性案例办理类似案件"[5]，"各级人民法院审判类似案件时应当参照"[6]。相较而言，公报案例尽管也具有很高的权威性，如《最高人民法院公报》刊登的案例经最高人民法院审判委员会讨论通过且最高人民法院曾强调"我院发出的内部文件凡是与公报不一致的，均以公报为准"[7]，但是其并不具备先例的约束力。这同样适用于以规范性文件形式发布的典型案例，其亦仅具有"供办案参考、借鉴"的示范、引领和指导作用。参阅案例的适用范围仅及某一省级行政区域且以地方司法规范性文件形式规定"可以参照"。由此，在现行案例指导制度体系下，指导性案例的指导性最强、适用范围最广。

二、案例指导制度涉税内容梳理：以指导性案例为例

案例指导制度是我国司法界为统一司法（量刑、裁判）标准，规范法官

---

〔1〕《最高人民法院印发〈关于案例指导工作的规定〉的通知》（法发［2010］51号）第6条第2款。

〔2〕《最高人民检察院关于印发〈最高人民检察院关于案例指导工作的规定〉的通知》（2019修订）第14条。

〔3〕《陕西省高级人民法院参阅案例发布制度》（陕高法［2006］126号）第19条。

〔4〕《北京市高级人民法院关于印发〈北京市高级人民法院关于北京法院参阅案例工作的规定（试行）〉的通知》（京高法发［2013］192号）第14条。

〔5〕《最高人民检察院关于案例指导工作的规定》（2019年修订）第15条。

〔6〕《最高人民法院印发〈关于案例指导工作的规定〉的通知》（法发［2010］51号）第7条。

〔7〕《最高人民法院关于本院发出的内部文件凡与〈中华人民共和国最高人民法院公报〉不一致的均以公报为准的通知》。

的自由裁量权而作出的法律适用探索和实践。基于前述分析，这里仅以我国目前公布的 401 例（最高法 211 例，最高检 190 例）指导性案例为例，梳理其中所涉税法因素。

（一）最高人民法院指导性案例中的涉税案例

指导性案例由标题、关键词、裁判要点、相关法条、基本案情、裁判结果、裁判理由以及包括生效裁判审判人员姓名的附注等组成。[1]梳理最高人民法院发布的 211 例指导性案例，其中有 13 例（表 5-2）提及涉税内容。具体提及的涉税内容如下：

1. 指导案例 3 号："潘某梅、陈某受贿案"

【基本案情】2004 年上半年，被告人潘某梅利用担任迈皋桥街道工委书记的职务便利，为南京某发展有限公司受让金桥大厦项目减免 100 万元费用提供帮助，并在购买对方开发的一处房产时接受该公司总经理许某某为其支付的房屋差价款和相关税费 61 万余元（房价含税费 121.0817 万元，潘支付 60 万元）。

【裁判理由】关于被告人潘某梅及其辩护人提出潘某梅购买许某某的房产不应被认定为受贿的辩护意见。经查，潘某梅购买的房产，市场价格含税费共计应为 121 万余元，潘某梅仅支付 60 万元，明显低于该房产交易时当地市场价格。潘某梅利用职务之便为请托人谋取利益，以明显低于市场的价格向请托人购买房产的行为，是以形式上支付一定数额的价款来掩盖其受贿权钱交易本质的一种手段，应以受贿论处，受贿数额按照涉案房产交易时当地市场价格与实际支付价格的差额计算。

2. 指导案例 17 号："张某诉北京合力华通汽车服务有限公司买卖合同纠纷案"

【基本案情】2007 年 2 月 28 日，原告张某从被告北京合力华通汽车服务有限公司（简称合力华通公司）购买上海通用雪佛兰景程轿车一辆，价格为 138 000 元，双方签有《汽车销售合同》。合同签订当日，张某向合力华通公司交付了购车款 138 000 元，同时支付了车辆购置税 12 400 元、一条龙服务

---

[1]《〈最高人民法院关于案例指导工作的规定〉实施细则》第 3 条。

费500元、保险费6060元。同日，合力华通公司将雪佛兰景程轿车一辆交付张某，张某为该车办理了机动车登记手续。

【裁判结果】北京市朝阳区人民法院于2007年10月作出［2007］朝民初字第18230号民事判决：合力华通公司于判决生效后7日内赔偿张某购置税12 400元、服务费500元、保险费6060元；北京市第二中级人民法院于2008年3月13日作出［2008］二中民终字第00453号民事判决：驳回上诉，维持原判。

3. 指导案例20号："深圳市斯瑞曼精细化工有限公司诉深圳市坑梓自来水有限公司、深圳市康泰蓝水处理设备有限公司侵害发明专利权纠纷案"（不再参照）

【基本案情】2008年10月20日，深圳市坑梓自来水有限公司（以下简称"坑梓自来水公司"）与深圳市康泰蓝水处理设备有限公司（以下简称"康泰蓝公司"）签订《购销合同》一份，坑梓自来水公司向康泰蓝公司购买康泰蓝二氧化氯发生器一套，价款26万元。康泰蓝公司已于2008年12月30日就上述产品销售款要求税务机关代开统一发票。在上述《购销合同》中，约定坑梓自来水公司分期向康泰蓝公司支付设备款项，康泰蓝公司为坑梓自来水公司提供安装、调试、维修、保养等技术支持及售后服务。

4. 指导案例43号："国泰君安证券股份有限公司海口滨海大道（天福酒店）证券营业部申请错误执行赔偿案"

【基本案情】2002年3月14日，国泰海口营业部依照9-11号裁定将上述抵债房产的产权办理变更登记至自己名下，并缴纳相关税费。海南省高级人民法院于2003年7月31日作出9-16号裁定，裁定撤销9-11号、9-12号、9-13号裁定，将原裁定抵债房产回转过户至执行前状态。2005年6月，国泰海口营业部向海口市地方税务局申请退税，海口市地方税务局将契税退还国泰海口营业部。2005年6月，国泰海口营业部向海口市地方税务局申请退税，海口市地方税务局将契税退还国泰海口营业部。

5. 指导案例 49 号："石某林诉泰州华仁电子资讯有限公司侵害计算机软件著作权纠纷案"

【裁判理由】华仁公司未能提供相反证据证明其诉讼主张，应当承担举证不能的不利后果。本案中，在石某林提供了上述证据证明其诉讼主张的情形下，华仁公司并未能提供相反证据予以反证，依法应当承担举证不能的不利后果。经本院反复释明，华仁公司最终仍未提供被控侵权的 HR-Z 软件源程序以供比对。华仁公司虽提供了 DX-Z 线切割控制器微处理器固件程序系统 V3.0 的计算机软件著作权登记证书，但其既未证明该软件与被控侵权的 HR-Z 软件属于同一软件，又未证明被控侵权的 HR-Z 软件的完成时间早于石某林的 S 系列软件，或系其独立开发完成。尽管华仁公司还称，其在二审中提供的 2004 年 5 月 19 日商业销售发票，可以证明其于 2004 年就开发完成了被控侵权软件。对此，法院认为，该份发票上虽注明了货物名称为 HR-Z 线切割控制器，但并不能当然推断出该控制器所使用的软件即为被控侵权的 HR-Z 软件，华仁公司也未就此进一步提供其他证据予以证实。同时，结合该份发票并非正规的增值税发票、未注明购货单位名称等一系列瑕疵，法院认为，华仁公司 2004 年就开发完成了被控侵权软件的诉讼主张缺乏事实依据，不予采纳。

6. 指导案例 65 号："上海市虹口区久乐大厦小区业主大会诉上海环亚实业总公司业主共有权纠纷案"

【裁判理由】依据上述规定，维修资金性质上属于专项基金，系为特定目的，即为住宅共用部位、共用设施设备保修期满后的维修和更新、改造而专设的资金。它在购房款、税费、物业费之外，单独筹集、专户存储、单独核算。

7. 指导案例 119 号："安徽省滁州市建筑安装工程有限公司与湖北追日电气股份有限公司执行复议案"

【基本案情】2016 年 10 月 24 日，滁州建安青海分公司出具了一份《情况说明》，要求追日电气公司将诉讼费（属行政事业性收费）、鉴定费、律师费共计 50.3 万元支付至程某男名下。后为开具发票，追日电气公司与程某男、王某刚、何某倒签了一份标的额为 50 万元的工程施工合同，追日电气公司于 2016 年 11 月 23 日向王某刚支付 40 万元、2017 年 7 月 18 日向王某刚支付了 10 万元，青海省共和县国家税务局代开了一张 50 万元的发票。

【裁判理由】最高人民法院认为：关于案涉《和解协议书》的效力。虽然滁州建安公司主张代表其在案涉《和解协议书》上签字的王兴刚未经其授权，其亦未在《和解协议书》上加盖公章，《和解协议书》对其不发生效力，但是《和解协议书》签订后，滁州建安公司根据约定向青海省高级人民法院申请解除了对追日电气公司财产的保全查封，并就《和解协议书》项下款项的支付及开具收据发票等事宜与追日电气公司进行多次协商，接收《和解协议书》项下款项、开具收据、发票，故滁州建安公司以实际履行行为表明其对王兴刚的代理权及《和解协议书》的效力是完全认可的，《和解协议书》有效。关于案涉《和解协议书》是否已履行完毕。追日电气公司依据《和解协议书》的约定以及滁州建安公司的要求，分别向滁州建安公司和王某刚等支付了 412.880 667 万元、50 万元款项，虽然与《和解协议书》约定的 463.3 万元尚差 4000 余元，但是滁州建安公司予以接受并为追日电气公司分别开具了 413 万元的收据及 50 万元的发票，根据《最高人民法院关于贯彻执行〈中华人民共和国民法通则〉若干问题的意见（试行）》第 66 条的规定，结合滁州建安公司在接受付款后较长时间未对付款金额提出异议的事实，可以认定双方以行为对《和解协议书》约定的付款金额进行了变更，构成合同的默示变更，故案涉《和解协议书》约定的付款义务已经履行完毕。

8. 指导案例 160 号："蔡某光诉广州市润平商业有限公司侵害植物新品种权纠纷案"

【基本案情】润平公司辩称其所售被诉侵权蜜柚果实有合法来源，提供了甲方昆山润华商业有限公司广州黄埔分公司（以下简称润华黄埔公司）与乙方江山市森南食品有限公司（以下简称森南公司）签订的合同书，润华黄埔公司与森南公司于 2017 年 7 月 18 日签订 2017 年度商业合作条款，合同第 6 条第 5 款载明，在本合同签订日，双方已合作的有 6 家门店，包括润平公司。2018 年 1 月 8 日，森南公司向润华黄埔公司开具发票以及销售货物或者提供应税劳务、服务清单，清单载明货物包括三红蜜柚 650 公斤。

9. 指导案例163号："江苏省纺织工业（集团）进出口有限公司及其五家子公司实质合并破产重整案"

【裁判理由】合并重整程序启动后，管理人对单个企业的债权进行合并处理，同一债权人对6家公司同时存在债权债务的，经合并进行抵销后对债权余额予以确认，6家关联企业相互之间的债权债务在合并中作抵销处理，并将合并后的全体债权人合为一个整体进行分组。根据《破产法》的规定，债权人分为有财产担保债权组、职工债权组、税款债权组、普通债权组，本案因全体职工的劳动关系继续保留，不涉及职工债权清偿问题，且税款已按期缴纳，故仅将债权人分为有财产担保债权组和普通债权组。同时，设出资人组对出资人权益调整方案进行表决。

10. 指导案例165号："重庆金江印染有限公司、重庆川江针纺有限公司破产管理人申请实质合并破产清算案"

【基本案情】金江公司与川江公司存在以下关联关系：……5. 资产及负债混同。两公司在对经营性财产（如流动资金）的安排使用上混同度较高，且均与冯某乾的个人账户往来较频繁，无法严格区分。在营业成本的分担和经营利润的分配等方面也无明确约定，往往根据实际利润及税务处理需求进行调整。两公司对外借款也存在相互担保的情况。

11. 指导案例167号："北京大唐燃料有限公司诉山东百富物流有限公司买卖合同纠纷案"

【基本案情】2012年1月20日至2013年5月29日期间，北京大唐燃料有限公司（以下简称"大唐公司"）与山东百富物流有限公司（以下简称百富公司）之间共签订采购合同41份，约定百富公司向大唐公司销售镍铁、镍矿、精煤、冶金焦等货物。双方在履行合同过程中采用滚动结算的方式支付货款，但是每次付款金额与每份合同约定的货款金额并不一一对应。自2012年3月15日至2014年1月8日，大唐公司共支付百富公司货款1 827 867 179.08元，百富公司累计向大唐公司开具增值税发票总额为1 869 151 565.63元。大唐公司主张百富公司累计供货货值为1 715 683 565.63元，百富公司主张其已按照开具增值税发票数额足额供货。

【裁判结果】最高人民法院于 2019 年 6 月 20 日作出［2019］最高法民终 6 号民事判决：山东百富物流有限公司向北京大唐燃料有限公司返还货款 153 468 000 元；山东百富物流有限公司向北京大唐燃料有限公司赔偿占用货款期间的利息损失（以 153 468 000 元为基数，自 2014 年 11 月 25 日起至山东百富物流有限公司实际支付之日止，按照中国人民银行同期同类贷款基准利率计算）。

12. 指导案例 183 号："房某诉中美联泰大都会人寿保险有限公司劳动合同纠纷案"

【基本案情】2011 年 12 月 29 日，大都会公司以客观情况发生重大变化、双方未能就变更劳动合同协商达成一致为由，向房某发出《解除劳动合同通知书》。房某对解除决定不服，经劳动仲裁程序后起诉要求恢复与大都会公司之间的劳动关系并诉求 2017 年 8 月—12 月未签劳动合同 2 倍工资差额、2017 年度奖金等。大都会公司《员工手册》规定：年终奖金根据公司政策，按公司业绩、员工表现计发，前提是该员工在当年度 10 月 1 日前已入职，若员工在奖金发放月或之前离职，则不能享有。据查，大都会公司每年度年终奖会在次年 3 月份左右发放。

【裁判结果】上海市第二中级人民法院于 2019 年 3 月 4 日作出［2018］沪 02 民终 11292 号民事判决：大都会公司于判决生效之日起 7 日内支付上诉人房某 2017 年度年终奖税前人民币 138 600 元。

13. 指导案例 203 号："左某、徐某污染环境刑事附带民事公益诉讼案"

【基本案情】2020 年 3 月 18 日，淮安市淮安区车桥镇人民政府委托南京中联水泥有限公司对废铝灰与土壤的混合物按照危险废物进行处置，处置单价为 2800 元/吨，该价格含税、含运费。

【裁判理由】关于将废铝灰与土壤的混合物直接按照危险废物以 2800 元/吨的价格委托处置是否合理问题。江苏省环境科学研究院制作的应急处置方案明确载明，本案中涉案废铝灰混合物的转移和处置可以根据《国家危险废物名录》（2016 年版）豁免管理清单第 10 条规定，不按危险废物进行管理，并建议采用水泥窑协同处置方式进行处置，处置费用估算为 1000 元/吨（含运费）。故该混合物的处置、利用可以不按危险废物进行管理，直接以受污染的土壤即 1000 元/吨的价格送交处置更加合理。但本案的处置价格过高，对超出 1000 元/吨的部分，不予认定。

表 5-2　最高人民法院指导性案例中的涉税案例梳理

案例号	案例名称	位置	发布时间
3	潘某梅、陈某受贿案	基本案情、裁判理由	2011 年 12 月 20 日
17	张某诉北京合力华通汽车服务有限公司买卖合同纠纷案	基本案情、裁判结果	2013 年 11 月 8 日
20	深圳市斯瑞曼精细化工有限公司诉深圳市坑梓自来水有限公司、深圳市康泰蓝水处理设备有限公司侵害发明专利权纠纷案	基本案情	2013 年 11 月 8 日
43	国泰君安证券股份有限公司海口滨海大道（天福酒店）证券营业部申请错误执行赔偿案	基本案情	2014 年 12 月 25 日
49	石某林诉泰州华仁电子资讯有限公司侵害计算机软件著作权纠纷案	裁判理由	2015 年 4 月 15 日
65	上海市虹口区久乐大厦小区业主大会诉上海环亚实业总公司业主共有权纠纷案	裁判理由	2016 年 9 月 19 日
119	安徽省滁州市建筑安装工程有限公司与湖北追日电气股份有限公司执行复议案	基本案情、裁判理由	2019 年 12 月 24 日
160	蔡某光诉广州市润平商业有限公司侵害植物新品种权纠纷案	基本案情	2021 年 7 月 23 日
163	江苏省纺织工业（集团）进出口有限公司及其五家子公司实质合并破产重整案	裁判理由	2021 年 9 月 18 日
165	重庆金江印染有限公司、重庆川江针纺有限公司破产管理人申请实质合并破产清算案	基本案情	2021 年 9 月 18 日
167	北京大唐燃料有限公司诉山东百富物流有限公司买卖合同纠纷案	基本案情、裁判结果	2021 年 11 月 9 日
183	房某诉中美联泰大都会人寿保险有限公司劳动合同纠纷案	基本案情、裁判结果	2022 年 7 月 4 日
203	左某、徐某污染环境刑事附带民事公益诉讼案	基本案例、裁判理由	2022 年 12 月 30 日

（二）最高人民检察院指导性案例中的涉税案例

指导性案例的体例，一般包括标题、关键词、要旨、基本案情、检察机关履职过程、指导意义和相关规定等部分。[1]梳理最高人民检察院发布的190例指导性案例，其中有7例（表5-3）提及涉税内容，涉及案例的各个环节。

具体提及的涉税内容如下：

1. 检例第52号："广州乙置业公司等骗取支付令执行虚假诉讼监督案"

【指导意义】办理虚假诉讼案件重点围绕捏造事实行为进行审查。虚假诉讼通常以捏造的事实启动民事诉讼程序，检察机关应当以此为重点内容开展调查核实工作。在本案的办理过程中，办案组通过调阅张某刑事案件卷宗材料掌握案情，以刑事案件中固定的证据作为本案办理的突破口；通过重点审查涉案公司的企业法人营业执照、公司章程、公司登记申请书、股东会决议等工商资料，确认丙实业公司和丁果园场均由甲农工商公司设立，均系全民所有制企业，名下房产属于国有财产，上述公司的主要班子成员存在交叉任职等事实；通过调取报税资料、会计账册、资金代管协议等档案材料发现，乙置业公司没有自有流动运营资金和业务，其资金来源于代管的甲农工商公司资金；通过调取银行流水清单，发现丁果园场在借款到账后即以"往来款"名义划付至案外人账户，案外人随即将等额资金划还至乙置业公司，查明了借款资金流转的情况。一系列事实和证据均指向当事人存在恶意串通、虚构债务骗取支付令的行为。

2. 检例第81号："无锡F警用器材公司虚开增值税专用发票案"

【基本案情】2015年12月间，乌某某、陈某某为了F警用器材公司少缴税款，商议在没有货物实际交易的情况下，从其他公司虚开增值税专用发票抵扣税款，并指使倪某通过公司供应商杜某某等人介绍，采用伪造合同、虚构交易、支付开票费等手段，从王某某（另案处理）实际控制的商贸公司、电子科技公司虚开增值税专用发票24份，税额计人民币377 344.79元，后F警用器材公司从税务机关抵扣了税款。乌某某、陈某某、倪某、杜某某分别

---

〔1〕《最高人民检察院关于印发〈最高人民检察院关于案例指导工作的规定〉的通知》第3条。

于 2018 年 11 月 22 日、23 日至公安机关投案，均如实供述犯罪事实。11 月 23 日，公安机关对乌某某等 4 人依法取保候审。案发后，F 警用器材公司补缴全部税款并缴纳滞纳金。2019 年 11 月 8 日，无锡市公安局新吴分局以 F 警用器材公司及乌某某等人涉嫌虚开增值税专用发票罪移送检察机关审查起诉。检察机关经审查，综合案件情况拟作出不起诉处理，举行了公开听证。该公司及乌某某等人均自愿认罪认罚，在律师的见证下签署了《认罪认罚具结书》。2020 年 3 月 6 日，无锡市新吴区人民检察院依据《刑事诉讼法》第 177 条第 2 款的规定，对该公司及乌某某等 4 人作出不起诉决定，就没收被不起诉人违法所得及对被不起诉单位予以行政处罚向公安机关和税务机关分别提出检察意见。之后公安机关对倪某、杜某某没收违法所得共计人民币 45 503 元，税务机关对该公司处以行政罚款人民币 466 131.8 元。

【检察履职情况】了解企业状况，评估案件对企业生产经营的影响。检察机关为全面评估案件的处理对企业生产经营的影响，通过实地走访、调查，查明该公司成立于 1997 年，系科技创新型民营企业，无违法经营处罚记录，近三年销售额人民币 7000 余万元，纳税额人民币 692 万余元。举行公开听证，听取各方意见后作出不起诉决定，并提出检察意见。考虑到本案犯罪情节较轻且涉罪企业和直接责任人员认罪认罚，检察机关拟对涉罪企业及有关人员作出不起诉处理。为提升不起诉决定的公信力和公正性，新吴区人民检察院举行公开听证会，邀请侦查机关代表、人民监督员、特约检察员参加听证，通知涉罪企业法定代表人、犯罪嫌疑人、辩护人到场听证。经听取各方意见，新吴区人民检察院依法作出不起诉决定，同时依法向公安机关、税务机关提出行政处罚的检察意见。公安机关、税务机关对该公司作出相应行政处罚，并没收违法所得。

【相关规定】《最高人民法院关于虚开增值税专用发票定罪量刑标准有关问题的通知》第 2 条

3. 检例第 102 号："金某盈侵犯商业秘密案"

【基本案情】2011 年初，金某盈从明发公司离职，当年 3 月 24 日以其姐夫应某甲、应某乙的名义成立菲涅尔公司，该公司 2011 年度浙江省地方税（费）纳税综合申报表载明金某盈为财务负责人。

【检察机关履职情况】涉案供应商信息属于商业秘密。明发公司会计凭证、增值税专用发票以及供应商、明发公司员工证言证实，涉案加工设备、原材料供应商均系明发公司花费大量人力、时间和资金，根据明发公司生产工艺的特定要求，对所供产品及设备的规格、功能进行逐步调试、改装后选定，能够给明发公司带来成本优势，具有价值性。

4. 检例第 109 号："湖北某房地产公司申请执行监督案"

【基本案情】2015 年 2 月 25 日，涉案土地公开拍卖，某置业公司经两轮竞价，以 5798.57 万元的价格竞买成交。2016 年 6 月，武汉市土地交易中心为竞买人办理变更使用权人登记时，为确定税费对涉案土地再次委托评估，确定总地价为 21 300.7 万元。之后，武汉市土地交易中心与某置业公司签订《国有建设用地使用权成交确认书》。

【检察机关履职情况】调查核实：武汉市人民检察院通过调查核实查明以下事实：竞买后，某置业公司变更权属登记时，武汉市国土资源和规划局硚口分局经核算确定涉案土地的容积率为 4.61，并依此办理权属变更登记公示；为确定土地交易税费，武汉市土地交易中心委托 3 家评估机构分别进行价值评估，其中估价为 21 300.7 万元的结果居中，该交易中心按 21 300.7 万元的总地价确定交易税费。

【指导意义】对于可能存在的执行标的物评估结果失实的问题，人民检察院应着重围绕影响评估结果的关键性因素进行调查核实。以土地容积率为例，可以查实地块出让时确定的容积率、执行人员对容积率的查明掌握情况、评估鉴定机构确定容积率的方法、权属变更登记公示时的容积率和确定土地交易税费时的容积率，遇有容积率的确定存在前后明显差异的情形，应重点查实确定容积率的方法、途径和变化因素等。

5. 检例第 130 号："任某厚受贿、巨额财产来源不明违法所得没收案"

【检察履职情况】认真核查财产来源证据，依法认定巨额财产来源不明的涉嫌犯罪事实及违法所得数额。任某二对于检察机关将任某厚夫妇赠与的 50 万元购车款作为重大支出计入财产总额，提出异议，并提供购车发票证明其购买汽车裸车价格为 30 万元，提出余款 20 万元不能作为重大支出，应从没收金额中扣减。检察机关根据在案证据认为不应扣减，并在出庭时指出：该50万元系由任某厚夫妇赠与任某二，支出去向明确，且任某厚家庭财产与任某二家庭财产并无混同；购车费用除裸车价格外，还包括车辆购置税、保险费等其他费用；任某二没有提供证据，证明购车款结余部分返还给任某厚夫妇。因此，其主张在没收金额中扣减20万元的依据不足，不应支持。该意见被法院判决裁定采纳。

6. 检例第 169 号："浙江省杭州市某区人民检察院督促治理虚假登记市场主体检察监督案"

【检察机关履职过程】调查核实。某区人民检察院开展了以下调查核实工作：向人社部门、税务部门调取涉案公司人员社保缴纳信息、税款缴纳情况。查明：某宾馆有限公司是 74 间房屋产权所有方，74 家公司系邓某某等人伪造租赁合同和办公租用协议，加盖伪造的"某宾馆有限公司"的印章，冒用他人身份信息，通过浙江省企业登记全程电子化平台登记设立公司，申请银行对公账户，某宾馆有限公司对 74 家公司擅自使用其地址注册公司的行为并不知情；该 74 家公司均无社保、税费缴纳记录，未在登记地址实际经营。其中有 4 家公司的对公账户已证实被用于电信诈骗活动，其余公司及其对公账户也被转卖给他人用于从事违法犯罪活动。上述 74 家公司冒用某宾馆有限公司经营地址，影响了该公司破产程序的进行。

监督结果。区市场监督管理局在全区范围内开展虚假登记专项检查，撤销 20 家冒用他人身份证登记的公司，将 200 余家无社保缴纳记录、无缴税记录、同一地址登记多家公司等异常公司列入重点管控企业名录。朱某某诈骗案所涉及的 26 家公司亦被依法吊销营业执照。针对案件办理过程中发现的职能衔接不畅、信息共享不及时、传统监管手段滞后等问题，某区人民检察院会同区法院、公安、人社、市场监管、税务等部门，建立了线索移送反馈、快速联动查处、定期案情通报等工作机制，形成了虚假登记行政监管"快通道"。

推进治理。为提升治理效果，某区人民检察院会同区委政法委、区人社局、市场监管局、税务局签订《关于建立某区综合治理虚假登记公司共同守护法治营商环境工作机制的意见》，成立工作专班，共建"虚假公司综合治理一件事"多跨应用场景，打通了检察机关与行政机关的数据壁垒，对数字办案模型筛选出来的虚假登记线索与市场监管局的企业基本信息数据、人社局的企业社保缴纳数据、税务局的企业缴税数据进行实时对比碰撞，获取社保缴纳异常、缴税情况异常的企业清单，并将上述线索通过"法治营商环境共护"平台线上移送给相关部门处理，实现对虚假登记监督办案、处置反馈、动态预警、综合治理的全流程实时分析，形成覆盖"数据–平台–机制"的长效动态治理模式。

7. 检例第 183 号："浙江省嵊州市人民检察院督促规范成品油领域税收监管秩序行政公益诉讼案"

【要旨】对于违规销售、使用"非标油"等偷逃税款造成国有财产流失的情形，检察机关可以通过"解析个案、梳理要素、构建模型、类案监督、诉源治理"的法律监督路径，构建大数据法律监督模型，以法律监督助力依法行政，凝聚国有财产保护执法、司法合力。

【基本案情】针对人民群众反映强烈、新闻媒体曝光的"非标油"（指除正规成品油以外所有非法油品的总称，包括来源不明确、渠道不合规、质量不达标或偷逃税款的非法油品）危害公共安全、污染大气环境等问题，2019年 8 月，浙江省嵊州市人民检察院（以下简称"嵊州市检察院"）部署开展综合整治"非标油"专项法律监督活动，发现部分物流运输、工程基建等用油企业，大量违规购买、使用"非标油"，并以非成品油增值税发票进行违规抵扣；部分加油站则通过"无票销售"、账外走账等方式大量销售"非标油"，逃避税收监管。

【检察机关履职过程】

2019 年 12 月，嵊州市检察院对在专项法律监督活动中发现的无证无照加油点损害公共利益问题进行立案调查。该院抓住用油企业将购油资金作为经营成本入账抵税的特征，探索运用大数据思维，碰撞多部门行政监管数据，锁定 72 家用油企业使用非成品油增值税发票进行抵扣，涉及发票品名有"复合柴油""导热油""轻质循环油"等 9 种油品名称，涉案货值共计 6200 余万元。上述用油企业将非成品油发票作为成品油增值税发票进行违规抵扣税款，造成国家税收流失，损害了国家利益。2020 年 3 月 20 日，嵊州市检察院向税务部门送达检察建议书，建议对非成品油发票不符合实际用途、品名的违法现象进行整治，切实防控税收风险。税务部门收到检察建议书后，依法履行税收监管职责，督促涉案企业补交税费共计 1008.11 万元，有效规范成品油消费端市场秩序。

嵊州市检察院经调查发现，"非标油"不仅在消费端违规抵扣增值税问题突出，还存在销售端偷逃税款问题，部分加油站在销售"非标油"过程中，通过"无票销售"、账外走账等方式逃避监管，造成国家税收大量流失。嵊州市检察院以油罐车运行轨迹数据为突破口，将监督视野从终端消费市场延伸至前端销售市场。在上级检察院的支持下，嵊州市检察院与相关科研机构合作，设计研发了"非标油"综合治理监督模型（以下简称"监督模型"）。该监督模型依据"非标油"物流运输规律计算出加油站的实际应税销售收入，与税务部门监管数据进行碰撞分析，从而锁定偷逃税款违法线索。嵊州市检察院通过该监督模型排查某加油站，核算出 2021 年 1 月至 8 月期间该加油站自行申报应税销售收入与实际应税销售收入存在较大差距。针对新发现的加油站销售"非标油"偷逃税款损害国家利益的情形，2021 年 10 月 11 日，嵊州市检察院向税务部门发出检察建议书，建议采取有效措施追缴加油站偷逃税款，规范加油站纳税申报工作等。税务部门在收到检察建议书后，组成专案组开展调查工作，并作出责令涉案加油站补缴税费、罚款共计人民币 605 万元的行政处罚。

2021 年 8 月，浙江省人民检察院在全省部署违规销售、使用"非标油"专项监督活动。截至 2022 年底，浙江检察机关督促税务部门追缴税款共计 2.8 亿余元；通过监督模型还发现黑加油点线索 93 处，已移送相关部门依法处理。在浙江省检察机关的推动下，浙江省将该监督模型升级打造为由税务、检察、交通运输等 17 个省级部门参与的"成品油综合智治"数字化多跨场景应用，规范成品油税收监管秩序，助力省域成品油市场"全链条"数字化闭环管理。

【指导意义】督促整治偷逃税款违法行为是国有财产保护领域公益诉讼办案的一个重要方面。国有财产保护领域监督范围点多面广，检察机关应注重运用系统思维，找准监督切入口。税收作为国家财政收入的重要组成部分，影响着社会主义市场经济的各个方面，办好涉税案件意义重大。针对"非标油"领域偷逃税款行为隐蔽、行政监管难度大、产业链条长等问题，检察机关应当坚持问题导向，做深做实溯源治理，从规范"非标油"消费端票据行为到严惩销售端偷逃税款违法行为，以法律监督助力行政机关依法行政，保护国有财产安全。

【相关规定】《税收征收管理法》（2015 年修正）第 5 条、第 25 条第 1 款、第 63 条第 1 款。

表 5-3　最高人民检察院指导性案例中的涉税案例

案例号	案例名称	位置	发布时间
52	广州乙置业公司等骗取支付令执行虚假诉讼监督案	指导意义	2019 年 5 月 21 日
81	无锡 F 警用器材公司虚开增值税专用发票案	标题、基本案情、检察机关履职过程、相关规定	2020 年 11 月 24 日
102	金某盈侵犯商业秘密案	基本案情、检察机关履职过程	2021 年 2 月 4 日
109	湖北某房地产公司申请执行监督案	基本案情、检察机关履职过程、指导意义	2021 年 4 月 27 日
130	任某厚受贿、巨额财产来源不明违法所得没收案	检察机关履职过程	2021 年 12 月 9 日
169	浙江省杭州市某区人民检察院督促治理虚假登记市场主体检察监督案	检察机关履职过程	2023 年 2 月 5 日
183	浙江省嵊州市人民检察院督促规范成品油领域税收监管秩序行政公益诉讼案	标题、关键词、要旨、基本案情、检察机关履职过程、指导意义、相关规定	2023 年 6 月 29 日

三、案例指导制度应用税务裁量的现实窘境

据统计，截至 2020 年 12 月 31 日，已有 14 例检察指导案例被应用于 52 个案子，编号依次为 1 号、5 号、7 号、8 号、31 号、37 号、42 号、45 号、46 号、47 号、48 号、56 号、61 号和 64 号[1]，前述 7 个指导案例仍未被应用。截至 2022 年 12 月 31 日，已有 149 例法院指导案例被应用于 10 343 个案

---

[1] 郭叶、孙妹：《最高人民检察院指导性案例司法实践研究》，载《中国检察官》2022 年第 5 期。

子，[1]截至 2023 年 9 月 10 日，根据北大法宝-司法案例数据库检索，前述案例 13 个案例中有 5 个案例被应用于司法实践，依应用次数依次为：指导案例 17 号被应用于 177 个案例、指导案例 65 号被应用于 16 个案例、指导案例 20 号案例（不再参照）被应用于 9 个案例、指导案例 3 号被应用于 4 个案例、指导案例 43 号被应用于 2 个案例。整体观之，上述 20 个指导性案例中有 5 个被应用于司法实践。

进一步综合形式和实质两个层面系统分析上述指导案例中的涉税情况。在形式要素位置上，从最高人民法院发布的 13 例指导案例中涉税情况所处的位置看，4 例位于"基本案情"处，3 例在"裁判理由"处，3 例在"基本案情+裁判理由"处，3 例在"基本案情+裁判结果"处。在最高人民检察院发布的 7 例指导案例中，除 183 号指导案例的 7 个要素中均有涉税情形外，其余 6 例均是部分涉及税法内容。其中，仅有一个部分涉及税法情形的有 3 例，分别是"指导意义"部分 1 例和"检察机关履职过程"部分 2 例；有两个部分涉及税法情况的 1 例，在"基本案情+检察机关履职过程"位置；有三部分涉及税法情况的 1 例，位于"基本案情+检察机关履职过程+指导意义"3 个地方；有四部分涉及税法情况的 1 例，体现在"标题+基本案情+检察机关履职过程+相关规定"里。

在实质内容层面，前述 20 例指导案例[2]中，仅指导案例 81 号和 183 号分别以"无锡 F 警用器材公司虚开增值税专用发票案""浙江省嵊州市人民检察院督促规范成品油领域税收监管秩序行政公益诉讼案"为标题。梳理其内容可知，指导案例 81 号通过对犯罪情节较轻且认罪认罚的涉罪民营企业及其有关责任人员依法从宽处理，护航民营经济高质量发展。指导案例 183 号针对违规销售、使用"非标油"等偷逃税款造成国有财产流失的情形，通过构建大数据法律监督模型，同时注重与税务、交通等行政机关配合，共同进行税收监督治理。进一步对其余 18 例指导案例进行分析，可以发现其涉税内容被分为三类：一是金额类，用以确认案涉数额。在指导案例 3 号中，潘某梅购买房屋含税费应为 121.0817 万元，潘仅支付 60 万元，其余由某公司总经理代为

---

〔1〕 郭叶、孙妹：《最高人民法院指导性案例 2022 年度司法应用报告》，载《中国应用法学》2023 年第 4 期。

〔2〕 因上述指导案例编号没有重复，下文为论述方便，就以"指导案例×号"称之。

支付的 61 万余差价应被作为受贿数额。指导案例 17 号中的 12 400 元车辆购置税作为购车时已由合力华通公司代缴的税款在购车合同判决撤销后应予退还。在指导案例 167 号里，最高人民法院判决百富公司向大唐公司返还 153 468 000 元货款及赔偿的以之为基础的利息损失，即为增值税发票总额 1 869 151 565.63 元与累计供货货值 1 715 683 565.63 元的差额。在指导案例 183 号中，法院判赔的 138 600 元年终奖金，是税前数额。在指导案例 203 号中，镇政府委托的含税、含运费的 2800 元/吨处置单价明显高于相关规定的 1000 元/吨，差价即为违法所得数额。在指导案例 109 号中，提及的总地价 21 300.7 万元是最终确定的缴纳税费基数。在指导案例 130 号中，车辆购置税也应作为任某厚夫妇受贿 50 万元金额里的数额。二是证据类，用以佐证案涉行为。在指导案例 20 号中，坑梓自来水公司从康泰蓝公司取得的 26 万元发票，证明案涉设备系购买所得。指导案例 43 号和 163 号分别指明了国泰海口营业部案涉房产因产权变更而发生的税费缴纳与退还，江苏省纺织工业（集团）进出口有限公司税款已按期缴纳，说明案件不存在税费争议。指导案例 49 号中，发票即为证据，华仁公司意图以之证明其 2004 年就开发完成了被侵权软件，而法院则认为，该发票存在一系列瑕疵，不足以证明华仁公司的主张。指导案例 119 号里提及的 50 万元的发票是证明案涉《和解协议书》有效且已履行完毕的证据之一。指导案例 160 号述及的发票是润平公司用以证明其依据合同进行销售不构成侵权的证据之一。指导案例 165 号中提及的税务处理需求，是作为判断金江公司与川江公司存在资产及负债混同关联关系的重要证据。指导案例 102 号里提及的会计凭证和增值税专用发票作为具有价值性的信息，可以佐证公司信息属于商业秘密。指导案例 169 号多次提及的案涉主体无可查询的税款缴纳记录是证明其虚假登记的重要依据。三是事实类，无任何作用。最高人民法院在指导案例 65 号中对维修资金进行界定时，提及税费，但对该案并无任何影响。

指导性案例的生命力在于其能够被反复援用或参照。[1]对此，最高人民法院和最高人民检察院均有相应的规定。《最高人民检察院关于案例指导工作的规定》第 15 条明确了对指导性案例的应用：2010 年"可参照执

---

〔1〕　孙海波：《指导性案例的参照难点及克服》，载《国家检察官学院学报》2022 年第 3 期。

行"[1]到 2019 年的"应当参照"并将之定位为"释法说理"[2]。相较于最高人民检察院的简单规定，最高人民法院的应用规则显得系统而详细。早在 2010 年《最高人民检察院关于案例指导工作的规定》就指明"应当参照"[3]，随后 2015 年发布的《〈最高人民法院关于案例指导工作的规定〉实施细则》进一步将参照对象限定为"裁判要点"[4]并将之作为"裁判理由引述"[5]。《关于推进案例指导工作高质量发展的若干意见》第 8 点以"三个应当"重申并重视"加强对指导性案例的应用"[6]。从既有规定观之，指导性案例的"应当参照"效力在不断强化，承办法官和检察官在（审理）办理类似案件的过程中均"应当参照"指导性案例。从上述指导性案例的立法与司法应用实践中可以明显看出，指导性案例中含涉税内容的案例占已公布指导性案例的 5%，而涉税内容的指导案例被应用的比例仅占全部指导性案例的 1%。在具体应用时，因最高人民检察院指导性案例的参照要求和规范没有明确规定，存在引用发布主体、发布批次、发布时间、指导性案例编号、案件结果等多种情形。[7]即使最高人民法院对指导性案例规定了较为详细的规则，但在具体适用时，法官的引述也不局限于编号和裁判要点。据统计：截至 2022 年 12 月 31 日，最高人民法院的指导性案例应用累计 10 343 例，其中裁判要点和基本案情已连续 12 年被应用，援引裁判要点、裁判理由和基本案情的总占比约

---

〔1〕《最高人民检察院关于案例指导工作的规定》（2010 年）第 15 条：指导性案例发布后，各级人民检察院在办理同类案件、处理同类问题时，可参照执行。

〔2〕《最高人民检察院关于案例指导工作的规定》（2019 年）第 15 条第 1 款各级人民检察院应当参照指导性案例办理类似案件，可以引述相关指导性案例进行释法说理，但不得代替法律或者司法解释作为案件处理决定的直接依据。第 2 款各级人民检察院检察委员会审议案件时，承办检察官应当报告有无类似指导性案例，并说明参照适用情况。

〔3〕《最高人民检察院关于案例指导工作的规定》第 7 条："最高人民法院发布的指导性案例，各级人民法院审判类似案例时应当参照。"

〔4〕《〈最高人民法院关于案例指导工作的规定〉实施细则》第 9 条："各级人民法院正在审理的案件，在基本案情和法律适用方面，与最高人民法院发布的指导性案例相类似的，应当参照相关指导性案例的裁判要点作出裁判。"

〔5〕《〈最高人民法院关于案例指导工作的规定〉实施细则》第 10 条："各级人民法院审理类似案件参照指导性案例的，应当将指导性案例作为裁判理由引述，但不作为裁判依据引用。"

〔6〕在办理案件过程中，案件承办法官在进行类案检索时，应首先检索现行有效的指导性案例。检索到的类案为指导性案例的，应当参照作出裁判。在裁判文书中引述相关指导性案例的，应当在裁判理由部分引述指导性案例的编号和裁判要点。公诉机关、案件当事人及其辩护人、诉讼代理人引述指导性案例作为控（诉）辩理由的，案件承办人员应当在裁判理由中回应是否参照了该指导性案例并说明理由。

〔7〕郭叶、孙妹：《最高人民检察院指导性案例司法实践研究》，载《中国检察官》2022 年第 5 期。

为 83.7%。[1]而前述 20 例涉税指导性案例就实质内容而言，无论是确认数额还是证明交易关系，其更多地发挥对案件事实的说明与确定效果，不涉及法律适用、税务裁量问题，也未真正发挥指导性案例对的指导作用。

出现前述指导性案例指导作用不彰情况的最根本原因在于，指导性案例本身的性质定位问题。无论是最高人民法院还是最高人民检察院的相关司法解释性文件，均强调指导性案例统一法律适用标准、保障司法公正的功能，但却未正面明确指导性案例的属性问题。2015 年发布的《〈最高人民法院关于案例指导工作的规定〉实施细则》指出："应当将指导性案例作为裁判理由引述，但不作为裁判依据引用。" 2019 年修订的《最高人民检察院关于案例指导工作的规定》规定："可以引述相关指导性案例进行释法说理，但不得代替法律或者司法解释作为案件处理决定的直接依据。" 前述两个禁止性引用方式，直接表明指导性案例不是法律，亦非因颁布主体为最高人民法院和最高人民检察院而成为司法解释，并不具备法律的强制力。由此，即使前述不断强化其"应当参照"的效力，但因本身并非适用法律的依据，这就可以解释其应用性不强而难以真正发挥对司法实践的示范引领作用了。进一步考察指导性案例的适用主体，虽然从既有规定来看，承办案件的法官、检察官，案件当事人及其辩护人、诉讼代理人、社会公众均可以是其适用主体，但最终是否参照却取决于承办案件的法官和检察官。盖因指导性案例并非法律，而只是"为统一法律适用而创设的司法类案援用制度"[2]。无论是"可以参照"还是"应当参照"，究其根本仍属于一种典型案例，在我国这样的非判例法背景下，其也只能发挥典型案例的应有作用，并不能"作为法官判案时定的真正依据"[3]，也难以发挥所谓的"事实上的约束力"[4]。在案例指导制度中，相较于公报案例、典型案例、参阅案例而言，权威性最强的指导性案例也难以真正发挥其指导之功效，更遑论其余类型案例了。由此，案例指导制度对于税务裁量的约束性可见一斑。

---

〔1〕 郭叶、孙妹：《最高人民法院指导性案例 2022 年度司法应用报告》，载《中国应用法学》2023 年第 4 期。

〔2〕 杨知文：《类案适用视角下指导性案例裁判理由的撰述》，载《政法论坛》2023 年第 5 期。

〔3〕 陆幸福：《最高人民法院指导性案例法律效力之证成》，载《法学》2014 年第 9 期。

〔4〕 万春：《检察指导案例效力研究》，载《中国法学》2018 年第 2 期。

第三编

税务裁量协商规制模式的
提出与实现

第六章

税务裁量协商规制模式的确立

税务裁量规范规制的规则之失，警示着传统依赖于"权力制约权力"规制模式的疲态，提醒我们需要引入新的因素以打破"立法—行政—司法"规制路径的固有桎梏。有鉴于此，在税务裁量中应允许协商以便作出适当的甚至唯一的裁量决定。但税务裁量的价值也应该予以承认和尊重，那么到底缘何会是协商而不是别的方式？协商规制模式又有何理论基础？在税收法治进程加速推进的当下，协商规制模式又是以何种外在形式存在着呢？这就是接下来本章所要探讨的问题。

第一节 税务裁量协商规制模式的范畴界定

税务裁量协商规制模式的正当性与理论基础一定程度地证成了该模式的生成机理。尽管税收实践中确实存在税务协商的痕迹，但是从语义上讲，对于究竟何为协商，以之为核心概念的税务裁量协商规制模式又具体为何，以及该模式的特征与效力何在等问题仍需进一步进行系统梳理与界定。

一、税务裁量协商规制模式的内涵厘定

为进一步了解税务裁量协商规制模式，需要重视其核心构成概念"协商"和"税务裁量"，保证知其然亦知其所以然。这也恰是我国著名法律社会史大家瞿同祖先生所倡导的要重视制度（或法律）结构背后之概念。[1]税务裁量协商规制模式的研究亦如是，为了进一步了解该制度，需要重视其核心构成概念"税务裁量"与"协商"。鉴于前述已对"税务裁量"这一核心概念范

---

〔1〕 瞿同祖：《中国法律与中国社会》，商务印书馆 2010 年版，第 1 页。

畴进行过界定，这里仅就"协商"这一支撑性概念进行解释，在考察它词源和适用的基础上，结合前述的税务裁量来厘清该模式的基本内涵。

（一）"协商"释义

协商是一项古老而又现代的活动。追溯人类历史，无论是作为古代西方文明源头的古希腊还是源远流长的华夏文明中国，都可以或多或少地寻找到"协商"的印记。例如，古希腊的公民大会[1]、中国上古时期的公共决策规则[2]都是其例证。而试图对"协商"进行释义，赋予该词以特殊的含义则是 20 世纪才出现的情形。早期学者多是从广义利益冲突的视角对协商进行解读，[3]之后学者多将协商放在特定的民主或政治视域中进行阐释。[4]而学者陈家刚更是旗帜鲜明地指出，协商是一种政治流程。[5]事实上，人们对该语词的理解总是基于其适用场域的差异而有所不同，考察既有研究的既成含义在一定程度上有助于对其加以理解，但要做到真正理解，就不得不探寻其原初的词源意涵。

根据《美国传统辞典》的解释，"negotiation"源于拉丁语"negotium"，意为繁忙，占据，忙于事物，该词是"neg"与"otium"的合成词，其中前者是否定性前缀，表示"不，没有"的意思，后者最初是轻松、轻闲之意，后引申为"贸易、商务、谈判、协商"。而在汉语中，"协商"一词是由"协"与"商"两个字组成。根据《汉语大辞典》的解释，"协商"是指共同商量以便取得一致意见。其中，"协"通"協"，包含了和睦、合作，悦服，调整、调和等意思；"商"则涵盖计量、计算，商讨、商量等语义。二者的有

---

〔1〕 古希腊公民大会起源于公元前 11 世纪至公元前 9 世纪的荷马时代，当时称人民大会。由王或议事会召集，全体成年男子（战时全体战士）参加，讨论、决定部落各项重大问题。通常用举手或喊声表决。城邦建立后，希腊多数城邦都设立此类大会。

〔2〕 即"汝则会大疑，谋及乃心，谋及卿士。谋及庶人，谋及卜筮"。《尚书·洪范》。

〔3〕 例如，有人认为，协商是指个人、团体或国家存在利益冲突时，为达成解决问题的协议而提出多项明示的方案，进行利益交换或实现共同利益的过程。F. C. Ikle, *How Nations Negotiate*, New York：Harper & Row, 1964.

〔4〕 有人认为，在民主政治中采用协商这个一般概念，指的是制定法律过程中的程序要求，它通过实际地衡量投票的多数而要求他们完全服从而不只是偶尔的同意。［美］弗兰克·I. 米歇尔曼：《人们如何订立法律？》，载［美］詹姆斯·博曼、威廉·雷吉主编：《协商民主：论理性与政治》，陈家刚等译，中央编译出版社 2006 年版，第 110 页。

〔5〕 陈家刚：《协商民主引论》，载薛晓源、李惠斌主编：《当代西方学术前沿研究报告（2005-2006）》，华东师范大学出版社 2006 年版，第 280 页。

机结合即为当事者之间通过共同商量并适当调整己方策略，以达到和睦、悦服的意思。可见，从词源考察，协商强调通过一种互动以达成合意。

参与往往与协商紧密相连，是故我们在讨论"协商"时，甚有必要将其与"参与"进行辨析，以进一步明晰其内涵。具言之，协商以参与为基础，是参与的深化。在直接民主的实现过程中，理性决策的产生是参与主体间相互协商的结果；在间接民主实现的过程中，通过协商推选的公民代表参与国家决策的过程必须以协商对话为方式方能谋求"公意"而非"众意"，创造而不是发现或者聚合公共利益。[1]诚如学者所论述的，作为参与深化的协商"有助于妥协、提高一致并通过团结一致来传播公共生活中的各种原则"。[2]它更强调参与主体的积极性、平等性以及充分互动性。事实上，在现代社会，只有充分保障协商的实现，让公民更加深入、充分地参与决策过程，公权力才不至于被过分滥用和逾越，公民的认同感和幸福感才会进一步得以提升。

由上观之，协商并不是简单地作出理性决策的方式，而是指具备不同偏好的双方或者多方主体在地位平等的基础上通过交换信息、均衡利益以达成彼此间合意的互动过程。

（二）"协商"的法律适用

在法学领域，协商已被广泛运用于民法领域、刑法领域、行政法领域以及国际法领域，已被上述领域的实践证明是解决法律问题的有效方式。

民事法是协商运用得最为广泛和深入的领域。民法以意思自治为核心，无论是以合同为主要合意方式的债权法和物权法，还是以权利受损为前提的侵权责任法，抑或是以婚姻家庭关系为基础的婚姻法，其间为达成双方合意或者解决纠纷，均有"协商"的因素存在。特别是调解、和解等 ADR 方式与模式在民事诉讼法领域的运用更是协商机制在实践中的又一实证。在罪刑法定主义的疆域，英美国家在司法实践中创立了以协商、妥协等"双赢"方式结案的辩诉交易制度，以达至降低由社会急剧发展变迁带来的高犯罪率，清理积压之案件以及妥善解决受害人后续生存困难等问题。该制度是协商在刑

---

[1]　[英]朱迪思·斯奈尔斯：《协商与决策：双轨模式中的非连续性》，载［南非]毛里西奥·帕瑟琳·登特里维斯主编：《作为公共协商的民主：新的视角》，王英津等译，中央编译出版社2006年版，第82页。

[2]　[美]约·埃尔斯特主编：《协商民主：挑战与反思》，周艳辉译，中央编译出版社2009年版，第23页。

事领域的运用，突破传统罪刑法定原则的桎梏，更多地彰显法律的人文关怀，实质上是国家权力与个人权利在平等协商基础上的交换与妥协。中国自 2014 年开始的"认罪认罚从宽制度改革试验"，历经 4 年试点与实践，2018 年修正的《刑事诉讼法》从立法上确立了犯罪嫌疑人以"认罪""认罚"换取检察机关"宽大处理"的量刑协商机制。[1]在行政法领域，协商更多的是在行政过程中得以体现，行政立法中逐渐出现咨询机构、利害关系人的影子，行政执法特别是环境执法中执法主体与相对人就具体问题进行协商已逐渐普遍，行政救济领域复议机关的调解、诉讼双方的和解等均表明，协商不仅仅是实现行政目标的一种方式，更是现代行政法的一种内在特质。在国际法领域，协商已成为国家间、区域间解决争端的法定方式。在国际范围内，国家法的主体通过条约、公约、协定等方式建立彼此间的联系与交流，处理争端。而协商不仅适用于一国内部的法律纠纷处理，对外部国家间的争端处理同样能够灵活地予以解决，是故在国际领域同样具有很大的适用空间。许多国际双边或者多边条约中均有对该内容的规定和要求。

（三）税务裁量协商规制模式的释明

在税法领域，协商同样有适用的余地，且我国税收征管的实践已经证明了其存在的合理性和可行性。听证在税收立法、税收征管、税务复议中的运用，和解在税收稽查、税收复议中的适用，新时代"枫桥经验"解决税务争议的程序前置等均表明，协商正在税法领域发挥其独特的功能。

税务裁量协商规制模式，即是运用协商的手段对税务裁量的运行予以规制的模式。详言之，结合前述税务裁量与协商的概念，可进一步将该模式界定为，税务机关与纳税人、扣缴义务人、协力义务人通过交换涉税信息、均衡相关利益进行互动，就因税务机关行使法律授予其裁断个案时享有权力的正当行使达成合意的模式。该模式彰显纳税人对税务裁量的参与性，兼顾国家税收利益与纳税人合法权益，结合税收公平与税收效率，是新时代规制税务裁量失范的有效路径。

二、税务裁量协商规制模式的特征描述

税务裁量协商规制模式是运用协商的手段对税务裁量进行规制的一种

---

[1] 陈瑞华：《论量刑协商的性质和效力》，载《中外法学》2020 年第 5 期。

"权利制约权力"的模式。因此，与传统"权力制约权力"的"立法—执法—司法"规制模式相比，其具有特殊性。该模式是针对征纳双方具体课税的个案而为的协商，协商主体在法律地位上具有平等性，同时通过征纳双方在协商过程中的博弈进而达成双方就协商结果的合意。深入研究这些特征，有利于理解该规制模式的基本概念、制度和独立地位，对于税务裁量的规范运行也具有重要意义。

（一）个案的针对性

个案的针对性是协商规制模式的实质性特征。从制度设立初衷而言，税务裁量本身即为法律赋予税务机关在裁量个案时的自由与权力，其运行的结果也是为实现个案的正义。而税务裁量的失范及传统规制模式的失灵则为协商规制模式提供了空间和契机。是故，该模式本身即为促进具体税务个案纠纷有效解决以实现个案正义的有效手段。有鉴于此，在具体的协商过程中要针对具体的个案而非采取广泛的适用。在有涉税裁量争议的每个案件中，有效避免税务机关的僵化、量化执法，防止其裁量决定作出的武断性与非公正性，使得在实现法律规定目标的同时充分考虑相对人的利益，最终实现公共利益与个体利益的衡平。

（二）主体的平等性

协商双方主体法律地位平等是协商规制模式的重要形式特征。立基于资源的平等前提，当事人双方提出说服性的观点以支撑各自的主张，而在这个过程中，其核心是非强制性地提出和接受合理的观点。[1]传统税务裁量的立法、行政与司法规制模式，事实上仍属于"权力制约权力"的方式，规制所涉及的主体由税务裁量的双方主体扩展至规制主体三方主体。单从形式外观而言，税务裁量的双方分别为税务机关与纳税人、扣缴义务人及协力义务人。就性质而言，属于行政机关与行政相对人。就地位而言，显然是不对等的裁量双方。但协商规制模式是裁量双方在平等的基础上进行的利益博弈，在该过程中，双方主体处于平等的地位，而非传统的管理与被管理、强势与弱势的主体地位。进言之，协商主体的平等性是协商规制模式运用的前提。正是因为双方法律地位平等，征纳双方主体才得以有机会进行真正的协商，从而

---

〔1〕　[美] 杰克·奈特、詹姆斯·约翰逊：《协商民主需要什么样的政治平等》，载陈家刚选编：《协商民主》，上海三联书店 2004 年版，第 241 页。

达成真正的合意，而非形成税务机关强制、纳税人必须妥协的那种借协商之名行强制之实的假合意。学者早有言之："要使协商真正成为民主的，它就必须满足自由与平等的规范。"[1]也正是协商主体的平等性使得涉税纠纷得以有效解决，缓解征纳双方的紧张关系，树立税务机关为纳税人服务的新形象，助推新型征纳关系的形成。

（三）过程的博弈性

过程的博弈性是协商规制模式的重要特征，也是保证协商双方结果合意性的关键所在。用协商来规制税务裁量强调在税务裁量的过程中，税务机关与涉税主体应当充分地参与、互动、对话、讨论与磋商。税务决定或最终处理合意的达成是建立在双方的互动基础上的，应体现纳税人的真正诉求。有鉴于此，协商规制模式的过程博弈性应该充分体现协商主体的参与性、互动性与目的性。首先，就参与性而言，协商是参与的更高形式，只有税务裁量双方当事人平等地参与，在参与过程中阐明自己的偏好和理由，才能为协商过程的博弈提供信息前提，才能"确保许多商议民主所承诺的道德价值（诸如相互尊重）之最佳或唯一途径"[2]的实现。其次，就互动性而言，协商双方的良性互动而非单方行动是协商的核心环节。纳税人、扣缴义务人及协力义务人通过在具体涉税裁量过程中与作为裁量作出者的税务机关进行交流、沟通等互动，说明自己涉税事实与行为的细节，阐明自己上述内容的充分理由，表达自己的意愿；作为决策方的税务机关在听取上述纳税人阐释涉税信息后，向纳税人说明其税务裁量的考量因素及作出裁量的依据，彼此在交换涉税信息保障信息对称的前提下，进一步进行沟通与互动。最后，就目的性而言，税务裁量以实现个案正当税收征管为目的，协商规制模式以规制失范税务裁量为宗旨。在税务裁量协商的博弈过程中，税务机关作为裁量作出方阐述裁量运行的因由，纳税人作为裁量承受方表达己方利益诉求，但协商的目的其实就是在寻求纳税人利益与国家税收利益的平等，具体所协商之个案的结果公正即是二者利益平衡的最佳表达。是故，在协商的过程中，双方的博弈具有明确的目的性。

---

〔1〕［美］克里斯蒂安·亨诺德：《法团主义、多元主义与民主：走向协商的官僚责任理论》，载陈家刚选编：《协商民主》，上海三联书店2004年版，第298页。

〔2〕［美］詹姆斯·博曼：《协商民主与有效社会自由：能力、资源和机会》，载陈家刚选编：《协商民主》，上海三联书店2004年版，第141页。

（四）结果的合意性

征纳双方协商结果的合意性是协商规制模式的效果性特征。立基于税务裁量协商双方主体的法律地位平等、协商过程的有效博弈，最终形成合意的协商结果也就顺理成章了。诚然，按照既有规则，税务裁量的结果是具备天然垄断话语权的税务机关单方作出裁量决定，该决定显然带有很强的行政命令与强制色彩，比较容易忽视作为裁量相对方的纳税人、扣缴义务人及协力义务人的正当利益诉求。然而，伴随着纳税人权利意识的觉醒与传统专断权力政府向现代民主责任政府的转型，借助于对话与沟通的方式使得税务裁量双方主体达成合意已成为必然。税务裁量的未来发展会越来越融入协商的元素，这样有利于强化税收征管活动本身的程序性、公正性与权威性，激发纳税人等涉税主体参与税收征管实务的积极性与主动性，从而推动对纳税人合法权益的保护，助推税收法治现代化。

三、税务裁量协商规制模式的效力微探

协商会产生怎样的效力关涉税务裁量协商规制模式的运行与后续发展。事实上，协商作为一种非正式的沟通方式，注重的是主体自愿参与协商过程并进行信息的交换以实现信息的对称，而非一定要实现结果的合意，不强求双方最终必须达成法律的合意。协商的结果并非达成思想上的一致，而是达成承认差异与利益冲突的共识。

在税务裁量协商规制的过程中，需要进一步细化区分协商、协商的过程、协商的结果。协商作为一种非正式的辅助性行为，其本身并不具备法律效力，只是利益相关者主动表达利益诉求的方式之一，在这个过程中并不会产生信赖利益保护或者行政自我约束问题，不会对协商双方产生法律上的约束力。因为协商事实上是双方进行信息互通、寻求共识的一种尝试，是双方试图就认识偏差进行沟通的一种努力。就协商的过程而言，其只是涉税双方就具体争议与差异进行沟通、辩论的过程，也就是双方就裁量的具体认定标准、处罚幅度等问题进行质证与讨论，这个过程是一个言语的表达与沟通、信息的交换，双方其实就是在协商的过程中表达各自的利益诉求，也不会产生法律效力。

税务裁量协商效力的争议集中于协商的结果。若征纳双方经前述利益博弈后，仍停留在双方认知到彼此对事实认定和法律适用存在冲突但未提出解决方案，亦即未达成合意。此时，此次税务裁量协商活动即告终结，当然并不会

产生任何法律效力，该协商仅仅是征纳双方的一次沟通。但若双方在承认彼此差异的前提下实现了涉税信息的彼此对称性，且进行有效的利益均衡后最终就原初争议问题达成了一致合意，并形成了书面的决定且履行有效的签名盖章手续，此时该税务裁量协商的合意的效力才是关注的重点。虽然实务中对经征纳双方的协商行为的属性存在着纳税服务、纳税咨询、税务解释等各异的观点，对基于此所形成的合意是属于税务遵从协议、税务允诺还是税务契约等存在认识差异。但其实究其根本无非是建立在对税务协商这一行为的定性基础上，对税务协商结果所作出的判断。聚焦税务裁量协商结果所形成的征纳双方的合意，一般会形成书面的形式，为征纳双方意思一致所形成的税务契约。其效力其实就是该书面合意结果本身的法律定位及其对协商双方的约束力问题，即确定力与执行力。税务裁量协商合意文件的确定力在税务机关与纳税人达成一致合意并形成经双方签字盖章的书面文件时形成，此时协商合意文件生效，对彼此具有约束力，同时羁束双方的行为。对于税务机关而言，属于税务机关对纳税人未发生或已发生的课税义务之裁量事实所作出的行为承诺，产生信赖利益。对纳税人而言，纳税人依据税务裁量协商结果而为未来之税务安排或者履行已产生课税义务，实乃践行税务契约之行为。

第二节　税务裁量协商规制模式的理论基础诠释

尽管现代国家在行政过程中大量运用协商手段，但是税务裁量的协商规制模式并非只是我国对西方资源的简单移植，其亦存在着深植于中国的本土理论资源。进言之，该种规制模式的理论资源既有哲学层面的主体间性理论，亦有政治层面的协商民主理论，更是糅合了我国传统文化中的以人为本思想，同时还离不开法治层面的纳税人权利保护理论的支撑。

一、哲学基础：主体间性理论

系统梳理哲学的发展脉络可以发现"主体间性理论"（Intersubjectivity）是现代哲学的产物，它是在古代"前主体性哲学"和近代"主体性哲学"的基础上发展形成的。该理论的主要内容是研究（规范）一个主体是怎样与完整的作为主体运作的另一个主体互相作用的。不同于以研究一切实在的最终本性为目的之古代本体论哲学，也有异于以研究如何认识事物的本性为目的之近代主体性哲学，在现代哲学看来，存在是主体间的存在，而主体是由其自身存在结构中的"他性"界定的。[1]质言之，所谓的"他性"即为现代哲学所谓的主体间性。据德国学者雅斯培（Jaspers）的考证，主体间性哲学最早可追溯至拉康（Lacan）以看守和囚犯的关系对经典的"奴隶和主人"[2]所作的二次阐释。在这里，看守因职责所在而不得不在监狱的某个位置持续固定下来直至退休。此时，从新的主体间性的角度观之，看守与囚犯的主体关系发生了反转，囚犯是看守的"主人"，而看守则沦为了其"奴隶"。之后，德国著名存在主义哲学家雅斯培传承了该学说，在他看来，一个人之所以成为"人"并非基于其本身的"自我存在"，而是"只有与另一个'自我存在'相交通时才是实在的"。[3]也就是说，雅斯培所讲的存在性只能通过交流和沟通得以体现。20世纪存在主义哲学的创始人之一马丁·海德格尔（Martin Heidegger）在论及主体间性时指出，正是基于主体间性的存在，"世界向来已经总是我和他人共同分有的世界"。[4]质言之，海德格尔所谓的"存在"是主体间的存在，是与其他主体的共在。由是观之，在该理论看来，任何人主体性的存在只有在他人的主体性中方能体现出来。

税务裁量的协商规制模式突破传统税务机关与纳税人间相互对立并立基于各自本位所建构的权力本位与权利本位的税法制度。该机制在充分汲取二者所蕴含的积极因素的同时，尽可能地将上述存在的短板补足，这样就可以在一定程度上修正单纯以国库中心主义和纳税人中心主义为根本的传统税法。在该规制模式下，个人与国家不再处于极端对立的状态，纳税人与税务机关是一种共在。此时，纳税人可以主动地要求国家承担一定的生产照顾责任，

---

〔1〕　相焕伟：《协商行政：一种新的行政法范式》，山东大学2014年博士学位论文，第47页。

〔2〕　该主奴关系是黑格尔在《精神现象学》第四章里的一个著名概念。在这里，黑格尔提出，假设在原始社会一场殊死搏斗的战争后，战胜的一方成为主人，战败方成为奴隶，结果就是奴隶从此要心甘情愿地为主人服务。这个时候，主奴关系就好像是自我和对象的关系，二者一起才构成了一种完整的自我意识。但是随着时间的推移，主人习惯发号施令坐享其成，奴隶从事劳动创造财富供主人享受。久而久之，奴隶开始具有自我意识，占据主动并逐渐支配主人。最后，主奴关系发生了颠倒。通过上述假设，黑格尔试图说明，任何事物在发展过程中由于自身内在的矛盾运动，都要变成自己的对立面。[德]黑格尔：《精神现象学》（上），贺麟、王玖兴译，商务印书馆1979年版，第326~330页。

〔3〕　[德]雅斯培：《关于我的哲学》，载[美]W. 考夫曼编著：《存在主义》，陈鼓应、孟祥森、刘琦译，商务印书馆1987年版，第149页。

〔4〕　[德]马丁·海德格尔：《存在与时间》，陈嘉映、王庆节译，生活·读书·新知三联书店1987年版，第146~152页。

而国家也应当积极承担该职责。在该过程中，纳税人的主体性得到体现和保护。也就是说，在协商规制模式下，税务裁量不再是税务机关一方之事，它需要多方主体的共同参与、沟通与互动。在不改变传统征纳双方固有格局的前提下，纳税人及其协力义务人将各种信息及时反馈给税务机关，促使税务机关的决定随时科学和理性地反映这种互动。作为税务裁量的双方当事人，税务机关与纳税人互为"同在的主体"，二者相互调试、协商而非明显对立。倘若缺乏纳税人的积极参与和主动配合，税务机关裁量权力则会形同虚设，其有效行使更是若空中之楼阁。而与此同时，纳税人对税务机关的依赖性也随之增强。此时，征纳双方在一种名为博弈的活动中平等协商、友好对话，从而结成新型伙伴关系，而非传统的强制与服从关系，这样终将"达成一种主体间的合意"。[1]正是从此种意义上理解该过程，可以发现，纳税人、征税机关、国家的多主体利益诉求有了充分表达的机会，本处于弱势地位的纳税人的利益得到了进一步的维护，所谓强势的国家公权力代表的税务机关也将其裁量理由予以清晰表述，在此主体间性下，参与各方之主体性得以彰显。

由此推知，主体间性理论的存在，使得税务裁量各方当事人能够积极、有效地参与裁量，从而为成为裁量决定的共同推动者、参与者、治理者奠定了坚实的哲学基础。在协商规制模式下，纳税人因协商平台中主体性的充分实现而呈现出明显的主体间性，从而从传统税收法律关系中的被动接受者跃升为主动参与者。

二、政治基础：协商民主理论

纵览民主的发展史，就其形态而言，经历了从直接民主到间接民主的发展。公认最理想的民主形态非直接民主制莫属，其最有力的注脚为古希腊城邦制，这也是人类民主的最初启蒙。在古希腊，一个得到公认并流传至今的论断是"公民大会式的民主无疑是最直接的民主"。[2]在这里，允许尽可能多的公民直接参与社会事务，强调公民的直接参与——任何自由民均享有参与政治的权利，重大问题须经全体自由民辩论议决方能通过。伯利克利

---

〔1〕 陈小文：《行政法的哲学基础》，载罗豪才等：《行政法平衡理论讲演录》，北京大学出版社2011年版，第65页。

〔2〕 王长江：《现代政党执政规律研究》，上海人民出版社2002年版，第31页。

（Pericles）的下述论断也佐证了上述判断，在这位以强大军权为后盾的执政官眼中，"政权是在全体公民手中"。[1]在他看来，所谓的雅典精神集中于自由、公开和独立之中。但是，公元前 338 年国王腓力二世（Philip Ⅱ of Macedon）在喀罗尼亚战役大胜希腊联军，开启了马其顿王国征服古希腊之旅，而人类历史上第一次民主的实践也随之被迫终结。直到 14 世纪的文艺复兴运动及其后的宗教改革和启蒙运动，民主才逐渐开始复苏，而此时兴起的民主是自由主义民主，其形态为间接民主，它在不同的发展时期与政治背景下，又以代议制民主、宪政民主、选举民主、聚合民主等具体形式存在。代议制民主自其诞生之时就与选举存在重要联系，而伴随全球化进一步推进而生的文化多元、价值冲突等也在日益暴露选举民主的弊端。选举民主所遵循的少数服从多数原则，但多数不一定绝对正确。而其长期坚持的结果是催生了民主精英化，使得由民主统治最终沦为人民选择统治者，真正掌握政治权力的人永远只可能是社会中的极少数。

西方的协商民主理论虽然兴起于 20 世纪后期，但是协商的观念却早已备受关注。诚如埃尔斯特所言，诞生于公元前 5 世纪的"协商民主的观念及其实际应用与民主本身有着同样长的历史"。[2]将军伯利克利在殉国将士葬礼上振臂高挥道："协商是采取任何明智行为必不可少的前提。"[3]在这位有着连续 15 年执政历史的将军眼中，协商并不会成为行动的拦路虎，相反，恰是因为协商，雅典精神才得以代代传承。先哲亚里士多德认为，协商是公民公开辩论和商讨法律的过程，在他看来，通过运用协商得出结论的效果比某一方的专断更优。[4]在启蒙哲人卢梭的眼中，公意是多数人通过协商形成的人民的意志，是符合公共利益的。[5]这也即是其社会契约理论的精髓之所在。随后，在密尔、杜威、罗尔斯以及哈贝马斯等著名学者的推动下，协商民主理论逐渐发展直至 20 世纪 80 年代真正形成。1980 年，约瑟夫·毕塞特首次在学术意义上真正使用"协商民主"一词。随后，伯纳德·曼宁和乔舒亚·科

---

〔1〕　肖雪慧：《公民社会的诞生》，上海三联书店 2004 年版，第 171 页。
〔2〕　［美］约·埃尔斯特主编：《协商民主：挑战与反思》，周艳辉译，中央编译出版社 2009 年版，第 2 页。
〔3〕　季卫东：《程序比较论》，载《比较法研究》1993 年第 1 期。
〔4〕　［澳］何包钢：《协商民主：理论、方法和实践》，中国社会科学出版社 2008 年版，第 16 页。
〔5〕　［法］卢梭：《社会契约论》，李平沤译，商务印书馆 2015 年版，第 18~21 页。

恩的研究真正推动了协商民主理论的发展。[1]系统梳理可以发现，协商的理念确实是伴随着时代的推动、思想的升华而不断向前发展的，并终形成一种理论的存在。也正是基于其存在，各种以之为依归的制度纷纷有了政治的正当性。

协商民主理论被认为是西方政治哲学的最新发展，其继承并发扬了参与式民主所倡导的参与理念，试图通过话语协商，确保所有人拥有真正的发言权，提高参与的质量，实现消极保护与积极参与的平衡。[2]回溯该理论发展，可将其大致划分为三个阶段：第一阶段为20世纪80年代到90年代初期。此时，协商民主理论初步形成。这阶段该理论的特征主要表现为在协商民主的规范要件和理想状态下强调其合法性以及公民间如何达成共识的问题。第二阶段大致始于20世纪90年代后期。此时，协商民主制度快速发展，大量研究成果相继问世，将该理论范围拓展至环境领域和国际社会。第三阶段是协商民主理论的完善阶段。学者们纷纷突破该理论的政治哲学范畴，而愈发关注实践的经验与理论的结合。

在协商民主理论的发展过程中，罗尔斯、哈贝马斯、吉登斯等是该理论的代表性人物和最重要推动者，其学说对完善和发展该理论意义深远。罗尔斯的两部巨著[3]集中界定和讨论了协商程序的本质与理想条件，将协商置于自由主义宪法框架内，要求在讨论过程中以公共理性为指导，通过反思平衡以达成公平正义的交叠共识。[4]具言之，在这位20世纪最有影响力的思想家看来，分配的公正问题实际上即为正义问题，而正义原则恰是协商民主的立基原则。在此前提下，他首先提出了作为协商民主基本要素的公共理性理念[5]，进一步又指出，交叠共识[6]是在多元社会实现协商民主的基本手段。在他看来："政治自由主义寻求一种政治的正义观念，我们希望这一观念……重叠共

---

〔1〕 前者于1987年发表论文《论合法性与政治协商》，后者于1989年发表了《协商与民主合法性》。[澳]约翰·S.德雷泽克：《协商民主及其超越：自由与批判的视角》，丁开杰等译，中央编译出版社2006年版，前言第2页。

〔2〕 卢瑾：《西方参与式民主理论发展研究》，人民出版社2013年版，第143页。

〔3〕《正义论》和《政治自由主义》。

〔4〕 卢瑾：《西方参与式民主理论发展研究》，人民出版社2013年版，第159页。

〔5〕 根据罗尔斯的论述，公共理性是公民在有关宪法根本和基本正义问题的公共论坛上所使用的推理理性。参见[美]约翰·罗尔斯：《政治自由主义》，万俊人译，译林出版社2000年版，第10页。

〔6〕 所谓的交叠共识是指在多元社会中，自由平等的公民之间排除各种意见分歧和对立之后所留下的共同共识。这种共识只限于政治正义方面。

识的支持。"[1]也就是说，所谓的交叠共识只限于政治正义方面。20 世纪后期重要的批判理论家哈贝马斯是协商民主的有力支持者和推动者，他在批判和融合传统自由主义与共和主义民主的基础上提出了程序主义民主。在他看来，该"第三种民主模式"是一种"与程序合法性的符合概念相互匹配"的协商政治，[2]是一种双轨模式的协商，是一种以主体间性为中心的交往理性，更是人权与人民主权的有机统一。[3]当代著名思想家吉登斯提出了"对话民主"，在他看来，自由民主的缺陷表明需要深入进行更彻底的民主化，对话的重要性不言而喻。他所谓的对话民主实质上就是一种在形成政策和行为过程中的交往自主权。[4]事实上，2000 年后关于民主与政治哲学的大量研究成果大多涉及协商民主的事实已不容忽视。

行文至此，可以发现，作为民主理论新发展的协商民主，在注重合法性探讨的前提下，旨在推动公民通过自由平等协商的方式来实现国家治理，该理论的存在能够为规制税务裁量提供重要的参考。在税务裁量的过程中，协商民主要求税务机关建构一个能够为征纳双方提供协商机会的公共场域。在这里，纳税人与税务机关可以通过类似于磋商、商谈等形式来进行友好和谐之参与和交流。在税务裁量协商规制语境下，纳税人可以充分利用参与的机会对与裁量有关之事实、证据、法律及适用表达自己的观点与态度，税务机关及其工作人员慎重考虑纳税人诉求，通过交流向纳税人说明抑或是改变自己行为偏好，最终经过征纳双方充分的利益表达与对话协商达成一致作出让双方均能接受的裁量决定。征纳双方必须通过协商来消除差异、寻求共识，由此形成的税务裁量不再是机械的立法传送，而是包含偏好转向和共识达成的过程。

三、文化基础：以人为本思想

文化作为一种信仰，诚如学者所言，它是聚集了"信仰、知识、价值的

---

〔1〕 ［美］约翰·罗尔斯：《政治自由主义》，万俊人译，译林出版社 2000 年版，第 10 页。

〔2〕 ［德］J. 哈贝马斯：《在事实和规范之间：一个作者的反思》，薛华译，载《世界哲学》2009年第 4 期。

〔3〕 ［德］哈贝马斯：《在事实与规范之间——关于法律和民主法治国的商谈理论》，童世骏译，生活·读书·新知三联书店 2003 年版，第 368~389 页。

〔4〕 ［英］安东尼·吉登斯：《超越左与右——激进政治的未来》，李惠斌、杨雪东译，社会科学文献出版社 2000 年版，第 119 页。

观念和实践基础上形成的'稳定共享'的观念体系"。[1]税务裁量协商规制模式在我国的引入绝非现代社会的独特命题，从历史的视域观之，作为思想或者理念的"以人为本"在我国华夏五千年的文明史上可谓源远流长。事实上，浸润我国传统文化历史的人本思想蕴含了丰富的"协商"元素，为协商规制模式的运用和发展提供了坚定的文化认同和支撑。

在中国的历史上，"人本"或称"民本"更为合适。时间溯及至夏代，"皇祖有训，民可近不可下，民惟邦本，本固邦宁"。[2]是学术界公认的最早关于民本思想的记录。时间推及至有史可载的第三个王朝，"民之所欲，天必从之"。[3]是该朝统治者代代相传之智慧结晶。春秋战国时期齐国管仲有言："夫霸王之所始也，以人为本。本治则国固，本乱则国危。"[4]随后"重民"理念在儒家学派历代先贤的推动和发扬下终成为我国整个传统文化的根基之所在。孔子提倡"天地之性，人为贵"。[5]其继任者孟子提出"民为贵，社稷次之，君为轻"。[6]至此，"民贵君轻"仁政思想开始影响我国历代统治者。及至汉代董仲舒提出"人之超然万物之上，而最为天下贵也"。[7]将人提升至天道的高度。随后，在以儒学为统治学说的中国古代历史上，"民本"始终贯穿其中为统治者提供了道德基础，同时客观上也起到了削弱王权对民权的过度剥削和压迫的功能。然而，我们必须承认在君权神授的封建帝制下，所谓的"民本"不过是统治者治理国家和统治臣民的工具与手段，其根本仍是以统治者如何更好地维护统治为导向的。传统中国的"民本"思想事实上抑制了人的主体意识，否定了其个体独立的社会意义。

在中国民主革命时期，人本思想伴随着鸦片战争后"闭关锁国"政策宣告结束而逐渐渗入了西方资产阶级民主、自由和人权思想。清朝末年"西学东渐"，洋务运动使得中国高层开始真正重视"西学"以自强求富，虽以"师夷长技以制夷"为目的，但在这个过程中，难免将文艺复兴、宗教改革运

---

〔1〕［英］奈杰尔·拉波特、乔安娜·奥弗林：《社会文化人类学的关键概念》，鲍雯妍、张亚辉译，华夏出版社 2005 年版，第 79 页。

〔2〕《尚书·五子之歌》。

〔3〕《尚书·泰誓》。

〔4〕《管子·霸言》。

〔5〕《孝经·圣治章第九》。

〔6〕《孟子·尽心下》。

〔7〕《春秋繁露·天地阴阳》。

动以及资产阶级革命的东西传入中国，否则也不会发出"中体西用"之呼声。伴随列强入侵脚步深入的是中国人民的觉醒，孙中山先生的"三民主义"经辛亥革命后首次使民主共和的观念深入人心。随后，高举"民主"与"科学"两面大旗的新文化运动全方位地动摇了封建思想的统治地位，彰显了人性和个性的独立发展，将人文主义进一步推向高潮。五四运动后，在中国共产党的领导下，采取最广泛的革命统一战线，经过大革命时期（1919—1927年）、土地革命时期（1927—1937年）、抗日战争时期（1931—1945年）以及解放战争时期（1945—1949年），终于建立人民民主专政的新中国，人民的地位有史以来得到了最大程度的彰显，而新中国的成立也再次证明以人为本理念的正确性。经历新中国成立初期的艰难探索，1978年"改革开放"的伟大决策开启了中国历史的新篇章。在改革开放的四十年间，人的主体作用得到了充分彰显。2003年中央文件[1]更是明确提出："坚持以人为本，……促进经济社会和人的全面发展。"该提法彻底摒弃了我国旧有人本思想所倡导之阶级局限性，而进一步以人为主体聚焦"以人为本"价值理念之科学性与前瞻性。随后，一系列深入贯彻以人民为中心的惠民举措落地生根，人民的获得感和幸福感不断增强。2004年《宪法（修正案）》将"国家尊重和保障人权"写入其中，2017年《决胜全面建成小康社会 夺取新时代中国特色社会主义伟大胜利》更是指出新时代我国社会主要矛盾已然发生变化。[2]可以说，人本思想是中国传统文化与现代文明对接的产物，是我国优秀文化的重要组成部分。

拂去历史的尘埃，人本思想在新时代的崭露头角，也正是在彰显其特殊的时代价值。税务裁量协商规制模式的提出与引进，契合人本思想理念，根本上就是强调税务机关及其工作人员在税务裁量的过程中应当尊重纳税人的主体价值、关怀纳税人的主体诉求。

四、法学基础：纳税人权利保护理论

长期以来，我国税法一直秉承着"国家本位观"，在其影响下，新中国成

---

〔1〕《中共中央关于完善社会主义市场经济体制若干问题的决定》，2003年10月14日中国共产党第十六届中央委员会第三次全体会议通过。

〔2〕已经由"人民日益增长的物质文化需要同落后的社会生产之间的矛盾"转化成"人民日益增长的美好生活需要和不平衡不充分的发展之间的矛盾"。

立初期奉行"税法虚无主义论",后来又一直受制于"国家分配论"。在此语境下,国家的征税权力拥有绝对权威、纳税义务得到了最大程度的强调,而纳税人权利意识则销匿其中。然而,伴随我国社会经济的发展、法治进程的加速以及人权观念的普及,纳税人权利意识逐渐觉醒。诚然,纳税人权利保护的理论可溯源至以人民主权、人权保障和法治为核心的宪法体系的确立,[1]但其权利谱系确因各国对纳税人的定位偏差而有所差异。但诚如美国学者所言:"我们的时代是权利的时代。"[2]身处此权利时代,理论界与实务界逐渐将眼光从纳税人义务领域移转至纳税人权利研究,纳税人权利保护已然成为世界共识。

税法于我国而言属于新兴的部门法领域,税法基础理论的研究更是处于蹒跚前行阶段,而对作为其核心范畴的纳税人权利理论的认识与研究更是显得尤为稚嫩。对该理论最初的研究来源于对域外资源的借鉴:古典经济学鼻祖亚当·斯密在《国富论》中关于纳税人财产权保护的论述,日本著名税法学家北野弘久在《税法学原论》中关于纳税人基本权利的立场。伴随着域外理论的移植,具有本土化的中国纳税人权利理论逐渐跃入视野。代表性的如学者黎江虹的《中国纳税人权利研究》、丁一的《纳税人权利研究》等纷纷从宏观上追本溯源至宪法体系的高度,从微观上细化纳税人权利的主体、法律体系、内容等,并最终落脚于纳税人权利保护的实现之维。

统观之,纳税人权利保护理论研究的争议焦点在于其权利谱系,即纳税人权利的内容。对此,我国税法学界观点纷呈。早期的学者秉承北野税法学的观点,从宪法性权利的高度来提出纳税人的"整体权利"[3]和"基本权利"[4]。之后学者在继承和发扬前述理论的前提下将纳税人的权利区分为纳

[1] 汤贡亮:《中国财税改革与法治研究》,中国税务出版社2014年版,第527页。

[2] [美] L. 亨金:《权利的时代》,信春鹰、吴玉章、李林译,知识出版社1997年版,前言第1页。

[3] 代表性学者为甘功仁,他认为纳税人的权利一般体现在宪法或者税收基本法中。根据其观点纳税人的权利包括下述七项内容:公共产品选择权、参与税收立法权、依法纳税权、享受公共服务权、享受公平待遇权、对税收征收的监督权和对税收使用的监督权。具体内容见甘功仁:《纳税人权利专论》,中国广播电视出版社2003年版,第50页。

[4] 代表性学者为张馨,在他看来,所谓的纳税人基本权利包括下述四项权利:赞同纳税权、选举代表权、政府服务权和税款节俭权。具体内容见张馨:《财政公共化改革:理论创新·制度变革·理论更新》,中国财政经济出版社2004年版,第169~188页。

税人的宪法权利和纳税人在税法上的权利两种，代表性的学者为刘剑文、熊伟[1]和陈少英[2]。新一代的财税法学者在继续承继前人理论精华的同时，也作出了自己的尝试。例如，学者黎江虹先将纳税人权利进行种类化研究，然后以北野弘久的税收实体法律关系和税收程序法律关系的税收法律关系二元论为基础将纳税人的权利区分为纳税人实体权利和程序权利。[3]学者丁一在对各国所保护的纳税人权利进行梳理的基础上，认为其大致可以被分为与税法的合法性相关的权利和与税法的具体适用和实施相关的权利两种，并结合税收征管的具体程序作出详细的分类。[4]学者叶金育认为，总体上可将宏观权利谱系之下的微观权利分为税收征管中的权利、税收立法中的权利以及宪法性权利三个层次。[5]事实上，上述关于纳税人权利的分类与内容都不同程度地反映了我国纳税人权利保护理论的研究进度，而未来的方向应该是着力构建一个"以宪法性权利为统领，以实体性权利为核心，以程序性权利为基础，以救济性权利为保障"[6]的完整纳税人权利体系。理论的研究得到了法律的支持，2009年《国家税务总局关于纳税人权利与义务的公告》打破了纳税人权利遮掩于《税收征收管理法》及其他实体法中的困境，首次明确列

---

〔1〕　二学者将纳税人的宪法权利细化为六种：纳税人的财产权、平等权、生存权、选举与被选举权、言论自由和结社权；将纳税人在税法上的权利分为三种：纳税人在税收征收、处罚和救济中的权利。具体内容见刘剑文、熊伟：《税法基础理论》，北京大学出版社2004年版，第90～95页。

〔2〕　该学者将纳税人宪法上的权利区分为消极权利和积极权利。其中，消极权利包括四种：财产权、生存权、平等权与自由权；积极权利包括四种：纳税赞同权、代表选举权、纳税参与权和税收监督权。纳税人税法上的权利包括税收实体性权利和税收程序性权利，并着重论述了后者。陈少英：《税法基本理论专题研究》，北京大学出版社2009年版，第153～158页。

〔3〕　该学者先将纳税人的权利以权利被赋予形式的性质、权利确定的法律规范位阶、权利内容和依据法律规范的不同为标准进行类型化分析。纳税人实体权利包括：纳税人的征税同意权、税收支出监督权、公共产品的请求权和选择权、税收信息权。纳税人的程序性权利六项：要求程序主持者中立的权利、知情权、陈述申辩权、保密权、要求稽查程序正当的权利、平等对待权、救济权。黎江虹：《中国纳税人权利研究》（修订版），中国检察出版社2014年版，第173～197页。

〔4〕　该学者将纳税人权利分为11种：与税法的有效性和基本运行相关的权利、纳税人的隐私权和秘密权、税额确定程序中的纳税人权利、审计和调查程序中的纳税人权利、强制征收程序中的纳税人权利、税务代理权、不自证其罪的权利、行政确定性权利、上诉权、调查官与纳税人的申诉权、求偿权。丁一：《纳税人权利研究》，中国社会科学出版社2013年版，第220～237页。

〔5〕　叶金育：《税法解释中的纳税人主义研究》，武汉大学2015年博士论文，第113页。

〔6〕　刘剑文、侯卓：《财税法在国家治理现代化中的担当》，载《法学》2014年第2期。

举了纳税人享有的 14 项权利，[1]彰显我国权利保护的较大跨越。然而，理论研究和纸面上的应然纳税人权利保护体系与税收法治实践中实然纳税人权利保护仍有较大的差距，实现实然向应然的转向仍需付出艰辛的努力。

无论纳税人的权利体系在理论研究、法律规定以及征管实务中有何差异，税务裁量的协商规制模式作为纳税人参与税收领域的重要方式均集中彰显了对纳税人权利的保护与重视，是纳税人充分行使参与权、知情权、监督权等纳税人权利的体现。

第三节　税务裁量协商规制模式的正当性辩护

总体而言，税务裁量的协商规制模式是伴随着我国传统规则之治日渐僵化而不得不寻求新的救治方案而出现的一种选择。那么，这种新的模式为什么会产生，或者说该模式的正当性何在？考究该模式的正当性是决定我们能否引进该模式规制税务裁量以及其能够发挥多大功效的关键前提。有鉴于此，笔者将从以下三个方面论述税务裁量协商规制模式的正当性。

一、协商规制模式是国家治理现代化的必然选择

推进国家治理体系和治理能力现代化的提法自国家最高决策层正式以中央文件[2]的形式将其明确提升至战略高度后，逐渐深入人心并成为社会各界之共识。众所周知，国家治理现代化以党的领导为根本保障、以多元参与治理为基本特征、以法治为必由之路、以善治为基本目标模式。而协商规制模式的产生也正是与国家治理现代化的多元参与、合作共治以及良法善治理念具有高度的契合性。

其一，协商规制模式突破了传统税收的单方性，强调多元主体参与性。参与是协商的前提，没有参与的权力和渠道，协商便无从谈起。[3]而传统税

---

〔1〕　具体为：①知情权；②保密权；③税收监督权；④纳税申报方式选择权；⑤申请延期申报权；⑥申请延期缴纳税款权；⑦申请退还多缴税款权；⑧依法享受税收优惠权；⑨委托税务代理权；⑩陈述与申辩权；⑪对未出示税务检查证和税务检查通知书的拒绝检查权；⑫税收法律救济权；⑬依法要求听证的权利；⑭索取有关税收凭证的权利。

〔2〕　《中共中央关于全面深化改革若干重大问题的决定》。

〔3〕　卢显洋：《国家治理范畴下的协商行政执法》，载《学习与实践》2016 年第 12 期。

收强调征管的单方性，征税机关单方作出征管决定并将决定送达当事人，要求其遵守与执行。在这个过程中，突出了税务机关作为决定机关的绝对优势，不重视甚至忽略纳税人及其他涉税主体的参与权。而协商规制模式正是突破传统的这种单方性、强调多元主体参与性的这样一种模式。以民主政治为核心的现代政治要求社会公众有权平等地以多种形式参与公共事务，表达意见、建议和观点。协商规制模式正是这样一种参与程度更高的形式。通过协商，更多的纳税人能够参与税务裁量的过程，积极保障自己所享有的各种权利和自由。也正是这种更大范围的互动与协商，会达至美国学者所宣称的下述有益结果，即"鼓励公民用公共精神的态度来考量政治议题"。[1] 协商规制模式的参与性强调参与主体的多元化，其不仅包括直接的纳税人，也包括扣缴义务人、协力义务人以及普通的社会公众。也正是多元主体的参与使得这种模式更加凸显公平性。

其二，协商规制模式突破传统税收的强制性，强调协商性。强制性作为税收的基本特征始终贯穿于整个税收征管的过程，而国家治理体系现代化要求一种合作共治而非单方强制。当然，这并不是否认税收的强制性，而是说要在税收中融入协商的元素，引入协商的理念。与以往强制必须缴纳税收的模式相比较，这种模式强调以一种协商的模式治理税收，该形式是灵活多样的，既有听证会式的正式协商，也可以是口头形式的非正式协商。区别在于二者的法律效力不同，基于税收效率的考量，税收实务中有大量非正式的协商形式。也正是协商的引入进一步彰显了这种模式下纳税人的意识与地位的提高。

其三，协商规制模式突破了传统税收的滞后性，强调现代性。根据学者研究，在马克思主义理论下，现代性从根本上源自"社会结构转型"，而其核心则为从"权力中心主义"向"权利中心主义"转型。在政治上，现代性注重公众社会参与治理和法治途径。[2] 现代国家将协商理念引入税收领域，凸显了国家治理现代化的现代性。而协商规制模式恰恰就是现代性在税法领域的最佳体现，它突破税法固有的僵化导向与政策导向等滞后性，通过公众参

---

〔1〕 〔美〕Amy Gutman、Dennis Thompson：《商谈民主》，谢宗学、郑惠文译，智胜文化事业有限公司 2006 年版，第 29 页。

〔2〕 韩庆祥：《现代性的本质、矛盾及其时空分析》，载《中国社会科学》2016 年第 2 期。

与和法治实现税收治理的现代化。上文已述及"公众参与",这里就只就法治进行阐释。众所周知,"良法善治"是国家治理现代化的基本要义。自改革开放以来,党和国家对法治的认识理路逐渐清晰和深化,"法治是国家治理现代化的必由之路"。[1]已不仅仅是法学家自己的憧憬,而已经成为社会全体人民的基本共识。而善治,诚如学者所描述的,是多方互动共治的结果,强调的是不同主体间的协商与配合,彰显其是"国家治理现代化的一个理想目标"的应然定位。[2]在税收领域引入协商制度,正是在税收法定之良法指引下以一种官民共治的模式推动税收治理体系的现代化。中国特色社会主义法律体系已在 2015 年基本形成,税收法定主义在中国也已经迈出了巨大的一步,但是,税法领域日益增加的法律规范数量并不意味着规范效果的相应提升。相反,诚信缺失、暴力执法等问题频发,这种困境在很大程度上应归责于传统规则之治的僵化。而协商规制模式的出现正是打破这种僵化,以善的手法与方式回应我国行政法治的困境,诠释我国税收治理现代化之"良法善治"的过程。

二、协商规制模式是对社会多元化利益诉求的必然回应

多元化而非单一性已然是当今社会的主旋律。而社会发展的多元化趋势也呼吁着税法领域的变革,以对其进行回应,这进一步体现在税务裁量中,昭示着税务裁量传统规则之治的僵化与固化。在此语境下,新的规制方式——协商规制模式——应运而生。协商规制模式正是回应多元化社会发展趋势下对税法中裁量问题进行有效治理的新模式。

该趋势具体又通过三个层面来体现出来。具言之:首先,社会结构多元化特征明显。改革开放四十年来,我国社会阶层已打破了由最初的工人阶级、农民阶级和知识分子阶层的传统格局,新的社会阶层不断出现,[3]并终在2015 年印发的《中国共产党统一战线工作条例(试行)》中正式以党的官方

---

〔1〕 张文显:《法治化是国家治理现代化的必由之路》,载《法制与社会发展》2014 年第 5 期。

〔2〕 江必新、邵长茂:《论国家治理商数》,载《中国社会科学》2015 年第 1 期。

〔3〕 2001 年,江泽民同志在庆祝中国共产党成立八十周年大会上指出:"出现了民营科技企业的创业人员和技术人员、受聘于外资企业的管理技术人员、个体户、私营企业主、中介组织的从业人员、自由职业人员等社会阶层。"2006 年胡锦涛同志在第 20 次全国统战工作会议上强调:"新的社会阶层主要包括'六种人':即私营企业主、个体工商户、私营企业和外资企业的管理技术人员、中介组织从业人员、自由职业人员等。"

文件的形式提出"新的社会阶层人士"，并将其列入统一战线工作范围和对象。事实上，新的社会阶层是伴随着改革开放以来中国社会结构的巨大变迁而产生的。然而，从根本上讲，新的社会阶层的形成是我国经济结构特别是产业结构变革的产物。[1]当然，仍处于演变和沉淀中的新社会阶层在我国社会主义建设的伟大事业中必然面临着因多重身份差异而相互冲突的价值规范和道德认知，由此衍生出多元的社会文化和利益诉求。

其次，社会文化多元化彰显。当下，全球化发展的主流趋势及社会运行的多元化的主旋律，打破了国与国间的隔阂、民族与民族间的差异，不同的文化在不断交融中相互碰撞并激发智慧的火花。这一情形早在20世纪初就有学者曾经做过预言，并将其定位为21世纪人类所面临之最大挑战。[2]不同种族、民族、宗教和社会团体背后代表着不一样的文明，而不同文化的代表者并不一定能够以有效的方式来达成共识，差异文化的冲突与紧张日益激化。世界如此、中国亦然。社会学家费孝通先生在1988年提出了"中华民族多元一体格局理论"。不同的学科的理论却因为有共同之处而激扬着相同的智慧之光。作为我国的考古大师，严文明先生从考古学的角度经过多年研究也发现，在我国起源多元的古代文明传承下，即使发展主体愈加丰富，但是多元一体的格局却始终存在。[3]事实上，中华文化糅合主导性的儒家经学、补充性的佛教和道家学说，发展出了以"天人合一"为基础的注重伦理、教化、自然与自由的具有浓厚人文色彩的传统精神并最终归宿于太和的秩序之中。[4]正是我国文化的多元性为协商的提出提供了契机，几千年来"和而不同"的理念也正是协商所倡导与追求之所在。

最后，利益诉求多元化凸显。改革开放四十年间，我国的经济发展堪称奇迹：就数量规模而言，GDP从3697亿元人民币到82.71万亿元人民币；就经济增速而言，GDP年均名义增速高达14.5%，刨除年均4.8%通胀率，年均实际增速仍高达9.3%；就产业结构而言，2017年中国三产结构的比例分别为

---

[1]　李强：《新社会阶层的四大特征》，载《北京日报》2017年9月25日。

[2]　[美]克莱斯·瑞恩：《异中求同：人的自我完善》，张沛、张源译，北京大学出版社2001年版，第1页。

[3]　参见严文明：《略论中国文明的起源》，载《文物》1992年第1期。

[4]　王博：《中国文化的一体和多元》，载 http://politics. rmlt. com. cn/2017/0828/492555. shtml，最后访问日期：2023年11月26日。

7.9%、40.5%和51.6%，第三产业的发展增幅已超过第一、第二产业。[1]基于上述经济改革的深入，我国社会正在转型，而转型进程中社会阶层和社会文化的多元化使得其利益诉求也呈现多样化。不同于传统利益诉求的单一化模式，多元化的利益注定不能仅以单向性表达的方式得到满足和实现，国家必须不断为多元利益诉求个体提供广泛的自我实现机会和途径。是故，构建一个公众广泛参与协商的多维度利益诉求表达机制显得尤为必要。在上述社会多元化环境下，面对纳税人多元化的利益诉求，税务机关必须以积极的态度去倾听各方声音，进而协调其各自诉求以避免各自纠纷和矛盾的深化。税务协商制度的兴起，有力地助推了征纳双方纠纷解决，是对纳税人多元利益诉求的及时有效回应。税务协商制度以"协商"为前提，以"合意"为根本，架通税务机关与纳税人间的沟通桥梁，可以有效地协调不同涉税主体的利益，保障税收征管的稳定，推动税收法治进程。

三、协商规制模式是信息网络技术迅猛发展的必然产物

1946 年美国宾夕法尼亚大学发明第一台通用计算机（ENIAC），开启了计算机技术革命；1969 年美国研究人员首次通过从洛杉矶到斯坦福研究所传递单词"LOGIN"，标志着世界第一次互联网络的通信试验成功。此后，伴随信息技术革命的不断推进与革新，互联网、大数据、云计算、区块链、人工智能等新的技术不断推陈出新，并发挥着重要的功能。世界互联网大会组委会第二届高级别专家咨询委员会最新发布的《乌镇展望 2018》显示：截至 2018年 6 月底，全球互联网普及率达到 54.4%。[2]简单以大数据为例，从它作为新观念提出[3]的初见端倪到明确概念[4]的呼之欲出，至今被广泛运用，短短数年间，大数据已然成为席卷全球的重大热点之一。诚如 21 世纪英国伟大的预言家在面对已然向我们走近并终将行进的大数据时代时所作的判断，社

---

〔1〕 张建平、沈博：《改革开放 40 年中国经济发展成就及其对世界的影响》，载《当代世界》2018年第 5 期。

〔2〕 《世界互联网大会发布〈乌镇展望 2018〉》，载 https://baijiahao.baidu.com/s? id = 1616638310 429109981&wfr=spider&for=pc，最后访问日期：2023 年 11 月 26 日。

〔3〕 1980 年美国阿尔文·托夫勒将其作为一个新观念提出："大数据是第三次浪潮的华彩乐章。"[美] 阿尔文·托夫勒：《第三次浪潮》，黄明坚译，中信出版社 2006 年版，第 19～25 页。

〔4〕 2008 年《Big Data：Science in the Petabyte Era》系列专题进一步明确了其概念。Nature, 2008. Sep. 3, pp. 7～21.

会也正随之经历着地壳运动的变迁。〔1〕自 1994 年中国全功能接入国家互联网以来，国家高度重视互联网的发展，我国也一直处于互联网快速发展的历史进程之中。习近平总书记更是在 2015 年的第二届世界互联网大会上承诺，"让互联网发展成果惠及 13 亿多中国人民"〔2〕，并以之为我们未来的发展方向和动力，进而在此基础上拓展范围，更好地造福世界各国人民，共享发展成果。2018 年最新的《中国互联网络发展状况统计报告》〔3〕显示：截至 2018 年 6 月 30 日，我国网民规模达 8.02 亿，互联网普及率为 57.7%。网络信息技术的迅猛发展对税收领域产生了深刻影响，也成了催生税务裁量协商规制模式的重要因素。具言之，信息网络技术对税务裁量的影响如下：首先，打破涉税信息垄断。信息网络技术的发展打破了传统政府垄断信息的基本格局。一方面，财税部门应用信息技术，通过信息网络实现各部门间及其他相关部门与公众间的零距离沟通，可以通过政务公开的形式将更多的涉税信息公之于众。同时，税务部门的各种政策制定、决策作出等过程也可以通过网上征询意见的方式加强公众的参与。另一方面，互联网的普及也相应提高了纳税人获取信息的能力和渠道，增强了纳税人对税务部门及其政策的认同感，提升了纳税人意识。其次，改善纳税人参与的技术手段。数字经济时代来临，互联网的便利性、即时性拓展了公民参政议政的渠道和方式。微博、微信、官方网站、专业 APP 等新型参政方式正在发挥重要的平台功能。当下，我国制定（或修订）法律时，各征求意见稿总是首先指出可以通过"线上+线下"两种方式提出意见。例如，2018 年《个人所得税法》修正，公众既可以通过传统的线下邮件的方式表达意见，也可以通过线上登录相关网站官网直接留言。这也正是互联网技术发展的印记之一。最后，激发了参与的热情。网络能够使信息的传播不受时空和政治控制，增强人们感知与介入世界的兴趣。一方面，公民只要连上网络即可进行参与，不必受制于传统报纸、广播、电视等途径，只需花费更少的时间、金钱即可实现甚至获得更优的参与效果，

---

〔1〕　［英］维克托·迈尔-舍恩伯格、肯尼恩·库克耶：《大数据时代：生活、工作与思维的大变革》，盛扬燕、周涛译，浙江人民出版社 2013 年版，第 219 页。

〔2〕　习近平：《中国正处于互联网快速发展的历史进程之中》，载 http://www.xinhuanet.com//world/2015-12/16/c_ 128536315.htm，最后访问日期：2023 年 11 月 26 日。

〔3〕　该报告的发布始于 1997 年，是由中国互联网络信息中心（CNNIC）发布的最权威的互联网发展数据的报告之一，2018 年报告为第 42 次报告。

伴随着公民参与成本的极大降低，公民的参与热情也会随之提升。另一方面，在互联网的虚拟空间里，网民不受制于传统人情社会中的层层约束，只要不越过法律的底线，任何公民均可以自由、真实地表达自己的想法、主张与意愿，不必受现实羁绊。这样，公民能够实现真实的意见表达而不是虚伪的陈述，参与的热情必然随之提高。

也正是网络技术在打破涉税信息垄断、革新纳税人参与手段与激发纳税人参与热情等方面的深刻影响，昭示着协商规制模式的可行性与可操作性。在互联网时代，信息科技融入税收领域，协商规制的模式因为该先进的技术、领先的思维而不断革新着传统规制模式，成为一种不仅可以实施而且可以有效施行的务实模式。诚然，信息网络技术的发展与变革为公民参与税收领域提供了新的措施与途径，必将推动税收征管的变革。但是，不容否认的是，信息网络技术并非完美无缺，作为一种技术，即使在一个完美的信息世界，它再高端也仍要面临一定的弊端。例如，它可能引发税务机关收集信息的权力与纳税人隐私权和秘密权的冲突，也可能成为个别人诱导公众挑起事端的工具。

第四节　税务裁量协商规制模式的域外实践

税务裁量协商规制模式作为一种过程规制方式，是以协商的方式参与税务裁量以达到规制效果的。那么，该协商具体又该以何种形式表达出来呢？税务契约无疑是对该疑问的答复。税务契约最先在外国税收实践中得以形成并发展。据考证，德国著名法学家汉斯教授是最早提出税务契约概念的学者。众所周知，在德国，税法从属于行政法。由此，税务契约最早也是作为行政契约的一种进行研究。据汉斯教授研究，它是税务机关与纳税人就有关纳税事实的共同理解而形成的税收契约。[1]在德国税务行政上，常用的手段之一即为以行政契约来间接确定税额，这是符合比例原则中合目的性要求的。在日本，虽然实践中就收入金额、必要经费金额等通过协商达成类似和解的现象也存在，但是基于传统上对严格税收法律主义的要求，对上述和解必须进行严格限制。[2]在美国，税务契约被广泛运用于涉税事项中，税务机关可以

---

〔1〕　Hans-Peter Bull, Allg, Verw. 6. Aufl, S. 291f.（2000）.
〔2〕　［日］金子宏：《日本税法》，战宪斌等译，法律出版社 2004 年版，第 63 页。

通过约谈纳税人就其未缴纳的税款进行妥协，也可以通过和解就一般涉税争议问题甚至部分涉税犯罪[1]进行协商与谈判[2]。就适用程序而言，税务契约存在于税务稽查程序、税务复议程序、税务诉讼程序，乃至涉税仲裁程序中，也普遍存在于小型税务诉讼案件中。在法国，以协商等方式解决税务争议被赋予与诉讼同等之地位，法律的承认使得该种模式在法国得以迅速发展起来。[3]尽管上述各国在语言表述方面不甚相同，但其所蕴含的契约精神却是共同的，也可以在一定程度上反映税收法治较为发达国家的做法。尽管各国税收法治的发展进程与我国大不相同，但是必须承认，其作为一种额外的域外资源对我国构建税务契约相关法律制度的重大影响和参照借鉴意义。事实上，税务契约作为一种在民事意思自治与税收法定主义间隙间产生的新制度，正在以其独特的价值和积极的作用在规制税务裁量领域发挥越来越重要的功能。税务裁量协商的具体实践在各国各有不同、名称各异，但其均是征纳双方就具体涉税个案中的不确定或有争议之处所作的相互信息交换，并在此基础上达成一致的结果。在境外，税务协商主要表现为一种事先的裁定，即征纳双方就未发生之交易或已发生但未进行纳税申报的交易的课税规则进行约定的事宜。

一、域外税务裁量协商的情况概览

税务裁量协商规制模式通过协商的方式规制税务裁量以进一步降低或减少税务纠纷的发生率，推动税收营商环境的实质化改善。通过对美国、新加坡、瑞典和泰国等域外典型国家的税务裁量协商规制模式的观察，可以发现，该模式实则是一种全流程的纠纷解决机制。其参与协商的主体多元，协商的具体内容是以应纳税款为核心展开的税务争议，进而适用于解决该争议的行政、司法和仲裁各环节。当下，在世界范围内形成的比较典型的税务裁量协商范式是税收事先裁定制度和预约定价安排。详言之：[4]

---

〔1〕《美国国内税法典》第7122条就明确规定："国会授权财政部在将有关民事或刑事案件，移送司法部门处理前，得以协谈方式处理。"

〔2〕Daeyong Lee, "Dividend Taxation and Household Dividend Portfolio Decisions: Evidence from the U. S. Jobs and Growth-Tax Relief Reconciliation Act of 2003", *Applied Economics*, 2017, 49 (8), pp. 723~737.

〔3〕李滨：《法国税收法律争端的解决机制》，载《涉外税务》2006年第4期。

〔4〕以下内容来自域外各官方税务局及相关法律法规。分别是美国国税局 https://www.irs.gov；新加坡税务局 https://www.iras.gov.sg；泰国税务局 https://www.rd.go.th/272.html；瑞典税务局 https://www.skatteverket.se/privat.html。

　　域外税务裁量协商规制模式的参与主体多元。在美国，除了纳税人及其代理人、国税局（IRS）外，纳税人辩护服务处（TAS）、低收入纳税人诊所（LITC）、国税局独立上诉办公室（IRS Independent Office of Appeals Policies）和税务法庭（Tax Court）也参与税务协商。其中，纳税人辩护服务处（TAS）是国税局内的一个独立组织，在纳税人遇到经济困难、国税局系统问题、公平和公正待遇时可以作为纳税人的代言人与国税局协商上述问题。低收入纳税人诊所（LITC）独立于国税局和纳税人辩护服务处，可以代表纳税人与国税局就审计、上诉、征收事宜和联邦税务诉讼等税务纠纷问题进行协商。国税局独立上诉办公室是国税局内部的上诉机构，对税务争议进行独立审查，期间通过调解的方式与纳税人就相关问题进行协商。华盛顿特区法院作为专门税务法院，为提交请愿书的纳税人和国税局解决争议，大多数税务案件都是通过双方协议解决的。在新加坡，协商参与主体有纳税人、税务局（IRAS）、税务上诉委员会、所得税主计长等。在泰国，协商参与主体包括纳税人、税务局（局长）、上诉审查委员会等。在瑞典，协商参与主体除纳税人及其代表人、代理人，税务局外，还有总法律顾问（AO）、仲裁庭、最高行政法院等主体。其中，总法律顾问（AO）是由政府任命的，可以对税务局的大部分决定提出上诉。

　　域外税务裁量协商规制模式的适用场域涵盖行政、司法和仲裁等领域。其中，纳税人上诉有的在行政领域，如美国的独立上诉办公室与纳税人就妥协要约、征收正当程序、罚款上诉、行业行政案例等内容进行协商。也有的是司法程序，如根据《泰国税收法》的规定，税务上诉是一种司法程序。在瑞典，纳税人可以向行政法院上诉税务局的决定。协商范围以纳税人应缴纳税款为主线展开，具体包括税款数额和纳税期限等内容。简单以应纳税款数额进行协商为例予以说明。缴纳税款是纳税人最核心的纳税义务，应纳税额是征纳双方协商的关键。关于应纳税款的协商，有参与协商主体就相对复杂的税务问题确定应纳税额的事前沟通，诸如事先裁定制度、预约定价安排，也有事后发生应纳税额争议后，征纳双方就该问题的沟通。凡此情形，均是为了确定应纳税额。而在例外情形下，也有就少缴纳税款的协商。如在美国，根据《纳税人权利法案》，纳税人享有公平公正税收制度的权利，这意味着若纳税人无法在法律允许的时间内支付所有税收债务，他可以提交妥协要约（折中方案），要求国税局以低于全额金额的价格清偿税收债务。

域外税务裁量协商规制模式通过沟通、协议、和解、调解等方式就需要裁量的税务问题进行书面、当面协商。协商的结果无外乎两种：一类是协商未果，没有达成合意，此时对纳税人来说可以按照法律的规定继续寻求救济。另一类是协商达成合意，这往往表现为签订协议，具体表现为税务局与纳税人签订分期付款协议、美国国税局接受纳税人的妥协要约、新加坡税务局与纳税人间的单边 APA 等。如在美国，当纳税人怀疑自己有欠缴税款或者其无力支付税款时，纳税人可以向税务机关发出书面和解要约，也就是妥协要约，这是一种合法的选择。在要约中，纳税人提出以低于所欠全部金额来结算税收债务，国税局在考虑纳税人的支付能力、收入、费用和资产权益后决定是否批准要约。若要约得到批准，则意味着征纳双方就纳税人少缴税款达成了初步协议，然后再进一步就付款方式选择一次性现金和定期付款，从而形成不同的分期付款期限，形成新的分期付款协议，之后纳税人按照协议履行纳税义务。若国税局拒绝纳税人的妥协要约，而纳税人不同意该决定，则纳税人可以在 30 天内使用妥协要约上诉请求书向国税局独立上诉办公室要求上诉审查并决定是否应接受该提议，也可以要求进行不具约束力的调解或仲裁。进而，作为一项非正式、保密和自愿的替代性税务争议解决方式的上诉调解，只有在争议各方能够就结果达成一致的情况下才有效。

二、域外税务裁量协商的典型实践：以税收事先裁定制度为例

1. 美国的税收事先裁定制度

在美国，根据国税局的定义：裁定是由国家税务局办公厅向纳税人或其授权代表发布的书面说明，它对特定的事实进行解释并适用税法。[1]美国国内收入局早在 1919 年就开始提供"私人信件裁定"服务，并以之为核心构建出了最为庞杂的裁定系统，是税收事先裁定行政模式的起源地。1954 年国内收入局首次在第 172 号《税收程序》中发布有关私人信件裁定（private letter ruling）程序公开指南，并确立只有其有权发布信件裁定。私人信件裁定，是由国内收入局总部根据特定的事实解释和适用税法用以回应纳税人的书面询问而向特定纳税人或经其授权代理人发布的一份书面声明。该裁定是解释税法且将其适用于纳税人一系列预期交易的特定事实，其发布必须符合健全税

---

〔1〕　See 26 C. F. R. § 601. 201（a）（2）.

收征管利益。美国税收事先裁定的主要内容如下：

（1）事先裁定的主体。在美国，申请人一般须为纳税人本人。在实践中，基于涉税事项的复杂性，多数事先裁定是由会计师事务所或律师事务所等纳税人代理人来完成的。在特定情形下，申请人也可以为他人利益申请裁定，如企业为自身雇员、投资人等等。

美国国内收入局是税收事先裁定的主体，由国家税收办公室负责具体执行。为了加快裁定的发布，在裁定程序接近完成时，助理办公室负责人可以要求申请人递交裁定草案，此草案必须以部门负责人和申请人就问题的讨论内容为基础。

（2）事先裁定的范围。[1]

美国事先裁定的受理范围大致包含这样几类：一是涉及具体税种的问题，诸如所得税、赠予税、遗产税及附加遗产税。其中，所得税与赠予税要求在交易未开展或交易已完成但相应的纳税申报进行之前递交申请，遗产税的裁定范围不包括对预期遗产的税款计算、保险精算或其他事实的确认，附加遗产税要在被继承人死亡后10年内且必须在合法继承人死亡前递交申请。二是关于税收减免问题，涉及关于免税资质问题、一般税收减免的延期、针对S型股份有限公司的特殊税收减免、关于印第安部落政府事务免税问题、因国际抵制而产生的境外税收抵免问题等内容。三是一些复杂的税制问题，包括重组交易的性质认定、因隔代信托产生的隔代转让税问题、推定零售定价问题、退休计划或个人退休账户问题等内容。四是程序性问题，由负责程序及征管的助理办公室负责受理涉及法律、法规、规章中关于纳税申报和税款缴纳的时间、地点及程序等问题。

国税局发布的指引明确列举了不予受理的范围。具体包括：涉及审查或诉讼、某些限制类涉税交易、整体交易的一部分、为两个实体服务的雇主认定问题、协会或组织成员及外国政府等申请人不符合条件情形、涉及尚未发布的法规或税收指引等。

（3）事先裁定的程序：

第一，申请人申请裁定。申请人在申请裁定时需提交四类材料：一是事实信息材料，涵盖所有利益相关方的信息、涉及的会计年度和会计处理方式、

---

〔1〕 吴东明：《境外税收事先裁定制度概览》，上海财经大学出版社2018年版，第124~128页。

纳税人业务描述等。二是相关文件及文本，包括申请交易相关的合同、协议、计划等文件的复印件及所涉及的外国法律复印件。三是重要事实分析，是指申请人对申请所涉及的重大事实及其影响进行分析，以提高裁定效率。四是其他相关说明或证明，若涉及较为复杂问题，或者申请人有迫切需求需要快速处理，需要提供。

第二，税务部门受理裁定。在收到裁定申请后，首席法律顾问助理办公室法务部会先处理纳税人递交的申请文件及收取申请费用，然后将案件移交给具体负责的相关业务办公室。在21日内，相关工作人员一般会联系申请人或委托代理人讨论案件的处理，若情形较为复杂则可能涉及多次讨论。

第三，裁定结果。在一般情况下，在裁定正式发布前，工作人员会口头告知申请人或其委托代理人裁定结果。若结果与申请人的主张相左，申请人在10日内有权撤销裁定申请。超出时限，裁定将予以公布。

第四，裁定效力。裁定公开后，能够产生有限的先例价值。首先，针对申请人而言，对其此次申请事宜有直接约束力。同时，基于长期以来美国国税局允许并鼓励纳税人依赖书面裁定进行交易，该裁定对申请人的后续同类交易行为也同样适用，但是不适用于其他纳税人或其他交易。其次，国税局对裁定具有一定的依赖性。国税局发出的裁定在很大程度上代表了其对某类涉税事宜的看法，可以作为其后续行为的指引，用以确定其在某问题上的立场态度。最后，对法院而言，法院在判决中也多次提及书面裁定，尽管其直接回避了信件裁定的先例价值，但却将其定性为"行政解释的证据"。[1]

（4）事先裁定的费用。美国最初提供免税的税收事先裁定服务，但随着裁定申请数量的大幅增长，其在国税局开支中所占比例逐渐提升，1987年国会通过颁布10511节提出需支付相关费用。有学者曾统计：美国申请裁定的费用保持上升趋势，至今已达到较高水平。[2]最新数据显示：裁定的申请费用在3700美元至28 300美元之间，根据不同的情形，支付相应的费用。根据申请人年总收入状况可以进行适当的费用减免，实质相同的多个私人信函裁

〔1〕　覃业恩：《美国税收事前裁定制度研究》，载 https://m. thepaper. cn/baijiahao_ 14007532，最后访问日期：2023年11月26日。

〔2〕　覃业恩：《美国税收事前裁定制度研究》，载 https://m. thepaper. cn/baijiahao_ 14007532，最后访问日期：2023年11月26日。

定的申请费用可以作出适当的调整。

表6-1　美国税收事先裁定制度收费标准

类别		费用（美元）
涉及会计期间变更	申请采用、变更、保持纳税年度不变	4200
	申请选择S型股份有限公司性质	4200
	申请变更延期处理	3700
涉及会计方法变更	申请会计方法变更	8600
	申请变更延期处理	9100
申请税收减免		9800
其他裁定申请		28 300
纳税交易前对拟交易或已完成的交易提交的结案协议申请		28 300
外国保险税豁免协议的申请		8000

2. 瑞典的税收事先裁定制度

瑞典自1951年引入事先裁定制度。瑞典将税收事先裁定融入税务司法程序，将之作为替代性纠纷解决机制（ADR）以保障事先裁定的公正性。[1]申请人可以就统一法律解释或适用向瑞典税务法庭递交裁定申请，税务法庭可就申请人的税务责任或税务事宜发出预先通知。该事先裁定被认为是一审判决，申请人和税务局都可以向最高行政法院提起上诉。事先裁定具体规定体现在《行政法和程序》中的"税务局的活动规则之税收事先裁定"部分，《税收裁决法》（1998年）对税务法庭做了详细的规定。

（1）事先裁定的主体。瑞典税收事先裁定采用司法机关主导的司法模式。在该模式下，涉及个人、税务局和税务法庭三方主体。其中，个人和税务局均可作为申请人，此时另一方则为申请裁定案件的对应方。个人申请时，可以是自己亲自作出，也可以是其代理人（税务律师）代为提起；税务局作为申请人时，是由其总代表（总法律顾问）提出申请。税务法庭最多由14名成员和10名代表组成。政府每次最多任命4名议员和候补委员，并在各议员成员中任命主席和副主席各1名。

---

〔1〕　虞青松：《基于功能主义的税收事先裁定制度研究》，法律出版社2020年版，第6~7页。

（2）事先裁定的范围。事先裁定通常适用于立法和实践没有就适用的内容提供明确答案的法律问题。具体涉及关于国家财产税、养恤金、养恤金费用特别工资税、一般养恤金缴款、所得税、城市财产税、消费税、增值税、票面税等税项或费用。

事先裁定是由个人申请时，预征所得税裁定适用于确定所得税征收依据的有关事项。因此，它不得被适用于如何计算基数税。如果已经采取了申请的措施，并且不再存在其他选择，则通常认为提前通知对申请人不重要。此外，如果申请涉及先例问题，应符合公众利益，应有一个快速的决定。需要注意的是，事先裁定不适用于估价或证据问题。

事先裁定是由税务局总法律顾问申请时，只有在符合下述三个条件时才能启动：①该问题涉及个人，涉及他向税务局提出的索赔或申请；②瑞典税务局已经针对个人事项作出决定，该决定遭到了个人反对；③该法律或法律适用应当事先作出统一解释。该申请的目的是就一般利益的先例作出迅速裁决。

（3）事先裁定的程序：

第一，申请人申请裁定。申请必须以书面形式提出，申请人必须提供税务法庭需要作出初步裁决的相关信息。若个人提出申请，涉及根据《所得税法》和《税收裁决法》第1（1）条[1]所列其他法律以及根据《财产评估法》征税的申请，必须在申请适用于关于国家财产税的法和《一般养恤金缴款法》的问题申报时向瑞典税务法庭提交。如果申请涉及增值税或消费税，必须在有关第一个会计期开始前收到申请。如果问题与会计期限无关，则必须在申报时向税务法庭申请。在发行票面税的情况下，必须在分配之日起4个月内向税务法庭提出申请。若由税务局总法律顾问提出申请，则必须在该税务年度届满后第二年或税年后年底之前提交税务法庭；与增值税或消费税有关的申请必须在会计期届满的日历年结束后第二年结束前向税务法庭提出。或者，如果税务会计与会计期间无关，该时限适用于应纳税事件发生时。

第二，税务法庭作出处理。税务法庭在收到申请人的书面申请后，可以

---

〔1〕《关于国家财产的法》（1984年：1052）；《养恤基金申报税法》（1990年：661）；《关于养恤金费用特别工资税的特别工资税法》（1991年：687）；《一般养恤金缴款法》（1994年：1744年）；《城市财产税法》（2007年：1398）；《税务程序法》第15条（2011年：1244）；《财产评估法》（1979年：1152）；《票面税法》（1970年：624）。

作出驳回申请、作出裁决的决定。第一种情形驳回申请适用于：①税务法庭考虑到申请的内容不应提前通知；②税务法庭收到的申请晚于规定时限；③向税务局提出申请的一般代表在向税务法庭提交申请之前，已将申请涉及的事项提交行政法院。第二种情形的基本流程为：①申请未被立即驳回，税务法庭应给予交易对手书面评论的机会或者可给予双方口头向董事会提供资料的机会；②税务法庭向董事会具体说明如何评估预先决定涉及的问题；③税务法庭作出税收决定。需要注意的是：如果一般行政法院审理的案件的问题与税务法庭或最高行政法院的预先裁决问题有关，法院可下令将案件全部或部分休庭，直至先前的裁决最终确定。

第三，上诉。事先裁定中的任何一方主体均可就代表费、协助费或调查费用向最高行政法院提出上诉。税务法庭可向最高行政法院提出上诉，要求作出初步裁决，并作出偿还费用的决定。个人申请提前通知，税务局可以就预先决定提出上诉，无论税务法庭的结果如何，即使没有要求更改。如果税务局的一般代表已申请提前通知，该代表也有同样的权利。上诉必须在申诉人分别收到预先通知和决定之日起 3 周内提交税务法庭。需要注意的是，驳回申请的决定，个人申请裁定的费用、税务法庭或最高行政法院进行调查或聘请专家调查物品的费用、税务法院因一般行政法院审理的案件的问题与税务法庭或最高行政法院的预先裁决问题有关下令中止申请，不得提出上诉。

第四，裁定的效力。无论申请人是个人代表还是一般代表，先前决定的效果都是一样的。一旦初步决定成为最终决定，如果个人选择援引该决定，它对税务局和一般行政法院便具有约束力。为了具有约束力，预先裁定所依据的条件必须与实际发生的情况一致，并且任何时间限制尚未过期。如果宪法修正案影响通知涉及的问题，预先裁定不再具有约束力。个人未援引的先前裁决对瑞典税务局和一般行政法院没有约束力。因此，没有什么可以阻止收到负面预先通知的个人继续向瑞典税务局和法院提出意见。然而，在实践中，预先决定可能对考试产生决定性影响。如果由最高行政法院作出裁决，情况尤其如此。

（4）事先裁定的费用。个人申请税收事先裁定，税务法庭可根据政府颁布的相关条例收取 400 克朗到 600 克朗的费用。如果最高行政法院以不应作出预先决定为由撤销了预先决定，则应退还费用。如果税务法庭或最高行政法院进行调查或聘请专家调查物品的性质，申请人必须为此付费，除非董事会或最高行政法院允许例外。即个人申请人应承担裁定费用、调查费用和聘请专家的费用。

税务局总代表申请提前通知的案件，个人可报销代表费、协助费或调查费。

第五节 税务裁量协商规制模式的中国兴起

一、我国税务裁量协商实践的现实图景

协商作为一种征纳双方沟通的方式，在税务领域最早适用于工商统一税领域特殊情形的计税价格确定。[1]伴随着我国税收法治化进程的加速、税收征管改革的深化、纳税人权利保障意识的提升和维权路径的丰富，协商日益成为税务领域一种常见的手段和方式，用以沟通征纳双方、规避风险和化解纠纷。系统梳理既有税收法律法规及考察各类税务实践可以发现，既有税务协商整体可被分为两类：一类是简单的沟通，表现为涉税咨询等具体形式。征纳双方通过沟通交流实现彼此涉税信息的对称，此时征纳双方因信息偏在存在误解，通过信息交流而消除误解。另一类则是本书所指的税务裁量协商，表现为预约定价安排、税务处罚数额协商、反避税税基协商等内容。征纳双方就税务机关的裁量权和纳税人的财产权具体内容和细节进行协商，围绕应纳税额及罚款展开，在这个过程中，通过纳税人权利的保护来约束税务机关的税务裁量权。

税务裁量协商聚焦税收执法、税务复议及税务诉讼三个环节。在税收执法环节，税务裁量协商表现为一种非强制性执法手段，既有传统的事前针对计税价格的预约定价安排、税收事先裁定，也有事后关于应纳税税额的核定与调整、税收法律责任承担的选择与确定；也有新型的将新时代"枫桥经验"运用到税收执法全流程的各种实践。在税务复议环节，除了通过听证等方式

---

[1]《工商统一税条例施行细则（草案）》（〔1958〕财税52号）第6条第1款："工业企业自己制造的、用于本企业生产的个别产品，在条例"税目税率表"中规定要纳税的，应当按照本企业销售同样产品的价格计算纳税；没有同样产品销售价格的，由税务机关和企业或者企业的主管部门协商一个相应的计税价格计税。"第15条："商业企业委托工业企业加工产品，可以按照加工厂同样产品的销售价格计税；也可以由税务机关和委托加工企业或者企业的主管部门协商一个相应的计税价格计税。"

的沟通，也通过税务复议和调解的方式进行税务裁量协商。在税务诉讼环节，通过法院主持调解的方式对征纳双方因税务裁量而生的税务纠纷进行调解。在上述税务裁量协商的过程中，传统税收执法环节是征纳双方直接就裁量权问题进行协商，新时代"枫桥经验"的实践中出现了专门的协商辅助主体——"调解员"。税务复议及税务诉讼中增加的协商主体是税务复议机关和人民法院，这二者独立于具体税务裁量行为主体而具有权威性和公信力。税务裁量协商应遵循自愿、合法原则，不损害国家利益、社会公共利益和他人的合法权益。协商过程原则上不公开，但若当事人同意公开，或者复议机关和法院基于保护国家利益、社会公共利益、他人合法权益认为确有必要公开。协商的结果分为两种：一种是协商未果，则征纳双方应按照法律规定的程序进行征管、复议和诉讼。另一种是协商达成合意，这往往以协议的方式固定下来，具体表现为税收预约定价安排、纳税遵循协议、行政复议、诉讼的和解与调解协议，和解和调解协议最终的形态往往是和解书和调解书。

撰之历史，我国税务裁量协商实践产生于1958年，整体沿着两条主线发展。一是为纳税人提供税法适用的事前协商，旨在就税务裁量权内容提供确定性的税法适用以规避涉税风险，该协商长期聚焦于关联企业、大企业间的税收问题，基于前者形成了预约定价安排，基于后者形成了纳税遵从协议并试行为大企业进行涉税事项的事先裁定。二是为纳税人提供税法适用的事后协商，旨在就税务裁量权争议提供平等协商的机会以化解纠纷，该协商以和解、调解的方式进行，借力"枫桥式"税务所（分局、办税服务厅）、税务复议机关、法院等争议解决平台，形成和解书、调解书。

二、风险防范：税务裁量事前协商的典型实践

（一）预约定价安排

预约定价安排并非我国本土而生的一种制度，其在我国引入的契机是我国反避税工作的开展。1998年《国家税务总局关于进一步加强转让定价税收管理工作的通知》（国税发〔1998〕25号）提出"采用先进有效方法开展转让定价税收管理工作"，抓紧研究预约定价法这一国际上普遍使用但我国却未采用的方法。故此，转让定价税收管理工作也被称为反避税工作。随后，同年发布的《关联企业间业务往来税务管理规程（试行）》（国税发〔1998〕59号）在第28条中将预约定价方法作为其他合理方法规定，第48条则是首

次以一个单独的条款对其进行规定。该条分 2 款，第 1 款明确肯定了"采用预约定价方法"。第 2 款[1]较为细致地对预约调整方法的目的、程序进行了规定，整体遵循"企业申请—税务机关审批—签订协议—监督执行"。2002年《税收征收管理法实施细则》专门增加了一条："纳税人可以向主管税务机关提出与其关联企业之间业务往来的定价原则和计算方法，主管税务机关审核、批准后，与纳税人预先约定有关定价事项，监督纳税人执行。"再次以行政法规的形式肯定了预约定价安排。2007 年颁布的《企业所得税法》在"特别纳税调整章"中以第 42 条专门规定了"企业可以向税务机关提出与其关联方之间业务往来的定价原则和计算方法，税务机关与企业协商、确认后，达成预约定价安排"。同年颁布的《企业所得税法实施条例》专门解释了预约定价安排："是指企业就其未来年度关联交易的定价原则和计算方法，向税务机关提出申请，与税务机关按照独立交易原则协商、确认后达成的协议。"之后，以《税收征收管理法实施细则》第 53 条和《企业所得税法》第 42 条为依据，国家税务总局还持续颁布并修订了一系列专门的税收规范性文件。[2]

实践中，预约定价安排参照国家（地区）税务主管当局的数量分为单边、双边和多边预约安排三种，我国目前未签署多边预约定价安排。我国的预约定价安排始于单边预约定价安排，首例预约定价安排发生在 1998 年 10 月，签署双方分别为原厦门市国税局与厦门台松精密电子有限公司。相较于单边预约定价安排倾向于增强企业国内税法适用的确定性，双边预约定价安排因涉及两个税务主管当局，可以有效地避免或消除国际重复征税问题。国家税务总局发布的最新《中国预约定价安排年度报告》（2021 年）显示：自 2005

---

[1]　为节约对关联企业间业务往来转让定价税收审计成本，允许企业提出一个企业与关联企业间交易转让定价原则和计算方法，主管税务机关论证确认后，据以核算企业与关联企业间交易的应纳税所得或者确定合理的销售利润率区间。凡采用预约定价方法的，应由企业提出申请，并提供有关资料，同时填写《预约定价确认申请表》。主管税务机关审核批准后，应与企业签定约定价协议，并监督协议的执行。

[2]　《关联企业间业务往来预约定价实施规则（试行）》（国税发［2004］118 号）、《国家税务总局关于预约定价工作有关问题的通知》（国税函［2005］1172 号）、《国家税务总局关于完善预约定价安排管理有关事项的公告》（国家税务总局公告 2016 年第 64 号）、《国家税务总局关于单边预约定价安排适用简易程序有关事项的公告》（国家税务总局公告 2021 年第 24 号）。

年 1 月 1 日至 2021 年 12 月 31 日,[1]中国税务机关已累计签署 125 例单边预约定价安排和 101 例双边预约定价安排,[2]其中双边预约定价安排的签署国家(地区)分别为:美国(2007 年)、韩国(2007 年)、丹麦(2009 年)、新加坡(2011 年)、瑞士(2014 年)、荷兰(2016 年)、德国(2019 年)、新西兰(2020 年)。[3]

目前,预约定价安排在我国一般适用于主管税务机关向企业送达接收其谈签意向的《税务事项通知书》之日所属纳税年度前 3 个年度每年度发生的关联交易金额 4000 万元人民币以上的企业。整体包括 6 个阶段:预备会谈—谈签意向—分析评估—正式申请—协商签署—监控执行。详言之,第一步为有谈签预约定价安排意向的企业,按照要求向主管税务机关提交《预约定价安排预备会谈申请书》,主管税务机关组织与企业开展预备会谈,若申请双边或多边预约定价安排则需同时将申请书提交国家税务总局,组织开展会谈主体是国家税务总局。若征纳双方在预备会谈期间达成一致意见,则启动"谈签意向"流程,主管税务机关向企业送达同意其提交谈签意向的《税务事项通知书》,企业在收到后向税务机关提交《预约定价安排谈签意向书》并附送相应的申请草案。接着进入税务机关的"分析评估"环节,税务机关就企业提交的预约定价安排申请草案的内容,可以从功能和风险状况、可比交易信息、关联交易数据、定价原则和计算方法、价值链分析和贡献分析、交易价格或利润水平以及假设条件等 7 个方面进行分析评估。评估的结果若为不符合独立交易原则,企业应当与税务机关进行协商调整。评估结果符合独立交易原则,税务机关则向企业送达同意其提交正式申请的《税务事项通知书》,企业收到后,可以向税务机关提交《预约定价安排正式申请书》并随附正式申请报告。税务机关在收到正式申请后,在前述分析评估的基础上形成协商方案,据此与企业展开协商,协商达成一致的,拟定预约定价安排文本后签

---

[1] 因 1998 年至 2004 年间,我国一些地方税务机关虽也尝试与企业达成一些单边预约定价安排,但是基于普遍存在的条款过于简化、功能风险分析和可比性分析不足等问题,国家税务总局在统计数据时并未将这一阶段的内容统计在内。中华人民共和国国家税务总局编:《中国预约定价安排年度报告》(2021),中国税务出版社 2022 年版,第 10 页。

[2] 中华人民共和国国家税务总局编:《中国预约定价安排年度报告(2021)》,中国税务出版社 2022 年版,第 2 页。

[3] 中华人民共和国国家税务总局编:《中国预约定价安排年度报告(2021)》,中国税务出版社 2022 年版,第 12~14 页。

署正式预约定价安排。该预约定价安排作为双方自愿协商达成的一致合意，对双方发生效力，企业应主动遵守全部条款，税务机关应当监控企业在执行预约定价安排的过程中的执行情况。预约定价安排在执行期满后自动失效，若企业想继续按照协商的定价原则和计算方法进行交易计税，则需要启动续签程序。进一步就预约定价安排的溯及力而言，若企业就以前年度与预约定价安排使用年度相同或类似的关联交易申请适用预约定价安排的，税务机关可以将确定的定价原则和计算方法追溯适用于企业的以前年度，最长可追溯至 10 年。自 2021 年 9 月 1 日起，为了进一步深化税务领域"放管服"改革，优化营商环境，对申请单边预约定价安排的符合《国家税务总局关于单边预约定价安排适用简易程序有关事项的公告》（国家税务总局公告 2021 年第 24号）要求的企业，可以适用简易程序。简易程序仅包括申请评估、协商签署和监控执行 3 个阶段。

仅从形式而言，预约定价安排是税务裁量协商的结果，征纳双方就税务机关的纳税调整裁量权进行协商，这里具体为确定企业与其关联方业务往来的定价原则和计算方法的裁量权。而在预约定价安排最终形成前，税企双方就前述税务裁量权存在多次协商。税务机关与企业的第一次协商在预备会谈期间，经协商达成谈签意向后，第二次协商发生在分析评估阶段，双方可以就企业提交的预约定价安排草案进行讨论协商。根据协商的结果决定是调整草案开启新的协商，还是形成协商方案并据此开展最后一次协商。预约定价安排文本则是税企双方多次协商的结果。仅以单边预约定价安排为例，税企双方签署的内容大概涵盖税务机关与企业基本信息（纳税人名称、纳税人识别号及地址）、关联方名称及具体往来的业务、适用期限、关键假设、转让定价方法、执行情况的年度报告、预约定价安排的效力问题、续签情况及争议解决方式。

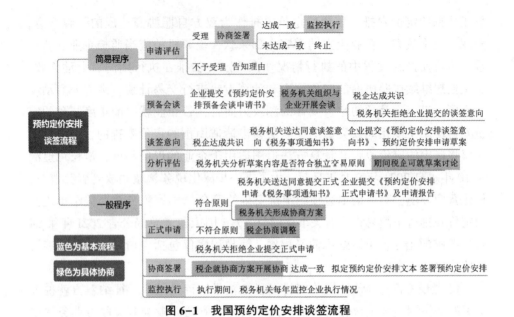

图6-1 我国预约定价安排谈签流程

(二) 税收遵从协议

纳税遵从协议是发达国家在大企业遵从风险管理领域的一个成功经验,[1]无论是荷兰的"横向监管"还是澳大利亚的"远期遵从协议和会议室中的税务"[2],均彰显了税务机关与企业加强合作共同防范风险的趋势。在我国,税收遵从协议是为大企业提供的一种定制服务,旨在增强其税法适用的确定性,防范税务风险。2011年《国家税务总局关于印发〈国家税务总局大企业税收服务和管理规程(试行)〉的通知》(国税发〔2011〕71号)首次以正式规范性文件的形式对税收遵从协议进行了规定,在第二章遵从引导的第四节以"税收遵从协议的签订和实施"命名明确了税收遵从协议的签订主体、原则、程序和效力等内容。就签署主体而言分两类:一类是税务总局与大企业集团作为协议双方,另一类是省以下税务机关与大企业集团的成员企业是签署双方,前者签署的协议由税务总局负责通报有关税务机关,后者签署的协议内容则不应与前者的协议冲突,且应就文本及执行情况向税务总局备案。税企双方应在自愿、平等、公开、互信的基础上,由大企业自愿发起申请,税务

〔1〕 赵敬贤:《税收遵从协议:履约才是硬道理》,载《中国税务报》2014年5月16日。
〔2〕 陈文辉:《税企签署税收遵从合作协议意义重大》,载《中国税务报》2012年10月29日。

机关与大企业确定税收遵循协议签订意愿后进行共同磋商、起草协议文本，最终签署协议。2012 年 10 月 12 日，国家税务总局从首批定点联系的 45 家企业中，选择中国海洋石油总公司、中国人寿（保险）集团公司和西门子（中国）有限公司 3 家企业签订税收遵从合作协议，其中最引人关注的内容是税收事先裁定条款。[1] 这也标志着税收遵循协议正式进入了制度实践阶段。此后，2013 年《国家税务总局关于进一步加强大企业个性化纳税服务工作的意见》（税总发〔2013〕145 号）除强调推进税收遵循合作协议谈签工作外，还专门提出试行大企业涉税事项事先裁定制度。我国首例税收事先裁定案例发生在 2013 年的安徽，原安徽省国税局与马钢集团签署了《税收遵从合作协议》，协议明确了关于税收事先裁定的条款，马钢集团在国税局辅导下调整了资产重组方案并正式向安徽省国税局申请事先裁定，税务局作出了"马钢集团此次资产重组，不属于增值税的征税范围，不征收增值税"的裁定意见。此后，各地税务机关纷纷与一些纳税人签订了税收遵从合作协议，其中均包含税收事先裁定服务的条款。税收事先裁定制度至今仍是一种试行制度，其适用对象是"大企业"。根据《国家税务总局关于印发〈国家税务总局大企业税收服务和管理规程（试行）〉的通知》（国税发〔2011〕71 号）第 3 条的规定，适用的是国家税务总局、省税务机关的定点联系企业。2015 年《国家税务总局关于创新自由贸易试验区税收服务措施的通知》（税总函〔2015〕208 号）提出"税收遵从合作化"和"预先预定明确化"两项税收创新服务，将之适用主体界定为"内控机制健全且纳税信用为 A 级的大企业"。暂不考虑"大企业"的确定因素，税务机关与大企业就协议内容进行协商，通过协商为大企业提供确定性的税法适用服务，表现为协议中各自权利义务条款的规定，包括但不限于税收事先裁定条款、纠纷解决协商条款、续签协商条款。在此，税收遵从协议既是税务机关与大企业协商的结果，协议的内容也涵盖着具体的协商事宜。

税收遵从协议是在征纳双方遵循平等自愿、互信合作理念的基础上所形成的约束双方之协议。虽不属于中国原创性本土经验，但其在税收征管实务中也逐渐成了我国契约治理的实践典范。进一步就其性质而言，学理上形成

---

〔1〕 张凯、苏御《税务总局首次与大企业签署税收遵从合作协议》，载《中国税务报》2012 年 10 月 29 日。

了行政合同说、行政指导说、税务契约说和民事合同说四种学说。其中，"行政合同说"的支持者主张它在学理上应属于行政合同。理由如下：该协议所明确的纳税人遵从义务并非普通民法所倡导的意思自治之义务，而是行政法上的强制性义务，它所建构的逻辑立足点是税务机关作为行政机关所履行的公共管理职能。[1]第二种理论"行政指导说"的支持者则认为："税收遵从协议以合同为载体，实际上并不能被认定为行政合同，而只是行政指导的一种类型。"盖因为，这种协议并非税收征管行为中的具体方式，而只是将征纳双方既有的税务法律关系通过协议这样一种书面的形式固定和再次重申而已。在这种情形下，不会也不可能增加新的税务法律关系，这也正契合行政指导的柔性本质。[2]支持第三种学说即"民事合同说"的学者认为，在法律性质界定上，税收遵从协议无法满足行政合同关于合同主体、目的、权限以及内容等的界定标准，所以不能将其确定为行政合同，而应将其定性为民事合同。在该学者看来，征纳双方在该协议从签订到执行乃至后续可能引发纠纷的解决方式上均体现着民法意思自治的色彩。而且，将其界定为民事合同对于协调税企关系、提高纳税遵从度，改变税收观念、实现税法理念转型以及弘扬限制权力、保障权利的法治精神具有重要意义。[3]"税务契约说"认为，税收遵从协议是典型的契约样本，它符合税务契约的独立契约属性，而有别于民事契约、行政契约，这在上述税务契约的定位中已经论证，这里就不再赘述了。由上观之，显然，最站不住脚的是民事合同说，虽然税法中较多地融入了私法的交易、债权学说，但是我们始终应该坚持税法的公法属性，那么立基于此的税收遵从协议又怎会落入私法的窠臼？其次，关于行政合同说与行政指导说均是立基于行政法这一部门法，而这里论述的是作为经济法宏观调控法分支的税法，显然将其归入行政法就不太恰当了。

---

〔1〕 虞青松：《税收遵从协议的治理机制——行政合同的实证解析》，载《行政法学研究》2013年第3期。

〔2〕 熊樟林：《税收遵从协议行政指导属性之证成》，载《北京理工大学学报（社会科学版）》2015年第4期。

〔3〕 刘小砚：《论税收遵从协议的法律性质及救济路径》，载《财会月刊》2017年第32期。

三、纠纷化解：税务裁量事后协商的典型实践

（一）税务和解

"和解"一词发轫于民法领域，最初意味着"纠纷当事人在争取或保护自己权利时的相互妥协与谦让"。[1]作为一种纠纷解决方式，和解最早进入我国的立法是在 1979 年，第五届全国人民代表大会第二次会议通过了《刑事诉讼法》。其第 127 条规定："自诉人在宣告判决前，可以同被告人自行和解或者撤回自诉。"1982 年公布的《民事诉讼法（试行）》第 46 条也规定"双方当事人可以自行和解"。随后，和解在我国的适用范围进一步扩围，截至 2023 年 10 月 26 日，我国曾有 14 部法律[2]、7 部行政法规[3]、37 部司法解释规定过和解的内容，对前述内容进行分析可以发现，和解在争议发生后，即有了适用空间。在争议发生后，争议双方可以协商和解，如消费者争议、物权争议、电子商务争议、农村土地承包经营争议、劳动争议、医疗争议等典型争议。也可以在申请复议或者仲裁后复议或仲裁决定作出前自愿达成和解，如行政相对人对行政机关行使裁量权的具体行政行为不服申请复议的争议，当事人不愿协商、协商不成或者达成和解协议后不履行的劳动争议。还可以在民事诉讼、行政诉讼、刑事自诉及被告人、罪犯未被羁押的刑事附带民事诉讼作出判决前自行和解，如破产和解，刑法中的自诉案件及特定的公诉案件[4]等。和解制度演进的历史逻辑清晰地揭示了和解在不同纠纷处理阶段的运用，彰显和解纠纷化解功能突出的效率性和公平性。

税务和解的出现是税务机关实践探索的产物。税务和解是"建立在一种

---

〔1〕 杨解君：《中国行政法的变革之道——契约理念的确立及其展开》，清华大学出版社 2011 年版，第 305 页。

〔2〕 按照立法时间顺序，不考虑法律的是否有效就修订问题，依次为：《刑事诉讼法》《民事诉讼法（试行）》《企业破产法（试行）》《民事诉讼法》《消费者权益保护法》《仲裁法》《合同法》《企业破产法》《物权法》《劳动争议调解仲裁法》《保险法》《农村土地承包经营纠纷解决仲裁法》《电子商务法》《民法典》《行政复议法》。

〔3〕 按照立法时间顺序，不考虑法律的是否有效就修订问题，依次为：《技术合同法实施条例》《企业劳动争议处理条例》《重新组建仲裁机构方案》《仲裁委员会仲裁收费办法》《诉讼费用交纳办法》《行政复议实施条例》《医疗纠纷预防和处理条例》。

〔4〕 ①因民间纠纷引起，涉嫌刑法分则第四章、第五章规定的犯罪案件，可能判处 3 年有期徒刑以下刑罚的；②除渎职犯罪以外的可能判处 7 年有期徒刑以下刑罚的过失犯罪案件。

利益兼得基础上的制度调整",[1]是"植根于主管税务机关的裁量权和纳税人的处分权"[2]而衍生的一种为实现特殊目的之税收制度。揆之和解在我国税务领域的实践可知，税务和解作为一种制度主要适用于税务复议。《国家税务总局关于全面加强税务行政复议工作的意见》（国税发〔2007〕28号）将和解作为一种处理纠纷的方式并明确提出"积极探索建立税务行政复议和解制度"。2010年修订的《税务行政复议规则》就税务行政复议中和解书适用的情形、阶段、原则、结果及效力等作出了规定。其中，税务和解适用于四类情形：①行使自由裁量权作出的具体行政行为，如行政处罚、核定税额、确定应税所得率等；②行政赔偿；③行政奖励；④存在其他合理性问题的具体行政行为。税务和解的适用阶段是税务复议开始后至复议机关作出复议决定之前，应遵循自愿、合法及不损害公共利益和他人合法权益的原则。和解的结果有两种：一种是达成和解，形成书面和解协议，其产生终止行政复议的法律效力；另一种是未达成和解，双方继续行政复议流程。2015年该规则修订时，增加了和解期限不计入行政复议审理期限的规定，进一步保障了税务和解的实施。2011年国家税务总局印发的《"十二五"时期纳税服务工作发展规划》和2015年《国家税务总局关于全面推进依法治税的指导意见》（税总发〔2015〕32号）均提出了完善税务行政复议制度，运用税务和解、调解等方式解决税收争议的方向。2015年公布的《税收征收管理法修订草案（征求意见稿）》第127条规定了税务和解的内容。2021年《重大税收违法失信主体信息公布管理办法》和《国家税务总局关于纳税信用评价与修复有关事项的公告》规定，失信破产主体若凭借法院认可的和解协议裁定书依法缴纳税款、滞纳金及罚款，可以向主管税务机关申请提前停止公布失信信息和纳税信用修复。2023年修订的《行政复议法》更是在法律层面肯定了包括税务和解在内的行政复议和解制度。国家层面的税务和解规定通过各地税务系统相继颁布地区实施规定，从而得以在地方适用，大多数是对前述内容的重复转载，少数地区如安徽和上海地区公布了以和解命名的地方规范性文件，如《安徽省税务行政复议和解调解办法》《上海市税务行政复议和解调解实施办法》。

---

〔1〕 叶金育：《税务和解实施的法律规制》，载《内蒙古社会科学》2013年第6期。

〔2〕 顾德瑞：《税务和解适用的三个着力点：范围、条件和阶段》，载《云南大学学报（法学版）》2014年第5期。

表 6-2　和解在税法中的规定

法律法规	内容
2007 年《国家税务总局关于全面加强税务行政复议工作的意见》	坚持原则性与灵活性相统一，依法进行调解。对于存在合理性问题、混合过错问题或者社会影响重大的案件，不能简单地撤销或者维持，要注重运用和解、调解的方式加以处理。复议机关要积极为当事人自行和解创造条件。当事人通过调解、和解达成协议的，复议机关要制作行政复议调解书或者行政复议和解书予以确认，及时送达当事人执行。不能达成和解协议或者调解书、和解书送达前申请人反悔的，复议机关应当及时做出行政复议决定。 各级税务机关要认真总结经验，积极探索建立税务行政复议听证制度、调查制度、和解制度、重大案件备案制度和重大事项报告制度。
《税务行政复议规则》	2010 年第 80 条第 1 款第 4 项　行政复议期间，有下列情形之一的，行政复议终止：……（四）申请人与被申请人依照本规则第 87 条的规定，经行政复议机构准许达成和解的。 第十章　税务行政复议和解与调解 第 86 条　对下列行政复议事项，按照自愿、合法的原则，申请人和被申请人在行政复议机关作出行政复议决定以前可以达成和解，行政复议机关也可以调解：（一）行使自由裁量权作出的具体行政行为，如行政处罚、核定税额、确定应税所得率等。（二）行政赔偿。（三）行政奖励。（四）存在其他合理性问题的具体行政行为。 第 87 条　申请人和被申请人达成和解的，应当向行政复议机构提交书面和解协议。和解内容不损害社会公共利益和他人合法权益的，行政复议机构应当准许。 第 88 条　经行政复议机构准许和解终止行政复议的，申请人不得以同一事实和理由再次申请行政复议。 2015 年、2018 年增加 第 86 条第 2 款　行政复议审理期限在和解、调解期间中止计算。
2011 年《"十二五"时期纳税服务工作发展规划》	建立税收争议化解机制。完善税务行政复议制度，积极运用和解、调解手段化解税收争议。
2015 年《国家税务总局关于全面推进依法治税的指导意见》	认真落实行政复议法和行政诉讼法，进一步完善税务行政复议工作体制及和解、调解等制度，发挥行政复议解决税收争议主渠道作用，切实保护纳税人合法权益。

续表

法律法规	内容
2015《税收征收管理法修订草案（征求意见稿）》	第 127 条 行政复议可以适用和解、调解。 和解协议或者调解书经申请人、被申请人签字后生效，申请人不得就同一事实、同一理由再次申请行政复议。 申请人与被申请人和解、调解不成的，行政复议机关应当及时作出行政复议决定。 行政复议决定维持征税处理决定的，申请人应当按照规定缴纳税款及税收利息。
2021《重大税收违法失信主体信息公布管理办法》	第 18 条第 2 项失信信息公布期间，符合下列条件之一的，失信主体或者其破产管理人可以向作出确定失信主体决定的税务机关申请提前停止公布失信信息：②失信主体破产，人民法院出具批准重整计划或认可和解协议的裁定书，税务机关依法受偿的； 第 19 条第 2 款 按本办法第 18 条第 2 项规定申请提前停止公布的，申请人应当提交停止公布失信信息申请表，人民法院出具的批准重整计划或认可和解协议的裁定书。
2021 年《国家税务总局关于纳税信用评价与修复有关事项的公告》	一、符合下列条件之一的纳税人，可向主管税务机关申请纳税信用修复：（一）破产企业或其管理人在重整或和解程序中，已依法缴纳税款、滞纳金、罚款，并纠正相关纳税信用失信行为的。……

由上述内容梳理可知，税务和解主要适用于税务复议领域中的裁量范围，进一步体现在基于税务裁量权而作出的具体税收征管行为，行政赔偿、补偿、举报奖励等争议。税务和解在前述争议中实质具体聚焦于财产权益问题，税收征管衍生的税务处罚、核定税额、确定税率的核心是确定纳税人应让渡多少既有财产来实现国家的法定债权，针对行政赔偿、补偿及举报奖励是确定国家应提供多少财政收入来实现申请人的法定赔偿债权与举报人的预期债权。税务和解的双方，税务机关享有确定公共财产的税务裁量权，纳税人享有财产的处分权，和解是双方在各自权利（力）范畴内协商的结果。税务和解作为重要的裁量权实现载体和法律背书，[1] 在税务要件裁量和效果裁量中均有

───────────

〔1〕 陈雷：《税务行政裁量权的法律规制——以税务和解的授权界限为例》，载《税务与经济》2018 年第 3 期。

适用空间，内核是税务争议双方的协商，协商的结果，或达成合意形成和解书，或和解未果继续后续争议化解途径。若通过和解，达成和解协议，则税务纠纷可以被化解在税务系统内部，既降低了征纳双方争议解决的成本，也节约了后续诉讼资源。

（二）税务调解

据学者考究，我国调解制度在 20 世纪 90 年代整体走向衰落，21 世纪初期开始复苏。[1]实践中，我国调解包括人民调解、行政调解、司法调解、律师调解、仲裁调解、商事组织调解、公证调解等类别，司法调解中又存在先行调解、委派调解、委托调解、特邀调解等具体方式。在我国构建大调解工作格局的时代背景下，依据调解主体的性质可将前述调解整体化为民间调解、官方调解和市场化调解三类。其中，人民调解委员会是调解民间纠纷的群众性组织，人民调解可被归类为民间调解；行政机关、人民法院、人民检察院等国家机关主导的行政调解和司法调解是官方调解；律师、商会、仲裁委员会[2]、公证处等市场主体主导的调解可被进一步归类为市场化调解。相较于律师调解、商事调解、公证调解等仍处于探索阶段的新兴模式，人民调解、行政调解、司法调解、仲裁调解作为主流调解方式在我国的发展已较为成熟。就前述各类调解的关系而言，"人民调解是第一道防线"，应"充分发挥人民调解基础性作用"[3]，坚持"把人民调解工作做在行政调解、司法调解、仲裁、诉讼等方法前"[4]，"实现人民调解、行政调解、司法调解有机结合"[5]，"支持商事调解组织、律师事务所、公证处等探索按照市场化方式提供矛盾纠

〔1〕 王聪：《作为诉源治理机制的行政调解：价值重塑与路径优化》，载《行政法学研究》2021年第 5 期。

〔2〕 关于仲裁委员会的性质，这里将其界定为市场主体。我国《仲裁法》第 14 条规定："仲裁委员会独立于行政机关，与行政机关没有隶属关系。"但却未明确其具体机构属性。实践中，仲裁机构以事业单位、社会团体、中介组织、政府公共法律服务部门的科室等形式存在。也有学者将其界定为"其他公益性非营利法人"。参见姜丽丽：《论我国仲裁机构的法律属性及其改革方向》，载《比较法研究》2019 年第 3 期。

〔3〕《最高人民法院、司法部关于印发〈关于充分发挥人民调解基础性作用 推进诉源治理的意见〉的通知》（司发〔2023〕1 号）。

〔4〕《中央社会治安综合治理委员会、最高人民法院、最高人民检察院、国务院法制办公室、公安部、司法部、人力资源和社会保障部、卫生部、国土资源部、住房和城乡建设部、民政部、国家工商行政管理总局、国家信访局、中华全国总工会、中华全国妇女联合会、中国共产主义青年团中央委员会关于印发〈关于深入推进矛盾纠纷大调解工作的指导意见〉的通知》（综治委〔2011〕10 号）。

〔5〕《中共中央办公厅、国务院办公厅印发关于加快推进公共法律服务体系建设的意见》。

纷多元化解服务"[1]，"加强律师调解与人民调解、行政调解、行业调解、商事调解、诉讼调解等有机衔接"[2]，共同推动构建大调解工作格局。税务调解也是在这样的时代背景下得以运用和发展的。

相较于税务和解，税务调解的适用场域更广。除了同样适用于税务复议领域外，税务调解还适用于税收执法、纳税服务投诉及税务诉讼领域。在税收征管领域，税务调解是一种柔性执法手段，也是一种纳税服务方式。税务征管调解可见于税收执法、纳税服务投诉与税收争议调解机制之中。《"十三五"时期税务系统全面推进依法治税工作规划》指出"探索运用……调解疏导……非强制性执法手段"以创新税收执法方式。在修订后的《纳税服务投诉管理办法》里，调解既是税务机关处理投诉事项的原则，强调"注重调解"；也是调查投诉事项的规定流程之一，纳税服务部门通过"沟通调解"，化解投诉人与被投诉人间的矛盾。《国家税务总局关于接续推出和优化"便民办税春风行动"措施促进民营经济发展壮大服务高质量发展的通知》引入了"民营企业服务站或服务顾问"，借此深入开展包括调解在内的服务工作。《国家税务总局关于加强纳税人权益保护工作的若干意见》首次在税务系统内部以规范性文件的形式界定"税收争议调解"，将之规定为：在税收征收、管理、稽查等活动中，纳税人与税务机关发生涉税争议时，以纳税人自愿为原则，由税务机关相关部门对争议进行判断、处置、化解。税务复议环节的税务调解以《国家税务总局关于全面加强税务行政复议工作的意见》为指导，以《税务行政复议规则》为具体标准。税务系统在 2007 年明确提出："注重运用调解手段，实现法律效果与社会效果的统一。"强调调解是化解矛盾的有效手段，应将之贯穿于行政复议的全过程。在税务复议调解时，应遵循当事人自愿、合法、公平公正、诚实守信的原则，保护国家利益、公共利益、纳税人和他人合法权益。在《税务行政复议规则》中，先是在总则中将税务机关应当为调解提供专门场所和其他必要条件作为税务复议机关的职责之一，后在第十章以专章的形式规定了税务行政复议和解与调解。税务行政复议调解的适用范围和原则与税务行政复议和解一致。相较于税务复议和解条款规

---

[1] 《中共中央政法委员会、最高人民法院、最高人民检察院关于印发〈关于进一步优化司法资源配置全面提升司法效能的意见〉的通知》（中政委［2019］26 号）。

[2] 《最高人民法院、司法部关于开展律师调解试点工作的意见》（司发通［2017］105 号）。

定得较为简略，税务复议调解条款较为详细地规定了 4 个要求、5 个程序、调解结果及其效力，特别是调解书的相关内容。若调解达成协议，则由复议机关制作调解书，载明行政复议请求、事实、理由和调解结果，并加盖行政复议机关印章，经征纳双方签字即具有法律效力，若申请人不履行，可由被申请人依法强制执行，或者申请人民法院强制执行。若调解未达成协议或调解书不生效，复议机关应当及时作出复议决定。在税务诉讼领域，依照《行政诉讼法》的规定，行政赔偿、补偿以及行政机关行使法律、法规规定的自由裁量权的案件可以调解，如果法院认为法律关系明确、事实清楚，在征得当事人双方同意后，可以径行调解。进一步结合《税务行政应诉工作规程》的规定可知，对于法院依法主持调解的前述案件，税务机关有权决定是否接受调解。若税务机关接受调解，则税务行政应诉工作小组需要结合纳税人提出的调解方案、法院的调解建议拟定调解方案并报应诉领导小组审定。在税务调解书生效后，对税务机关及纳税人均发生效力，双方不得拒绝履行或拖延履行。

税务调解就性质而言，是一种贯穿于整个涉税流程的纠纷化解方式和手段。在税务调解中，除了直接的税务纠纷双方当事人外，还有第三方主体的介入。如在纳税服务投诉中的专门纳税服务部门、税务机关协同本地商会组织设立的民营企业服务站或服务顾问，税收征收、管理、稽查等活动中的直接征管机关外的相关部门，税务复议环节里的税务复议机关，税务诉讼中的人民法院等。相对于税务纠纷的当事人而言，该第三方主体具有相对独立性和权威性，如此方能保证税务调解的中立与公正。就此而言，税务调解其实是征纳双方在发生税务纠纷后将该纠纷的解决诉诸彼此信任的第三方主体的一种方式，借力调解主导主体的权威性与中立性达成具有法律效力的调解协议（调解书）。此时，调解主导主体一方面推动税务纠纷化解，另一方面审查调解协议（调解书）内容的合法性。

表 6-3　调解在税法中规定

法律法规	内容
2007 年《国家税	四、注重运用调解手段，实现法律效果与社会效果的统一

法律法规	内容
务总局关于全面加强税务行政复议工作的意见》	（九）调解是化解矛盾的有效手段。各级复议机关要增强运用调解手段解决行政争议的意识，将调解贯穿于行政复议的全过程。运用和解、调解方式办案，必须坚持当事人自愿、合法、公平公正、诚实守信的原则，不得侵害纳税人的合法权益。在不损害国家利益、公共利益和他人合法利益的前提下，应当引导双方当事人之间和平协商，平衡利益，增进相互理解和信任，最大限度地降低税务争议的负面影响，实现法律效果与社会效果的统一。（十）坚持原则性与灵活性相统一，依法进行调解……
《税务行政复议规则》	2010 年第 9 条　行政复议机关应当为申请人、第三人查阅案卷资料、接受询问、调解、听证等提供专门场所和其他必要条件。 第十章　税务行政复议和解与调解 第 86 条　…… 第 89 条　调解应当符合下列要求：（一）尊重申请人和被申请人的意愿。（二）在查明案件事实的基础上进行。（三）遵循客观、公正和合理原则。（四）不得损害社会公共利益和他人合法权益。 第 90 条　行政复议机关按照下列程序调解：（一）征得申请人和被申请人同意。（二）听取申请人和被申请人的意见。（三）提出调解方案。（四）达成调解协议。（五）制作行政复议调解书。 第 91 条　行政复议调解书应当载明行政复议请求、事实、理由和调解结果，并加盖行政复议机关印章。行政复议调解书经双方当事人签字，即具有法律效力。 调解未达成协议，或者行政复议调解书不生效的，行政复议机关应当及时作出行政复议决定。 第 92 条　申请人不履行行政复议调解书的，由被申请人依法强制执行，或者申请人民法院强制执行。 2015 年、2018 年增加第 86 条第 2 款行政复议审理期限在和解、调解期间中止计算。
2011 年《"十二五"时期纳税服务工作发展规划》	
2013 年《国家税务总局关于加强纳税人权益保护工作的若干意见》	探索建立税收争议调解机制，畅通侵权救济渠道 探索建立税收争议调解机制。税收争议调解是指在税收征收、管理、稽查等活动中，纳税人与税务机关发生涉税争议时，以纳税人自愿为原则，由税务机关相关部门对争议进行判断、处置、化解。各级税务机关应按照中央关于注重运用调解手段化解行政争议的要求，积极探索建立税收争议调解机制，避免纳税人合法权益受到侵害。对于纳税人已经申请税务行政复议、纳税服务投诉且已受理，或提起行政诉讼且已立案的税收争议，按照相关法律法规执行。

续表

法律法规	内容
2015 年《国家税务总局关于全面推进依法治税的指导意见》	
2015 年《税收征收管理法修订草案（征求意见稿）》	
2016 年《"十三五"时期税务系统全面推进依法治税工作规划》	创新税收执法方式。探索运用行政指导、行政奖励、说服教育、调解疏导、劝导示范等非强制性执法手段。
2017 年《税务行政应诉工作规程》	第 40 条　对于人民法院依法主持调解的案件，税务机关应当按照调解预案向法庭表明是否接受调解。 第 43 条　在接受调解的案件中，工作小组应当结合原告提出的调解方案、人民法院的调解建议拟定调解方案，并报领导小组审定。 第 48 条第 1 款　对已经发生法律效力的判决、裁定或者调解书，工作小组认为确有错误的，应当就是否申请再审提出建议并报领导小组审定。 第 51 条第 1 款　工作小组在收到生效判决、裁定或者调解书之后，应当及时向领导小组报告应诉工作情况和诉讼结果，结合案件具体情况提出意见和建议，并将裁判文书转交被诉行政行为承办机构。 第 52 条第 1 款　税务机关要依法自觉履行人民法院生效判决、裁定和调解，不得拒绝履行或者拖延履行。被诉行政行为承办机构负责具体执行。 第 53 条　原告拒不执行生效判决、裁定或者调解的，税务机关应当依法强制执行，或者向人民法院申请强制执行。
2019 年《纳税服务投诉管理办法》（修订）	第 28 条　税务机关调查处理投诉事项，应依法依规、实事求是、注重调解，化解征纳争议。 第 30 条　调查纳税服务投诉事项，应当由两名以上工作人员参加。一般流程为：（一）核实情况。（二）沟通调解。与投诉人、被投诉人确认基本事实，强化沟通，化解矛盾，促进双方就处理意见形成共识；（三）提出意见。
2021 年《重大税收违法失信主体信息公布管理办法》	
2023 年《关于接续推出和优化"便民办税春风行动"措施促进民营经济发展壮大服务高质量发展的通知》	各地税务机关协同本地商会组织设立民营企业服务站或服务顾问，深入开展普法、答疑、调解、维权等工作，及时满足企业税费咨询等服务需求。

注：跟税务和解一致的内容，只标明法律法规名称。

（三）新时代"枫桥经验"的税法实践

1. 新时代"枫桥经验"的税法文本梳理

"枫桥经验"是中国基层社会治理的一个"样本"。[1]其在 20 世纪 60 年代浙江省诸暨市枫桥区的社会主义教育运动中应运而生，改革开放后发展成为服务经济发展、维护社会稳定的"新枫桥经验"，党的十八大后在传承中又创新性地发展成了新时代"枫桥经验"。自 1963 年毛泽东同志批示"要各地仿效，经过试点，推广去做"至今，60 年来"枫桥经验"在新时代伟大实践中丰富发展，展现出了历久弥新的魅力。[2]新时代"枫桥经验"的生动实践在税法领域亦不断推陈出新，将税费争议化解在基层。

在税务系统，新时代"枫桥经验"最初被应用于信访领域，是依法及时就地解决信访问题，充分保障纳税人监督权的重要方式[3]。随后，国家税务总局在办理行政复议应诉案件化解涉税矛盾纠纷时，开始"借鉴新时代'枫桥经验'，探索将税务行政争议化解程序前移，尽力将税务争议化解在初始阶段"。[4]自 2022 年起，新时代"枫桥经验"被载入国家税务总局"便民办税春风行动"用以指导具体便民办税缴费措施。其中，《国家税务总局关于开展 2022 年"我为纳税人缴费人办实事暨便民办税春风行动"的意见》（税总纳服发〔2022〕5 号）作为第 65 条举措将之归类于"执法监管更公正"行动类别下的"保障合法权益"项内。具体内容为："将'枫桥经验'应用于税收实践，推动建设'公职律师涉税争议咨询调解中心'，开展涉税争议咨询、组织调解、出具意见等法务活动，推动争议化解，维护纳税人合法权益。"《国家税务总局关于接续推出 2023 年"便民办税春风行动"第二批措施的通知》（税总纳服函〔2023〕13 号）第 1 条被置于"诉求响应提质"类别下。具体规定为："坚持和发展新时代'枫桥经验'，通过设立调解室、成立专门团队等，畅通纳税人缴费人诉求表达、权益保障通道，充分发挥调解作用，推进

---

[1] 中国法学会"枫桥经验"理论总结和经验提升课题组：《"枫桥经验"的理论构建》，法律出版社 2018 年版，第 28 页。

[2] 《陈文清在浙江调研时强调 坚持和发展新时代"枫桥经验"推进矛盾纠纷化解法治化》，载《人民日报》2023 年 05 月 19 日。

[3] 《国家税务总局 2018 年法治政府建设情况报告》，载 http://www.chinatax.gov.cn/chinatax/n810214/n2897183/c4293638/content.html，最后访问日期：2023 年 11 月 26 日。

[4] 《国家税务总局 2020 年法治政府建设情况报告》，载 http://www.chinatax.gov.cn/chinatax/n810214/n2897183/c5162925/content.html，最后访问日期：2023 年 11 月 26 日。

税收争议化解在基层、化解于萌芽。"新时代"枫桥经验"在税法领域的应用以税务调解为主线,运用阶段从执法阶段前移至诉求响应阶段,调解平台从公职律师涉税争议咨询调解中心扩围至调解室、专门团队,逐渐实现了税费争议解决源头化、专业化和法治化。据此,各级税务机关结合本地税务工作实际在细化落实上述举措的同时推出了具有当地特色的举措。例如,黑龙江省税务局将国家税务总局的措施细化为:①持续在全省范围内推动"枫桥式税务分局"建设,通过设立调解室、成立专门团队等,进一步优化涉税调解服务。②积极宣传推广"枫桥经验"好做法、好举措,在全省范围内形成良好的示范效应,深化"枫桥精神"时代内涵,切实发挥调节作用,解决纳税人缴费人急难愁盼问题。③扩大公职律师涉税争议咨询调解服务队伍,深入开展涉税争议咨询、组织调解、出具意见等法务活动,推动争议化解。[1]佳木斯市在此基础上增加了两个内容:①将"税务蓝"与严守税收征管"最后一道防线"的稽查之"盾"相结合,建设既有"枫桥"共性,又有稽查个性的"蓝盾枫桥"税务稽查局。②及时将"枫桥经验"向中共佳木斯市委依法治市委员会办公室进行汇报。浙江省税务局的相关举措为:推进新时代"枫桥式"税务分局(所)建设。把新时代"枫桥经验"落实到为纳税人缴费人服务的"关键小事"中,构建全方位、多层次的税费争议解决机制,打造矛盾化解"终点站"。[2]

在地方,新时代"枫桥经验"的税收法律依据,既有专门制定税务文本或者内部工作制度的形式,典型者如四川省、内蒙古自治区;也有在制定其他税收法律文件时提及该经验的形式,代表性如浙江省、山东省、江西省、宁夏回族自治区。

在作为"枫桥经验"发源地的浙江,自2018年起,浙江省税务局陆续印发《国家税务总局浙江省税务局关于进一步促进民营经济高质量发展的实施意见》(浙税发〔2018〕89号)[3]、《国家税务总局浙江省税务局关于进一

---

〔1〕《国家税务总局黑龙江省税务局关于接续推出2023年"便民办税春风行动"第二批措施的通知》(黑税函〔2023〕22号)。

〔2〕《国家税务总局浙江省税务局关于开展2023年"便民办税春风行动"工作的通知》(浙税发〔2023〕5号)。

〔3〕充分保障民营企业法律救济权利。坚持和发展"依靠群众就地化解矛盾"的"枫桥经验",创新工作方法,加强税务行政调解工作,构建多元联动的矛盾纠纷解决机制,研究建立纳税人涉税争议前端处理机制,将涉税争议化解在萌芽阶段、化解在基层。

步优化税务执法方式的实施意见》（浙税发〔2020〕52号）〔1〕和《〈"十四五"时期浙江税收改革发展规划〉的通知》（浙税发〔2021〕66号）〔2〕，均提及坚持和发展新时代"枫桥经验"，运用调解等多元方式将税费争议化解在萌芽（初发）阶段、基层和行政程序内部，维护纳税人缴费人（民营企业）合法权益。在江西省，《国家税务总局江西省税务局关于降本增效促进市场主体发展20条帮扶措施》（赣税发〔2022〕18号）第20条措施是"加强纳税人缴费人权益保护"，具体举措为：探索建设"公职律师涉税争议咨询调解中心"，安排公职律师参与税费政策咨询和税费争议化解，运用"枫桥经验"完善税费争议解决机制。在山东省，《国家税务总局山东省税务局办公室、山东省工商业联合会办公室关于印发〈2022年助力小微市场主体发展"春雨润苗"专项行动方案〉的通知》（鲁税办发〔2022〕45号）第12项服务措施是"网格服务共同护航"。具体相关内容为：借鉴"枫桥经验"，建立税费争议调解品牌，充分借助社会力量，按照"1+1+N"模式成立税费争议化解专家智囊团队，邀请司法、人社、市场监管等部门的独立税费争议调解员，提供税费争议咨询与调解服务，搭建司法调解、人民调解、行业调解、行政调解多元一体税费争议调解平台。……在宁夏回族自治区，《国家税务总局宁夏回族自治区税务局关于印发〈税收服务"六新六特六优"产业助力自治区经济社会高质量发展23条措施〉的通知》（宁税发〔2022〕68号）第23项措施是"创新税务执法方式"。具体举措为：……将"枫桥经验"应用于基层税务管理，成立"公职律师涉税争议咨询调解中心"，推动争议有效化解，维护企业合法权益。

在"枫桥式"税务分局的诞生地四川省，自2021年4月21日全国首个"枫桥式"税务分局在安州区税务局花荄税务分局揭牌成立以来，截至2023年5月5日，该省税务系统共试点建成95家"枫桥式"税务分局。〔3〕在省级

---

〔1〕 切实维护纳税人和缴费人的合法权益。……坚持和发展新时代"枫桥经验"，落实《浙江省税务系统预防和化解涉税行政争议实施办法（试行）》，探索建立税收调解员制度，积极运用说法、说理、调解、和解等方式方法，将涉税矛盾纠纷妥善化解在行政程序内部和初发阶段。

〔2〕 切实维护纳税人缴费人合法权益。发展运用新时代"枫桥经验"，完善纳税人缴费人权利救济和税费争议解决机制，积极推进税务部门进驻社会矛盾纠纷处调化解中心，畅通诉求有效收集、快速响应和及时反馈渠道。

〔3〕《提质提速提效 四川税务创新助力企业"实打实"拿到优惠》，载 https://sichuan.china-tax.gov.cn/art/2023/5/5/art_983_893998.html，最后访问日期：2023年11月26日。

层面，2022 年 6 月 17 日出台了《国家税务总局四川省税务局关于深入推进
"枫桥式"税务局建设的意见》（川税发〔2022〕35 号）就如何深化新时代
"枫桥经验"在税务领域的实践运用提出了总体要求[1]、十项主要任务[2]
和三方面的工作要求[3]。在市级层面，绵阳市、南充市等税务局与政法系统
联合印发规范性文件，推进"税务+司法"深入联动协作，推动健全多元化涉
税费争议解决机制。其中，绵阳市税务局与市中级人民法院联合印发《关于
进一步推进税费行政争议多元化解工作的通知》《关于建立企业破产涉税协调
联动工作机制的意见》，与市政法委员会、中级人民法院和司法局联合印发
《深化"枫桥式"税务分局建设源头防范化解税费矛盾纠纷的实施意见》，南
充市税务局和检察院联合印发《关于建立检税联动协作的实施意见》。在基
层，各税务局纷纷制定"枫桥式"税务分局的具体实施制度与细则。其中，
整体性规范如绵阳市辖区的北川羌族自治县税务局、江油市税务局、三台县
税务局等均制发了《"枫桥式"税务分局规范化建设实施办法》，成都市温江
区税务局制发《国家税务总局成都市温江区税务局"枫桥式"税务所创建工
作方案》，雅安市汉源县税务局九襄"枫桥式"税务分局制定了《深化"枫
桥式"税务分局建设源头防范化解税费矛盾纠纷的实施意见》和《九襄"枫
桥式"税务分局"有事来协商"协商议事工作方案》。具体工作制度如江油
市税务局制定了《矛盾争议事前预警分析制度》《矛盾争议事中分级分类调解
制度》《事后反馈回访制度》，攀枝花市税务局制定了《攀税"枫云"税费争
议调解室工作制度》《攀税"枫云"税费争议调解室工作流程图》。在内蒙古
自治区，省级层面制定了《国家税务总局内蒙古自治区税务局办公室关于开
展"枫桥式税务分局"试点工作的通知》（内税办发〔2022〕7 号），就试点
工作展开全局部署和规划，随后各级税务机关纷纷开始探索建设"枫桥式税
务分局"。

2. 新时代"枫桥经验"的税法实践生态

新时代"枫桥经验"税法实践的适用范围是税务机关与纳税人（缴费

---

〔1〕 具体涵盖指导思想、基本原则和主要目标等 3 项内容。

〔2〕 具体为：①提升站位统一认识，②因地制宜优化布局，③完善工作制度体系，④坚持依法
独立调处，⑤打造专业调解团队，⑥深化三级联动机制，⑦助力民营企业发展，⑧建设"枫桥"数据
中心，⑨健全多元化解机制，⑩守正创新拓展功能。

〔3〕 具体包括加强组织领导、鼓励探索创新和营造浓厚氛围等 3 项要求。

人）因征收管理税收、社会保险费和有关非税收入所产生的矛盾纠纷。而前述纠纷的产生或基于税费信息不对称，包括税费法律法规认知不清，如征纳一方主体对法律法规不知道、适用理解有误等；具体税费征收管理时税务机关掌握纳税人（缴费人）涉税费信息真实性和充足性不足，如纳税人（缴费人）提供涉税费信息有限、其他协力主体共享涉税费信息不足、税务机关自身掌握信息有待更新等。税费纠纷产生的另一个殊为重要的原因在于征纳双方对于税费缴纳的实质内容产生异议，聚焦于纳税人（缴费人）税额（费用）认定与法律责任承担中的罚款确定，如纳税人（缴费人）纳税遵从度的高低影响其是否采取偷逃税行为及后续法律责任的承担。

新时代"枫桥经验"在税法领域的实践是税收共治的缩影。在税收征管实践中坚持和发展新时代"枫桥经验"，形成了税务机关主导下多方主体协同参与的各类税费纠纷多元预防调处化解综合机制。进一步以参与主体间关系为标准，可以将前述机制划分两类，税务系统内部的纠纷化解机制和税务系统外部的纠纷化解机制。

在税务系统内部，形成"横向+纵向"税费矛盾纠纷化解机制。就横向税费矛盾纠纷化解机制而言，是税务机关内部机构的协同配合，包括单个税务机关内部的协同和同一级别税务机关的协同。单个税务机关内部协同的税费矛盾纠纷化解机制是税务机关以新时代"枫桥经验"为指导，在综合运用本单位既有资源的基础上进行税费争议化解。其较为典型者，比如咸阳市渭城区税务局以"一室三中心四机制"为基础打造的具有渭城特色的"枫桥式"税务分局，其中一室即为渭税暖心工作室，三中心是税费纠纷处理中心、公职律师涉税争议咨询调解中心、纳税服务中心，四机制分别为宣传辅导事前防范机制、"一站式"矛盾争议解决机制、纳税人缴费人投诉快速响应机制、效果评价机制。[1] 安阳市税务局在全市税务系统推广"枫桥式"税务分局建设，打造"1+4+N"税费基层治理新模式，其中"1"即整合公职律师资源成立1个专家团队，"4"即承接"涉税投诉、咨询调解、信访接待、法制诉讼"等4项功能，"n"即各股室、分局设置争议调解联络员，确保涉税争议第一时间预警、第一时间调解、第一时间化解。多个税务部门间协同的税费矛盾纠纷化解机制是在区域战略基础上形成的区域协同，最典型的莫过于成渝地

---

〔1〕《渭城吹拂"枫桥"风 细柔化解税费争议》，载《中国税务报》2022 年 11 月 7 日。

区双城经济圈建设中的"川渝枫桥式税费争议调解室"。自 2022 年 6 月，四川内江、重庆荣昌两地税务部门联合成立了川渝首个"枫桥式税费争议联合调解室"后，[1]截至 2023 年 5 月 24 日，川渝两地税务部门已联合成立了 12个"川渝税费争议联合调解室"，[2]力图实现川渝税费争议"一站式"解决。合作主体呈现扩围趋势，诸如川渝高竹新区"枫桥式税费争议调解室"就是由重庆渝北、四川广安两地税务局建立的，"泸永江税费争议调解中心"是由泸州市税务局与重庆市永川区税务局、江津区税务局三地成立，而"万达开地区税费争议调解室"则是由重庆市万州区税务局、四川省达州市税务局、重庆市开州区税务局、重庆市税务局第六稽查局、重庆市云阳县税务局四地五局联合成立。就纵向税费矛盾纠纷化解机制而言，整体形成以县税务局派出机构[3]为中心向上下的辐射圈，向上辐射至省级税务局，向下延伸至镇街社区的便民办税服务站点。如全国首个试点成立的"枫桥式"税务分局绵阳市安州区花荄税务分局所确立的"1+2+N"保障机制构筑"省—市—县"三级联动的税费纠纷化解体系。其中，"1"指作为问题处理前端的税务分局，"2"指在省、市两级建立联动的公职律师涉税争议咨询调解中心，"N"指政策智库、人才智库、信息智库、文化智库等多种合力。[4]再如，临沂市兰山区税务局在全区建立起了"区局+分局+网格"三级涉税纠纷调解工作机制，在区局设立"税费争议咨询调解中心"，发挥税务公职律师和税收服务团队作用；在基层税务分局和政务服务中心长期设立"沂蒙红"乡贤工作室，聘请"三老"和行业协会、商会代表为"沂蒙红"乡贤调解员；在镇街社区发挥基层网格员作用，实现税情收集、涉税矛盾的网格化管理。[5]

在税务系统外部，形成"税务+N"税费矛盾纠纷化解机制。其中，"N"

［1］《川渝同行 联合打造"枫桥经验"税务样板》，载 https://sichuan.chinatax.gov.cn/art/2023/3/16/art_ 1287_ 868920.html，最后访问日期：2023 年 11 月 26 日。

［2］《川渝两地税务部门已成立 12 个"联合调解室"，拓宽税费争议问题解决渠道》，https://baijiahao.baidu.com/s? id=1766775377921678408&wfr=spider&for=pc，最后访问日期：2023 年 11 月 26日。

［3］县城区、农村税务分局、税务所为县国家税务局派出机构。《国家税务总局关于印发〈国家税务总局关于进一步规范国家税务局系统机构设置的意见〉的通知》（国税发［2003］128 号）》。

［4］《四川打造"枫桥式"税务分局，努力做到——小事不出分局 大事不出区局 矛盾就地化解》，载《中国税务报》2021 年 4 月 28 日。

［5］《临沂市兰山区税务局：创新涉税调解机制，实现税费精诚共治》，载 http://shandong.chinatax.gov.cn/art/2023/4/27/art_ 195_ 712701.html，最后访问日期：2023 年 11 月 26 日。

的范围涵盖国家机关、市场主体、社会中间层组织和科研单位等参与主体，且呈现逐渐扩大趋势。国家机关中包括宣传部、政法委、市场监管、财政、社保、医保、不动产中心、房管局、妇联、工会、水利、环保、邮政等政府部门，司法行政机关、法院、检察院、公安机关等司法体系；市场主体主要是大企业纳税人缴费人代表、企业的会计和联络员等；社会中间层主体涉及税务师事务所、律师事务所、会计师事务所、行业协会、商会等。四川省税务系统践行新时代"枫桥经验"的实践便是"税务+N"协同机制的集中体现。绵阳市安州区税务局花荄税务分局与花荄镇政府、公安部门、司法部门和法院建立了共治机制，[1]与西北政法大学、杭州师范大学的研究机构联合成立了全省税务系统首个新时代"枫桥经验"研学基地和"枫桥经验与基层法治建设教学实践基地"。[2]眉山市税务"枫桥式"税务分局构建"税务+司法体系（司法局、法院、检察院）、税务+行业协会、税务+乡镇街道、税务+政府部门"的"税务大调解机制"。[3]自贡税务深化税邮合作探索建立"邮递员+税收管理员"结对机制，将乡镇邮政网点作为"末梢神经"，提高发现问题纠纷的灵敏度。[4]内江税务充分依托"枫桥式"税务分局地处内江市政务服务局的地理优势，集结多部门形成合力，助推群众"一站办事"。结合枫桥式调解室背靠社保窗口，建立与社保局联动调解机制；同时与内江市不动产中心、内江市房管局组建三窗联办窗口，实现不动产缴税过户一站式办理。[5]

　　新时代"枫桥经验"的税法实践形成了以税务机关为主导、其他国家机关协同、社会主体参与的多元调解主体。就调解人员分类而言，整体有专职调解员、兼职调解员、特邀调解员、志愿者等。就人员构成上，税务局的调

〔1〕《四川省首个"枫桥式税务分局"正式揭牌成立》，载 https://sichuan.chinatax.gov.cn/art/2021/4/22/art_ 15645_ 501633.html，最后访问日期：2023 年 11 月 26 日。

〔2〕《四川首个"枫桥式"税务分局成"枫桥经验"研学基地》，载 https://sichuan.chinatax.gov.cn/art/2022/4/28/art_ 1198_ 680078.html，最后访问日期：2023 年 11 月 26 日。

〔3〕《四川近百家"枫桥式"税务分局高效定分止争》，载 https://sichuan.chinatax.gov.cn/art/2022/9/6/art_ 286_ 753874.html，最后访问日期：2023 年 11 月 26 日。

〔4〕《贡井税务：践行"枫桥经验"矛盾调解再发力》，载 https://sichuan.chinatax.gov.cn/art/2023/3/29/art_ 1081_ 868040.html，最后访问日期：2023 年 11 月 26 日。

〔5〕《四川内江："绣花工"绣出税务"枫景图"》，载 https://sichuan.chinatax.gov.cn/art/2022/12/28/art_ 1287_ 831363.html，最后访问日期：2023 年 11 月 26 日。

解人员有技能型人才如"三师"人才、业务骨干（能手）、纳税服务精尖人才、公职律师等，也有各类荣誉获得者如全国税务系统百佳县税务局局长和百佳税务所长、全国"七五"普法先进个人、五一劳动奖章获得者、各省"十大法治人物"等。其他国家机关的调解员包括基层民警、法官、人大代表、政协委员、人民调解员、舆情管理员、基层网格员等工作人员。市场主体作为辅助型参与者，主要是选取一些纳税人缴费人代表，主要是从工作耐心细致、群众公认度高、工作经验丰富、纳税信用等级高的纳税人缴费人中选择，也有企业的会计、联络员参与税费争议调解。另外一类参与主体属于社会主体，如行业协会代表、商会领导、税务师事务所、律师事务所、会计师事务所业务精英。

第七章

税务裁量协商规制模式的构建

　　税务裁量协商规制模式作为传统规制模式的重要补充，其作用的真正发挥依赖完善的实体规则和程序规则。税务裁量协商规制模式的实体规则是通过界定协商主体、明晰主体间权义内容及确定程序运行的费用等具体要素来予以构造的，通过该规则提供一系列界定征纳各方主体税行为的选择空间，从而规范税务裁量的运行。制度产生于主体间的博弈。税务裁量协商规制模式的主体、权义结构，体现了不同主体间的利益冲突、博弈与协调。正义的正当过程往往通过程序予以实现。税务裁量协商规制模式的运行需要程序的支撑，从税收效率及便利纳税人的角度，可以将该协商程序分类为普通程序和简易程序，无论何种程序基本都遵循"纳税人申请—税务机关受理—征纳双方实质性协商—协商结束"等步骤。

第一节　税务裁量协商规制模式的实体规则构造

一、税务裁量协商的主体

　　在税务裁量协商规制模式下，所涉及的直接主体为协商的直接参与者：申请主体和被申请主体。其中，纳税主体是申请主体，税务机关是被申请主体。

　　就申请主体而言，涉及纳税人、扣缴义务人、代理人、纳税协力义务人等，上述所有主体是否均可以成为税务裁量协商的申请主体，需要逐一进行分析和确定。首先，所有纳税人均可以就相关涉税争议不确定问题申请协商。依照税收公平原则，无论纳税人的身份是居民纳税人还是非居民纳税人，也无论是一般纳税人还是小规模纳税人，只要其依法负有纳税义务，均有申请税务协商的权利。其次，扣缴义务人和代理人也可以成为税务裁量协商的申请主体。扣缴义务人和代理人在严格意义上讲，都是某种程度的代表人。其中，扣缴义务人是依照《税收征收管理法》的规定，负有代扣代缴、代收代缴税款义务的单位和个人。扣缴义务人负有法定扣缴义务，若未依法扣缴则应承担相应的违法责任。此时，扣缴义务人是单独的法律责任主体而非税务机关或纳税人的代表人。所以，其若对涉税事宜有争议可以提起税务协商。税务代理人是受纳税人、扣缴义务人委托代为办理税务事宜的主体。税务代理人作为依授权而为的民事主体，其依被代理人也就是纳税人或扣缴义务人的授权进行行为，代表委托人。故可以以委托人的名义代为申请税务协商。最后，关于纳税协力义务人。纳税协力义务人作为一个学理概念，是负有协助纳税的主体，包括公安、法院等国家机关及银行、企事业单位等金融机构、纳税担保人等其他负有协助纳税义务的主体。这里，其他国家机关与税务机关的涉税协助属于国家机关间的协调问题，不适用税务协商。金融机构因未履行《税收征收管理法》规定的协力义务而面临处罚，若处罚结果明显不当，则可以协商。纳税担保人作为税收法律关系的第三方主体，若就涉税担保事宜同税务机关发生争议，亦可以作为申请主体提出税务协商。

受理人为税务机关。在税务裁量协商中，税务机关应当发挥主导作用。该主导作用体现在整个协商过程中。虽然协商程序的启动是依申请人的申请，但是是否受理由税务机关来决定，受理后适用何种模式依然需要税务机关的判断。税务机关受理税务协商后，在协商过程中，纳税人、扣缴义务人、代理人、协力义务人虽可以就裁量争议提出自己的证据、观点和意见，但是只有经过税务机关的审查判断，被认为是正确、合理的意见才有可能得到采纳与听取。在这个过程中，税务机关在信息、知识、技能等方面具有绝对的优势。在此基础上所形成的裁量协商结果也体现出了税务机关的主导性。正是基于税务机关主导的核心特征，税务裁量协商的受理主体税务机关的确定才应该更加审慎，否则极易造成旨在限制税务裁量的协商方式反而进一步扩大了裁量空间的相反后果。据此，应将税务裁量协商的受理主体限制在省级以上税务机关，若系重大复杂的案件可由国家税务总局层面受理。

此外，在税务裁量协商中，还应该积极发挥专家的作用。涉税纠纷的复杂性与专业性，征纳双方囿于自身能力，可能无法有效解决，这就要求在税务裁量协商过程中，发挥专家的作用。这里的专家既包括有多年经验的税务机关工作人员、会计师、税务师、税务律师等实务专家，也包括长期从事财税研究的财税法学者、财税学者、经济学者、会计学者等理论专家。为更好地发挥专家的作用，可以建立一个专门的涉税专家数据库，将相关人员的信息录入其中，当发生涉税裁量争议，需要协商时，可以根据裁量协商的内容从中匹配相应的专家。人才数据库的设立可以打破区域、学科、理论与实务的界限，更好地发挥专家人才的专业性，同时保障建议的权威性和公正性。例如，若税务裁量协商内容涉及法律适用问题，此时可以利用大数据在人才库中找寻相关的财税法学者；若涉及课税事实特别是税基确定问题，会计师和税务师的专业性就显得非常重要；若是关涉跨国公司的预约定价问题，此时，相对比较复杂，可能需要税务机关内的有经验的实务专家、财税法学者等多人共同进行。

二、税务裁量协商法律关系的权义结构

(一) 税务裁量协商模式下纳税人的权义配置

在税务裁量协商规制模式下，征纳双方因协商而交织在一起导致其权利与义务也相机而变。事实上，在税务裁量协商时，征纳双方是协商中并不完全对等的两极主体，要想在此情形下形成共识达成合意，就必须在原有权利与义务的基础上进行适当调试。唯有此，方可实现进一步税务契约的自由合意。在税务裁量协商过程中，纳税人除了享有《税收征收管理法》[1]及《国家税务总局关于纳税人权利与义务的公告》(国家税务总局 2009 年第 1 号)明确列举的权利[2]和依法履行相应的纳税义务[3]外，还应当明确在该特殊模式下纳税人的具体权利和义务。当然，将征纳双方此时的全部权利与义务

---

〔1〕 该法第 7 条和第 8 条分别规定了纳税人的知情权、保密权、享受税收优惠权、陈述申辩与救济权、检举控告权。

〔2〕 公告明确列举了纳税人的 14 项权利：知情权、保密权、税收监督权、纳税申报方式选择权、申请延期申报权、申请延期缴纳税款权、申请退还多缴纳税款权、依法享受税收优惠权、委托税务代理权、陈述与申辩权、对未出示税务检查证和税务检查通知书的拒绝检查权、税收法律救济权、依法要求听证权、索取有关税收凭证的权利。

〔3〕 公告明确列举了纳税人的 10 项义务：依法进行税务登记的义务；依法设置账簿、保管账簿和有关资料以及依法开具、使用、取得和保管发票的义务；财务会计制度和会计核算软件备案的义务；按照规定安装、使用税控装置的义务；按时、如实申报的义务；按时缴纳税款的义务；代扣、代收税款的义务；接受依法检查的义务；及时提供信息的义务；报告其他涉税信息的义务。

完整地呈现出来几无可能，是故，只择其要者而论之。纳税人的权利包括税务裁量协商的选择权、申请权、平等磋商权、退出协商权、知情权、保密权、陈述与申辩权，前四项权利是纳税人在该模式下特有的权利，后三项权利是纳税人在该模式下需要特别强调的权利，又进一步融合在纳税人的前四项权利之中。纳税人负有配合协商的义务、履行协商结果和及时提供信息的义务，前两者是纳税人在该模式下特有的义务，后者是纳税人在该模式下需要特别强调的义务。以下仅就税务裁量协商模式下纳税人的特殊权利和义务进行阐释。

1. 纳税人的权利

在税务裁量协商模式下，作为协商一方的纳税人所享有的特殊的权利包括协商选择权、申请权、磋商权和退出协商权。

第一，协商选择权是纳税人的首要权利。协商选择权是契约精神所蕴含的意思自治在税务协商中最直观且最普遍的表现。在因税务裁量引发争议时，相关纳税人有选择进行协商的自由，也有选择复议或者诉讼的权利；如果纳税人选择以协商方式解决纠纷，则后续伴随着协商方式选择的自由。纳税人协商选择权可以有效保障其在意思自治的前提下，纳税人充分参与税务裁量的过程，实现征纳双方真正意义上的协商。

第二，申请权是纳税人的基础权利。税务裁量协商模式对纳税人参与的尊重和体现在纳税人掌握启动程序的申请权，要启动税务裁量协商程序，首要的即为纳税人提出进行协商的申请。当然，纳税人是否申请税务裁量协商，在税收征收管理实务中要结合具体个案的基本案情进行具体分析。并不是所有纳税人都愿意提出申请，也不是任何情形下都适合进行税务裁量协商，更不可能每次协商都能达到预期的目标需求。此时，启动税务裁量协商程序的主体只能是纳税人而不能由税务机关主动提出，更不能强迫纳税人进行协商。

第三，平等磋商权是保障税务裁量协商工作的核心权利。该权利是纳税人平等权与参与权在税务协商领域的集中体现，也是意思自治在税务协商领域的充分体现。作为保障税务协商有效运行的关键，平等协商权首先要求协商双方的地位平等，只有将税务裁量的双方置于平等的法律地位，才能使本处于弱势地位的纳税人在协商中享有与税务机讨价还价的机会，才能进一步保证双方所达成的契约的真实性。纳税人提出协商申请时，同时提交的还有其对协商事宜中不确定或者有异议部分的书面解决方案，税务机关收到申请后若不同意纳税人的观点，纳税人有权要求进行磋商。磋商有利于纳税人充分陈述和表达自己的证据、观点，双方就争议问题进行充分的商谈，其实就是征纳双方彼此沟通信息的过程。在这个过程中，税务机关会获取很多纳税人的涉税信息，此时纳税人有要求税务机关为其情况进行保密的权利。

第四，退出协商权是保障税务裁量协商工作的底线权利。若税务机关与申请人的观点最终未达成一致，则税务机关应告知纳税人，纳税人享有充分的知情权。若纳税人未提出结束协商，则税务机关将作出与纳税人申请时表述观点不一致之决定，本就由纳税人主动申请的税务裁量协商，期待双方在协商过程中就争议达成一致以解决问题，否则协商的意义何在？所以，纳税人有权在协商未果之前随时撤回申请，税务机关不得强制纳税人遵从本就未达成一致的单方决定。但是，撤回或者退出协商的前提需是征纳双方未就需要裁量内容达成一致，或者税务机关的行为有违法律规定，否则纳税人不得私自决定退出协商，因为这将造成资源的极大浪费，也无益于税收效率的实现。

2. 纳税人的义务

在税务裁量协商模式下，为了提高协商效率、保障协商效果，作为申请人的纳税人除享有如上权利外，还应该承担配合协商的义务、及时提供相应信息和积极全面履行协商结果的义务。

第一，纳税人的积极配合协商义务。税务裁量协商是纳税人行使参与权的体现，纳税人享有协商申请权和协商推出权，但这并不意味着，纳税人可以随时肆意启动和终止协商。在税务裁量协商程序启动后，纳税人应该积极配合税务机关进行协商，包括及时提交真实、有效的经营状况、交易资料、商业秘密及其他可能不愿让公众知悉的涉税信息。在双方确定协商的时间与地点后，及时出席参与协商。

第二，纳税人的信息披露义务。我们身处科技迅猛发展和信息高度发达的社会之中，纸质时代的账簿、发票等早已无法涵盖当下融合更多电子元素的涉税信息。电子商务的普及，电子发票的数字化推广使得涉税信息愈发复杂多样。我国《税收征收管理法》第6条关于政府间的信息共享及相关主体信息提供义务等涉税信息管理内容的规定，在面对大数据时代互联网层出不穷的税收问题时显然反应迟缓，使得税收征管实务中征纳双方涉税信息呈现严重的不对称样态，进一步增加双方的行为成本。作为现代税收情报管理重要抓手和突破口的涉税信息情报管理制度[1]应是涵盖涉税信息的"采集—分析—运用"的多主体合作参与的动态管理流程。而相对而言，纳税人所掌握的涉税信息是税务协商最为关键的基础，只有纳税人将其信息充分提供给税务机关，实现双方信息的对称，才能保证税务协商不至于在双方自说自话的前提下进行。

第三，纳税人的全面履行协商结果义务。税务裁量协商双方在有效协商后，若双方达成一致合意，并形成书面协议，在该契约生效后，对纳税人具有约束力，纳税人应该遵循诚实信用原则，按照协商确定的约定内容，全面、适当地履行其应承担的义务，非有信赖不值得保护或者发现新事实、新证据，不得随意推翻。纳税人全面履行契约的义务，意在维持税务契约的有效性，降低税务裁量争议的解决成本，提高税收征管的效率。此时，税务协商协议就是税务机关与纳税人达成的契约，若纳税人单方违约不遵守协议，则应承担相应的后果，否则前述双方所经过的一系列程序，都将是对税收征收管理资源的极大浪费，也会助长纳税人任意违约的风险。当然，若针对未来交易进行的事先协商，交易内容或形式发生变化，税务裁量协商协议当然不需遵守；若受不可抗力因素影响，纳税人可以向税务机关说明情况。

（二）税务裁量协商模式下税务机关的权义配置

在税务裁量协商模式下，税务机关享有税务裁量协商的受理权、审核评估权、调整权、退出协商权等具体权力，应当履行提供协商服务义务、说明理由义务、保守秘密义务、退还资料义务和切实履行义务。

依据税务裁量协商模式，在纳税人提出税务裁量协商申请后，税务机关在接到申请书及相关材料后初步审查属于协商事宜，即可受理纳税人之申请，并正式启动协商程序，此时税务机关依法履行其协商受理的职权。之后，税务机关提供相应的协商服务，包括通过口头、书面、线上或线下的方式告知纳税人在协商过程中应享有的各项权利、税务裁量所依据的法律法规以保障纳税人知情权的充分实现，积极组织双方进行有效沟通以保障纳税人磋商权等。在税务裁量征纳双方进行协商的过程中，税务机关享有审核评估权和调整权，就纳税人申请事宜及提出的初步解决方案结合税法内容进行初步审核评估，调整与纳税人申报事宜与观点不一致的内容。按照契约的精神，在税

---

[1] 滕祥志：《论〈税收征管法〉的修改》，载《清华法学》2016 年第 3 期。

务协商达成一致合意后，原则上征纳双方均应诚实守信、自觉履行。但是，若契约执行之实际情况发生实质性变化，此时税务机关得与相对方再次就相关内容进行协商来变更原契约内容以不致侵损公共利益。倘若情形紧迫，此时应允许税务机关享有单方的调整和变更权。当然，税务机关在行使上述权利时，应该及时作出理由说明，送达纳税人并公之于众。若纳税人基于协议变更而遭受损害，不能任由公益置于私益之上而罔顾纳税人利益，税务机关应对上述情形给予一定的赔偿或者补偿。若在协商过程中发现纳税人有违法行为，或纳税人未履行相应的协商义务，税务机关可以终止协商，行使其协商退出权。

在协商的过程中，税务机关应该就自己拟作出之决定，或已下达之通知决定书，或与纳税人申请书所载明的初步解决方案的不同意见说明理由，以实现信息对称，保障纳税人的知情权，提高协商效率。同时，税务机关必须对纳税人在协商过程中所披露的涉税信息承担保密的责任，并保证其不会将这些信息用于其他不适当的场合，即使协商未果，税务机关也不得将该信息作为未来税务裁量的证据。税务机关的保密义务与纳税人的信息披露义务所对应。在税务协商的过程中，征纳双方进行信息沟通、意见交流时，纳税人为保证协商的顺利进行，基于信息披露义务，势必会将一些涉及商业秘密、个人隐私的信息向税务机关披露。尽管《税收征收管理法》规定"税务机关应当依法为纳税人、扣缴义务人的情况保密"，但是税务机关往往基于信息公开的要求，公布一些纳税人信息，其中就可能会涉及在协商过程中所获取的纳税人信息。这些可能包括纳税人商业秘密与个人隐私的信息必然会对纳税人造成不利影响，也会影响税务机关的公信力。有鉴于此，税务机关应该对税务协商中所获取的纳税人信息持审慎的态度，固守维护纳税人商业秘密与个人隐私底线的保密义务。若税务机关与纳税人就税务裁量争议事宜未达成一致而致使协商终止，此时税务机关应该及时退还纳税人申请时及协商过程中提交的各类涉税资料，履行资料退还义务。对于经税务协商而达成的契约，纳税人又切实全面履行的义务，税务机关享有对契约内容的调整和变更权利。作为税务契约另一方的税务机关当然也需切实履行契约所要求的义务，而税务契约实践的现实证明，税务机关因自身原因单方违约的情形较纳税人违约的情况更为频繁。是故，在税收立法中应该格外强调税务机关的履行义务。

三、税务裁量协商的费用

我国应该建立税务裁量协商的收费制度。具体收费标准，因所涉税务裁量的个案情况差异较大，所以不宜采用按小时收费的标准，可以参照美国的相关规定，将税务裁量进行分类，并制定相应的标准。在制定费用标准时，还应该考虑个案所涉裁量的复杂程度、纳税人的经济状况等因素。具体内容可在未来《税收征收管理法》增加协商条款时一并写明，具体的费用标准可以授权省、自治区、直辖市人民政府规定，报同级人民代表大会常务委员会备案。进一步可以由国家税务总局制定一个税收规范性文件进行规定，同时授予省级政府收费标准调整权。

之所以要在我国"放管服"和优化营商环境的背景下仍采取收费模式，是基于以下因素考虑：首先，我国税务裁量协商程序并非税务机关的纳税咨询服务，而是税务机关税收征收管理职权之外的附加功能。申言之，纳税咨询属于税务机关的日常工作，是税务机关对纳税人不清楚事宜的口头指引，对征纳双方均无法律效力，但征纳双方就税务裁量事宜经协商程序所达成的书面协商结果对双方均产生拘束力。其次，税务裁量协商程序的运行需要专门的经费支撑。协商所针对的裁量事宜，一般相对复杂，需要更为专业的税务人员，甚至聘请相关财税专家来参与讨论，这就需要额外的经费支持。此外，为保障协商效果，税务机关需要积极组织协商程序，这也需要额外费用的支持。最后，税务裁量协商收取费用，有助于保障协商所形成协议的有效履行。纳税人支出一定费用后，从税收效率的角度考量，纳税人会倾向于遵守协议，而不是肆意违约导致前述协商结果流于形式，造成税务资源的浪费。

第二节 税务裁量协商规制模式的程序规则设计

根据税务裁量协商所涉及的裁量争议的内容不同，可以将其程序分为普通协商程序与简易协商程序。其中，对于税务裁量中个案事实清楚、权利义务关系明确、争议不大、所涉税款数额较小的简单税务裁量争议案件，适用简易协商程序。

一、税务裁量协商规制模式普通程序规则

(一) 申请人递交申请表

税务裁量协商过程始于申请表的递交，按照要求支出申请费用。其中，申请表应当附纳税人的初步解决方案，并可以选择线上或线下的方式办理申请。

申请表应该包括如下内容：①纳税人的税务登记证件或营业执照（2015年后新设立企业、农民专业合作社提供）；②税务裁量协商问题、纳税人的协商请求和所依据的事实与理由；③参与协商人员的姓名、国籍、单位及职务；④建议的协商时间；⑤联系人及其联系方式。

需要特别强调以下内容：一是纳税人应当对申报文件、资料的真实性负责。税人申请协商涉及的交易应该是真实和相对确定的，且拟协商的问题应属于税务裁量范畴。若纳税人提交的申请涉及非法行为，税务机关可以直接拒绝受理。二是对于不宜公开信息的处理。纳税人应当对申报文件、资料中的商业秘密、未披露信息或者保密商务信息、个人隐私或敏感信息进行标注，并且同时提交申报文件、资料的公开版本和保密版本。

(二) 税务机关受理

税务机关应当于收到申请的当日对纳税人提交的申请材料进行初步审查，予以处理：①纳税人申请情况不符合税务裁量协商范畴，不予受理；②纳税人提交材料完备，作出受理决定；③纳税人提交的资料不完备的，非关键性资料缺失，可以作出承诺容缺受理，若纳税人逾期未补交材料，视为未申报。

税务机关决定实施进一步协商的，应当自决定之日起及时启动税务裁量协商程序。及时送达受理通知书，上载明纳税人的权利与义务、举行协商会议时间与地点。若税务机关工作人员徇私舞弊或者玩忽职守，或滥用职权，故意刁难纳税人的，应调离工作岗位，并依法给予行政处分。

举行协商会议时双方应重点就不确定的法律概念、兜底条款适用、税收核定方法、纳税调整方法、税款处罚额度等争议较大且不易确定的核心内容进行协商，双方在各自提供相应涉税信息的基础上，就各自关注的问题进行充分沟通。若相关问题较为复杂，可以聘请财税、会计的专家学者参与，同时也可以举行多轮会议进行协商。在协商过程中，税务机关可以根据协商需要要求纳税人及时提供相应涉税文件、资料，纳税人也可以主动提供有助于

推动协商结果达成一致的有关涉税信息。

在双方协商的过程中，纳税人要求撤回裁量协商申请的，应当提交书面申请并说明理由。经税务机关同意，纳税人可以撤回申请。申请协商的交易情况或纳税人经营状况发生重大变化，需要重新申请的，纳税人应当申请撤回。撤回税务裁量协商申请的，协商程序终止。

税务机关与纳税人通过协商对税务裁量争议形成合意后，可以形成一个书面的税务裁量协议，经双方签字盖章后生效。这个协议可以由纳税人草拟税务机关审核，也可以由税务机关草拟纳税人同意。

（三）公开协商结果

对于已形成的税务裁量协商协议，税务机关应当按照纳税人提交的公开版本结合协商协议相关内容形成一份可以公开的版本及时通过合理的方式向社会公开。在税务机关确定公开版本并最终向社会公开前应将相关内容告知纳税人进行审查，以避免公开不适宜的信息。税务机关也可以建立一个专门的税务裁量公开数据库，通过该数据库进行公开。

二、税务裁量协商规制模式简易程序规则

为了方便纳税人进行税务裁量协商申请、优化营商环境、节约税收征收管理成本、便利纳税人，符合条件的纳税人可以适用简易程序。简易程序包括申请评估、协商签署两个环节。税务机关应该在"金税工程"系统内专门设置一个税务裁量客户端，处理简易程序申报事宜。

对于个案事实清楚、权利义务关系明确、争议不大、所涉税款数额较小的税务裁量争议案件，可以适用简易协商程序，但申请的纳税人除需满足未处于税务检查状态、无欠税（滞纳金）及罚款外，还需符合下列情形之一：①纳税信用级别为A级和B级的纳税人；②未纳入纳税信用级别评价的定期定额个体工商户；③未达到增值税纳税起征点的纳税人；④符合条件的其他情形。

纳税人可以通过《税务裁量协商申请表》客户端申报软件，选择填报《简易案件税务裁量申请表》编辑申请文件裁量，该客户端申请软件可以在国家税务总局网站下载。税务机关收到申请文件、资料后，出具材料接收单。税务机关初步审核申请材料，符合简易程序的税务裁量协商，按简易案件立案；不符合简易案件标准的，纳税人应按照普通案件重新申请。纳税人提交

的文件、裁量不齐备、不完整或有误的,应当在税务机关规定的时限内补充、修改、澄清或说明。

税务机关可以和纳税人通过线上的方式就争议问题进行协商,达成一致,并公布协商结果。申报人在申报时应填报《税务裁量协商案件公示表》,在协商一致后通过官方网站进行公示。在公示期内,任何单位和个人均可对该案是否应被认定为简易案件提出意见,并提供相应的证据和联系方式。若税务机关不能与纳税人协商一致,应当向纳税人送达终止简易程序的通知书。纳税人可以按照普通程序重新申请税务裁量协商程序,已提交的材料,无需重复提交。若纳税人隐瞒重要情况或者提供虚假材料、误导性涉税信息,税务机关可以终止简易程序,责令纳税人按照普通程序重新申报。

第八章

税务裁量协商规制模式与规范规制模式的衔接

　　税务裁量协商规制模式以"权利制约权力"的方式提供的是一种规制税务裁量的新思路，但是它并不意味着对传统"权力制约权力"规范规制路径的替代。诚然，税收立法从源头上保障税务裁量行使的界限，税务裁量基准从税务机关内部细化税务裁量，税收司法以最后的监督保障对失范裁量的救济，协商规制模式以协商参与的方式规制税务裁量的过程。事实上，税务裁量的规制实践表明，通过"立法—行政—司法"的模式规制税务裁量仍应是当下的主流方式，新兴的协商规制模式只是对该规范规制模式的补充与加强。在这种"传统+新兴"模式的共同推进下，税务裁量终将走出失范的误区，从而走向规范化的正轨。有鉴于此，如何使上述四种模式进行有效衔接以充分实现税务裁量法律规制的目标是需要正视的课题。

第一节　税务裁量协商规制模式与立法规制模式的融合

　　作为过程之治的协商规制模式如何与作为源头之治的立法规制模式进行融合，共同发挥规制税务裁量的作用是本节需要解决的核心问题。申言之，如何在加速落实税收法定原则的法治进程中，将具有私法意思自治的协商规制模式嵌入其中是不容回避的课题。有鉴于此，在充分寻求协商规制模式与税收法定原则协调的基础上，将协商规制模式以立法的形式予以表达或许是一条可行的路径。

一、税务裁量协商规制模式与税收法定原则的协调

　　众所周知，税收法定主义萌芽并正式形成于英国。有学者曾一语中的地

指出，契约精神正是税收法定主义之灵魂。[1]确实，在系统考察税收法定主义的发展史后，可以发现，其最初萌生于英国中世纪封建税制下的税收契约主义。所谓税收契约主义，是指中世纪国王向领主们征税是基于双方订立的税收契约进行的，征税行为的合法性边界即为封君与封臣之间订立的契约所载明的权利义务关系。[2]该契约由国王、封建领主及上帝三方主体构成。其中，封君和封臣的关系是上述三方主体中最为关键的环节。诚如英国法史学家梅特兰对上述关系进行系统研究后所发现的事实，这二者是一种契约关系，其基础是封君所享有的封土，基于该所有物的交易而使封臣产生应负担义务，出租者保证租佃者的名分权利。[3]而上帝之所以作为第三人身份出现，导因于欧洲宗教统治时期的著名训导。其大意如是，上帝会惩罚那些违反契约而实施过度征税的罪过行为之国王及其后代，与此同时，上帝还会保护谦逊和公正征税的国王及其子孙的各种财产。[4]此时，税收契约在中世纪的英国开始生根发芽。但是，伴随国家制度完善与封建王权加强而至的是王室财政的困顿，这致使其无法支撑整个英格兰王国的运转，此时国王往往会要求封建领主们在税收契约之外增加额外的负担。及至约翰国王统治时期，过度的税收要求促使国王与封建领主间的矛盾得到了激化并由此引发战争。而后，约翰国王的战败导致他不得不签订《大宪章》，曾一度遭到践踏的税收契约原则终于再次得到书面确认。[5]而当时英国王室财政的基本构成（图8-1）也在一定程度上佐证税收契约在税收法定进程中的跌宕起伏。中世纪，英国王室的财政由一般财政收入和特别财政收入构成。基于国王是最大的封建领主身份，国王靠自己取得一般财政收入，这长期成为支撑王室开支及国家运转的主要财源；国王同时也是国家君主，在获得纳税人同意后可以开征税收，此间，纳税人同意即为经双方协商后形成征税的合意。然而，伴随着王权的强化，特别是其开疆扩土的需求愈发迫切，历任国王开始频繁地征收各种税收以支撑战争中的军费开支。国王频繁的征税行为在未获得纳税人事先同意的

---

〔1〕 李建人：《英国税收法律主义的历史源流》，法律出版社2012年版，第277页。

〔2〕 任超：《英国财税法史研究》，法律出版社2017年版，第36页。

〔3〕 Pollock and Maitland, *History of English law before Edward I*, London, 1923, Vol, p. 323.

〔4〕 ［美］查尔斯·亚当斯：《善与恶——税收在文明进程中的影响》，翟继光译，中国政法大学出版社2013年版，第144~145页。

〔5〕 任超：《英国中世纪税收契约原则的确立》，载《税务研究》2016年第10期。

前提下加重了纳税人的负担，由此才有了封建领主为了维护税收契约而战的《大宪章》及之后为了进一步巩固和落实国家与纳税人间税收契约的《权利请愿书》和《权利法案》。此后，税收法定原则逐渐成为国家通行的税法原则并在各国得到法律的确认，而伴随纳税人权利保护理论和实质课税理论在税法领域的深入影响，严格形式意义上的税收法定原则遭受冲击，税收法定主义逐渐向实质意义面向过渡。

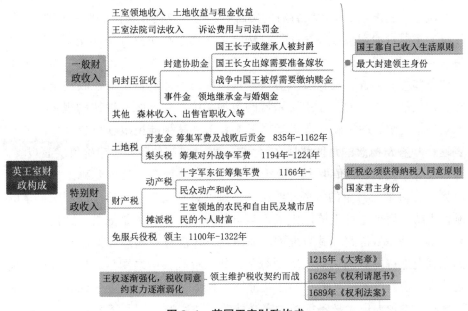

图 8-1 英国王室财政构成

税法自诞生伊始，就从包括民商法、刑法、行政法在内的理论中汲取理论支撑，这也初步奠定了当下税法的公权与私权交叉融合的法治品格。而伴随着市场经济的进一步发展，税法的刚性随着民法理论在税法中得到进一步移植与适用而悄然松动，税务和解、税务调解、预约定价安排、税收遵从协议等蕴含着公民私人意思自治合意的契约制度逐渐在税法领域得以产生并开始运行。此时，透过民商法交易背后的事实发生行为来确定该行为所涉所得的可税性，继而确（核）定其具体税收征管涉及的税额、税率就成了税法的任务。事实上，无论是个人所得税中的特许权使用费所得、经营所得、财产租赁所得等所得，还是企业所得税中的销售货物收入、转让财产收入等收入，抑或是烟叶税所涉及的收购烟叶实际支付的价款总额，乃至增值税中的销售货物或者加工、修理修配劳务，销售服务、无形资产、不动产以及进口货物等行为收取的全部价款和价外费用，其背后都折射出了民商事法律关系，而税收征收管理则是以该民商事交易为基础所进行的课税行为。由此可见，税法与民商法具有天然的、不可分割的联系，二者并非完全割裂。现行实质税收法定原则下的税收征收管理就是以实质课税理论为基础探寻其背后的实质课税行为进而予以征收管理。

诚然，也正是基于税法背后的民商事交易以及税收法定的实质意义转型，私法的意思自治理念与税法的税收法定主义理念在协商处得以交汇，税务裁量协商规制模式得到了发展空间，其又以税务契约为表现形式，进而衍生出了税务和解与调解、税收遵从协议等具体形态。契约自由与税收法定绝非不相容的关系。一方面，在税法领域的契约，仍需秉承既有法律的规定，是在法定的结构中运用协商的方式就当下或者未来某种涉税事项形成合意的外在表达。[1]在从概念的角度解释之后，进一步从更高位阶的法律价值层面观察，可以发现，其核心价值取向实质为征纳双方在协商与对话的基础上所达成的双赢。[2]在此背景下的税务契约必然不是严格意义上税收法定原则所追求的刚性束缚，而是立基于该原则大框架下的弹性机制。正是如是，纳税人的权利才得以进一步得到彰显与维护，征纳双方才能够在相对和谐而非尖锐对立的基础上进行友好的协商，减少纷争，共话税收共治之图景。另一方面，也正是基于税收所遵循且追求的法定原则，税务机关不可以主张抛弃法定的征税债权，纳税人也无必要负担法定之外的其他税务。[3]税务契约的适用应当被限定在税收法定的限度内，其具体适用范围应只能是税收法定下的可自由裁量的空间，不得违反现行税收法律规定。对于非税收法定要素内容，如证据认定行为，处罚额度与方式的选择等在合法范围内均可以运用协商的方式达成以之为合意的契约。具体到以契约自由为核心的合同法领域，契约的达成标志着以之为基础的后续交易开始行进，那么在不同合同类型下所衍生的

---

〔1〕 赵宇：《税收法定原则下税收契约的思考》，载《税收经济研究》2018年第2期。

〔2〕 赵德芳、匡爱民：《税法基本理念转变之浅见——以税收契约为中心》，载刘剑文主编：《财税法论丛》（第7卷），法律出版社2005年版，第49页。

〔3〕 赖超超、蔺耀昌：《税务行政中的契约理念及其体现——以平等、协商为核心》，载《行政法学研究》2006年第1期。

不同税种就需要依据相关的法律进行征收与管理。简言之，这二者"共同服务于税法目的"〔1〕，在其空隙下，或称之二者的交叉之处，类似税务契约等形式的协商制度得以获得生长空间。也正是由于税收法定原则，税务裁量协商规制模式方有外在的法律尺度，而不是以任意的、无边界的协商方式进行。

二、税务裁量协商规制模式的立法表达

诚如前述，以意思自治为核心的税务裁量协商规制模式外在表现为税务契约，在实践中体现为税收遵从协议、预约定价安排、税务和解（调解）书等，以法定主义为核心的立法规制模式外在表现为税法条文，具体体现为现行行之有效的税收立法文本。进言之，要实现这两种规制模式的有机融合，在很大程度上就意味着需要通过立法的方式将税务契约予以法条化，这也即是协商规制模式的立法表达。鉴于前述已经明确税务裁量协商中纳税人与税务机关的权义配置，这里就不再赘述，仅从税务裁量协商的立法层级及适用范围两个方面进行论述。

（一）提高立法层级

从现行关于税务协商的法律规定观察，法律位阶最高的是《税收征收管理法实施细则》第 53 条规定的预约定价安排，其次是作为部门规章的《税务行政复议规则》和《重大税收违法失信主体信息公布管理办法》，前者第十章专章规定了税务行政复议和解与调解规则，后者规定了人民法院认可的破产和解协议裁定书可以被作为破产纳税人申请提前停止公布失信信息的依据。除前述外，其余的法律依据或为税务部门的工作文件笼统地规定了税务协商的原则事宜，或为税务部门的规范性文件具体规定相关税务协商形式的操作流程。作为直接上位法的《税收征收管理法》并未规定税务协商的内容，尽管 2015 年《税收征收管理法修订草案（征求意见稿）》曾有税务复议和解与调解的规定，〔2〕但最后公布的修订版本中删掉了该条款。这就导致在狭义的税收法定场域下，税务协商目前仍面临无法可依的情景。在税务协商适用的

---

〔1〕　叶金育：《税务和解实施的法律规制》，载《内蒙古社会科学》2013 年第 6 期。

〔2〕　《税收征收管理法修订草案（征求意见稿）》第 127 条规定："行政复议可以适用和解、调解。和解协议或者调解书经申请人、被申请人签字后生效，申请人不得就同一事实、同一理由再次申请行政复议。申请人与被申请人和解、调解不成的，行政复议机关应当及时作出行政复议决定。行政复议决定维持征税处理决定的，申请人应当按照规定缴纳税款及税收利息。"

救济疆域，《行政诉讼法》在制定之初，强调"人民法院审理行政案件，不适用调解""赔偿诉讼可以适用调解"。[1]但该法在2014年修正时就增加了"不适用调解"的但书条款及调解的原则与保护法益。[2]至此，作为税务协商方式之一的税务调解在行政诉讼领域拥有了更广的适用空间。在复议环节，行政复议和解与调解的条款规定可溯源至2007年的《行政复议法实施条例》第四章"行政复议决定"，分别规定于第40条[3]和第50条[4]。但是，作为其上位法的《行政复议法》并未有相关规定，直至该法2023年修订，方增加了关于税务复议和解[5]与调解[6]的相关内容，但需在2024年1月1日起施行。整体观之，其实前述法律法规中均未明确出现本文所指向的意在规制裁量权的"协商"，但《行政复议法》中引入了和解和调解，《行政诉讼法》中规定了调解，且均通过列举的方式将行政机关行使自由裁量权的案件作为适用对象。在此意义上，也可以说，规制税务裁量权的税务协商在税务救济领

---

〔1〕 分别规定在1989年《行政诉讼法》第50条和第67条第3款。

〔2〕 2014年《行政诉讼法》第60条："人民法院审理行政案件，不适用调解。但是，行政赔偿、补偿以及行政机关行使法律、法规规定的自由裁量权的案件可以调解。调解应当遵循自愿、合法原则，不得损害国家利益、社会公共利益和他人合法权益。"

〔3〕《行政复议法实施条例》第40条："公民、法人或者其他组织对行政机关行使法律、法规规定的自由裁量权作出的具体行政行为不服申请行政复议，申请人与被申请人在行政复议决定作出前自愿达成和解的，应当向行政复议机构提交书面和解协议；和解内容不损害社会公共利益和他人合法权益的，行政复议机构应当准许。"

〔4〕《行政复议法实施条例》第50条："有下列情形之一的，行政复议机关可以按照自愿、合法的原则进行调解：（一）公民、法人或者其他组织对行政机关行使法律、法规规定的自由裁量权作出的具体行政行为不服申请行政复议的；（二）当事人之间的行政赔偿或者行政补偿纠纷。当事人经调解达成协议的，行政复议机关应当制作行政复议调解书。调解书应当载明行政复议请求、事实、理由和调解结果，并加盖行政复议机关印章。行政复议调解书经双方当事人签字，即具有法律效力。调解未达成协议或者调解书生效前一方反悔的，行政复议机关应当及时作出行政复议决定。"

〔5〕 2023年《行政复议法》第74条："当事人在行政复议决定作出前可以自愿达成和解，和解内容不得损害国家利益、社会公共利益和他人合法权益，不得违反法律、法规的强制性规定。当事人达成和解后，由申请人向行政复议机构撤回行政复议申请。行政复议机构准予撤回行政复议申请、行政复议机关决定终止行政复议的，申请人不得再以同一事实和理由提出行政复议申请。但是，申请人能够证明撤回行政复议申请违背其真实意愿的除外。"

〔6〕 2023年《行政复议法》直接相关条款是第5条和第73条。其中，第5条规定："行政复议机关办理行政复议案件，可以进行调解。调解应当遵循合法、自愿的原则，不得损害国家利益、社会公共利益和他人合法权益，不得违反法律、法规的强制性规定。"第73条规定："当事人经调解达成协议的，行政复议机关应当制作行政复议调解书，经各方当事人签字或者签章，并加盖行政复议机关印章，即具有法律效力。调解未达成协议或者调解书生效前一方反悔的，行政复议机关应当依法审查或者及时作出行政复议决定。"

域有了法律依据。但是，在税收征管领域，税务协商依然没有上位法，未实现税收法定。

纵然法律实际适用，但特别是执法时并不必然唯法律位阶之高低为圭臬。这一执法现实在税法领域得到了最集中的表现。在税收征管实践中，因既有法律条文规定较为原则抽象，各类民商事事实和行为又灵活多变且日新月异，这就导致税务人员在执法时往往以层出不穷的规范性文件为操作标准的现状。然而，我国多年税收实务在规范性文件指导性上问题频发、争议不断的征管实践，以及西方在严格法律指导下相对规范的实践表明：提高税收领域法律层级，将规范性文件上升为法律实属必要。是故，在税务协商领域，应该将上述涉及内容在法律中得以体现。具言之，就是要在《税收征收管理法》中增加有关税务协商的内容：一是可以考虑在《税收征收管理法》修订时，在总则中增加有关税务协商的原则性条款，可以将之作为纳税人（扣缴义务人、缴费人）的权利。"纳税人（缴费人）、扣缴义务人有权对税务裁量进行协商。税务机关应当依法为纳税人（缴费人）、扣缴义务人协商提供专门场所和其他必要条件。"短期内的考虑可以将之放置在纳税人条款中作为该条的第 6 款，未来在制定《税法典》时可结合具体情况再做调整。二是将既有实践的结果——税务和解、税务调解、预约定价安排、税收遵从协议等——内容也纳入该法，并明确税务协商结果的法律效力。同时，可以在《税收征收管理法实施细则》或者制定专门的《税务裁量协商实施规则》中对前已述及内容所涉及的具体适用范围、双方当事人的权义配置等内容进行细化规定。

（二）合理界定协商规制模式的适用范畴

合理界定税务协商的适用范围。观察现有关涉及税务协商的法律法规可知，预约定价安排和税收遵从协议是事前协商用于防范可能因税务裁量诱发的风险，税务和解与税务调解是事后协商用于化解因税务裁量发生的争议。但是，我国税收法律法规尚未就税务协商具体适用范围作出明确规定。而其适用范围又是关系到税收法定主义落实的重要问题。在税务协商最早萌芽的德国，其联邦财务法院允许税务机关与纳税人在例外情形下对难以调查之事实情况缔结和解契约。[1]法院对税务和解契约的肯认的背后也反映了在税务诉讼阶段也存在税务和解。进一步，基于税务裁量本身所处的征管阶段及税

---

〔1〕 翁岳生主编：《行政法》，中国法制出版社 2002 年版，第 772 页。

务裁量所涉及的要件与效果的裁量领域，因裁量所引发的争议亦可能发生在税收征管的任一阶段，此时就有税务协商的适用余地。是故，应该在前述明确纳税人（缴费人）、扣缴义务人享有税务协商权的前提下，在立法上确认税务协商应适用于税收征管阶段、税务复议阶段以及税务诉讼阶段。

合理界定税务协商的适用条件。除了规定税务协商的适用范围外，还需要在立法上明确其适用条件，即在满足哪些情形下，税务协商得以适用。具言之：首先，当事人必须享有处分权。税务机关享有对该涉税裁量争议问题的裁量权，纳税人拥有对该争议对象的自由处分权利。倘若征纳双方均无处分权，其因协商所达成的契约自然不能产生法律效力。如果该协商关涉第三方利益，亦应取得其同意方可进行。其次，税务协商应该以税收法定为底线，所达成的契约不得改变法律的绝对保留事项，不得与法律法规相抵触。再次，税务协商所达成的契约必须是基于征纳双方的自由合意。即使协商以税收法定为底线，但其需经过征纳双方你来我往的磋商后求同存异探寻利益的共同点，并在此基础上达成合意，这个过程，尤其需要强调双方的意思表示的真实性，以降低该契约的风险性。

合理界定税务协商的效力。税务协商后达成合意所产生的契约，依据契约必守理念，其效力在实体意义上体现为，协商各方均应恪守履行义务，非因公共利益等情势变更不得任意改变契约。税务协商的启动中止正在进行的税务程序。依据税务协商的结果，区分其不同的法律效力。第一种情况，征纳双方经协商达成合意。具体分为：①征纳双方经协议就全部争议内容达成合意，形成书面协议。该书面协议在写明具体协商内容和结果后，经协商各参与主体签字、盖章后生效。此时，原税务程序终止。但是，若一方违约非因正当理由不履行义务，另一方可申请强制执行。②征纳双方经协商后就部分争议内容达成合意，可以就此先行确认制作书面协议，未达成一致内容可继续申请税务复议或税务诉讼。第二种情况，当事人一方或双方不愿意协商、协商未达成合意或者当事人在书面协议生效前反悔的，前述税务复议或者税务诉讼程序继续，复议机关和人民法院应及时作出处理。

第二节　税务裁量协商规制模式对行政规制模式的发展

税务裁量行政规制模式与协商规制模式同为税务机关内部自我革命的务

实选择，二者间如何进行契合，怎样以新型的协商规制模式发展传统的行政规制模式是本节需要解决的重要问题。申言之，协商规制模式是否相容于行政权不得处分理念，与税收效率原则的关系何如？厘清前述关系既是本部分研究的重要理论基础，更是税务裁量协商规制模式得以落地实施的关键性前提。有鉴于此，以实质性的程序为媒介将协商规制模式有效地融于行政规制模式之中进而推动该模式的发展是本节的落足之处。

一、税务裁量协商规制模式与行政权不得处分理念的相容

虽然学界关于行政权的概念界定众说纷纭，但是对其所蕴含的法律性、执行性与主动性等基本属性已达成共识，由此衍生的行政职权法定和行政职权与职责的统一进一步推动"行政权不得处分"这一原理的形成。该原理即是说，行政机关不得自行抛弃或者转让其行政权。然而，理论的研究并未得到实践的支持，甚至行政法的实践逐步印证着行政权得以在一定情形下进行处分的客观事实。行政裁量的出现且呈现无所不在的样态进一步瓦解了"行政权不得处分"理论。在行政执法实务中，行政机关得以处分自己所享有的裁量权。行政机关通过与行政相对人就有关裁量争议问题背后的行政处分权进行沟通与协调进而化解彼此间的矛盾，同时也起到以相对人权利制衡行政机关权力的效果。这同样适用于税务裁量协商问题。

在税务裁量协商规制模式下，协商的前提之一是双方具有处分权，这里需要论证的是税务机关的税务处分权。该权力所涉及的领域主要为税务登记过程中的裁量权、税款确定时的核定权、税务稽查时的稽查权、税务处罚时的处罚权等。在上述权力领域，税务机关得以就是否具备可税性、如何进行征税、怎样课以处罚等问题享有法定裁量权。税务裁量协商规制模式正是在该裁量权范围内所作出决定而引发征纳双方认知不一致时，经纳税人申请或者税务部门主动提出，双方在充分的说明理由、提供证据之后，就上述税务机关所拥有的处分权进行处分，共同寻找其利益共同点以达成真实意思表示的合意。无论是对税额、税率、时间幅度的处分还是对强制、保全措施的具体选择，均是以税务机关的裁量权为基础的。脱离了其裁量权，协商规制模式就不具备实现的可能性，纳税人的协商参与以及利益诉求表达就会成为无源之水。

有鉴于此，税务裁量协商规制模式与行政权不得处分理念并非绝对的不

相容关系。事实上，理论上的行政权不得处分保留了行政权的刚性，进一步彰显了行政权的法定性而非意定性。而世间万物过于绝对地存在必然会引起相对的反弹，严格意义上的法律优先并不能及时回应变化万千的实务需求，对于非法律绝对保留的事宜，行政机关得以享有一定的处分权（裁量权）。而税务裁量协商规制模式所适用的恰恰是法律相对保留的部分，它是对裁量所涉之税务事项进行沟通与协调，原理是通过纳税人协商权制约税务机关裁量权，并不必然是对行政权的抛弃或转让，至多是对相对保留部分的行政权的制约。

二、税务裁量协商规制模式与税收效率原则的契合

税收效率最初是作为经济学家所考虑的问题而存在的。有关学者的研究显示，税收对效率的影响是税收政策中最令人关注的问题。[1]税收效率理论最早可追溯至英国古典政治经济学创始人威廉·配第关于因货币短缺导致公共开支增加的经济效率和强调征人头税时的征收速度快且费用少的行政效率而蕴含的古典税收效率理念。[2]随后，现代西方财政学理论的先驱亚当·斯密提出的便利原则与最少征收费用原则[3]是直接涉及税收效率的论述。是故，在传统经济学家眼中，税收经济效率和行政效率两个维度共同构成了该原则。

税务裁量协商规制模式是税收效率原则特别是税收行政效率原则的体现。所谓税收行政效率，即要求税务机关应当提高税务行政和管理的效率，相应降低其征税成本和纳税人的缴税成本。[4]进入现代社会，经济社会的迅速发展催生民商事交易形式的多样化，进而增加以之为基础的涉税事务的复杂性

---

〔1〕　［美］萨缪尔森、诺德豪斯：《微观经济学》（第17版），萧琛译，人民邮电出版社2004年版，第272页。

〔2〕　配第认为，如果国家课征的赋税过多，使得市场上流通的货币量不足以维持国内高正常商贸活动的需要，那么直接的后果就是工作量的减少，进而导致市场货币的短缺，这就形成了公共开支增加的第四个原因。参见［英］威廉·配第：《赋税论》，邱霞、原磊译，华夏出版社2006年版，第28页。

〔3〕　前者是其四项原则中的第三项原则，指各种赋税完纳的日期及完纳的方法，须予纳税者以最大便利；后者是第四项原则，指一切赋税的征收，须设法使人们所付出的，应尽可能等于国家所收入的。参见［英］亚当·斯密：《国民财富的性质和原因的研究》（下卷），郭大力、王亚楠译，商务印书馆2008年版，第385页。

〔4〕　张怡：《衡平税法研究》，中国人民大学出版社2012年版，第157页。

和不确定性。尽管在现代行政下，税务机关的规模不断扩大、工作人员数量持续增加，但是其仍然难以对各类税收实务及时作出有益回应，故税务机关不得不寻求一种可以破解上述困境的有效方式。在税收征管实务中，根据征管需要和纳税人需求，纳税人参与的税务裁量协商模式由此开始进入视野并展开渐进式的试点实验。该制度从产生之初，除具备制约税务裁量的直接动机以及保护纳税人合法权益的间接动力之外，还兼具税收效率的强烈期待。征纳双方在协商的过程中进行涉税信息的互通有无，从而实现信息对称，并以之为基础消解涉税事实认定的困境，进而实现税务机关和纳税人成本的双重降低、提高税收行政效率。在这个过程中，税务机关的调查成本、征管成本、执行成本甚至争讼成本以及各种因上述税行为而加剧的额外负担得以降低。纳税人的信息获取和披露成本、可能的税务复议成本以及税务诉讼成本也得以降低。如果经协商后征纳双方得以形成合意的契约，则该契约的生效履行会终止复议、诉讼等后续救济渠道。此时，纳税人根本不存在相应的程序成本。

此外，值得注意的是，计算机技术、大数据、人工智能等新兴科技的发展与运用极大地改变了征税手段和纳税方式，对于降低征纳双方成本而言意义重大。但是，如何在现代科技日新月异的语境下，真正基于运用科技降低税收成本、提高税收效率是一个值得持续深思的课题，需要我们持之以恒地不断研究。

三、税务裁量协商规制模式的程序制度保障

与传统税收程序中的参与不同，税务裁量协商规制模式强调的是纳税人对税务裁量行为实质意义上的影响。在税务裁量协商的过程中，纳税人自身的知识体系、经验价值以及利益诉求等因素都将直接影响最终的税务裁量结果。在这里，纳税人与税务机关处于相对平等的地位，都是税收法律关系的参与者与缔造者。萨托利教授指出："参与是自发的，因此同（由他人的意志）出动截然相反，即它和动员相反。"[1]诚然，征纳双方通过协商并不必然能够实现化解纠纷的目的，特别是纳税人所期待的实质正义的初衷。但是，在税务裁量协商规制模式下，征纳双方借助平等对话平台能够有效地交流彼

---

〔1〕　［美］乔·萨托利：《民主新论》，冯克利、阎克文译，东方出版社1998年版，第127页。

此的信息和态度，即便不能达成合意，至少可以了解双方的真实意思。由此也就意味着，在税务裁量协商规制模式下过程的正义弥足珍贵。要实现税务裁量协商规制模式的程序实质化，还得从涉税信息本身入手，其具体包括信息公开制度和说明理由制度。

（一）税务裁量协商规制模式中信息公开制度的设计

约束和制止裁量权的较优策略便是坚持公开原则，将其曝晒于阳光之下，接受光明的洗礼。税务裁量协商规制模式的公开制度的价值在于：一方面，实现征纳双方的信息对称，推动纳税人触摸隐藏在规范背后的影响税务裁量的事实与法律因素。在信息公开逐步推进的当下，相较于可以通过互联网获知法律法规、税务机关征管行为的结果等内容，真正影响税务裁量决定作出的政策因素、税务惯例、内部执法标准等内容反而被定位为税务系统内部的传阅资料，视同机密而不被纳税人知晓。在征纳双方信息严重不对称的情形下，即使纳税人有参与的机会，但是基于对上述真正影响因素的不甚了解甚至毫不知情，其也无法真正作出利益最大化的判断。另一方面，打破税务机关长期的自居专长，刺破长期隐藏于征管实务背后的科技与经验"面纱"，揭露长期蛰伏的价值判断。郑春燕教授曾一语道破行政专长的真谛。她指出："（行政专长）无非是行政机关借助信息优势，垄断话语权的举措。"[1]税务领域的专业性、技术性以及税务机关对涉税信息的垄断性使得立法与司法机关在面对税务裁量时总是谦抑地将其诉诸税务机关，这也进一步助长了税务机关以专长自居的自傲性，无法探知其背后真正的价值判断。事实上，无论是信息的不对称还是税务专长的自居，问题的关键均是涉税信息公开有限。有鉴于此，欲使纳税人能够在个案中通过与税务机关协商形成制约税务裁量的力量，首先就要强制税务机关公开与裁量相关的真正信息，保障信息的对称性。一言以蔽之，实施税务裁量协商规制的重要前提是设定科学、正当的税务裁量信息公开制度。

第一，明确信息公开主体。税务裁量信息公开主体由权利主体和义务主体构成，即具有信息公开申请权的申请者和负有信息公开义务的公开者。详言之：首先，就申请者而言，不仅包括税务裁量的直接对象纳税人（缴费人）也包括有利害关系的第三人，如扣缴义务人、协力义务人等。虽然从一般法

---

〔1〕 郑春燕：《现代行政中的裁量及其规制》，法律出版社 2015 年版，第 191 页。

理角度上讲，任何公民、法人和其他组织都可成为信息公开的申请人，但是从我国的实践情形来看，仍需强调与被公开信息间的内在联系，否则信息公开有可能会沦为不法者侵害他人合法权益的利器。其次，就公开者而言，税务机关无疑是首要的义务承担者。然而，随着社会和市场力量的介入，合作行政理念逐渐兴起，政府开始通过购买公共服务等形式开放其垄断领域，政府的公权行为逐渐融入市场竞争机制的私权元素，一些大型企业、民间组织，甚至是有能力的私人也逐渐进入该开放领域，开始成为提供信息公开的新兴主体。

　　第二，明确信息公开范围。税务裁量信息公开的范围是关涉信息公开制度能否得以落实的关键因素。在明确信息公开范围时，如下两个因素值得特别关注：一是涉税信息情报管理制度。确定能够公开信息的前提是拥有足够的涉税信息，这就需要确立由税务部门主导，其他涉税主体协助的模式。详言之，税务部门应加强内部部门间的配合，实现纳税人信息资源共享。同时，应加强与其他国家部门间的紧密合作，纳税人、扣缴义务人等直接纳税主体以及金融机构、第三方平台等市场主体的协调配合，以最快的速度尽可能获取有利于税收征管的涉税情报以保障相关税务裁量活动的正常有序进行。[1]二是涉税裁量信息公开的限度问题，即应坚持纳税人权利保护底线的限度。拉胡尔·泰朗（Rahul Telang）教授通过专门研究指出："对数据共享的更多限制具有有害影响。"[2]及至税务裁量信息公开领域，并不能过度地追求公开信息的广度，应坚持纳税人权利保护底线。诚如阿瑟·J.考克菲尔德（Arthur J. Cockfield）所言："改革最明显的障碍是纳税人的隐私利益和保护这些利益的法律。"[3]而我国现行的《纳税人涉税保密信息管理暂行办法》表面看似对纳税人涉税保密信息规定清晰，实则不然。在未来的涉税裁量信息公开过程中，应该始终秉承纳税人权利保护的底线，坚决不越雷池一步。

　　（二）税务裁量协商规制模式中说明理由制度的安排

　　在税务裁量协商规制模式中，说明理由制度意义重大。财税法学者施正文教授早已认识到该制度在税法领域的重要性。他前瞻性地指出，说明理由

---

〔1〕　杨默如：《国外税务稽查经验及借鉴》，载《涉外税务》2008年第2期。

〔2〕　Rahul Telang, "A Privacy and Security Policy Infrastructure for Big Data", *I/S: A Journal of Law and Policy for the Information Society*, 10.3（2015）：797.

〔3〕　Arthur J. Cockfield, "Bid Data and Tax Haven Secrecy", *Florida Tax Review*, 18.8, 2016：502.

是行政正义的一个基本要素，它要求税务机关在做出影响纳税人权利义务的决定时，应当向其说明作出该决定的事实根据和法律根据，这对于征税机关、纳税人以及救济机关而言均具有重要意义。[1]具体到税务裁量协商规制模式中，说明理由制度的意义在于作为一项程序性制度，是纳税人知情权的重要实现途径，它的有效践行能够制约税务机关裁量权力的恣意行使，推动税务权力以理性的方式运行。当然，试图完整地设计与展示税务裁量权行使的说明理由制度几无可能，我们能做的就是尽可能关注其关键要素。是故，下面将择其要者论述之。

税务裁量行使的说明理由制度作为信息公开制度的衔接制度，就其范畴而言，其首先应该局限于已经公开的规范和事实信息。影响税务机关裁量决定的其他因素，倘若是未公开的信息则不得作为说明理由的内容，因为在以大量尚有疑问的内部规范性文件为直接依据的税收执法实务中，未经公开的信息，其真实性、合法性无法得到印证。若以其作为说明理由的内容，则不仅不会起到制约税务裁量权的初衷，反而会加剧裁量权的滥用与失范事实。其次，与传统的说明理由制度相比，协商规制模式下税务裁量说明理由制度更加注重影响税务裁量决定的主观利益衡量问题，通过透视利益衡量的主观"暗箱"，关注左右裁量决定作出的利益分布、力量对比及社会影响等实质性因素。

税务裁量行使的说明理由制度，就其运行而言，需要关注其行使方式。我们知道，说明理由事实上是税务机关就前述限定在信息公开范围内的科技手段、公共政策等内容的进一步解释，既可能是事实认定的说明，也可能是适用法律的说明，还可以是所涉程序的说明。该说明理由制度并非静态的言说，而是动态的辩护；并非仅强调税务机关的单方自说自话，而是更加关注征纳双方在协商互动过程中的理由辩论。由此，税务裁量协商规制模式下说明理由的方式应该是在双方论辩后以书面形式作出，但为保证税收效率，也应当允许在一定情形下的口头形式存在。

---

[1] 说明理由制度促使征税机关在作出决定时认真考虑、慎重作出决定；纳税人了解征税机关作出决定的动机、依据，有利于自觉执行或者依法提起救济；救济机关通过征税决定的说明理由可以直接了解征税机关作出决定的根据和考虑，便于对税收争议的审查。参见施正文：《税收程序法论——监控征税权运行的法律与立法研究》，北京大学出版社2003年版，第242页。

第三节 税务裁量协商规制模式在司法规制模式中的嵌入

司法是保障正义的最后一道防守线。如何使税务裁量协商规制模式与司法规制模式进行有效的衔接是当下需要重点关注的问题。前已述及，税务裁量协商规制模式以税务契约为重要载体，在纷繁复杂的税收征管领域实践中税务契约又具体表现为税务和解（调解）协议、税收遵从协议、预约定价安排等内容。鉴于税务纠纷由税务机关与纳税主体构成，其原则上适用《行政诉讼法》的规定。而该法 2014 年修正前并无关于契约（或者成为合同、协议）等内容的规定，2014 年修正的法律将行政协议纳入了该法的受案范围，[1]并规定了其判决方式。[2]然而，税务契约等如何嵌入建构于传统单方行政行为基础上的行政诉讼制度仍有待进一步探索。上述稍显简单的方向性规定如何回应层出不穷的税务裁量协商规制模式下的纠纷，值得深入思考。事实上，规则的笼统性和原则性确实会带来操作中的无限不确定性。系统观之，税务契约是否属于行政诉讼的受案范围、税务契约如何适用法律、税务契约审查标准到底为何、税务契约如何举证等问题是税务裁量协商规制模式与司法规制模式有效衔接的关键。

一、税务裁量协商规制模式与税收公平原则的融通

税务裁量协商规制模式之所以要与司法规制模式进行有效衔接，最重要的原因在于该制度本身所内含的公正意蕴的驱动。税务裁量协商规制模式所追求的是在税收法定的前提下适当兼顾税收效率的税收公平，是一种使纳税人在参与税务裁量的过程中充分表达自己意见的税收实质正义。税收公平原则的理论内涵伴随着社会变迁愈加丰富，从经济学界配第的朴素税收公平理念和斯密的平等原则起步，经财政学界阿道夫·瓦格纳的社会正义原则、税

---

〔1〕 2014 年《行政诉讼法》第 12 条第 1 款增加了第 11 项规定："认为行政机关不依法履行、未按照约定履行或者违法变更、解除政府特许经营协议、土地房屋征收补偿协议等协议的。"

〔2〕 2014 年《行政诉讼法》第 78 条："被告不依法履行、未按照约定履行或者违法变更、解除本法第十二条第一款第十一项规定的协议的，人民法院判决被告承担继续履行、采取补救措施或者赔偿损失等责任。被告变更、解除本法第十二条第一款第十一项规定的协议合法，但未依法给予补偿的，人民法院判决给予补偿。"

法学界北野弘久的实质课税原则、金子宏的税收公平主义之发展，历经三个多世纪的演变，[1]终构建起了一个立体而非平面的、动态而非静态的、回应性而非单向度的保障税收公平的制度体系。[2]我国学者在普遍接受域外关于税收公平原则演进合理性的基础上，逐渐形成了新的解释和学说，丰富该原则的内涵与外延。例如，学者王鸿貌教授认为，基于税法和税收的基本职能，税收公平原则包括税收权力的分配公平、税收权利与义务的分配公平、纳税负担的分配公平三个内容；[3]张富强教授认为，税收公平原则涵盖整体意义上国家与国民之间在社会财富收入的分配公平和个体意义上的纳税人与纳税人之间的税负公平以及税收实质公平。[4]笔者曾尝试从税收公平原则的"微观—中观—宏观"三个维度构建税收公平原则，这里将继续沿用该分析路径，剖析税务裁量协商规制模式与税收公平原则的契合性，并以之为导向，指导司法审查税务裁量协商规制模式的公平性问题。需要特别说明的一点是：基于税务裁量协商规制模式所涉主体的特殊性、协商行为的互动性，在这里仅就国家与纳税人间的中观税收公平进行论述。税收公平原则所要求的国家与纳税人间的中观公平，强调的是二者的应益负担公平，这是税收公平的首要和关键问题。随着"税收债权债务关系说"对"税收行政权力说"的取代，国家与纳税人间的关系也由"一元关系"过渡到"二元结构"，在这个过程中合理地分配国家与纳税人间的权利与义务，通过纳税人的合法权利以制约国家征税权力的行使，也是税收公平原则的基本要求。[5]

从立法的视角观察：一方面，我国现有税收法律法规侧重于对国家征税权力的维护，片面从形式的量能课税角度出发一味强调对于新兴交易与行为的可税性以防止国家税款流失，保障国库足额及时收入，这无疑仍是"国库中心主义"思想的流毒。另一方面，现有税收法律法规偏重纳税人义务的履行，单方面强调义务而忽视纳税人应有之权利，这实质上是"国家分配论"

---

[1] 侯欢：《跨境 B2C 电子商务税收征管的难题与破解——基于微观、中观和宏观税收公平的思考》，载《西部论坛》2017 年第 5 期。

[2] 张怡：《人本税法研究》，法律出版社 2016 年版。

[3] 王鸿貌：《税收公平原则新论》，载《浙江学刊》2005 年第 1 期。

[4] 张富强：《税收公平原则下我国营改增"扩围"的顶层制度设计》，载《现代财经（天津财经大学学报）》2013 年第 9 期。

[5] 侯欢：《跨境 B2C 电子商务税收征管的难题与破解——基于微观、中观和宏观税收公平的思考》，载《西部论坛》2017 年第 5 期。

的典型表征。对我国既有税收法律法规进行考察，不难发现这些可考的文本所暗含的纳税人义务的过分强调与纳税人救济权的相对弱化。而进一步从执法的角度审视，税务机关疑则征税的本能冲动也是其维护财政收入的最基本动机，而税务纠纷的复议前置操作更是保证国库收入的直接举措。如此，国家的财政收入得到了保证。为实现上述目标，必然伴随着恣意的税务裁量行为，而前已述及的立法、行政以及司法规制税务裁量模式内生的规则之失，将进一步催化由国家与纳税人间权利义务的不平等所造成的税务裁量偏好，无法实现以纳税人权利制约国家征税权力的理想预期。

税务裁量协商规制模式正是在上述传统规制模式困境中应运而生的一种新型规制模式。在该模式下，纳税人与国家围绕规制税务裁量建立起了一种相对平等的关系而不是传统模式下的管制关系，纳税人通过直接参与建立起一种充分表达自己意愿的机制，纳税人通过与税务机关进行博弈达成合意订立了一种自动约束双方的税务契约，通过立法上的确认、行政中的信息公开与理由说明进一步构建规范的税务裁量协商。也正是在此过程中，纳税人的知情权、自由选择协商权、监督权、求偿权等得到充分彰显，税务机关的告知、保密与全面履行等义务能够切实履行。在该模式下，不再片面强调纳税人的单方义务和税务机关的绝对权力。征纳双方真正是在平等的基础与前提下，将民事法律领域的意思合意引入该领域，通过"预备协商—正式申请—审核与评估—磋商—签订契约—监控执行"等一系列程序，结合信息公开与理由说明保障程序的公正与透明，在程序正义的前提下，国家与纳税人间的税收公平也有了保障。

二、税务裁量协商规制模式的司法审查

在论证税务裁量协商规制模式符合税收公平，特别是国家与纳税人间的中观公平这一共同目标的基础上，将税务裁量协商规制模式也纳入司法的审查范围，以司法的最后救济来保障协商规制模式得以落实。这里需要重点阐述两个问题，即税务裁量协商规制模式能否被纳入司法审查的范围，在被纳入审查范围后对于其履行问题又该如何裁判？

（一）明晰税务裁量协商规制活动的受案范围

就税务契约而言，其是否属于行政诉讼的受案范围，更新缓慢且规定歧义的法律增加了税收司法实务的认定困难。申言之，这里需要解决的便是基

于既有法律规定不太明确之事实样态，对税务裁量进行协商的哪个阶段可以寻求司法救济，以及在此基础上哪些类型能诉至法院的问题。前已述及，税务裁量协商活动就其整体而言，属于征纳双方的互动，而作为一方主体的税务机关是国家行政机关的重要组成部分。是故，就税务纠纷司法救济的法律适用而言，其应被归入行政诉讼的范畴。系统考察其所涉法律在我国的变迁史，可以发现与受案范围规定直接相关的法律是《行政诉讼法》《最高人民法院关于适用〈中华人民共和国行政诉讼法〉若干问题的解释》（法释〔2015〕9 号）（以下简称"2015 年《司法解释》"）和《最高人民法院关于适用〈中华人民共和国行政诉讼法〉的解释》（法释〔2018〕1 号）（以下简称"2018 年《司法解释》"）。

就《行政诉讼法》而言，该法自 1989 年发布至今，经 2014 年、2017 年两次修正，其中 1989 年《行政诉讼法》通过"正向列举且兜底+反向排除"的方式确定了受案范围，2014 年和 2017 年的两次修正沿袭了该规定模式。在后续的两次修法中，反向排除的内容并未发生变化，仍是最初规定的 4 项内容，[1] 并不涉及有关税务裁量协商的规定。而正向列举的内容随着实践情形愈发复杂而不断细化，从最初的 8 项增至 2014 年的 12 项，2017 年未做变更。在法律制定之初，第 11 条第 1 款第 8 项 [2] 以及该条第 2 款 [3] 以概括性文字作出了兜底性规定，以作为未明确列举之适用依据。但司法实务适用中总是以简单的"正向列举+反向排除"作为判断依据进行对号入座而将兜底条款束之高阁忽视其应有价值。有鉴于此，为进一步回应我国在司法实践中关于受案范围适用的窘境，2014 年对上述内容进行了修正，在保持兜底条款不变的情形下，在该法第 12 条第 1 款中新增加了 4 项内容，其中第 11 项 [4] 规定标志具有意思自治的协议正式进入行政诉讼的范围。但对于上述法律中的"等"还可以包含哪些具体的行政协议，诸如税务和解协议、税收遵从协议等内容

---

〔1〕 1989 年《行政诉讼法》第 12 条规定："人民法院不受理公民、法人或者其他组织对下列事项提起的诉讼：（一）国防、外交等国家行为；（二）行政法规、规章或者行政机关制定、发布的具有普遍约束力的决定、命令；（三）行政机关对行政机关工作人员的奖惩、任等决定；（四）法律规定由行政机关最终裁决的具体行政行为。"

〔2〕 认为行政机关侵犯其他人身权、财产权的。

〔3〕 除前款规定外，人民法院受理法律、法规规定可以提起诉讼的其他行政案件。

〔4〕 认为行政机关不依法履行、未按照约定履行或者违法变更、解除政府特许经营协议、土地房屋征收补偿协议等协议的。

是否属于该范围在适用中仍不断引发争议。

2015年《司法解释》第11条第1款首先界定了上述提及的行政协议,[1]紧随其后又以"列举+兜底"的模式[2]对行政协议作出规定。显然,单从文字表述观之,2015年《司法解释》扩展性地在"土地、房屋征收补偿协议"的基础上进一步表述为"土地、房屋等征收补偿协议"的同时,以"其他行政协议"进行兜底。具体到税法领域:首先,税款征收无论是单从文字表达还是深入其本质,其属于征收毋庸置疑,那因征收违法或不当而与纳税人达成的补偿协议显然可以归入其受案范围,进一步细化至因对税务裁量进行规制而达成之税务补偿契约自应纳入受理的行政协议范畴。其次,因规制税务裁量而形成的税务契约,无论是税务和解(调解)协议还是税收遵从协议,或是基于公共利益需要,或是基于税收征收管理目标考虑,均是税务机关在法律授权的裁量范围内与纳税人及其相关人在协商一致的基础上所订立的协议,就其主体、标的以及适用法律规范上的特殊性而言,其当然属于行政协议,那自然就可以适用"其他行政协议"的规定。然而,2018年《司法解释》的施行宣布2015年《司法解释》的废止,而2018年《司法解释》却未有关于受案范围的规定。这样使原本逐渐清晰的行政协议受案范围又重新回归原点,回溯至依据2017年《行政诉讼法》的宽泛规定之中。即便如此,依然可以适用兜底条款的规定将因规制税务裁量订立的税务和解协议、税收遵从协议等税务契约纳入行政协议的受案范围。这也正得益于兜底条款的包容性、开放性和适应性之兜底功能。

税务协商可以是书面形式的也可以是口头形式的。若最终达成合意并以书面的形式缔结契约形成协议,此种情形当然属于可以受理的行政协议的范畴。但是,对于未形成合意且尚处于过程中的税务协商,或者以口头方式就税务裁量的内容达成一致意见,此时是否属于上述提及的受案范围?答案显然是否定的。就前者而言,未成熟的税务协商仍有继续进行之可能性,该进一步行动或会改变前一次协商的结论,这样若将正处于变动中的税务协商纳入诉讼的范围,必然无益于规制税务裁量,同时也终将浪费司法成本。就后

---

[1]　行政机关为实现公共利益或者行政管理目标,在法定职责范围内,与公民、法人或者其他组织协商订立的具有行政法上权利义务内容的协议,属于《行政诉讼法》第12条第1款第11项规定的行政协议。

[2]　涉及如下具体内容:政府特许经营协议;土地、房屋等征收征用补偿协议;其他行政协议。

者而言，以口头方式达成的意见，实际上在税收征管实务中意味着一种咨询，是纳税人对税务机关所涉裁量事实有异议向税务机关的一种疑惑求解，此时税务机关的答疑可被视为一种税务建议、指导，并未产生法律效力，这也就从本质上与税务契约有所差别，当然不可以被纳入受案范围。

（二）落实税务裁量协商规制活动的履行问题

2015年《司法解释》规定了单方变更或解除行政协议的"公共利益需要与其他法定事由"条件。[1]然而，为了消除新旧司法解释间衔接不畅甚至条款冲突的困顿情形，最高人民法院发布了2018年《司法解释》，但其却恰恰未就协议履行相关问题作出任何规定。这就为司法实务中的协议履行埋下了伏笔，也使得2015年《司法解释》曙光初现的协议履行问题重新回归原点。

在通常情况下，因为行政优益权的存在，大家通常关注作为公权力机关的行政机关是否履行，履行程度（部分履行、履行不符合协议规定），而甚少关注作为行政相对方的相对人的履行情形。事实上，兼具行政性和合同性的行政协议，其协议双方的履行问题应当受到同等的重视。税法领域亦然。作为最初萌发于行政协议且适用《行政诉讼法》的税务裁量协商规制活动的载体——税务契约，其契约双方对契约的履行问题应得到同等关注。在税务实践中，最理想的状态是在征纳双方按约履行其就税务裁量事项经协商达成合意后所签署的税务契约以及时、有效地解决因裁量而生的税务纠纷。然而，纷繁复杂且糅合各方利益妥协的税务协议在具体执行过程中，时而会因具体情形的变更或主体新的考量而遭遇履行不能、履行不适当问题，甚至因单方变更、解除税务契约而引发新的争议，需要诉诸司法系统予以解决。这就会使得税务协议的效力大打折扣，也难以实现预期消解矛盾的效果。在税务协议履行的过程中，主要的问题焦点集中于下述两点。

第一，税务机关单方变更或解除税务协议条件的司法认定标准。相关学者经实证研究发现，2015年《司法解释》施行前，司法审判中法官以行政协议理论学说作为裁判依据，其条件包括"公共利益需要""符合法律规定""符合协议约定""情势变更"等多元变更或解除因素。在2015年《司法解释》实施后，依照法律规定，其判断依据为"公共利益需要"和"符合法律

---

[1] 第15条第3款被告因公共利益需要或者其他法定事由单方变更、解除协议，给原告造成损失的，判决被告予以补偿。

规定"的二元因素。统观之，其间适用频率最高的还是"公共利益需要"。[1]
而鉴于"公共利益需要"中"公共利益"属于老生常谈的不确定法律概念，
要采用此认定标准，首先需要对该概念有初步的认知与界定，这就进一步增
加了法官（特别是基层法官）的适用难度。有鉴于此，一些人认为，该问题
终将成为"戈尔迪之结"，需要绕道而行。事实上，仔细观察法院对"公共利
益"的解释与认定，可以发现，伴随依法治国进程的加速及公民法治意识的
觉醒，法院对公共利益的解释方式已由事实心证转向了严格遵循法律规范。
在司法实务中，借"规范之手"在个案审判中对公共理性进行类型化处理，
已具备相当程度的客观性和说服力，"公共利益"认定与解释已并非阻碍协议
单方变更或解除的必然障碍。进言之，在税务协议的履行中，倘若行政机关
单方行使变更或解除协议权，则此时法院（具体为负责法官）需要借助法律
所规定的条件来认定是否符合条件，再作出相应处理。

　　第二，纳税人及其相关人不履行税务协议的处理问题。关于纳税人方不
履行税务协议的问题，因相关法律特别是其上位法《行政诉讼法》并未言明，
这就为理论的争议与实践差异化的操作预留了广阔的发挥空间。关于此，有学
者认为，《行政诉讼法》第78条[2]的规定可被视为其作出的处理决定[3]，
也有学者坚称应采取类型化的方式选取相应的强制执行手段。[4]事实上，该
情形并不必要也不可能在法律中对此进行明确规定。因为依照税务契约的私
法与公法双重合意性，若纳税人方违约履行协议或者不履行协议，税务机关
得依法或依约采取相应处理措施，这也是行政有益性的表现与要求。具言之，
在前述情形下，税务机关首先可以向纳税人发出履行税务契约的要求，限其
在规定期限内按约定的方式履行，此时是税务契约民事合意的表现。若纳税
人拒绝履行，则税务机关可以行使税务行政优益权，单方变更或解除税务契

---

〔1〕　沈广明：《行政协议单方变更或解除权行使条件的司法认定》，载《行政法学研究》2018年
第3期。

〔2〕　《行政诉讼法》第78条规定："被告不依法履行、未按照约定履行或者违法变更、解除本法
第十二条第一款第十一项规定的协议的，人民法院判决被告承担继续履行、采取补救措施或者赔偿损
失等责任。被告变更、解除本法第十二条第一款第十一项规定的协议合法，但未依法给予补偿的，人
民法院判决给予补偿。"

〔3〕　屈斐琳：《浅析行政协议案件的审理难点》，载 http://www.pagx.cn/html/2017/fy_1128/83
164.html，最后访问日期：2023年11月26日。

〔4〕　周雷：《行政协议强制执行的容许性与路径选择》，载《人民司法（应用）》2017年第16期。

约，此时是行政合意与民事合意的结合表现。若因纳税人原因变更、解除合同有损公益，税务机关可依协议直接向法院申请强制执行，此时是税务契约行政合意的表现。在诉至法院后，法院决定是否采取强制执行措施的前提是审查是否符合条件，这事实上也正是基于对前一问题——税务机关的单方变更或解除税务协议——进行审查的后续行为，仍可适用上述的审查标准。是故，并无必要在法律中画蛇添足地增加该项内容的规定。

　　所谓裁量，即是权衡。具体到税务裁量，可谓是讨论如何在保障纳税人合法权益的同时，维持税收征管所必需的灵活性。进言之，税务裁量所追求的是探寻普遍税收征收管理背后的个案正义。诚如著名公法学家毛雷尔所言："裁量主要服务于个案正当性。"[1]税务裁量也正是生成于此，裁量的运行必然是一种规范与事实间的流连忘返，势必诱发实施混乱与滥用、程序运行失当、救济不彰等各色失范的现实样态。

　　常态化的税务裁量适用过程中因失范而导致个案尺度不一现象时有发生的现实样态显然有悖于该制度生成之个案正义初衷。加之，税务裁量所呈现的单方强制性、高度概括性以及主观意志性势必会对我国正在加速推进落实的税收法定原则造成极大冲击。通过规制税务裁量明确税收立法权、行政权与司法权的运行边界以保障纳税人的合法权益、助推我国税收法治建设进程亦是我们须直面的论题。立基于也致力于税收法治的导向，税收立法、行政和司法纷纷各显神通：立法试图通过精细化条文与多元化目的之方式从源头遏制税务裁量的失范，行政尝试以各种裁量基准为具体操作标准从程序上制约失范的税务裁量，司法则企图诉诸传统的司法审查与新兴的案例指导以从事后保障对失范税务裁量的治理。事实上，无论是立法的规制、行政的努力还是司法的控制，均未脱离传统的规范之治，都是试图尽可能地明确或者具体化税务裁量的内容，减少相对不确定性。而这些又终究过于强调税务裁量的普适性，而忽视或淡忘其情境性；更多地关注制约裁量的规范性因素，淡忘左右税务裁量的事实因素。

　　税务裁量规范规制模式的规则之失，警示着我们过分依赖传统"权力制约权力"规制模式的疲态，提醒我们需要引入新的因素以打破"立法—行政—

---

〔1〕　[德]哈特穆特·毛雷尔：《行政法学总论》，高家伟译，法律出版社2000年版，第127页。

司法"规制路径的固有桎梏。有鉴于此，税务裁量中应允许协商以便作出适当的甚至唯一的裁量决定。事实上，税务裁量的协商规制模式是伴随着我国传统规则之治日渐僵化不得不寻求新救治方案而出现的一种选择。那么，到底缘何会是协商而不是别的方式？这就需要探寻规制税务裁量的协商模式的生成机理。该模式作为国家治理现代化的必然选择，高度契合国家治理现代化的多元参与、合作共治以及良法善治理念；作为对社会多元化利益诉求的必然回应，正是在社会结构多元化、社会文化多元化及利益诉求多元化的背景下的产物；作为信息网络技术迅猛发展的必然产物，它打破涉税信息垄断、改善纳税人参与的技术手段、激发纳税人参与热情。在论证税务裁量协商规制模式之正当性前提下，我们还需进一步寻觅其理论基础，应当承认其深植于中国的本土理论资源：哲学层面的主体间性理论、政治层面的协商民主理论、我国传统文化中的以人为本思想以及法治层面纳税人权利保护理论。理论的研究终将通过实践生根发芽，作为过程之治的协商规制模式也在税收法治的实践中不断尝试：预约定价安排与税收遵从协议作为防范涉税风险的典型实践已得到广泛认可，税务和解与调解作为化解纠纷的有效手段在新时代"枫桥经验"的实践下历久弥新。

当然，实效性的加入并不意味着规范的去除。税务裁量协商规制模式的引入亦不是对传统规范模式的否认与放弃，而是为动态地兼顾规范与事实因素的税务裁量规制拓展的新路径。税收立法从源头上保障税务裁量行使的界限，税务裁量基准从税务机关内部细化税务裁量，税收司法以最后的监督保障对失范裁量的救济，税务协商以协商参与的方式规制税务裁量的过程。由此观之，如何使上述四种模式进行有效衔接以充分实现规制税务裁量的目标是需要正视的课题。协商规制模式以"权利制约权力"的方式所提供的是一种规制税务裁量的新思路，但是它并不意味着是对传统"权力制约权力"的规范规制路径的替代。事实上，长期税务裁量规制的实践表明，"立法—行政—司法"的税务裁量规制模式仍应是当下的主流方式，新兴的协商规制模式只是对该规范规制模式的补强。即使是在以"立法—行政—司法"的规范规制模式为主导的税务裁量法律规制模式下，也需要结合税务裁量往返于规范与事实间的特征进行适当的调整，将协商规制模式与规范规制模式进行有效衔接。正是这种"传统+新兴"模式的共同推进，税务裁量终将走出失范的误区，从而迈向规范化的正轨。

参考文献

一、中文类参考文献

（一）著作类

1. ［法］孟德斯鸠：《论法的精神》（上册），张雁深译，商务印书馆 1959 年版。

2. ［法］卢梭：《社会契约论》，李平沤译，商务印书馆 2015 年版。

3. ［日］田村悦一：《自由裁量及其界限》，李哲范译，王丹红校，中国政法大学出版社 2016 年版。

4. ［日］美浓部达吉：《行政法总论》，熊范舆译，丙午社 1907 年版。

5. ［日］北野弘久：《税法学原论》（第 4 版），陈刚等译，陈刚、杨建广校，中国检察出版社 2001 年版。

6. ［日］金子宏：《日本税法》，战宪斌等译，法律出版社 2004 年版。

7. ［日］金子宏：《日本税法原理》，刘多田、杨建津、郑林根译，中国财政经济出版社 1989 年版。

8. ［日］中里实等：《日本税法概论》，郑林根译，法律出版社 2014 年版。

9. ［法］孟德斯鸠：《论法的精神》（下），张雁深译，商务印书馆 1963 年版。

10. ［德］马丁·海德格尔：《存在与时间》，陈嘉映、王庆节译，生活·读书·新知三联书店 1987 年版。

11. ［德］黑格尔：《小逻辑》，贺麟译，商务印书馆 1980 年版。

12. ［德］黑格尔：《精神现象学》（上），贺麟、王玖兴译，商务印书馆 1979 年版。

13. ［德］奥托·迈耶：《德国行政法》，刘飞译，商务印书馆 2013 年版。

14. ［德］平特纳：《德国普通行政法》，朱林译，中国政法大学出版社 1999 年版。

15. ［德］哈特穆特·毛雷尔：《行政法学总论》，高家伟译，法律出版社 2000 年版。

16. ［德］汉斯·J. 沃尔夫、奥托·巴霍夫、罗尔夫·施托贝尔：《行政法》，高家伟译，商务印书馆 2002 年版。

17. ［德］考夫曼：《法律哲学》，刘幸义等译，法律出版社 2005 年版。

18. ［德］魏德士:《法理学》，丁晓春、吴越译，法律出版社 2005 年版。

19. ［德］卡尔·拉伦茨:《法学方法论》，陈爱娥译，商务印书馆 2003 年版。

20. ［德］马克斯·韦伯:《社会科学方法论》，杨富斌译，华夏出版社 1999 年版。

21. ［德］马克斯·韦伯:《经济与社会》（下卷)，［德］约翰内斯·温克尔曼整理，林荣远译，商务印书馆 1997 年版。

22. ［德］马克斯·韦伯:《学术与政治：韦伯的两篇演说》，冯克利译，生活·读书·新知三联书店 1998 年版。

23. ［德］阿图尔·考夫曼:《古斯塔夫·拉德布鲁赫传——法律思想家、哲学家和社会民主主义者》，舒国滢译，法律出版社 2004 年版。

24. ［德］哈贝马斯:《在事实与规范之间——关于法律和民主法治国的商谈理论》，童世骏译，生活·读书·新知三联书店 2003 年版。

25. ［英］詹姆斯·莫里斯、英国财政研究所:《税制设计》，湖南国税翻译小组译，湖南人民出版社 2016 年版。

26. ［英］弗里德利希·冯·哈耶克:《自由秩序原理》（上)，邓正来译，生活·读书·新知三联书店 1997 年版。

27. ［英］梅因:《古代法》，沈景一译，商务印书馆 1959 年版。

28. ［英］戴维·M. 沃克:《牛津法律大辞典》，李双元等译，法律出版社 2003 年版。

29. ［英］W. Ivor 詹宁斯:《法与宪法》，龚祥瑞、侯健译，生活·读书·新知三联书店 1997 年版。

30. ［英］威廉·韦德:《行政法》，徐炳等译，中国大百科全书出版社 1997 年版。

31. ［英］马克·布劳格:《经济学方法论》，黎明星、陈一民、季勇译，北京大学出版社 1990 年版。

32. ［英］罗素:《哲学问题》，何兆武译，商务印书馆 2007 年版。

33. ［英］约翰·格雷:《自由主义的两张面孔》，顾爱彬、李瑞华译，江苏人民出版社 2005 年版。

34. ［英］安东尼·奥格斯:《规制：法律形式与经济学理论》，骆梅英译，中国人民大学出版社 2008 年版。

35. ［英］维克托·迈尔-舍恩伯格、肯尼恩·库耶克:《大数据时代：生活、工作与思维的大变革》，盛扬燕、周涛译，浙江人民出版社 2013 年版。

36. ［英］安东尼·吉登斯:《超越左与右——激进政治的未来》，李惠斌、杨雪东译，社会科学文献出版社 2003 年版。

37. ［英］奈杰尔·拉波特、乔安娜·奥弗林:《社会文化人类学的关键概念》，鲍雯妍译，华夏出版社 2005 年版。

38. ［英］威廉·配第:《赋税论》，邱霞、原磊译，华夏出版社 2006 年版。

39. ［英］亚当·斯密：《国民财富的性质和原因的研究》（下），郭大力、王亚楠译，商务印书馆 1997 年版。

40. ［英］马丁·唐顿：《公平税赋：1914–1979 年英国税收政治》，范泽思、李欣译，经济科学出版社 2017 年版。

41. ［美］维克多·瑟仁伊：《比较税法》，丁一译，北京大学出版社 2006 年版。

42. ［美］查尔斯·亚当斯：《善与恶——税收在文明进程中的影响》，翟继光译，中国政法大学出版社 2013 年版。

43. ［美］肯尼斯·卡尔普·戴维斯：《裁量正义——一项初步的研究》，毕洪海译，商务印书馆 2009 年版。

44. ［美］伯纳德·施瓦茨：《行政法》，徐炳译，群众出版 1986 年版。

45. ［美］劳伦斯·M. 弗里德曼：《法律制度——从社会科学角度观察》，李琼英、林欣译，中国政法大学出版社 2004 年版。

46. ［美］埃尔曼：《比较法律文化》，贺卫方、高鸿钧译，生活·读书·新知三联书店 1990 年版。

47. ［美］道格拉斯·W. 哈伯德：《数据化决策》，邓洪涛译，世界图书出版广东有限公司 2013 年版。

48. ［美］理查德·B. 斯图尔特：《美国行政法的重构》，沈岿译，商务印书馆 2002 年版。

49. ［美］克莱斯·瑞恩：《异中求同：人的自我完善》，张沛、张源译，北京大学出版社 2001 年版。

50. ［美］L. 亨金：《权利的时代》，信春鹰、吴玉章、李林译，知识出版社 1997 年版。

51. ［美］Amy Gutman，Dennis Thompson：《商谈民主》，谢宗学、郑惠文译，智胜文化事业有限公司 2006 年版。

52. ［美］约·埃尔斯特主编：《协商民主：挑战与反思》，周艳辉译，中央编译出版社 2009 年版。

53. ［美］约翰·罗尔斯：《政治自由主义》，万俊人译，译林出版社 2000 年版。

54. ［美］阿尔文·托勒夫：《第三次浪潮》，黄明坚译，中信出版社 2006 年版。

55. ［美］保罗·萨缪尔森、威廉·诺德豪斯：《微观经济学》，萧琛主译，人民邮电出版社 2004 年版。

56. ［澳］何包钢：《协商民主：理论、方法和实践》，中国社会科学出版社 2008 年版。

57. ［澳］约翰·S. 德雷泽克：《协商民主及其超越：自由与批判的视角》，丁开杰等译，中央编译出版社 2006 年版。

58. ［美］乔·萨托利：《民主新论》，冯克利、阎克文译，东方出版社 1998 年版。

59. 《马克思恩格斯全集》（第 19 卷），人民出版 2006 年版。

60. 《马克思恩格斯全集》（第 4 卷），人民出版社 1958 年版。

61. 夏征农、陈至立主编：《大辞海》，上海辞书出版社 2009 年版。

62. 郜风涛：《文津法札》，中国法制出版社 2011 年版。

63. 白鹏飞编：《行政法总论》，商务印书馆 1932 年版。

64. 刘幸义：《法律概念与体系构造》，翰芦图书出版有限公司 2015 年版。

65. 翁岳生：《行政法》中国法制出版社，2002 年版。

66. 薛波主编：《元照英美法词典》（缩印版），北京大学出版社 2013 年版。

67. 黄茂荣：《法学方法与现代民法》，中国政法大学出版社 2001 年版。

68. 黄茂荣：《法学方法与现代税法》，北京大学出版社 2011 年版。

69. 葛克昌：《税捐行政法——纳税人基本权视野下之税捐稽征法》，厦门大学出版社 2016 年版。

70. 黄俊杰：《税捐正义》，北京大学出版社 2004 年版。

71. 黄俊杰：《纳税人权利之保护》，北京大学出版社 2004 年版。

72. 杨奕华：《法律人本主义——法理学研究诠论》，法律出版社 1997 年版。

73. 王长江：《现代政党执政规律研究》，上海人民出版社 2002 年版。

74. 肖雪慧：《公民社会的诞生》，上海三联书店 2004 年版。

75. 法学教材编辑部编审，王珉灿主编：《行政法概要》，法律出版社 1983 年版。

76. 吴庚：《行政法之理论与实用》（增订第 8 版），中国人民大学出版社 2005 年版。

77. 张文显：《二十世纪西方方法哲学思潮研究》，法律出版社 1996 年版。

78. 张文显：《法哲学范畴研究》（修订版），中国政法大学出版社 2001 年版。

79. 郑永流：《法律方法阶梯》，北京大学出版社 2001 年版。

80. 瞿同祖：《中国法律与中国社会》，商务印书馆 2010 年版。

81. 全国人民代表大会常务委员会法制工作委员会编，信春鹰主编：《中华人民共和国行政诉讼法释义》，法律出版 2014 年版。

82. 顾祝轩：《制造"拉伦茨"神话：德国法学方法论史》，法律出版社 2011 年版。

83. 李昌麒：《经济法学》，法律出版社 2009 年版。

84. 刘剑文：《理财治国观：财税法的历史担当》，法律出版社 2016 年版。

85. 刘剑文、熊伟：《税法基础理论》，北京大学出版社 2004 年版。

86. 张怡：《衡平税法研究》，中国人民大学出版社 2012 年版。

87. 张怡：《人本税法研究》，法律出版社 2016 年版。

88. 张怡：《税务信息管理法制创新研究》，法律出版社 2017 年版。

89. 张守文：《公平分配的财税法促进与保障》，北京大学出版社 2017 年版。

90. 陈少英：《税法基本理论专题研究》，北京大学出版社 2009 年版。

91. 陈少英：《税收债法制度专题研究》，北京大学出版社 2013 年版。

92. 施正文：《税收程序法论——监控征税权运行的法律与立法研究》，北京大学出版社

2003 年版。

93. 汤贡亮：《中国财税改革与法治研究》，中国税务出版社 2014 年版。

94. 黎江虹：《中国纳税人权利研究》（修订版），中国检察出版社 2014 年版。

95. 翟继光：《财税法基础理论研究》，中国政法大学出版社 2017 年版。

96. 孙健波：《税法解释研究——以利益平衡为中心》，法律出版社 2007 年版。

97. 向景：《税收治理现代化的逻辑》，暨南大学出版社 2017 年版。

98. 李建人：《英国税收法律主义的历史源流》，法律出版社 2012 年版。

99. 任超：《英国财税法史研究》，法律出版社 2017 年版。

100. 蔡昌：《中国税史》，中国财政经济出版社 2016 年版。

101. 甘功仁：《纳税人权利专论》，中国广播电视出版社 2003 年版。

102. 王鸿貌：《税法学的立场与理论》，中国税务出版社 2008 年版。

103. 王鸿貌：《税收法定原则中国化的研究路径》，西北大学出版社 2020 年版。

104. 王鸿貌：《法定与公平：税法基本原则的解构与建构》，生活·读书·新知三联书店 2022 年版。

105. 张馨：《财政公共化改革：理论创新·制度变革·理论更新》，中国财政经济出版社 2004 年版。

106. 丁一：《纳税人权利研究》，中国社会科学出版社 2013 年版。

107. 闫海：《税收征收管理的法理与制度》，法律出版社 2011 年版。

108. 张晓婷：《税行为研究》，北京师范大学出版社 2011 年版。

109. 王名扬：《英国行政法》，中国政法大学出版社 1987 年版。

110. 王名扬：《法国行政法》，中国政法大学出版社 1988 年版。

111. 范扬：《行政法总论》，邹荣勘校，中国方正出版社 2005 年版。

112. 杨建顺：《行政规制与权利保障》，中国人民大学出版社 2007 年版。

113. 苏晓宏：《法律运行中的自由裁量》，法律出版社 2010 年版。

114. 周佑勇：《行政裁量治理研究———一种功能主义的立场》，法律出版社 2008 年版。

115. 周佑勇：《行政裁量基准研究》，中国人民大学出版社 2015 年版。

116. 郑春燕：《现代行政中的裁量及其规制》，法律出版社 2015 年版。

117. 王贵松：《行政裁量的构造和审查》，中国人民大学出版社 2016 年版。

118. 徐晨：《权力竞争：控制行政裁量权的制度选择》，中国人民大学出版社 2007 年版。

119. 张素莲：《论法官的自由裁量权——侧重从刑事审判的角度》，中国人民公安大学出版社 2004 年版。

120. 尹建国：《行政法中的不确定法律概念研究》，中国社会科学出版社 2012 年版。

121. 王利民：《法律解释学》，中国人民大学出版社 2011 年版。

122. 杨解君：《中国行政法的变革之道——契约理念的确立及其展开》，清华大学出版社

2011 年版。

123. 卢瑾：《西方参与式民主理论发展研究》，人民出版社 2013 年版。

124. 李卫华：《行政参与主体研究》，法律出版社 2012 年版。

125. 中国法学会"枫桥经验"理论总结和经验提升课题组：《"枫桥经验"的理论构建》，法律出版社 2018 年版。

（二）论文类

126. ［美］弗兰克·I. 米歇尔曼：《人们如何订立法律?》，载［美］詹姆斯·博曼、威廉·雷吉主编：《协商民主：论理性与政治》，陈家刚等译，中央编译出版社 2006 年版。

127. ［美］杰克·奈特、詹姆斯·约翰逊：《协商民主需要什么样的政治平等》，载陈家刚主编：《协商民主》，上海三联书店 2004 年版。

128. ［美］克里斯蒂安·亨诺德：《法团主义、多元主义与民主：走向协商的官僚责任理论》，载陈家刚选编：《协商民主》，上海三联书店 2004 年版。

129. ［美］詹姆斯·博曼：《协商民主与有效社会自由：能力、资源和机会》，载陈家刚选编：《协商民主》，上海三联书店 2004 年版。

130. ［英］朱迪思·斯奈尔斯：《协商与决策：双轨模式中的非连续性》，载［南非］毛里西奥·帕瑟琳·登特里维斯主编：《作为公共协商的民主：新的视角》，王英津等译，中央编译出版社 2006 年版。

131. ［德］雅斯培：《关于我的哲学》，载［美］W. 考夫曼：《存在主义》，陈鼓应等译，商务印书馆 1987 年版。

132. 邓小平：《解放思想，实事求是，团结一致向前看》，载《邓小平文选》（第 2 卷），人民出版社 1994 年版。

133. 严文明：《略论中国文明的起源》，载《文物》1992 年第 1 期。

134. 陈慈阳：《行政裁量及不确定法律概念——以两者概念内容之差异与区分为必要性为研究对象》，载行政法学会主编：《行政法争议问题研究》（上），五南图书出版公司 2001 年版。

135. 吴从周：《论法学上之"类型"思维》，载杨日然教授纪念论文集编委会主编：《法理学论丛》，月旦出版社 1997 年版。

136. 翁岳生：《论"不确定法律概念"与行政裁量之关系》，载翁岳生主编：《行政法与现代法治国家》，三民书局 2015 年版。

137. 陈小文：《行政法的哲学基础》，载罗豪才等：《行政法平衡理论讲演录》，北京大学出版社 2011 年版。

138. 陈家刚：《协商民主引论》，载薛晓源、李惠斌主编：《当代西方学术研究前沿报告（2005-2006）》，华东师范大学出版社 2006 年版。

139. 赵德芳、匡爱民：《税法基本理念转变之浅见——以税收契约为中心》，载刘剑文主编：《财税法论丛》，法律出版社 2005 年版。

140. ［德］J. 哈贝马斯：《在事实和规范之间——一个作者的反思》，薛华译，载《世界哲学》2009 年第 4 期。

141. 黄茂荣：《法律事实的认定》（上），载《植根杂志》2006 年第 7 期。

142. 郑永流：《法律判断形成的模式》，载《法学研究》2004 年第 1 期。

143. 张文显：《法治化是国家治理现代化的必由之路》，载《法制与社会发展》2014 年第 5 期。

144. 季卫东：《程序比较论》，载《比较法研究》1993 年第 1 期。

145. 江必新、邵长茂：《论国家治理商数》，载《中国社会科学》2015 年第 1 期。

146. 黄文艺：《公法研究中的概念清理和重整》，载《法学研究》2012 年第 4 期。

147. 刘士国：《类型化与民法解释》，载《法学研究》2006 年第 6 期。

148. 徐国栋：《西方立法思想与立法史略——以自由裁量与严格规则的消长为线索》（上），载《比较法研究》1992 年第 1 期。

149. 韩庆祥：《现代性的本质、矛盾及其时空分析》，载《中国社会科学》2016 年第 2 期。

150. 杨登峰：《何为法的溯及既往———在事实或其效果持续过程中法的变更与适用》，载《中外法学》2007 年第 5 期。

151. 李可：《类型思维及其法学方法论意义——以传统抽象思维作为参照》，载《金陵法律评论》2003 年第 2 期。

152. 胡玉鸿：《韦伯的"理想类型"及其法学方法论意义—— 兼论法学中"类型"的建构》，载《广西师范大学学报（哲学社会科学版）》2003 年第 2 期。

153. 侯淑雯：《制定"立法标准法"的必要性、可行性及原则》，载《地方立法研究》2018 年第 5 期。

154. 刘风景：《立法目的条款之法理基础及表述技术》，载《法商研究》2013 年第 3 期。

155. 张建军：《论刑法中兜底条款的明确性》，载《法律科学（西北政法大学学报）》2014 年第 2 期。

156. 孙海波：《案例指导制度下的类案参照方法论》，载《现代法学》2020 年第 5 期。

157. 朱芒：《论指导性案例的内容构成》，载《中国社会科学》2017 年第 4 期。

158. 陆幸福：《论背离指导性案例及其限制》，载《环球法律评论》2022 年第 3 期。

159. 孙海波：《指导性案例的参照难点及克服》，载《国家检察官学院学报》2022 年第 3 期。

160. 马燕：《论我国一元多层级案例指导制度的构建——基于指导性案例司法应用困境的反思》，载《法学》2019 年第 1 期。

161. 张杰：《规则提炼与事实比对：指导性案例应用方法研究》，载《法律科学（西北政法大学学报）》2023 年第 6 期。

162. 余凌云：《游走在规范与僵化之间——对金华行政裁量基准实践的思考》，载《清华法学》2008 年第 3 期。

163. 王锡锌：《自由裁量权基准：技术的创新还是误用》，载《法学研究》2008 年第 5 期。

164. 章志远：《行政裁量基准的兴起与现实课题》，载《当代法学》2010 年第 1 期。

165. 王天华：《裁量标准基本理论问题刍议》，载《浙江学刊》2006 年第 6 期。

166. 周佑勇：《在软法与硬法之间：裁量基准效力的法理定位》，载《法学论坛》2009 年第 4 期。

167. 周佑勇：《裁量基准的变更适用是否"溯及既往"》，载《政法论坛》2018 年第 3 期。

168. 周佑勇：《健全行政裁量基准的新使命新任务》，载《行政法学研究》2023 年第 1 期。

169. 周佑勇：《行政处罚裁量基准的法治化及其限度——评新修订的〈行政处罚法〉第 34 条》，载《法律科学（西北政法大学学报）》2021 年第 5 期。

170. 王青斌：《行政裁量基准的法律属性及其效力分析》，载《政治与法律》2023 年第 7 期。

171. 刘权：《行政裁量司法监督的法理变迁——从〈自由裁量及其界限〉谈起》，载《中国法律评论》2020 年第 4 期。

172. 熊樟林：《论裁量基准中的逸脱条款》，载《法商研究》2019 年第 3 期。

173. 王天华：《行政法上的不确定法律概念》，载《中国法学》2016 年第 3 期。

174. 王天华：《从裁量二元论到裁量一元论》，载《行政法学研究》2006 年第 1 期。

175. 郑春燕：《取决于行政任务的不确定法律概念定性——再问行政裁量概念的界定》，载《浙江大学学报（人文社会科学版）》2007 年第 3 期。

176. 崔卓兰、刘福元：《论行政自由裁量权的内部控制》，载《中国法学》2009 年第 4 期。

177. 尹建国：《行政法中的不确定法律概念释义》，载《法学论坛》2009 年第 1 期。

178. 沈岿：《行政诉讼确立"裁量明显不当"标准之议》，载《法商研究》2004 年第 4 期。

179. 高卫明：《论行政裁量的司法统制范围——从过程论的视角》，载《法律适用》2013 年第 11 期。

180. 沈广明：《行政协议单方变更或解除权行使条件的司法认定》，载《行政法学研究》2018 年第 3 期。

181. 卢显洋：《国家治理范畴下的协商行政执法》，载《学习与实践》2016 年第 12 期。

182. 彭飞荣、王全兴：《经济法行为类型化研究初探》，载李昌麒主编：《经济法论坛（第 5 卷）》，群众出版社 2008 年版。

183. 刘剑文：《应税所得的法律问题探讨》，在《武汉大学学报（人文科学版）》1995 年第 3 期。

184. 刘剑文：《税收征管制度的一般经验与中国问题——兼论〈税收征收管理法〉的修

改》，载《行政法学研究》2014 年第 1 期。

185. 刘剑文、侯卓：《财税法在国家治理现代化中的担当》，载《法学》2014 年第 2 期。

186. 刘剑文：《落实税收法定原则的现实路径》，载《政法论坛》2015 年第 3 期。

187. 佘情影、刘剑文：《税收法定主义：从文本到实践的挑战与路径》，载《辽宁大学学报（哲学社会科学版）》2016 年第 6 期。

188. 刘剑文：《落实税收法定原则的意义与路径》，载《中国人大》2017 年第 19 期。

189. 张守文：《论税法上的"可税性"》，载《法学家》2000 年第 5 期。

190. 张守文：《收益的可税性》，载《法学评论》2001 年第 6 期。

191. 张守文：《论税收法定主义》，载《法学研究》1996 年第 6 期。

192. 张怡：《论非均衡经济制度下税法的公平与效率》，载《现代法学》2007 年第 4 期。

193. 张怡：《税收法定化：从税收衡平到税收实质公平的演进》，载《现代法学》2015 年第 3 期。

194. 张怡、吕俊山：《税法中的法人格否认制度》，载《河北法学》2019 年第 1 期。

195. 陈少英：《论〈自由大宪章〉税收法定的萌芽、成熟及发展》，载《财经法学》2016 年第 6 期。

196. 陈少英、杨剑：《试论税法的类型化》，载《税务研究》2013 年第 11 期。

197. 陈少英、陈雷：《美国司法 ADR 对解决我国税务争议的借鉴》，载《商业研究》2018 年第 4 期。

198. 廖益新、褚睿刚：《转让定价文档规则正当性研究——兼议纳税人协力义务》，载《现代法学》2018 年第 2 期。

199. 张富强：《纳税权入宪入法的逻辑进路》，载《政法论坛》2017 年第 4 期。

200. 张富强：《论税权二元结构及其价值逻辑》，载《法学家》2011 年第 2 期。

201. 张富强：《论纳税人诚实纳税推定权立法的完善》，载《学术研究》2011 年第 2 期。

202. 张富强：《税收公平原则下我国营改增"扩围"的顶层制度设计》，载《现代财经》2013 年第 9 期。

203. 朱大旗、姜姿含：《税收事先裁定制度的理论基础与本土构建》，载《法学家》2016 年第 6 期。

204. 朱大旗：《论税收法定原则的精神实质及其落实》，载《国际税收》2014 年第 5 期。

205. 施正文：《税收法定原则框架下的税收法律体系》，载《社会科学辑刊》2015 年第 4 期。

206. 施正文：《论〈税收征管法〉修订需要重点解决的立法问题》，载《税务研究》2012 年第 10 期。

207. 施正文：《我国建立纳税人诉讼的几个问题》，载《中国法学》2006 年第 5 期。

208. 施正文：《论征纳权利——兼论税权问题》，载《中国法学》2002 年第 6 期。

209. 熊伟：《重申税收法定主义》，载《法学杂志》2014 年第 2 期。

210. 熊伟：《法治视野下清理规范税收优惠政策研究》，载《中国法学》2014 年第 6 期。

211. 熊伟：《论我国的税收授权立法制度》，载《税务研究》2013 年第 6 期。

212. 聂淼、熊伟：《重塑税收核定：我国税收行政确定的建构路径》，载《税务研究》2015 年第 12 期。

213. 熊伟：《税务争讼制度的反思与重构》，载《中南民族大学学报（人文社会科学版）》2004 年第 5 期。

214. 杨小强：《论税法与私法的联系》，载《法学评论》1999 年第 6 期。

215. 诚信和、杨小强：《论税法上的他人责任》，载《法商研究（中南政法学院学报）》2000 年第 2 期。

216. 覃有土、刘乃忠、李刚：《论税收法定主义》，载《现代法学》2000 年第 3 期。

217. 王鸿貌：《税收法定原则之再研究》，载《法学评论》2004 年第 3 期。

218. 王鸿貌：《税收公平原则新论》，载《浙江学刊》2005 年第 1 期。

219. 徐孟洲：《论税法原则及其功能》，载《中国人民大学学报》2000 年第 5 期。

220. 鲁篱：《税收法律主义初探——兼评我国税收授权立法之不足》，载《财经科学》2000 年第 2 期。

221. 许多奇：《税收法定原则中"税率法定"的法治价值》，载《社会科学辑刊》2015 年第 4 期。

222. 许多奇：《落实税收法定原则的有效路径——建立我国纳税人权利保护官制度》，载《法学论坛》2014 年第 4 期。

223. 许安平：《税收法律主义及其在当代的困惑》，载《现代法学》2005 年第 3 期。

224. 张学博：《税收法定原则新论：从绝对主义到相对主义》，载《上海财经大学学报（哲学社会科学版）》2016 年第 4 期。

225. 翟继光：《税收法定原则比较研究——税收立宪的角度》，载《杭州师范学院学报（社会科学版）》2005 年第 2 期。

226. 徐阳光：《民主与专业的平衡：税收法定原则的中国进路》，载《中国人民大学学报》2016 年第 3 期。

227. 华国庆：《试论纳税人知情权及其法律保障》，载《法学家》2006 年第 2 期。

228. 刘莘、王凌光：《税收法定与立法保留》，载《行政法学研究》2008 年第 3 期。

229. 易有禄、李婷：《税收法定原则视野下的税收立法权回归》，载《江西财经大学学报》2014 年第 1 期。

230. 袁明圣：《税收法定原则在中国：收回税收立法权没有时间表》，载《江西财经大学学报》2014 年第 4 期。

231. 张婉苏：《从税收法定到税收法治的实践进阶——以进一步落实税收法定原则为中

心》，载《法学研究》2023 年第 1 期。

232. 侯卓：《税收法定主义的演进脉络、路径依赖与完整谱系》，载《法律科学（西北政法大学学报）》2023 年第 1 期。

233. 郭昌盛：《税收法定原则落实的理论前提之反思》，载《烟台大学学报（哲学社会科学版）》2021 年第 2 期。

234. 廖益新、李乔彧：《税收法定主义视野下的个人所得认定》，载《法学家》2019 年第 5 期。

235. 陈治：《基于生存权保障的〈个人所得税法〉改革及完善》，载《武汉大学学报（哲学社会科学版）》2016 年第 3 期。

236. 陈治：《税收征管中契约工具的运用及其法治应对》，载《现代法学》2021 年第 6 期。

237. 汤洁茵：《税法续造与税收法定主义的实现机制》，载《法学研究》2016 年第 5 期。

238. 汤洁茵、肖明禹：《反避税调查程序中的税收核定：质疑与反思——以企业所得税法为核心的探讨》，载《当代法学》2018 年第 4 期。

239. 汤洁茵：《不可承受之重：税收核定的反避税功能之反思 以〈税收征管法〉第 35 条第（6）项为起点的探讨》，载《中外法学》2017 年第 6 期。

240. 汤洁茵：《法治视野下一般反避税规则的续造》，载《法学》2022 年第 6 期。

241. 叶姗：《应税事实依据经济实质认定之稽征规则——基于台湾地区"税捐稽征法"第 12 条之 1 的研究》，载《法学家》2010 年第 1 期。

242. 叶姗：《中国税收征管法的重塑与再造》，载《中国法律评论》2018 年第 6 期。

243. 叶姗：《应税事实认定的权义构造》，载《政治与法律》2022 年第 5 期。

244. 李刚：《论税收调控法与税法基本原则的关系》，载《厦门大学学报（哲学社会科学版）》2008 年第 3 期。

245. 李刚：《论税务稽查局管辖权限的认定——基于法律解释学的分析》，载《法律科学（西北政法大学学报）》2018 年第 5 期。

246. 杨志强、李娜：《税收授权立法问题探析》，载《法学杂志》2013 年第 11 期。

247. 曾远：《论税法解释类型化方法》，载《现代法学》2016 年第 1 期。

248. 滕祥志：《论〈税收征管法〉的修改》，载《清华法学》2016 年第 3 期。

249. 崔威：《中国税务行政诉讼实证研究》，载《清华法学》2015 年第 3 期。

250. 廖仕梅：《废除税务行政救济前置条件的必要性与可行性》，载《行政法学研究》2017 年第 1 期。

251. 黎江虹、李思思：《重塑纳税人权利："以数治税"时代的底层逻辑》，载《华中科技大学学报（社会科学版）》2022 年第 6 期。

252. 黎江虹、黄真真：《论税务行政诉讼中经验法则的适用》，载《税务研究》2021 年第 3 期。

253. 付大学：《比例原则视角下税务诉讼"双重前置"之审视》，载《政治与法律》2016年第1期。

254. 董学智等：《论税法上的不确定法律概念》，载《交大法学》2018年第2期。

255. 黄家强：《税法兜底条款设计与适用的方法改进》，载《政治与法律》2022年第5期。

256. 李亚松：《论税收执法案例指导制度》，载《税务研究》2017年第11期。

257. 王华：《税收行政自由裁量权滥用的原因及控制手段》，载《山西财经大学学报》2007年第S2期。

258. 李登喜、王凤彬：《税务行政处罚裁量权规制的制度设计、困境及出路——以安徽国税系统实践与探索为例》，载《税务研究》2017年第12期。

259. 李登喜、李新、林剑雄：《行使税务行政处罚裁量权存在的问题与规范建议》，载《税收经济研究》2017年第5期。

260. 李登喜：《论税务行政裁量权行使原则》，载《税务研究》2012年第3期。

261. 杨卫红：《税务行政自由裁量权的控制研究》，载《扬州大学税务学院学报》2010年第4期。

262. 胡溢武：《论税务行政裁量权的法律治理》，载《税收经济研究》2015年第4期。

263. 欧纯智、贾康：《税收自由裁量权行使的正义原则》，载《中共中央党校学报》2016年第5期。

264. 秦隆伶：《税务行政处罚自由裁量权：存在问题与规范建议》，载《国际税收》2014年第5期。

265. 李华：《论税收自由裁量权制度控制体系的完善》，载《税务与经济》2007年第2期。

266. 涂咏梅：《税收执法自由裁量权滥用及其约束制度》，载《财政监督》2007年第11期。

267. 陈秀：《税收执法行政裁量权规制研究》，载《理论与改革》2013年第5期。

268. 邓嵘：《税务行政裁量权失范及其法律规制》，载《税收经济研究》2013年第1期。

269. 湖北省地方税收研究会课题组：《细化量化地方税务行政处罚自由裁量权的探讨》，载《理论月刊》2011年第2期。

270. 卜祥来、周上序、高源：《论规范税务行政处罚自由裁量权》，载《税务研究》2010年第11期。

271. 徐健：《浅议我国税务行政自由裁量权控制的问题与完善》，载《税务研究》2009年第12期。

272. 崔志坤：《税收执法自由裁量权滥用及其救济制度设计——激励与约束的权衡》，载《地方财政研究》2008年第6期。

273. 张馨予：《税务裁量基准的功能定位与结构塑造——基于实证的分析》，载《甘肃政法大学学报》2021年第4期。

274. 龙朝晖、方佳雄：《我国税务行政自由裁量权浅议》，载《税务研究》2007年第3期。

275. 施锐利：《论行政合理性原则对税收自由裁量权的控制》，载《税务研究》2005 年第 7 期。

276. 王励：《谈自由裁量权在税收管理中的有效运用》，载《经济问题研究》2003 年第 11 期。

277. 周俊琪：《〈税收征管法〉中的自由裁量权及其控制》，载《涉外税务》2001 年第 11 期。

278. 程莉：《税收程序：规范税收自由裁量权的最佳手段》，载《税务研究》2005 年第 4 期。

279. 汪诚：《论税务行政自由裁量权的法律控制》，载《财经科学》2003 年第 4 期。

280. 龚征、张明和、杨波：《如何有效控制税收自由裁量权》，载《税务研究》2003 年第 2 期。

281. 荣以杰：《论税务行政裁量权裁量基准制度》，载《税务研究》2012 年第 3 期。

282. 叶金育：《税务和解实施的法律规制》，载《内蒙古社会科学》2013 年第 6 期。

283. 张永忠、张春梅：《行政裁量权限缩论——以税收和解适用为例》，载《政治与法律》2011 年第 10 期。

284. 叶金育、褚睿刚：《环境税立法目的：从形式诉求到实质要义》，载《法律科学（西北政法大学学报）》2017 年第 1 期。

285. 陈光宇：《税收和解制度浅议》，载《税务研究》2007 年第 9 期。

286. 王宗涛：《税法一般反避税条款的合宪性审查及跟进》，载《中外法学》2018 年第 3 期。

287. 顾德瑞：《税务和解适用的三个着力点：范围、条件和阶段》，载《云南大学学报（法学版）》2014 年第 5 期。

288. 陈雷：《税务行政裁量权的法律规制——以税务和解的授权界限为例》，载《税务与经济》2018 年第 3 期。

289. 侯欢：《大数据时代税务稽查风险的管控》，载《税务与经济》2018 年第 3 期。

290. 侯欢：《跨境 B2C 电子商务税收征管的难题与破解——基于微观、中观和宏观税收公平的思考》，载《西部论坛》2017 年第 5 期。

291. 杨默如：《国外税务稽查经验及借鉴》，载《涉外税务》2008 年第 2 期。

292. 潘涛、张凌：《构建我国税务稽查选案体系的探讨》，载《税务研究》2008 年第 8 期。

293. 袁森庚、宋玉华：《关于我国税收核定制度分析及立法完善的思考》，载《税收经济研究》2016 年第 2 期。

294. 薛钢：《浅议对税务行政自由裁量权的制约》，载《税务与经济》2003 年第 1 期。

295. 赖超超、蔺耀昌：《税务行政中的契约理念及其体现——以平等、协商为核心》，载《行政法学研究》2006 年第 1 期。

296. 虞青松：《税收遵从协议的治理机制——行政合同的实证解析》，载《行政法学研究》2013 年第 3 期。

297. 熊樟林：《税收遵从协议行政指导属性之证成》，载《北京理工大学学报（社会科学版）》2015 年第 4 期。

298. 刘小砚：《论税收遵从协议的法律性质及救济路径》，载《财会月刊》2017 年第 32 期。

299. 任超：《英国中世纪税收契约原则的确立》，载《税务研究》2016 年第 10 期。

300. 赵宇：《税收法定原则下税收契约的思考》，载《税收经济研究》2018 年第 2 期。

301. 林文生：《税务约谈制的比较研究与思考》，载《当代财经》2005 年第 6 期。

302. 杨森平：《税收执法自由裁量权滥用及其救济制度设计》，载《税务与经济》2005 年第 3 期。

303. 叶金育：《税收构成要件理论的反思与再造》，载《法学研究》2018 年第 6 期。

304. 叶金育：《税法解释中纳税人主义的证立——一个债法的分析框架》，载《江西财经大学学报》2017 年第 4 期。

305. 叶金育：《国税总局解释权的证成与运行保障》，载《法学家》2016 年第 4 期。

306. 侯卓：《计税依据明显偏低的正当理由及举证责任》，载《政法论坛》2023 年第 3 期。

307. 侯卓：《重申量能课税的制度价值》，载《法学》2022 年第 4 期。

308. 侯卓：《个人所得税反避税规则的制度逻辑及其适用》，载《武汉大学学报（哲学社会科学版）》2021 年第 6 期。

309. 侯卓：《"债务关系说"的批判性反思——兼论〈税收征管法〉修改如何对待债法性规范》，载《法学》2019 年第 9 期。

310. 方乐：《"以数治税"背景下纳税人信息保护规则的重构》，载《安徽大学学报（哲学社会科学版）》2023 年第 5 期。

311. 曹阳、朱大旗：《促进我国纳税人信息权与涉税信息管理权间平衡协调的法理思考》，载《浙江工商大学学报》2023 年第 3 期。

312. 贺燕：《论我国一般反避税条款的体系化》，载《中国政法大学学报》2023 年第 4 期。

313. 韩佑：《法律文本中立法目的条款设置论析》，山东大学 2014 年硕士学位论文。

314. 相焕伟：《协商行政：一种新的行政法范式》，山东大学 2014 年学位论文。

315. 叶金育：《税法解释中的纳税人主义研究》，武汉大学 2015 年学位论文。

二、外文类参考文献

（一）著作类

316. A. V. Dicey, *Introduction to the Study of the Law of the Constitution*, London：Macmillan Education Ltd, 10th ed., 1959.

317. F. C. Ikle, *How Nations Negotiate*, New York：Harper & Row, 1964.

318. K. C. Davis, *Discretionary Justice: A Preliminary Inquiry*, University of Illinois Press, 1971.

319. Wade, *Administrative Law*, Oxford University Press, 8th ed, 2000.

320. Jhering, *Der Zweck im Recht. I. Vorrede*, Leipzig: Breitkopf & Härtel, 1893, S. Ⅷ.

（二）论文类

321. Yutaka Arai-Takahashi, "Discretion in German Administrative Law: Doctrinal Discourse Revisited", *European Public Law*, Vol. 6, 2000.

322. Robert M. Unger, "What Should Legal Analysis Become?", *London and New York: Verso*, 1996.

323. Karl Engisch, "Die Idee der Konkretisierung in Recht und Rechtswissenschaft unserer Zeit", *Heidelberg*, 1953, 2. Aufl. 1968.

324. Brandon L. Garrett, "Big Data and Due Process", *Cornell Law Review Online*, 99 (2013-2015).

325. Christina Kharper, "Climate Change and Tax Policy", *Boston*, *College International and Comparative Law Review*, Spring, 2007.

326. Poerce, "The Internet Limits on Judicial Control of Agency Discretion: the D. C. Circuit and the Nondelegation Doctrine", *Admin. L. Rev.* 2000. Vol. 52

327. Daeyong Lee, "Dividend Taxation and Household Dividend Portfolio Decisions: Evidence from the U. S. Jobs and Growth-Tax Relief Reconciliation Act of 2003", *Applied Economics*, 2017, 49 (8).

328. Pollock and Maitland, "History of English Law before Edward I", London, 1923, Vol1.

329. Rahul Telang, "A Privacy and Security Policy Infrastructure for Big Data", *I/S: A Journal of Law and Policy for the Information Society*, 10. 3 (2015).

330. Arthur J. Cockfield, "Bid Data and Tax Haven Secrecy", *Florida Tax Review*, 18. 8 (2016).

331. Nathan Isaacs, "Limits of Judicial Discretion", *Yale Law Journal*, Vol. 32, No. 4, 1922-1923.

332. John W. Brabner -Smith, "Hoosac Mills Case and Our Founding Fathers", *Georgetown Law Journal*, Vol. 25, No. 1, November 1936.

333. Henry J. Friendly, "Indiscretion About Discretion", *Emory Law Journal*, Vol. 31, No. 4, Fall 1982.

334. David L. Shapiro, "Jurisdiction and Discretion", *New York University Law Review*, Vol. 60, No. 4, October 1985.

335. William H. Simon, "Ethical Discretion in Lawyering", *Harvard Law Review*, Vol. 101, No. 6, April 1988.

336. Gideon Mark, "SEC Enforcement Discretion", *Texas Law Review*, 94, 2015-2016.

337. Victor Brudney, "Dividends, Discretion, and Disclosure", *Virginia Law Review*, Vol. 66,

No. 1, February 1980.

338. Allan B. Morrison, "Regulatory Discretion: Another View", *Administrative Law Review*, Vol. 48, No. 3, Summer 1996.

339. Daniel J. Meltzer, "Jurisdiction and Discretion Revisited", *Notre Dame Law Review*, Vol. 79, No. 5, October 2004.

340. Thomas O. Main, "Judicial Discretion to Condition", *Temple Law Review*, Vol. 79, No. 4, Winter 2006.

341. Cuellar Mariano – Florentino, "Auditing Executive Discretion", *Notre Dame Law Review*, Vol. 82, No. 1, November 2006.

342. Pauline T. Kim, "Lower Court Discretion", *New York University Law Review*, Vol. 82, No. 2, May 2007.

343. Alafair Burke, "Policing, Protestors, and Discretion", *Fordham Urban Law Journal*, Vol. 40, No. 3, March 2013.

344. Greg Goelzhauser, "Prosecutorial Discretion under Resource Constraints", *Judicature*, Vol. 96, No. 4, February 2013.

345. Zachary S. Price, "Enforcement Discretion and Executive Duty", *Vanderbilt Law Review*, Vol. 67, No. 3, April 2014.

346. David M. Uhlmann, "Prosecutorial Discretion and Environmental Crime", *Harvard Environmental Law Review*, Vol. 38, No. 1, 2014.

347. Rhonda Teitz et al., "Discretion to Tax E-Discovery Costs: A Necessary Reform", *Ournal of Law* Vol. 4, No. 3, 2014.

348. Gideon Mark, "SEC Enforcement Discretion", *Texas Law Review*, 94, 2015-2016.

349. David Zaring, "Enforcement Discretion at the SEC", *Texas Law Review*, Vol. 94, No. 6, May 2016.

后 记

　　《税务裁量法律规制研究》一书是在我博士学位论文基础上修改而成的。2019 年 6 月毕业答辩结束后，一直处于半搁置状态。曾三度重启，但终悄然束之高阁。庆幸的是，在此期间，学界许多优秀学者对相关问题的关注给了我新的思考，"站稳讲台"的过程中教学相长让我得以获得更深刻的省思。沉淀后重新思考，方知当时博士论文写作时的浅显与稚嫩。相较博士论文而言，本书在逻辑、内容和论证等各方面都进行了较大篇幅的修改与完善，力求更言之有物，但由于"知识"和"认知"有限，难免捉襟见肘，希望各位老师、朋友多批评指正！

　　蓦然回首，与财税法结缘恰好十年。2013 年，我从郑州大学法学院本科毕业，如愿来到心仪已久的西南政法大学经济法学院。这于我，是一场幸运的开始。

　　感谢我的导师张怡教授。2013 年至 2019 年，从硕士入学到博士毕业，很幸运成为怡乐园温暖大家庭的一员，更幸运成为张老师的学生。难以想象张老师在 2013 年 9 月 19 日晚上 11 点半收到我那封至今看来仍乏善可陈的简历后，依然愿意接纳我，引领我走入财税法的学术殿堂。三年又三年，老师严谨的治学态度，温润的做人品质，包容的培育理念，一直影响并鼓励着我沿着自己的方向努力前行。张老师大道至简地点拨与指导：第一篇小论文写作与投稿、第一次课题申报、第一次学术会议参加与承办、每一次交谈……老师虽讲"孩子走出了家门，就要学会独立成长"，但其实"售后"依然很赞。"问题意识"至今仍是我时常思考的灯塔，"站稳讲台"是我砥砺前行的方向。感恩老师的悉心指导与耐心鼓励，在每次选择的关口，老师的谆谆教诲始终铭记于心。希望现在的我能成为未来的您！

　　感谢在求学期间遇见的诸位老师。感谢经济法学院各位老师的悉心教诲，传道授业、开拓视野，为本书的研究打下了坚实基础，更为我的从教生涯树立了目标和榜样。感谢岳彩申教授、鲁篱教授、靳文辉教授、邓纲教授、黄茂钦教授、胡元聪教授、王怀勇教授、周勇兵教授、陈治教授在博士论文开题答辩、预答辩、毕业答辩时给予的宝贵意见与写作指导。感谢彭致强老师、孙灿老师、吴佳妮老师、栾伟东老师在求学期间的帮助与支持。

感谢见证我成长的各位友人。感谢西南政法大学曾远师兄、华东师范大学李帅师兄在论文写作投稿、课题申报、就业、教学、图书出版等多方面提供的全方位支持，感谢西南大学李丹师姐、西北政法大学张妤婕师姐和杜坤师兄、湘潭大学刘珊师妹在教学与生活中给予的无私帮助与关怀，感谢西南政法大学茅孝军师弟在预答辩、个人学术讲座和论文摘要翻译时的鼎力支持，感谢西南政法大学廖呈钱师兄、廖明月师兄、钟颖师兄、陈耿华师姐和海南大学刘亚丽师姐在读博期间的各种答疑解惑，感谢西南政法大学戴航宁博士、北京林业大学李兴宇博士的帮助与鼓励，风雨论文路，感恩大家的同行。感谢李艳婕、王慧利、宋苗、张小攀、解婧、胡燕、陈爽、韩怡冉等多年挚友的鼓励与陪伴，忍受我各种碎碎念，提供积极、豁达的情绪价值，求学不易，从初中到高中，从本科到博士，感恩一路有你们相伴。

感谢西北大学法学院的各位同事。西北大学法学院是一个自由包容的大家庭。感谢王思锋院长、成剑主任、代水平副院长、崔玲玲副院长在教学和科研上的支持和帮助，感谢经济法教研部刘建仓老师、刘丹冰老师、王鸿貌老师、刘蕾老师、赵海怡老师和王芳老师在教学和学生培养上的指点与支持，感谢黄菁茹博士、葛恒浩博士、吕康宁博士、许胜晴博士、孙潇琳博士、朱艳丽博士、方婷博士在教学和生活中的经验分享。特别感谢王鸿貌教授。王老师深耕财税法基础理论多年，笔耕不辍。自2019年入职以来，王老师在教学、科研和生活方面给予了我无私的帮助和引导。未来唯愿王老师幸福、健康！

感谢家人的关爱与陪伴。感恩父母，在农村艰苦的环境中依然支持我追求梦想。从小学至今，"好好学习，天天向上"是爸爸每次送我离开必定要交代的话语。作为教师的他，将众多的希望都寄托于此，同样的话语陪伴在我不同阶段的求学路上，我将作为隽语相伴一生。"上车饺子，下车面"，每次归家与离家妈妈总是默默地准备着。回家前给被子晒太阳、回家时做我喜欢的面食，离家时准备各种带走的物品。虽不舍，但依然不愿叫停我前行的脚步。感谢我亲爱的父母，多年来默默地为我提供最大的力量支持，唯愿他们健康开心。

最后，特别感谢中国政法大学出版社的丁春晖先生为本书出版付出的辛勤劳动！

十年也是新的开始，期待下一个成长后的十年！